经典与传播研究丛书之二

丛书主编　谢清果　钟海连

《论语》的传播思想

谢清果　等　著

九州出版社　全国百佳图书出版单位

JIUZHOUPRESS

图书在版编目（CIP）数据

《论语》的传播思想 / 谢清果等著. -- 北京：九
州出版社，2020.6
ISBN 978-7-5108-9113-7

Ⅰ．①论… Ⅱ．①谢… Ⅲ．①儒家②《论语》－研究
Ⅳ．①B222.25

中国版本图书馆CIP数据核字(2020)第079627号

《论语》的传播思想

作　　者	谢清果　等著
出版发行	九州出版社
地　　址	北京市西城区阜外大街甲 35 号（100037）
发行电话	(010) 68992190/3/5/6
网　　址	www.jiuzhoupress.com
电子信箱	jiuzhou@jiuzhoupress.com
印　　刷	北京九州迅驰传媒文化有限公司
开　　本	787 毫米 ×1092 毫米　16 开
印　　张	21
字　　数	400 千字
版　　次	2020 年 6 月第 1 版
印　　次	2020 年 6 月第 1 次印刷
书　　号	ISBN 978-7-5108-9113-7
定　　价	56.00 元

国家社科基金一般项目"华夏文明传播的观念基础、理论体系与当代实践研究"（19BXW056）阶段性成果

福建省专业学位研究生导师团队"华夏文明传播研究团队"建设成果

福建省本科高校教育教学改革研究项目"华夏文明传播学的理论体系、教学模式与实践探索的综合改革研究"建设成果

福建省高校人文社科研究基地"中华文化传播研究中心"建设成果

厦门大学一流本科课程"华夏传播概论"建设成果

哲学社会科学繁荣计划

2011—2021

本书合作撰稿人

王仙子　陈力丹　杨伯岭　单　波　肖劲草　邵培仁

姚锦云　陈巧玲　陈元新　袁亚鹏　林　凯　杜恺健

赵　晟　穆　毅　张艳云　白光霁

（按章节顺序排列，同为第二作者）

经典与传播研究丛书编委会

学术委员会

编委会

总序

经典通常指经过长时间传播且被社会或特定领域广泛认可的作品，尤其指著作。经是不刊之论的含义，亦即世代传习的恒定文本。刘勰的《文心雕龙》称"经"为"恒久之至道"，因此，经有指称永恒真理的意思。"典"指典籍。《尔雅·释言》："典，经也。"因此，经典一词乃是近义词重叠以强调文本之重要。经典通常乃圣典之所作，以供后人学习的范本。《汉书·孙宝传》："周公上圣，召公大贤。尚犹有不相说，著于经典，两不相损。"唐代刘知几《史通·叙事》："自圣贤述作，是曰经典。"这些言论都强调典籍的神圣性。而在当下社会，狭义而言可指传统文化典籍，如四书五经之类的作品；广义而言指各行各业具有权威性的作品。作品当然可以是艺术品，未必是著作。不过，本丛书所谓的"经典"主要包括三个层面的著作，其一是中国传统文化中的经史子集，凡是能够流传于世的典籍都是经典，如孔孟老庄的品；也包括西方文化中的重要典籍，如柏拉图的《理想国》、亚里士多德的《修辞学》。只不过，都要求从传播学的视角加以研究。其二是传播学领域中被公认的优秀作品，如彼得斯的《对空言说》、伊尼斯的《帝国与传播》等，对此类作品进行研究，以梳理与阐发它们的深刻思想；其三便是中西经典的传播学对话或比较研究，可以是经典作品间的比较研究，也可以是对经典所呈现的传播学命题开展系统探讨的作品。这便是"经典与传播研究丛书"的用意所在。

传播是什么？传播即沟通、交流，也就是说，本丛书关注的是人类社会的传播现象，当然也包括人类对自然传播现象的利用，但不专门研究自然传播问题。传播即社会，无社会不传播，无传播不社会，这是杜威的基本观点。传播研究是理解社会运作的基础，社会网络因传播而生成，也因传播而变化。不同媒介时代，推动社会的深刻变革，犹如当下的新媒体时代，社会关系就时时刻刻都处于被重构与建构之间，人不断地被裹挟于媒介化社会中。可以说，不在媒介化社会中崛起，便为媒介化社会所吞噬。这已不是危言耸听。因此，传播素养已然成为当代人的基本生存能力。文化即传播，当然也可以说传播即文化。无文化不传播，无传播不文化。文化在传播中生成，又在传播中发展，这里的传播当然包括域内与域外。而人类的传播，说到底是人的生活方式的传播，不同的文化在传播中彰显自己的存在，又在传播（沟通）中丰富与发展自己的文化。当然，文化也可能在传播中灭亡，比如作为文化表现形态之一的战争，战争既可以推动文化融合，又可能急剧地改变自身或他者的文化，导致不适应的文化形态走向消亡，而生存下来的文化也会以新的形态发展下去。封闭的文化往往会趋向停滞，变革是文化发展的动力，而一切变革均因"传播"所致，无论是一个社会内部传播技术或传播思想（两者是紧密相关的），还是社会外部的交往，都会给本土文化带来巨大冲突。比如晚清时期的西学东渐给中华文化带来的巨大冲击，由此带来了"科学"与"民主"的新气象，以至于历代文明再造的中国接受了来自西方的马克思主义，从此开辟了历史新纪元。

本丛书的用意在于推动传播学中国化进程。因为我们认为传播学中国化应当包括三个方面的工作：其一，理解西方文化经典，尤其是充分汲取西方的传播思想；其二，把握西方的传播经典，作为后发传播学的国家，中国自然不能不理会西方传播经典而关起门来自娱自乐，因为文化传播的基本规律是交流互鉴。其三，挖掘中华民族文化经典的传播思想，提炼基于本民族历史实践与当代现实的传播观念与传播理论是建构华夏传播学（或中华传播学），或称传播学"中华学派"的必由之路。本丛书的思路是基于中华文化元典，根植中国社会历史与现实，探讨贯通于中国人的思想与行动的传播智慧，生发富有中国特色、中国风格、中国气派的华夏传播理论。[①]

2018 年 9 月，华夏传播研究会正式成立。厦门大学传播研究所作为秘书处，继续发扬传统，努力开拓华夏传播研究的新局面。众所周知，20 世纪 90 年代，厦门大学传播研究所作为推动机构，不仅召开了大陆最早的华夏传播方面的研讨会，出版了论文集《从零开始》，而且也组织了"华夏传播研究项目"的招标工作，推动了《华夏传播研究丛书》和概括性著作《华夏传播论》出版，此后，厦门大学传播研究

[①] 之所以不称为"中国传播学"或"中国传播理论"，因为这个提法还包括与中国历史传统不太相关的新的传播学研究领域，如健康传播、环境传播、风险传播、新媒体传播等，而华夏传播学或华夏传播理论则是致力于探讨基于有史以来的中国文化传统而内生的中国传播观念、传播机制、传播原理、传播方法，并且能够在当代社会实践中继续加以继承与发展的方面。因此，不能将中国传播学与华夏传播学等同起来。可以说，中国传播学是中国境内的传播学各领域研究的总称，而华夏传播学则是侧重于中华文化立场的传播学，当然可以有全球传播视野。而且在哪些方面也有可能是交叉的。比如，即便是侧重于研究公共医疗场景下的健康传播，如果在追溯和建构中国自己的健康传播研究，那么也可以向中华历史延伸，探讨中国历代公共医疗的组织机构、相关思想与运作的方方面面。因此，当代新兴的传播学研究领域可以与华夏传播紧密相关，从这个意义上讲，发展华夏传播学是建构中国传播学的基础，脱离了中国历史文化根基的各领域传播学，是注定无法中国化，或者实现中国化发展。这正是当代推进华夏传播研究的历史使命，即为推动中国传播学科向纵深发展奠定基础。基础不牢，地动山摇。中国化的传播学必须根植于华夏传播学，这是长久发展的正道。

所就成为推动传播学中国化研究的重要基地。进入 21 世纪以来，在郑学檬、许清茂、陈培爱、黄星民等前辈学者的大力推动下，厦门大学新闻传播系（现升格为学院）开出了"中国传播思想史""媒介发展史""华夏传播研究""华夏传播概论""中国传播理论研究"等课程，逐步建立起本、硕、博一体化的华夏传播研究的教学与科研体系，推出了《华夏文明传播研究文库》《华夏传播研究论丛》《华夏传播学文丛》等系列丛书，进一步扩大影响力。

2013 年与 2018 年，厦门大学传播研究所先后创办了"中华文化与传播研究""华夏传播研究"，从此华夏传播研究有了自己专门的学术交流平台。同时，研究所还下设了华夏文明传播研究中心、老子道学传播与研究中心、传播与社会发展研究中心、传播与心理研究中心等机构，力争在各个领域推动传播学理论创新，建设"华夏文明传播研究团队"，推动"华夏传播学的理论建构"的教学改革研究，深入探讨中国人的传播观念与传播理论，联合海内外专家学者共同建设"华夏传播学"，以为传播学中国化的深入开展提供思想资源与理论支撑。

谢清果

2020 年 4 月 5 日

目　录

绪　论

《论语》传播思想研究的回顾与前瞻

王仙子

孔子及《论语》传播学研究实质是"传播学研究中国化"问题。围绕这个问题，新时期以来的孔子及《论语》传播学研究历经起步学习期、探索发展期和走向深化期三个阶段。综括四十多年来从传播学层面研究孔子及《论语》的著述活动，大致有三个比较明显的研究方向：一是孔子及《论语》传播史实研究；二是孔子及《论语》传播思想研究；三是当代新闻传播事业语境下孔子及《论语》的价值转换研究。这里回顾了新时期以来孔子及《论语》传播学研究的进程，在此基础上认真总结取得的成绩和不足，并对开创孔子及《论语》传播学研究新局面提出了一点看法和建议。

中华文化是一个多民族融合，彼此取长补短，在历史的漫漫长河中积淀而成的文明。自汉以降，儒家文化作为中国社会一般民众的核心价值观，是通过秦王朝法理型思想的失败教训和董仲舒"罢黜百家，独尊儒术"定思想于一统的意识形态控制后，才真正从诸子百家争鸣中脱颖而出，建构起华夏民族自身的社会——文化心理结构，并在世界上作为中国文化的符码区别于其他任何文明。而作为儒家文化和思想的代表性人物——孔子及其经典语录体著述《论语》，地位自不待言，以至于后人关于儒家的任何言论任何观点任何思想，孔子及其《论语》是无法绕开的一个重中之重。在传播学领域，"传播学研究中国化"问题是当下摆在中国传播学者面前的热络议题，以传播学为契机切入孔子的传播活动及《论语》传播思想研究，当然就更加避免不了对孔子及《论语》的阐释或新解。

新时期以来，纵观中国传播学术界对孔子及《论语》的传播学研究，呈现出由起步学习（1978—1992）到探索发展（1993—2002）并不断走向深化（2003至今）的趋势，综括这三个阶段四十多年来的著述活动，大致有三个比较明显的研究方向：一是孔子及《论语》传播史实研究；二是孔子及《论语》传播思想研究；三是当代新闻传播事业语境下孔子及《论语》的价值转换研究。

一

1978—1992 年是孔子及《论语》传播学研究第一个阶段：起步学习期。1976 年，"文革"结束，1978 年中共十一届三中全会召开，国家重新确立解放思想、实事求是和对外开放的路线，传播学在此时引入中国，并结合本土文化，激起了一波波"中国化"研究的浪潮。最早提出"传播学研究中国化"是 1978 年在香港中文大学召开的第一次中国传播学研讨会上。但当时思想解冻刚刚开始，传播学作为一门新兴学科刚被引入，学术界对其性质和定位并不十分明确，加上距离、政治等因素，"传播学研究中国化"并未在内地引起重视和讨论。直到 1993 年在厦门大学召开的全国第三次传播学研讨会（暨首届海峡两岸中国传统文化中"传"的探索座谈会），会上提出"继续加快建设具有中国特色的传播理论体系"方针，并拟定了详细的学术规划，决定编一套《中国历史上传播理论与实践资料选辑》。① 自此，"传播学研究中国化"才开始走上有系统、有目的、有计划的研究轨道。

纵观 1993 年会议之前"传播学研究中国化"以及在此范围内的孔子及《论语》传播学研究，由于没有形成统一的研究意识和明确的发展方向，基本上是简单运用西方传播学观念处理中国本土文化的模仿和学习，且大多数是自发性的研究，具体表现为总结性的多，深入研究的少；概括性的多，具体分析的少；史料汇编的多，思想挖掘的少。

专著方面，有郭志坤《先秦诸子宣传思想论稿》、② 沙莲香《传播学——以人为主体的图像世界之谜》、③ 吴予敏《无形的网络——从传播学角度看中国传统文化》。④ 单篇论文则很少，苑子熙、肖月的《中国古代的传播》⑤ 是目前能收集到的最早涉猎孔子及《论语》传播学研究论文。另外，王振业《中国古典文论中的传播思想》⑥ 一文通过分析《论语》的社会功能，勾勒出古代社会的"工"形传播网络。从这些为数不多的专著和论文来看，它们所要解决的一个共同问题就是如何将孔子及《论语》这一本土文化资源冠以传播学之名，使传播学研究得以在中国化的视野下进行。

另外，这一阶段的著述活动大多只是将孔子及其传播思想作为古代传播的某个部分予以简略梳理，偏重史料堆砌，疏于对孔子及《论语》所蕴含的传播思想的挖掘。但同时也要看到，虽然孔子及《论语》的传播学研究成果并不丰硕，但仍不乏立意高远的扛鼎之作。吴予敏《无形的网络——从传播学角度看中国传统文化》就

---

① 邵培仁：《传播学本土化研究的回顾与前瞻》，《杭州师范学院学报》1999 年第 4 期。
② 郭志坤：《先秦诸子宣传思想论稿》，福州：福建人民出版社，1985 年。
③ 沙莲香：《传播学——以人为主体的图像世界之谜》，北京：中国人民大学出版社，1990 年。
④ 吴予敏：《无形的网络——从传播学角度看中国传统文化》，北京：国际文化出版公司，1988 年。
⑤ 苑子熙、肖月：《中国古代的传播》，《新闻广播电视研究》1985 年第 5、6 期。
⑥ 王振业：《中国古代文论中的传播思想》，《现代传播》1992 年第 3 期。

是这样一本力作。该书提出了"人格修养""道德教化"等儒家传播观念，分析了人际交流过程中信息传播的技巧及其意义。总的来看，这些梳理评述与此时期其他著述一样，偏重史料方面的收集整理，然而在著作末章出现的点睛之笔（综论：社会传播结构与传统文化模式），作者以西方近代理性传播精神为理论预设，提出了中国传统文化的三种传播模式：同心圆的"生命（生活）——传播结构"、枝干形的"社会——传播结构"和偏心圆形的"历史——传播结构"。认为相对于西方近代理性精神下的传播语境——"开放""沟通"和"扬弃"，中国社会传播结构和传统文化模式呈现出"封闭""集权"和"因袭"的负功能。该书虽然存在将社会传播结构与传统文化模式安排在末章、不到万言、且有关孔子传播思想的评述仅有两页等遗憾，但横跨中西的宏观视野，使得该章规避了仅在文化地表做肤浅的机械收罗，深入到人类文明的肌理一探究竟，为孔子及《论语》传播学研究提供了一个难得的思路，瑕不掩瑜！

从上面的梳理可以看出，孔子及《论语》传播学研究自开始之际便立足于传播史实和传播思想层面，这也是后两个阶段研究的主题内容，只不过随着研究的推进，它们会发生此消彼长的变化，但这并不妨害它们的价值和意义，因为对"史实"而言，在任何时代、任何领域、任何人，对它的收集和整理工作永远是一项事业得以展开的前提性条件。另外，这一时期传播思想研究虽然不多见，但一些研究对后来者的思维启发意义也是不容忽视的，例如陈力丹就针对吴予敏《无形的网络——从传播学角度看中国传统文化》一书提出自己的看法，在当时引起了广泛的关注和讨论。

二

1993—2002 年是孔子及《论语》传播学研究第二个阶段：探索发展期。1992 年，中共十四大确立了中国社会主义市场经济体制，中国社会步入转型期。同年，邓小平南方谈话使社会生产力进一步解放，并逐渐波及政治、文化、思想等领域，这为"传播学研究中国化"的展开提供了更加开放的社会语境。

1993 年召开的全国第三次传播学研讨会成为"传播学研究中国化"的转捩点，一个直接的学术成果就是余也鲁、郑学檬主编的《从零开始：首届海峡两岸中国传统文化中"传"的探索座谈会论文集》① 一书出版。该论文集中有五篇涉及孔子及《论语》传播学研究的文章。其中，吴予敏《从"礼治"到"法治"：传的观念》一文运用哈贝马斯的交往理论解析儒家之"礼"，提出"礼治"实质是社会成员通过交往

---

① 余也鲁、郑学檬：《从零开始：首届海峡两岸中国传统文化中"传"的探索座谈会论文集》，厦门：厦门大学出版社，1994 年。

将外在的"礼"内化为个体思维图式的过程，并用"以概念统驭传播"来概括儒家传播观。黄金贵《从"传"探索古代中国传播的类别与特征》概括了古代传播的传播方式、传播渠道，得出儒家传播"一元性"的特点。陈亚兰《浅论先秦百家争鸣与文化大传播》将孔子及儒家传播置于文化传播的宏观背景之下，考察了其传播技巧和方式。郑学檬《中国传统的传播观念初探》阐释了《论语》中潜在的认知观念，认为"儒家的认知观念为中国传统社会的传学奠定了理论基础"，并提出儒家"垂直传播体系"一说。倪迅《试论中国人际传播的若干特点》总结了中国人际传播的八个特征，认为这些特征均可归结于儒家文化的"礼"和"忍"之下。从这些与会者提交的论文来看，他们都对传播学研究中出现的多学科交叉研究和实际应用研究保持了浓厚的兴趣，认为这是实现"传播学研究中国化"的必经之途，对促进传播学成为中国文化的有机部分并与世界文化接轨有重要意义。

与第一阶段相比，此阶段的孔子及《论语》传播史实研究，专著及论文数量明显增多。孙旭培主编的《华夏传播论——中国传统文化中的传播》[1]书中已有诸多内容直接涉及儒家传播，如作为传播媒介的儒家礼仪；孔子开创的私学模式以及《论语》提出的"诲人不倦""因材施教""学思行"等教育传播理念。此外，徐培汀、裘正义《中国新闻传播学说史》，[2]李敬一《中国传播史——先秦两汉卷》，[3]周月亮《中国古代文化传播史》，[4]郑学檬《传在史中——中国传统社会传播史料初编》，[5]张卫中《孔子：文化传播的先驱》[6]均对儒家传播予以相当的关注。但客观地说，这类有关孔子及《论语》传播史资料收集和整理的专著或论文仍是第一阶段学术思维的延续，翔实的资料固然是研究的前提，但沉湎于史料爬梳的守旧姿态或思维慵懒也是创新凝滞、深度消失的一个直接原因。

值得注意的是，孔子及《论语》传播思想研究在经历了起步学习阶段的摸索后，终于迎来了"百花齐放"的新局面，具体表现在以下几个方面：

一是"华夏传播"学科命名的尝试和"礼乐传播"观念的提出。孔子及《论语》传播思想研究在经历了长时段量上的积累后，首次出现了"华夏传播"以及该范畴之下的"礼乐传播"等命名的尝试。"华夏传播"一词最早是由孙旭培在《华夏传播论——中国传统文化中的传播》一书中提出，但为"华夏传播"划定疆界、进行构图、开掘思想资源等诸多繁复事项则得力于黄星民的一系列开创性工作。黄星民

① 孙旭培：《华夏传播论——中国传统文化中的传播》，北京：人民出版社，1997年。
② 徐培汀、裘正义：《中国新闻传播学说史》，重庆：重庆出版社，1994年。
③ 李敬一：《中国传播史——先秦两汉卷》，武汉：武汉大学出版社，1996年。
④ 周月亮：《中国古代文化传播史》，北京：北京广播学院出版社，2000年。
⑤ 郑学檬：《传在史中——中国传统社会传播史料初编》，北京：文化艺术出版社，2001年。
⑥ 张卫中：《孔子：文化传播的先驱》，《益阳师专学报》1999年第3期。

《"大众传播"广狭义辨》①打破大众传播史以古登堡印刷机为划分界限的旧有观念，将大众传播的历史大大拓展及"非机器媒介"时代。这样，以孔子及《论语》为代表的儒家文化便被纳入大众传播研究范围。在此基础上，《礼乐传播初探》②从"5W"模式对儒家文化中的礼乐活动作了新的观察，得出中国古老的礼乐活动因为"固定化的音调和程式化的仪式"表现出"高度的传播智慧与道德"。随后，《礼乐传播初探》的姊妹篇——《从礼乐传播看非语言大众传播形式的演化》③以大众传播史为背景，追溯了大众传播中非语言符号传播形式的演化过程，并对礼乐传播做了宏观上的考察，指出"孔子修订、演习、解释、传授礼乐，把'仁'、'中庸'为核心的儒家政治道德观念与礼乐的形式成功结合起来，礼乐被改造成儒家的传播工具"。2002年发表的《华夏传播刍议》④一文又对"华夏传播"出现的背景、内涵及意义进行了全面的考察、界定和体认，这篇具有学科建设性质和倾向的文章无疑对"传播学研究中国化"有着宣扬和号召意义，代表这一阶段孔子及《论语》传播学研究的最高水平。陈国明在《中华传播理论与原则》⑤一书中亦对中华传播从本体论、认识论、形上论、方法论等方面做出整体思考。

二是研究有了质的提高。孔子及《论语》传播思想研究不仅是量上的增产，也有质的飞跃，一些学术研究与生命体验相结合的文章令人有耳目一新之感。陈力丹《论孔子的传播思想——读吴予敏〈无形的网络——从传播学的角度看中国传统文化〉》⑥可以看成对吴予敏一书的接续。文章认为孔子的传播思想以伦理为基础，提出这种传播思想的形成要以伦理的权力化和权力的伦理化为保障，并逐级确认了孔子"身→家→国→天下"的社会生活传播结构。最难能可贵之处还在于作者结合自身的人生阅历，汲取当时新颖的"实用理性主义"观念，一字、一词或一句，详细地辨析孔子传播思想的实用理性主义特征，字里行间透露出作者大历史观(Macro-history)视野下对中国传统文化既不褒扬亦不贬损的整体把握和深刻理解。

三是研究的热点区域凸现。由于《论语》文本内容的高度道德性、政治化特征，研究者很难将伦理与意识形态拒斥开来，造成的一个既成事实是对孔子及《论语》传播思想研究难以摆脱伦理与政治的藩篱，因此从伦理与政治言说孔子及《论语》

①　黄星民：《"大众传播"广狭义辨》，《新闻与传播研究》1999 年第 1 期。
②　黄星民：《礼乐传播初探》，《新闻与传播研究》2000 年第 1 期。
③　黄星民：《从礼乐传播看非语言大众传播形式的演化》，《新闻与传播研究》2000 年第 3 期。
④　黄星民：《华夏传播研究刍议》，《新闻与传播研究》2002 年第 9 卷第 4 期。
⑤　陈国明：《中华传播理论与原则》，台北：五南图书出版股份有限公司出版，2004 年。
⑥　陈力丹：《论孔子的传播思想——读吴予敏〈无形的网络——从传播学的角度看中国传统文化〉》，《新闻与传播研究》1995 年第 1 期。

的传播学研究不绝如缕。王怡红在《论中国社会人际传播的价值选择》①中开篇点明中国古代社会人际传播具有社会伦理旨趣，反映在人际交往的性质、讯息以及意义的规范传播三个方面，而儒家之"礼"渗透在传统社会人际交往之中，体现了人们道德价值诉求的规范。廖声武《论先秦时期儒家的传播思想》、②何庆良《先秦诸子对传播功能的认识与应用》、③高翔《儒家传播思想的传者本位回归与超越》④也一致认为儒家传播思想的核心是"仁"，与政治联姻是儒家思想的传播实践，并指出儒家传播目的是为了巩固社会统治。

四是研究方法的翻新。孙占奎在《孔子"诗教说"的传播学诠释》⑤中以古代文论的"诗教说"为切入口，分析了"兴观群怨"在组织传播中的作用与功能。夏晓鸣《儒道传播思想之比较》、⑥刘亚玲《论儒家与法家传播思想相通之处》⑦采取比较研究的方法，将诸子思想互参比勘，得出异同。

整体地看，这一阶段孔子及《论语》传播学研究无论在传播史料研究还是传播思想研究上都形成了迄今为止的最高峰，尤其是在传播思想研究方面的突破性成绩最为可贵。"传播学研究中国化"的问题向各个层面展开，它不仅在孔子及《论语》传播史料整理和汇编方面更系统，内容也更翔实，从倡议学科建设、提出理论命名、采用新方法新观念等一系列现象来看，其所指是这个问题同中国当下传播生态结合、深化的必要。如当代以媒介为主体的传播模式，传播的兴奋点只是在信息授受的多寡快慢上，传播活动中本应聚焦的传播对人格的涵养意义却置若罔闻，这种传播活动相比儒家礼乐传播讲究"仁""和""义"等价值构建来说，就有些舍本逐末、买椟还珠了。除此以外，孔子及《论语》传播学研究的当代价值转换在这一阶段也开始初露端倪，如易法万在《儒家思想与现代新闻传播活动》⑧一文中就分析了儒家文化的"内省修身"对构建现代新闻传播道德价值体系的意义。这种"经世致用"的传统学术取向，为以后孔子及《论语》传播学研究开辟了另一个新的研究领域。

① 王怡红：《论中国社会人际传播的价值选择》，《现代传播》1996年第5期。
② 廖声武：《论先秦时期儒家的传播思想》，《新闻与传播研究》2000年第3期。
③ 何庆良：《先秦诸子对传播功能的认识与应用》，《新闻与传播研究》1995年第1期。
④ 高翔：《儒家传播思想的传者本位回归与超越》，《江汉大学学报（人文社会科学版）》2002年第21卷第2期。
⑤ 孙占奎：《孔子"诗教说"的传播学诠释》，《山东省农业管理干部学院学报》2002年第6期。
⑥ 夏晓鸣：《儒道传播思想之比较》，《企业导报》2000年第11期。
⑦ 刘亚玲：《论儒家与法家传播思想相通之处》，《武汉科技学院学报》2002年第15卷第2期。
⑧ 易法万：《儒家思想与现代新闻传播活动》，《湖北商业高等专科学校学报》2000年第12卷第2期。

三

2003 年至今是孔子及《论语》传播学研究的第三个阶段：走向深化期。"传播学研究中国化"依托孔子及《论语》在前两个阶段的基础上不断走向深化，这些研究集中在中国文化传播理念和传播智慧的展现与弘扬，基本上是古为今用，致力于中国当代传播活动现象的分析和问题的解决。

传播思想研究方面，孔子及《论语》传播学研究的理论资源更加丰富、问题意识突显、研究领域不断扩展和细化。一个突出特征是"华夏传播"的学科意识日渐加深，"华夏传播"的声音不绝如缕，出现了大量从学科建制层面进行整体布局的探索。邵培仁在《亚洲传播理论：国际传播研究中的亚洲主张》[①]一书中，提出"亚洲传播"的概念，使"传播学中国化"跳出"中国"一词的地缘性局限，极大丰富和拓展了其文化边界。吴予敏在《中国传播观念史研究的进路与方法》[②]一文中，提出中国传播研究的观念史方法。邵培仁、姚锦云在《为历史辩护：华夏传播研究的知识逻辑》[③]一文中开篇直言："历史取向的华夏传播研究意义何在？我们需要'跳出庐山'为历史辩护。"《寻根主义：华人本土传播理论的建构》[④]一文中，他们尝试从传播思想、传播原则、传播观念三个层面为传播学中国化构建理论路径。以及《华人本土传播学研究的进路与策略》、[⑤]《从思想到理论：论本土传播理论建构的可能性路径》、[⑥]《华夏传播理论建构试探——从"传播的传递观到传播的接受观"》[⑦]等文章，均表达了建立一种本土传播观念的强烈愿望。值得一提的是，潘祥辉的《华夏传播新探：一种文化比较视角》[⑧]提取了某些颇具代表性的古代传播现象，并对其进行媒介意义上的解读，全书考辨翔实，视野开阔。谢清果《华夏传播学勃兴的东方视维、问题意识与方法自觉》[⑨]一文也显示出"华夏传播研究"体系构建的尝试。值得注意的是，几乎在同一时间内，他的大批以"华夏传播"为题的专著接连面世，如《中

---

① 邵培仁：《亚洲传播理论：国际传播研究中的亚洲主张》，杭州：浙江大学出版社，2017 年。

② 吴予敏：《中国传播观念史研究的进路与方法》，《新闻与传播研究》2008 年第 3 期。

③ 邵培仁、姚锦云：《为历史辩护：华夏传播研究的知识逻辑》，《社会科学战线》2016 年第 3 期。

④ 邵培仁、姚锦云：《寻根主义：华人本土传播理论的建构》，《新疆师范大学学报（哲学社会科学版）》2013 年第 4 期。

⑤ 邵培仁：《华人本土传播学研究的进路与策略》，《当代传播》2013 年第 1 期。

⑥ 邵培仁、姚锦云：《从思想到理论：论本土传播理论建构的可能性路径》，《浙江社会科学》2016 年第 1 期。

⑦ 邵培仁、姚锦云：《华夏传播理论建构试探——从"传播的传递观到传播的接受观"》，《浙江社会科学》2018 年第 8 期。

⑧ 潘祥辉：《华夏传播新探：一种文化比较视角》，上海：复旦大学出版社出版，2018 年。

⑨ 谢清果：《华夏传播学勃兴的东方视维、问题意识与方法自觉》，《中华文化与传播研究》2014 年第 2 期。

国视域下的新闻传播研究》、①《华夏传播学的想象力》、②《华夏传播学引论》、③《华夏文明与舆论学中国化研究》、④《华夏文明与传播学本土化研究》、⑤《光荣与梦想:传播学中国化研究四十年（1978—2018)》、⑥《华夏文明研究的传播学视角》、⑦《华夏传播研究:媒介学的视角》⑧ 等等，问题的系统与深入既丰富着传播学中国化研究的基本面向，又标示着华夏传播研究的成熟。正如他在《华夏传播研究的初心、求索及其方向》一文中 ⑨ 所指出的:"'华夏传播研究'还应当有另一个可取的'向前看'的研究方向，即探讨中华优秀文化在现当代社会传承与发展的问题。"《传播学"中华学派"建构路径的前瞻性思考》⑩ 一文则可视为这一命题的整体运思，譬如"构建传播学'中华学派'"。此外，试图对华夏传播研究进行理论建构和整体把握的还有李红《华夏传播研究如何切进中国文化的逻辑》、⑪ 周伟业的《东方范式:华夏传播理论的内涵、特征与价值》、⑫ 陈世敏《华夏传播学方法论初探》、⑬ 杜恺健《华夏传播符号的内涵、体系及功能初探》⑭ 等等，不一而足。

在学科意识不断明晰的进程中，学术界也在发掘孔子及《论语》中蕴含的传播思想及价值。谢清果《中庸的传播思想》⑮ 一书以慎独为原点，深入中庸传播思想内核，进而提出中庸"内向传播"的特征，并从人际传播、政治传播、大众传播、跨文化传播等理论视域予以观照，较为整体地展现了中庸的传播思想。谢清果、陈昱成在《风草论:建构中国本土化传播理论的一种尝试》⑯ 中提出"风草论"的传播观。

---

① 谢清果:《中国视域下的新闻传播研究》，厦门:厦门大学出版社，2010 年。

② 谢清果:《华夏传播学的想象力》，北京:九州出版社，2017 年。

③ 谢清果:《华夏传播学引论》，北京:九州出版社，2018 年。

④ 谢清果、钟海连:《华夏文明与舆论学中国化研究》，北京:九州出版社，2018 年。

⑤ 谢清果:《华夏文明与传播学本土化研究》，北京:九州出版社，2016 年。

⑥ 谢清果:《光荣与梦想:传播学中国化研究四十年（1978—2018)》，北京:九州出版社，2017 年。

⑦ 谢清果:《华夏文明研究的传播学视角》，厦门:厦门大学出版社，2020 年。

⑧ 谢清果:《华夏传播研究:媒介学的视角》，北京:社会科学文献出版社，2020 年。

⑨ 谢清果:《华夏传播研究的初心、求索及其方向》，《广西职业技术学院学报》2019 年第 12 期。

⑩ 谢清果:《传播学"中华学派"建构路径的前瞻性思考》，《新疆师范大学学报》2017 第 6 期。

⑪ 李红:《华夏传播研究如何切进中国文化的逻辑》，《华夏传播研究》2018 年第 2 期。

⑫ 周伟业:《东方范式:华夏传播理论的内涵、特征与价值》，《南京政治学院学报》2010 年第 5 期。

⑬ 陈世敏:《华夏传播学方法论初探》，《新闻学研究》2002 年第 71 期。

⑭ 杜恺健:《华夏传播符号的内涵、体系及功能初探》，《中国传媒报告》2016 年第 4 期。

⑮ 谢清果:《中庸的传播思想》，北京:九州出版社，2018 年。

⑯ 谢清果、陈昱成:《风草论:建构中国本土化传播理论的一种尝试》，《现代传播》2015 年第 6 期。

邵培仁、姚锦云《传播辩证论：先秦辩证传播思想及其现代理论转化》① 则对"名实""言意""是非""辩讷"等传播观念中蕴含的辩证思维做了详尽论述。在《传播理论的胚胎：华夏传播十大观念》② 一文中，他们归纳了华夏传播的十对观念。邵培仁，姚锦云《传播模式论:〈论语〉核心传播模式与儒家传播思维》③ 一文，以《论语》文本为中心，提出儒家传播的四种模式：内化、情感、外推、情境。谢清果《儒家"修身为本"的内向传播意蕴考析》④ 一文中从基本路径、操作指向、价值标准及方法论等对儒家内向传播进行综合考量。谢清果、张丹《礼之起源——中国古乐的媒介功能观新探》⑤ 对中华礼乐文化进行媒介意义的解读。周伟业《言行之间：华夏传播理论"行胜于言"的传播价值取向》⑥ 则选取华夏传播的某一个特征点进行论述。

与此同时，学术界不再满足于西方传统的传播学理论模式，开始尝试其他多样化的理论资源，另辟蹊径，借此拓展孔子及《论语》传播学研究的容量。此时，"文化研究"在中国如火如荼，"话语""权力""符号""认同"等热门语词成为阐释孔子及《论语》传播思想的重要理论资源。崔炼农《孔子思想的传播学诠释》⑦ 一书突破以"仁""礼"作为孔子思想核心来讨论各基本范畴之间关系的习惯思路，采用话语分析方法，深入孔子思想各基本范畴的语义内部，发掘出孔子思想的深层逻辑。樊葵《先秦儒学传播控制思想刍论》⑧ 认为掌控话语权是建构儒家传播思想的核心。雷大川《权力即是情感:儒家政治社会化理念探析——兼论政治传播研究的新理路》⑨ 运用认同理论，言明了儒家礼乐文化中的"乐"在将社会价值观内化为人的主观情感过程中的方式与作用。陈谦《传播学视野中的中国古代政治——以"一言兴邦，

---

① 邵培仁、姚锦云:《传播辩证论：先秦辩证传播思想及其现代理论转化》,《杭州师范大学学报（社会科学版）》2014 年第 2 期。

② 邵培仁、姚锦云:《传播理论的胚胎：华夏传播十大观念》,《浙江学刊》2016 年第 1 期。

③ 邵培仁、姚锦云:《传播模式论:〈论语〉核心传播模式与儒家传播思维》,《浙江大学学报（人文社会科学版）》2014 年第 4 期。

④ 谢清果:《儒家"修身为本"的内向传播意蕴考析》,《吉林师范大学学报（人文社会科学版）》2018 年第 3 期。

⑤ 谢清果、张丹:《礼之起源——中国古乐的媒介功能观新探》,《郑州大学学报（哲学社会科学版）》2019 年第 3 期。

⑥ 周伟业:《言行之间：华夏传播理论"行胜于言"的传播价值取向》,《华夏传播研究》2018 年第 2 期。

⑦ 崔炼农:《孔子思想的传播学诠释》,长沙：湖南大学出版社，2008 年。

⑧ 樊葵:《先秦儒学传播控制思想刍论》,《南昌大学学报（人文社会科学版）》2004 年第 20 卷第 1 期。

⑨ 雷大川:《权力即是情感:儒家政治社会化理念探析——兼论政治传播研究的新理路》,《辽宁师范大学学报》2009 年第 32 卷第 1 期。

一言丧邦"的传播观为例》① 以"萨丕尔—沃尔夫"假说为理论基石,阐述了儒家对语言传播的高度重视,并以此得出语言在传统文化中的媒介权力作用。马腾《孔子传播思想探析》② 对各种非语言符号的表意功能进行文化读解,进而提出"象、意统一的传播观"。仝冠军《孔子传播思想研究》③ 以《论语》文本为对象着重论述了语言的遮蔽性、工具性、有限性和无限性等问题。陈谦《从传播模式与功能理论看中国古代教化》④ 汲取英尼斯"媒介偏向论"这一思想资源,指出中国古代教化传播如何维持时间与空间的平衡。胡河宁、孟海华、饶睿《中国古代人际传播思想中的关系假设》⑤ 强调"关系"在意义生成中的作用,梳理了"仁""礼""忠恕""和为贵"等儒家思想在人际传播中作为"关系"的展开过程。朱鸿军、季诚浩的《经筵会讲:一种中国本土的政治传播仪式及其演变》⑥ 和白文刚的《简论中国古代核心价值观的经验启示》⑦ 等文章则以政治传播的视角审视古代传播。谢清果、米湘月《说服的艺术:华夏"察言观色"论的意蕴、技巧与伦理》⑧ 一文结合社会情境论与符号互动论阐释古代传播中的"察言观色"。吉峰《孔庙传播与儒家文化符号的关联度》⑨ 一文运用符号学原理阐释孔庙在儒家文化的政治传播功能。吴晓群、郭晓东的《论仪式学视角下儒家礼乐思想的解读》⑩ 运用仪式学解读儒家礼乐思想。此外,还有徐瑶、樊传果《论孔子的传播思想》、⑪ 郑博斐《在交往中实现自我与他者———孔子传播思想的核心内涵》⑫ 等文章均展现了对孔子及《论语》传播学的多样化探索。

随着中西文化交流的持续深化,"传播学研究中国化"在经历了前两个阶段将西方传播学理论作为"用",将中国传统文化资源视为"体",以"用"释"体"模式后,在孔子及《论语》传播学研究范围内出现了要求从中西文化更本源层次反思的

---

① 陈谦:《传播学视野中的中国古代政治——以"一言兴邦,一言丧邦"的传播观为例》,《东方论坛》2005 年第 4 期。

② 马腾:《孔子传播思想探析》,《东岳论丛》2005 年第 30 卷第 8 期。

③ 仝冠军:《孔子传播思想研究》,《山东理工大学学报(社会科学版)》2012 年第 2 期。

④ 陈谦:《从传播模式与功能理论看中国古代教化》,《中共南京市委党校学报》2008 年第 2 期。

⑤ 胡河宁、孟海华、饶睿:《中国古代人际传播思想中的关系假设》,《安徽史学》2006 年第 3 期。

⑥ 朱鸿军、季诚浩:《经筵会讲:一种中国本土的政治传播仪式及其演变》,《现代传播》2016 年第 10 期。

⑦ 白文刚:《简论中国古代核心价值观的经验启示》,《中华文化与传播研究》,2017 年第 2 期。

⑧ 谢清果、米湘月:《说服的艺术:华夏"察言观色"论的意蕴、技巧与伦理》,《现代传播》2019 年第 10 期。

⑨ 吉峰:《孔庙传播与儒家文化符号的关联度》,《重庆社会科学》2016 年第 12 期。

⑩ 吴晓群、郭晓东:《论仪式学视角下儒家礼乐思想的解读》,《华东师范大学学报(哲学社会科学版)》,2005 年第 4 期。

⑪ 徐瑶、樊传果:《论孔子的传播思想》,《中国传媒报告》2015 年第 3 期。

⑫ 郑博斐:《在交往中实现自我与他者——孔子传播思想的核心内涵》,《中华文化与传播研究》2014 年第 2 期。

"异音"。如单波、肖劲草《〈论语〉的传播智慧：一种比较视野》[①]一文，从对话、关系、互动几个层面论述《论语》与西方在传播智慧方面的差异。谢清果、祁菲菲的《中西传播理论特质差异论纲》[②]在中西文化的比较视野下，提出华夏传播理论"心传天下"的理论特质。阳海洪则在《"仁礼同构"："5W"模式下儒家传播思想的问题意识》[③]中一反全盘肯定儒家传播的常态，重估儒家尤其是孔子及《论语》传播思想的价值，认为儒家传播思想放弃了权力设计和求真目标，致使"中国民主、平等资源极为稀薄"以及"科学思维弱化与迷信权威意识盛行"。他又在《泛组织传播：对"孔孟"为中心的儒家传播思想考察》[④]一文提出以西方传播学中自我传播、人际传播、组织传播、大众传播的模式简单套用以"孔孟"为中心的儒家传播思想并不适合中国古代的传播活动，因为现代传播学是"西方现代理性精神的产物"，而中国古代传播"因个人权利的法理缺乏，个体、组织无法形成与'家国'相当的价值"，只能是一种特殊的"泛组织传播"。李庆林《论儒家的伦理传播观》[⑤]辨析了儒家传播观是"明伦"而非"求真"，最终得出这种传播观"是传统中国难以通过传播形成良性的知识生产秩序的一个重要原因。"贾奎林《先秦诸子传播理论普适性分析》认为："诸子传播理论发挥其补充西方大众传播理论不足，为建构中国传播理论体系奠定了理论基础。"[⑥]

在各种西学资源大量涌入中国的背景下，孔子及《论语》传播思想的研究路向有所转变，即由面面俱到、求全求大的思路转而开始向微观、专门化方向发展。例如这一阶段出现了大量从人际传播角度着手讨论的专著与文章。覃凤云《"君子"与"小人"：先秦儒家人际传播思想中的人格角色分类》[⑦]将儒家作为人际传播的范例，区别了"君子"和"小人"两种不同的人格角色。张景云《"五常"与儒家"慎言"传播思想》[⑧]认为"五常"（仁、义、礼、智、信）不仅是儒家道德的基本内容，也是规范人际传播的基本准则。卢峥《从传播学角度看孔子思想》，[⑨]毕琳、任欣《儒家思

① 单波、肖劲草：《〈论语〉的传播智慧：一种比较视野》，《国际新闻界》2014年第6期。
② 谢清果、祁菲菲：《中西传播理论特质差异论纲》，《现代传播》2016年第11期。
③ 阳海洪：《"仁礼同构"："5W"模式下儒家传播思想的问题意识》，《湘潭大学学报》2012年第36卷第3期。
④ 阳海洪：《泛组织传播：对"孔孟"为中心的儒家传播思想考察》，《温州大学学报（社会科学版）》2007年第20卷第5期。
⑤ 李庆林：《论儒家的伦理传播观》，《理论与现代化》2008年第5期。
⑥ 贾奎林：《先秦诸子传播理论普适性分析》，《现代传播》2011年第1期。
⑦ 覃凤云：《"君子"与"小人"：先秦儒家人际传播思想中的人格角色分类》，《东南传播》2012年第2期。
⑧ 张景云：《"五常"与儒家"慎言"传播思想》，《国际新闻界》2007年第2期。
⑨ 卢峥：《从传播学角度看孔子思想》，《昭通师范高等专科学校学报》2006年第1期。

想对人际传播活动的规范》，① 孙铭悦《先秦儒家思想的人际传播》② 等文章也都从不同角度论及儒家思想中的人际传播。同时，由于孔子创办"私学"的人生经历以及《论语》浓郁的教化思维，使得教育与教化传播成为孔子及《论语》传播思想研究的又一热门领域。杨小玲《"君子"与儒家教化传播思想——〈论语〉的传播学解读》③ 指出《论语》是中国古代较早阐述教化传播思想的重要文献，认为以孔子师生为代表的先秦儒家确立了教化传播的具体内含和特征。高长岭《兴观群怨——从传播学角度看孔子的诗歌教化思想》，④ 赵伟、孙晓莹《孔子教育传播思想与实践探析》，⑤ 穆冠成、王丽雅《浅析孔子教育传播思想》、⑥ 范渊凯《儒家伦理在当代大学生思政教育中的传播途径》⑦ 等文章也从文学、教育学方面对这两个问题进行了相关论述。除此之外，刘宏丽在《中国传统礼文化与敬谦语传播关系研究》⑧ 一文中指出敬谦语对礼文化传播中的媒介功能。陈薇《传统儒家文化模因西方传播的异化趋势研究》⑨ 就以模因论关照儒家文化传播。总之，对孔子抑或儒家文化的传播学研究呈现出多样化的视角。

当代新闻传播事业语境下孔子及《论语》的价值转换研究在这一阶段也表现得蔚为壮观，无论是量还是质方面较前两个阶段都有了明显提高。

一方面，社会民生事业的进步催生了电视、网络等大众传媒业务的繁荣，这一局面的形成从根本上说是传媒市场化的结果，但离开理论指导这一重要推手显然不能自圆其说。例如，吴雅思《传统儒家伦理的话语转换与对外传播》一文认为："将传统儒家伦理思想进行现代话语转换，结合时代特点进行对外传播，是当今我国增文化自信的必由之路"。⑩ 吉峰《中华传统文化传播研究举隅》、⑪ 严慧《儒家思想的

① 毕琳、任欣：《儒家思想对人际传播活动的规范》，《青年记者》2010 年第 35 期。
② 孙铭悦：《先秦儒家思想的人际传播》，《新闻世界》2010 年第 4 期。
③ 杨小玲：《"君子"与儒家教化传播思想——〈论语〉的传播学解读》，《当代传播》2011 年第 3 期。
④ 高长岭：《兴观群怨——从传播学角度看孔子的诗歌教化思想》，《新闻爱好者》2009 年第 21 期。
⑤ 赵伟、孙晓莹：《孔子教育传播思想与实践探析》，《沈阳师范大学学报（社会科学版）》2005 年第 29 卷第 5 期。
⑥ 穆冠成、王丽雅：《浅析孔子教育传播思想》，《管子学刊》2007 年第 2 期。
⑦ 范渊凯：《儒家伦理在当代大学生思政教育中的传播途径》，《江苏社会科学》2019 年第 6 期。
⑧ 刘宏丽：《中国传统礼文化与敬谦语传播关系研究》，《河南大学学报（社会科学版）》2010 年第 5 期。
⑨ 陈薇：《传统儒家文化模因西方传播的异化趋势研究》，《湖北社会科学》2014 年第 7 期。
⑩ 吴雅思：《传统儒家伦理的话语转换与对外传播》，《江西社会科学》2017 年第 5 期。
⑪ 吉峰：《中华传统文化传播研究举隅》，北京：九州出版社，2019 年。

现代阐释及"天下"传播》①以及张瞳《从〈中庸〉看儒家文化传播的现实意义》②等就重点关注中华传统文化的当代价值和现实意义。杨勇《〈论语〉的传播思想对科教电视节目的启示》③要求当今科教电视节目重读《论语》，借孔子传播思想这一"好雨"达到科教电视节目"润物细无声"的功效。王建军、刘晖《儒家传播思想与人文奥运关系的思考》④结合 2008 北京奥运会，认为儒家文化中"和谐""教化"等传播思想可以为"人文奥运"提供有价值的精神资源。张兵娟、刘佳静的《中国礼文化的影像传播与认同建构——以电视剧〈琅琊榜〉为例》、⑤《器以藏礼：中国玉器的传播功能及其当代价值》⑥以及张兵娟、夏语檬《乡土中国的家礼文化传播与认同建构——以纪录片〈记住乡愁〉为例》、⑦郭讲用《〈记住乡愁〉：儒家文化电视传播中的价值重构》⑧等文章阐释儒家礼文化在现代传媒中的价值体现。黄鸣奋《从电子媒体到数码儒家》⑨认为儒家当因应数字媒体兴起的时代进行有效转型。另外，黄海、刘吉发《儒家传播功能论的当代价值定位》，⑩王明伟《儒家"慎言"传播思想及其当代意义》，⑪陈新玲《儒家传播思想与当代新闻传播》，⑫陈燕、张文彦《孔子的传播活动与传播思想探析》，⑬陶雪玉《儒家传播方式探析》⑭等文章纷纷从儒家传播思想的某个或多个方面论述了孔子及《论语》传播思想对大众传播媒介主导下的当代新闻传播活动的启示及意义。

另一方面，孔子及《论语》价值转换研究还表现在社会伦理层面上的叩问和探讨。在当代，西方工业文明所导致的道德败坏、经济危机、资源枯竭、恐怖主义等

① 严慧：《儒家思想的现代阐释及"天下"传播》，《贵州民族大学学报（哲学社会科学版）》2014年第 6 期。
② 张瞳：《从〈中庸〉看儒家文化传播的现实意义》，《青年记者》2015 年第 7 期。
③ 杨勇：《论语的传播思想对科教电视节目的启示》，《当代电视》2011 年第 5 期。
④ 王建军、刘晖：《儒家传播思想与人文奥运关系的思考》，《哈尔滨工业大学学报（社会科学版）》2007 年第 9 卷第 2 期。
⑤ 张兵娟、刘佳静：《中国礼文化的影像传播与认同建构——以电视剧〈琅琊榜〉为例》，《新闻爱好者》2018 年第 4 期。
⑥ 张兵娟、刘佳静：《器以藏礼：中国玉器的传播功能及其当代价值》，《现代传播》2019 年第 2 期。
⑦ 张兵娟、夏语檬：《乡土中国的家礼文化传播与认同建构——以纪录片〈记住乡愁〉为例》，《郑州大学学报（哲学社会科学版）》2017 年第 6 期。
⑧ 郭讲用：《〈记住乡愁〉：儒家文化电视传播中的价值重构》，《当代传播》，2016 年第 3 期。
⑨ 黄鸣奋：《从电子媒体到数码儒家》，《中华文化与传播研究》2013 年第 1 期。
⑩ 黄海、刘吉发：《儒家传播功能论的当代价值定位》，《西安文理学院学报》2005 年第 8 卷第 3 期。
⑪ 王明伟：《儒家"慎言"传播思想及其当代意义》，《青年记者》2007 年第 22 期。
⑫ 陈新玲：《儒家传播思想与当代新闻传播》，《杭州师范学院学报（社会科学版）》2003 年第 6 期。
⑬ 陈燕、张文彦：《孔子的传播活动与传播思想探析》，《齐鲁学刊》2003 年第 6 期。
⑭ 陶雪玉：《儒家传播方式探析》，《广西民族大学学报》2009 年第 6 期。

社会流弊已成众矢之的，因此，革除西方知识主义中主客二分这一传统痼疾，择用东方伦理主义中蕴涵的精神资源来诊治现代文明杂症，已成为当下人们的不二选题。毛峰《回归道德主义：孔子文明传播思想论析》①一文立足于孔子"道德主义"立场，认为《论语》中包含的"既保障传播自由又高度重视传播责任、传播道德与传播自律"道德主义传播观是拯救"当代文明传播的失衡、异化、悖论与困境"的智慧泉源。另外，作者同年出版的《文明传播的秩序——中国人的智慧》②一书可以看作前文的扩容，该书反思了西方启蒙主义——自由主义文明传播机制引发的自然生态和社会人文危机这一结构性问题，认为儒家思想是人类传播的道德核心，振臂高呼应以儒家思想作为"今日世界沉迷物欲不可持久之种种危机的根本解药"。此外，学界还致力于发掘和阐扬中华传统文化在构建世界传播格局中的作用功能及价值意义，如谢清果《共生交往观的阐扬——作为传播观念的"中国"》③一文认为中华文明中所蕴含的沟通、合适、中和等共生交往观念如何成为中国介入世界的姿态。郭霞《"和合文化"传播与"和谐世界"构建》④亦提出中华传统文化中的"和合"思想对于现今和谐世界的作用与功能。

相比前两个时期，孔子及《论语》传播学史实研究的著作及论文数量明显增多，并呈现出更为自觉、针对性更强的特点。一些专门以孔子及《论语》为研究对象的著作或论文不断涌现，脱离此前只将孔子及《论语》作为一个章节，只求大求全收罗不顾精细阐发的模式。除余志鸿《中国传播思想史古代卷》⑤仍旧将孔子传播思想作为古代传播思想史的一个部分予以论述以外，其他专著及论文均专门以孔子或《论语》为研究对象，如孔健《阳光下的孔子：孔子与大众传播学》⑥一书着眼于《论语》文本，对孔子的传播活动、传播经验、传者素质、传播主题进行了系统梳理。杨尚鸿、唐晓红《传播学视野下的孔子》⑦将孔子的传播表达方式定位在"述而不作"，指出正是这样一种传播方式为中国文化提供了永不枯竭的思想源泉和巨大活力。另外，吉峰《传播学视阈下孔子文学思想传播渠道建构蠡测》，⑧左康华《以私学为代表的先

---

① 毛峰：《回归道德主义：孔子文明传播思想论析》，《南开大学学报（哲学社会科学版）》2005年第3期。

② 毛峰：《文明传播的秩序——中国人的智慧》，北京：中国传媒大学出版社，2005年。

③ 谢清果：《共生交往观的阐扬——作为传播观念的"中国"》，《西北师大学报（社会科学版）》2019年第2期。

④ 郭霞：《"和合文化"传播与"和谐世界"构建》，《山东师范大学学报》2007年第4期。

⑤ 余志鸿：《中国传播思想史古代卷》，上海：上海交通大学出版社，2005年。

⑥ 孔健：《阳光下的孔子：孔子与大众传播学》，北京：中国民主法治出版社，2009年。

⑦ 杨尚鸿、唐晓红：《传播学视野下的孔子》，《临沂师范学院学报》2007年第29期。

⑧ 吉峰：《传播学视阈下孔子文学思想传播渠道建构蠡测》，《莆田学院学报》2012年第19卷第3期。

秦儒学传播路径研究》，^①贾勤美《原始儒学时期儒家伦理的传播途径研究》，^②王靖宇《儒家思想的传播方式刍议》，^③陈岳芬《从〈论语〉解读孔子的传播思想》^④等文章大体上从政治游说、编纂史集、兴办私学等方面专门论述了孔子传播活动的史实。

总的来看，这一阶段孔子及《论语》传播学研究在前两个阶段的基础上不断走向深化，在传播思想研究、当代价值转换和传播史实研究方面都取得了一定的成果，但与前两个阶段相比，不足之处也很明显。比如在传播思想研究方面，虽然一些论点使我们认识到"传播学研究中国化"并非只是将西方理论简单地移植到中国文化资源之上，但这种只破不立的学术态度却难以达到逻辑的深化，形成持续的理论推演，这与第二个阶段的学科化努力和思想性建设是不能同日而语的。再比如当代价值转换研究方面，大多数研究往往只是将孔子及《论语》的传播思想与现实中的传播现象机械地凑合，缺乏理论建构能力和实践指导意义。

四

以上，我们按照三个序时段和三个主题的标准，从经、纬两个面向对新时期以来孔子及《论语》传播学研究进行了全面考察和立体透视。回顾这四十多年来，围绕"传播学研究中国化"，孔子及《论语》传播学研究首次将西方传播学大范围地、具体化到中国本土文化场域，开辟出一个重要的学术研究方向，并从无到有，从小到大，取得了显著的成绩。

进入21世纪以来，孔子及《论语》传播学研究面临着一些新的课题，但是，到目前为止这些新课题还未引起我们足够的关注和重视，至少在理论上是如此。比如前些日子闹得沸沸扬扬的"孔子学院事件"。我们知道，以孔子及《论语》为代表的儒家思想其精神向度表现为集体主义、道德意志、宗法、血缘，而西方文化传统则宣扬个人主义、知识理性、公共空间、契约。从整个事件的发展脉络来看，撇开中美两国之间的政治龃龉以及在合作上出现的一些技术性问题等外在因素不谈，我们是否已经估测了儒家思想的精神向度被西方社会文化吸收和转化的可能性与程度？我们是否考虑过儒家思想在国外传播语境中会不会发生某种变异或误读，以至于由一种具有仁、义、礼、智、信等诸多普世价值的思想学说变质为外媒所指责的"文化殖民"或"文化渗透"？再比如，随着社会的发展，孔子及《论语》的存在状态、

① 左康华：《以私学为代表的先秦儒学传播路径研究》，《东南传播》2011年第3期。
② 贾勤美：《原始儒学时期儒家伦理的传播途径研究》，《社会科学论坛》2005年第6期。
③ 王靖宇：《儒家思想的传播方式刍议》，《辽宁工学院学报（社会科学版）》2007年第9卷第3期。
④ 陈岳芬：《从〈论语〉解读孔子的传播思想》，《汕头大学学报（人文社会科学版）》2004年第20卷第2期。

传播方式发生了显著的变化，传统的孔子及《论语》传受模式由学堂、各大高校、各种研究机构变为人们日常生活中俯拾即是的大众消费品，《论语》语录出现在题写的楹联中，编排在世界名人的箴言中，书画挂历内嵌入了孔子及《论语》，《论语》搭上了公交快车，登上了"百家讲坛"，走进了网络。显然，这已不是一个如何阐述孔子及《论语》章句、如何理解孔子及《论语》文本的问题了，而是如何适应新的受众、新的审美群体、新的接受期待的问题，如何适应孔子及《论语》的生存环境，如何转变孔子及《论语》传播方式等种种问题了。这些现象和问题至少可以为孔子及《论语》传播思想、当代价值转换研究提供丰富鲜活的一手资料，但是孔子及《论语》传播学研究却显得很迟钝，没有及时跟踪和分析。这些都是今后的孔子及《论语》传播学研究需要面对和解决的新颖课题，而且在这些方面我们的研究应该会大有作为。

上篇　在历史与现实中
品味《论语》的传播智慧

专题一 《论语》的传播模式研究

　　诚然，如陈力丹所言，《论语》一书形塑了中华民族的文化心理结构，也在一定程度上演化为社会生活传播结构。千百年来，《论语》成为中国传统社会的圣经，它规范着国人的思想言行，形成了相对稳定的行为方式和处事方式，换言之，塑造了中国人独特的交往方式和社会治理模式。首先，其突出特点便是建构了"身—家—国—天下"的圈层社会传播结构，凸显了伦理德性在社会交往中的核心地位。其次，深入《论语》文本之中，我们不难发现，孔子的思想具有行动者的特质，就是强调人自身就是媒介，因为"人能弘道，非道弘人"。人在行礼释仁之中传播了光明的德性，感化他者，成就自己。又次，《论语》作为研究华夏传播理论的核心文本之一，乃在于孔子思想的核心——"仁"体现的正是关系与互动的传播学主题。孔子思想总在将心比心的对话情境中关爱他人，安顿自我身心，总是希望能够推己及人，成人之美，进而在礼乐传播的互动场景中完成教化目标，形塑造高尚人格。再次，《论语》彰显着儒家传者与受者兼顾的"风吹草偃"关系假说，即圣贤将其德行在社会行动中化为社会的共同行为准则，在情理交融中，实现了情感动员，将忠、恕之道树立为修身处事的两大取向，并以个体自我的力行向善作为一切改变的总源头在知行合一，共同以德相交，美美与共。最后，《论语》总是将国家治理与自我修身放在同等的位置来考察，并认为修身是起点，家庭关系是基本场域，社会关系则以诚信为本，而一切都将归于天下大治。因此，我们可以说，《论语》的传播模式是"心传天下"，核心是"德化天下"，实质是"和通天下"。

第一章　伦理权力化和权力伦理化：孔子思想对社会传播结构的影响

陈力丹

笔者就孔子的传播思想进行分析，指出，同代创制，主要完成的是将权力叠加于血缘关系上，即伦理权力化，孔子思想的建立及其为历代统治阶级所应用的过程，则把已存在的社会秩序赋予了合理的灵魂，使强硬的权力关系转化成伦理顺从，即伦理权力化。这一转化使攀附在血缘关系上的权力显得合理和温文尔雅。伦理权力化和权力伦理化自孔子始向个体进行灌输，最终变成了中国封建社会老百姓的道德自觉。作者还分析了孔子思想的结构和特征，及其在中国封建社会的思想控制中的强大功用。

报载，1994 年在曲阜为孔子 2445 年诞辰举行了盛大的祭祀活动。这不禁使人想起孔子，"君子疾没世而名不称焉"（《论语·卫灵公》）的感慨。他在世不得志，死时也没有任何谥号与尊荣。然而历史选择了孔子。从后世反观孔子，他当时处于中国文化的基本性格趋于定型的转折点上，在塑造民族文化心理结构（一定程度上也是社会生活传播结构）方面，他起的作用是其他思想家所不能比拟的。一个民族就像一个人一样，在世界观形成时期接受的东西将留下最深刻的记忆和最久远的烙印。因此，要了解中国古代社会生活的传播结构及其特点，有必要认真分析一下奠定了中国文化基础的孔子的思想。

1988 年出版的吴予敏博士的著作《无形的网络——从传播学角度看中国传统文化》（国际文化出版公司），为这种分析提供了重要的思路。这本书将中国的社会化传播结构分为三个领域：生命（生活）—传播结构、社会—传播结构、历史—传播结构（我看后两个结构归根到底从属于第一个结构），勾画出一幅完整的中国古代社会传播的立体图式。从远古到清末，从儒墨到道法，读了令人感悟颇深。可惜的是，作者关于中国传播结构的论证安排在最后一章，不到万字；关于孔子的传播思想，该书的评述仅有两页，均没有展开。但是，这本书的研究是开创性的，正是它启发我注意到中国古代社会生活传播结构在孔子那里的雏形。这里讲的"传播"，主要是社会文化意义上的传播（disseminate，散播、发散），也包括与此相关的较为具体的信息传播（communication）。

第一节　以人伦为基础的孔子的传播思想

中国殷商以前的社会生活传播结构，建立在对部落神、氏族神灵和图腾的崇拜基础上，辅以血缘辈分的自然序列秩序。通过超自然的神所形成的合法性信仰，比子代对父代的服从要牢固得多。那个时代的社会信息传递，从战争、生产到天象、祭祀等十二大类，神灵的启示无处不在。《尚书·洪范》云："立时人作筮：三人占，则从二人之言。"《史记·龟策列传》也写道：当时"王者决定诸疑，参以卜筮，断以蓍，不易之道也"。中国新闻史的教科书上列举的商代"占卜新闻"，其社会背景便是"神道设教"。

随着疆域的扩大，夏、商很不严格的"兄终弟及""父死子继"的权力转移，出现了愈来愈多的问题。首先是接替回数增多，在位时间短促，不利于巩固统治。其次是没有严格的嫡庶之分，引起无穷的权力之争，例如商代仲丁之后的九世之乱。疆域越广阔，出现这类情况对社会的威胁越大。周公吸取前朝的教训，从他本人做起，将血缘关系的自然序列化为严密的统治秩序。他相武王伐纣功劳最大，本可继武王之位，但他摄政立年幼的成王，最后还政于成王。严格的子继之法，还伴随长幼相及的嫡庶之别。上行下效，这种继统法渐渐在王公大夫以下的家族中，甚至在社会最低等级家庭中，都形成相同的宗法结构。[①] 这种制度从君统转为社会化的系统以后，以血缘关系为根基的宗法制逐渐形成，神灵宗教的地位下降。

在家庭中，父子、兄弟的关系是一种以血缘为纽带的交往关系。如果借用这样的关系确立权力的继承，小到族长的权力，大到皇帝的权力，那么一般的血缘交往关系在超出家庭而达于家族以外之时，就带有了社会化的统治色彩。近年很火的小说《白鹿原》，从传播学角度看，便是艺术化地描绘了家族这个较小范围内人们联系的亲疏变化，尽管它的故事背景是20世纪上半叶。

周代创制，主要完成的是将权力叠加在血缘关系上面，即伦理权力化，这实质上是很野蛮的。它还需要另一种工作，就是权力伦理化，给存在的社会秩序以合理的灵魂，使强硬的权力关系转化成伦理顺从。例如将儿子无条件服从父亲不仅解释为一种秩序，而且也是一种先天义务。如果个体能够潜移默化地在洒扫应对之中认

---

① 参见《左传·桓公二年》。

同这种秩序和义务，那么攀附在血缘关系上的权力便显得合理和温文尔雅了。在伦理权力化和权力伦理化的互动中形成一种理论体系，再去灌注到个体的灵魂中，让众生通过道德自觉，认同现存的统治秩序（也是一种信息传播秩序），这些周公制礼作乐后未竟的事业，由孔子大体完成了。他把人的情感、信仰、仪式这些宗教传播的要素，引导并消融在以亲子血缘为基础的人世关系之中。如果这算是一种哲学的话，它的特点就如一个美国学者讲的那样："中国哲学历来对人类的彼此关系以及人对周围环境的适应特别关注。"[①]

这一中国文化演变的最初选择，当时并不显得很重要。由于适合具体的国情，后来被逐步强化，显示出长久的生命力。于是，死后的孔子就变得愈加荣耀了。

任何一种传播结构，都离不开传者、受传者、传播情境和传播渠道（媒介）这四个基本要素。传播理论一般将传者和受传者的关系定为传达和反馈的关系，而情境和媒介是传者和受传者共享的。其实，即使是两个人为完成一项社会活动而进行的信息传播，也不会这样简单。他们必须确定关系和责任。如果扩大到社会生活领域，传者就变成了群体和历史文化的意志，而受传者则变成了个体，被置于一种"命定"的接收信息的地位。社会生活中传播的两级是不可能平等的，个体的社会化过程即是社会对他的同化过程，信息主导流向是朝向个体的。一位美国社会学家甚至这样写道："每个新生儿都威胁着社会秩序。他的生物潜在能力非常广泛和不确定，因此任何一个社会都不会不加引导而任其自由成长。"[②]社会已有的占主导地位的意志，必然引导个体顺从社会。在这种传播结构中，传者对受传者的传达形式是教化、引导、规范、制约；总体上的受传者，其反馈形式只有顺从和认同。"情境"在这时则表现为历史和现实的社会形态；"媒介"的含义也变得更为广泛，包括民族语言（世代的行为规范、价值观念、风俗习惯和情感态度都记录并保存在语言中）和社会独特的人际传播网络。个体在学习语言和文化知识的同时，受制于它们负载的文化规范。

这种社会生活传播结构，是各民族自文明以来都具有的。它的功能有两个，第一，个体与群体生存的协调；第二，社会既定意志对每个社会成员的塑造。在中国的这种结构中，基本没有占统治地位的神灵，而是将人伦关系神圣化（天人合一）。维护这种制度的以人伦为中心的儒家学说，带有宗教色彩，但它又始终不等同于宗教，因为人伦关系的现世化与宗教神灵永远不会完全重合。

据《诗经·尔雅》的解释，是石子投下水后形成的一圈一圈向外扩散的波纹。吴予敏将他论述的生命（生活）—传播结构图解为以"身"为中心的四个圈层，便体现

---

① 杰克·波德：《中国的古代神话》，中国民间文艺研究会：《民间文艺集刊》第 2 集，上海：上海文艺出版社，1981 年，第 299 页。

② 克特·W. 巴克主编：《社会心理学（中文版）》，天津：南开大学出版社，1986 年，第 38 页。

了中国社会生活领域信息传播的人伦性质。圈层的中心是"身"的层次，个体生命的实体；"身"外的层次是"家"，个体诞生、训育的起点和人生的归宿；"家"外是"国"的层次，个体生命意义、社会责任的实践场所；最外的层次是"天下"，生命的永恒寄托所在。这个同心圆的圈层结构实际上是孔子阐述的。他说："自天子以至于庶人，壹是皆以修身为本。""身修而后家齐，家齐而后国治，国治而后天下平。""修其身者，先正其心"（《大学》）。在这里，我们可以看到从个体的内向传播（自身传播）推及家族内部传播，再推及社会职责范围的传播，最后推及想象中"天下"的传播情形。这样的递进扩延结构，反映了中国古代个体生命活动和社会传播活动的同一性和依存关系。

第二节　孔子"身→家→国→天下"的社会生活传播结构

孔子言论最集中的《论语》，凡 492 章、1.27 万言，无处不在为确立这一传播结构进行论证。许多研究孔子思想的论著，都将他的思想核心归结为"仁"。许慎《说文解字》对"仁"的解释是："亲也，从二人。"它的原始意义，即二人以上群居在一起，自然融洽，相亲相爱，所以引申为亲。在孔子那里，"仁"被置于亲子之爱的情感心理基础之上，提升为涵盖所有人伦关系的一个概念，要解决的是个体如何与群体（社会）保持自觉的协调，个体如何完全投入群体。孔子为宗法制进行理论论证，因而必须强调人的社会性和人际交往规则，强调家、国、上下左右和尊卑长幼之间的秩序。在这个意义上，"仁"也可以说是孔子传播思想的核心。怎样做到按照宗法秩序（"礼"）来从事交往活动呢？孔子说："克己复礼为仁。一日克己复礼，天下归仁焉。为仁由己，而由人乎哉？"（《论语·颜渊》）"克己"即修身，如曾子所说，"吾日三省吾身"（《论语·学而》）。朱熹就孔子这句话特别写道："夫子曰，'为仁由己，而由人乎哉！'紧要处正在这里。"（《朱子语类·卷十二》）看来，愈到后世愈强调自觉的修身，因为这是在确认个体对主体文化的调适、确立社会生活传播的内在标准和起点。

修身的基本方法是"思"。思是一种由于外在信息刺激造成的"客我"与"主我"之间的交流。孔子在这个社会生活传播的核心圈层中，极为强调对信息的取舍，凡不合乎"礼"的，必须克制和泯灭掉。他那句名言"学而不思则罔，思而不学则殆"（《论语·为政》），就其一般的学习而言，很有道理。放在当时的背景下，则是要求主动用"礼"衡量外界信息。"子曰：诗三百，一言以蔽之，曰：思无邪。"（《论语·为政》)① 这就是孔子在"思"方面作出的榜样。如何思，他提出一系列要求："君子有九思：视思明，听思聪，色思温，貌思恭，言思忠，事思敬，疑思问，忿思难，见得思义"（《论语·季氏》）。几乎所有语言和非语言的传播，都必须按标准先"思"（《论语·修身》）。这个传统一旦建立，人心惟危，道心惟微，遇到问题只能企望通过道德修身重整了。

在《论语》中，"学"字遍及 43 章，共有 61 个，均为动词。学是个体接受新信息的过程，孔子关于学习的许多语录对于一般意义的学习，很有教益。但是，他讲的"学"，范围很有限。《论语》中关于"学"的内容，计有学文、学干禄、学易、学诗、学礼和学道等六种。显然，"学"这种接收信息的方式，在孔子那里只是达到内在人性的成熟和道德圆满的修养手段。

当人进入家族系统时，信息的传播带有明显的"亲亲"特征。血缘关系中的相互关心，特别是子女对父母的尊重和关怀，本来是各民族共通的，但孔子提出的"孝弟"要求，则远远超出了一般意义的亲子之情。它包括以下几层含义：第一，强调亲子关系中的秩序观念，而不仅仅是"养"。他说："今之孝者，是谓能养。至于犬马，皆能有养；不敬，何以别乎？"（《论语·为政》）朱熹对此的注释更清楚："甚言不敬之罪，所以深警之也。"（《四书·论语集注卷一》）这样，亲子间的信息传达关系，就成为永恒的上下尊卑关系。

第二，无限期延长父对子的观念影响。孔子说："父在，观其志；父没，观其行；三年无改于父之道，可谓孝矣。"（《论语·学而》）孔子的学生宰我，只因为居丧一年而不是周礼讲的三年，即被孔子批评为"予子不仁也"（《论语·阳货》）。问题并不是在于几年，他是要通过这样的规范，保证父辈修身正心的理念代代相传。

第三，通过这种人伦关系决定社会生活中信息传播的亲疏、远近。孔子说："因不失其亲，亦可宗也"（《论语·学而》），意思是依靠亲族里的人，才是靠得住的。当发生"家"与圈外信息的接触时，"家"的利益成为主体，凡不利于"家"的信息，孔子的意见是："父为子隐，子为父隐，直在其中矣"（《论语·子路》）。

第四，通过在家族圈层内确立"孝弟"观念，为其成员进入"国"的层次奠定言与行的基础。孔子说的"孝慈，则忠"（《《论语·为政》），"其为人也孝弟，而好犯上者，鲜矣"，"弟子入则孝，出则弟"（《论语·学而》）等等，便是这个意思。

孔子的"孝弟"观，为后来父权扩展为治权、治权带有父权色彩作了理论准备。由于有了高度理论化的伦理范畴，就可以依傍"孝弟"，以及忠、义等等来规范社会各分子间的关系，各种组织形式和生活形式，不是家族，也可以家族化；没有血缘

---

① 《诗经·駉》："思无邪，思马斯徂。"笺注："专心无复邪意也，牧马使可走行。"

关系，却可以宗法化。

在"国"的圈层里，信息的传播是一种放大了的"家"的圈层，因而人际关系被规定为孔子说的"君君，臣臣，父父，子子"（《论语·颜渊》）这八个字。既然君、臣都要与自己的名分相对，君在"国"中便是父的推及或象征，因而信息传播的前提是"正名"。于是，就有了孔子的名言"名不正则言不顺，言不顺则事不成"（《论语·子路》）。讲话的人要守规矩，听话的人也得遵循规范的信息渠道，否则，"道听而途说，德之弃也"（《论语·阳货》）。看来，使人在社会实践场所安于正规的信息渠道是孔子的理想。这个渠道就是皇帝与他的官吏，以及官吏间法定的上下联系。马克思谈到中国社会的传播特点时指出："就像皇帝通常被尊为全国的君父一样，皇帝的每一个官吏在他所管辖的地区被看作这种父权的代表。"这个系统是"这个广大的国家机器的各部分间的唯一的精神联系"。[1] 显然。马克思看得是很准的，正由于这是"唯一的精神联系"，因而处于这种联系中的每一句话，都事关"礼"。在这个意义上，孔子对"言"这种人际传播的主要方式十分谨慎。《论语》中"言"字遍及69 章，有 115 个，大部分是动词，小部分为名词。作为动词，几乎处处反映出"慎于言""言之不出"（《论语·里仁》）、"孙以出之"（《论语·卫灵公》）的思想。孔子说："仁者，其言也讱。"（颜渊）"讷，近仁"（《论语·子路》）。讱、讷，均为谨慎之意。"言"的样子和心态被提到"仁"的高度，"言"就必须处处符合"礼"，言出之"言"（名词）必须带有强烈的教化性质，或者直接为君、父发出的指示作解释，以维系社会的稳定。在这个意义上，孔子同意鲁定公的话："一言而兴邦，一言而丧邦"（《论语·子路》）。

不仅"言"，人用以接收和传播信息的其他行为，如"闻""见"，以及综合性的"知"，孔子同样对它们作出了种种限制，唯恐失于"礼"。"闻""见"二字在《论语》中遍及 76 章，"闻"有 57 个，"见"有 71 个。孔子主张"多闻""多见"，但条件是"阙疑"和"阙殆"（《论语·为政》），即回避怀疑的问题、避开危险的地方。他说："多闻，择其善者而从之，多见而识之，知之次也。"（《论语·述而》）他把闻、见的功夫视为仅次于生而知之者要做的事情，但目的是"闻一以知十"（《论语·公冶长》）。这里的"一"，指的是古代的范例，"十"指一切，即从古代范例中领悟一切。"知"字在《论语》中遍及 72 章，有 111 个。孔子讲的"知"的范围限于知礼、知乐、知德、知十世、知百世、知天命、知父母之年、知谛之说等等共计十八项，全部与知古有关，核心是"不知礼，无以立也"（《论语·尧曰》）。因此，他的名言"温故而知新"（《论语·为政》），是要求从有限的"故"中得出无限的新，新是

---

　　① 中共中央马克思恩格斯列宁斯大林著作编译局编译：《马克思恩格斯全集（第 9 卷）》，北京：人民出版社，1956 年，第 110 页。

旧的损益。"知"与"智"在《论语》里有的地方形同而义异，凡言"智"必导源于"知"，而"知"仅指知古，知古可以知今，知古等于全知。

社会生活传播结构中的"天下"层次，是建立在观念形态上的。孔子的理想化社会及其传播模式，便寄托在这个层次。"天将以夫子为木铎"（《论语·八佾》），那时孔子摇着木舌铜铃，召集听众，号令天下，将是何等威风的样子呀！

第三节　孔子传播思想的实用理性特征

孔子的传播思想以"仁"为核心，因而十分强调处理人际关系。从这里自然要导出中国文化的实用理性特征。周公从殷商神灵文化中解放出来的理性，因为处在以血缘和等级关系为纽带的社会中，便在"人事"、社会伦理问题方面发挥出它的能量。孔子在伦理权力化和权力伦理化的互动中，执着于人间世道的实用探求。他关于人际传播的论述，无处不带有宗法性、政治性的相互利用的功利色彩。例如他谈到君子与民之间的传播关系，这样写道："君子安其身而后动，易其心而后语，定其交而后求。君子修此三者，故全也。危以动，则民不与也。惧以语，则民不应也。无交而求，则民不与也。"（《周易·系辞传下》）这里的基本原则，便是欲先取之，必先予之。作为一种宣传术，他讲得颇有哲理，换个角度，这又是信息传播中的一种很实用的交换关系。关于孔子交往中的气度，子贡说："夫子温良恭俭让以得之。"（《论语·学而》）最后即落实到很实惠的"以得之"上了。

《论语·乡党篇》很生动地记载了孔子在外的言行。遇到乡里的长老，他尊敬得好像不会说话。与君主交谈，他脸色庄重，略显不安，表现出气不足的样子。朝中与上大夫（孔子的地位相当于下大夫）说话和颜悦色，与下大夫说话，则"侃侃如也"。受君命接待宾客，他步履敏捷，左右拱手作揖。这些自然是为了遵守"礼"的规范，同时也有很强的实用性。于是，后世的人们便以孔子为榜样，交际中如何"做人"成为必修课。

在一般的"人事"关系中，孔子也很注意交往本身的实用性。例如交友，这本是最常见的人际交往，孔子的"有朋自远方来，不亦乐乎"（《论语·学而》），是很有名的话。但若考证一下他和他的弟子们关于交友的论述，就会发现并非来个人就"乐乎"的。首先，"无友不知己者"（《论语·学而》）（不同不如自己的人交朋友）、"择不处仁，焉得知"（《论语·里仁》）（你选择的住处不与仁者在一起，怎么能说你是明智的呢）。第二，"朋友数，斯疏矣"（《论语·里仁》）（对待朋友，责备他，就会被疏远）。"子贡问友，子曰：忠告而善道之，不可则止"（《论语·颜渊》）。在这里，孔子的交往术又是很圆滑的。第三，交友必须达到内"仁"外"礼"。子夏谈到

"四海之内，皆兄弟也"，但他的前提是"与人恭而有礼"（《论语·颜渊》）。曾子很重视交友，他的意思是"君子以文会友，以友辅仁"（《论语·颜渊》）。"文"指的是关于周礼的文化知识，交友不是目的，达到"仁"才是真谛。第四，"言必信，行必果。硁硁然小人哉！"（《论语·子路》）过于看重交朋友的实用性，导出孔子这个看法是不奇怪的。孔子一言既出，后人的阐发便更为明确，如孟子的"大人者言不必信，行不必果"（《孟子·离娄章句下》）等等。

传达信息的得失，是孔子经常考虑的事情。他说："言者，风波也，行者，实丧（得失——引者注）也。夫风波易以动，实丧易以危。"他强调传达真实的信息。一次，孔子与楚国大夫沈诸梁聊天，谈到在两个距离较远的国家间传达信息，指出："凡溢之类妄，妄则其信之也莫，莫则传言者殃。故法言曰：传其常情，无传其溢言，则几乎全。"（《庄子·人间世》）看来，要求信息真实，也有很实际的意义，就是为了保住性命。

即使个性化很强的"乐"，由于它与当时的"礼"同格，便自然带有很强的实用性。孔子听了舜时的《韶》乐，甚至三个月不知肉味，称赞它"尽美矣，又尽善也"（《论语·八佾》），感到"洋洋乎盈耳哉"（《论语·泰伯》）。他这种对音乐传播的感觉，已经不在于音乐本身，而在于这个"乐"是"礼"的直接表现。孔子说："乐在宗庙之中，上下同听之，则莫不和敬。族长乡里之中，长幼同听之，则莫不和顺。在闺门之内，父子兄弟同听之，则莫不和亲。"（《白虎通德论·礼乐》）可见，他要求的是任何传播形式都用于"弘道"（《论语·卫灵公》），并且经世致用，发乎情，止于礼义。这样，后世便形成了文以载道、意在言外的实用性传播传统。

在下对上的交往中，孔子有个著名的"三愆"说，即"侍于君子有三愆：言未及之而言谓之躁，言及之而不言谓之隐，言未见颜色而言谓之瞽"（《论语·季氏》）。如果是观察信息接收者的心理，孔子讲得有道理；但作为下对上逢迎的手段，它的实用权术的意义似乎更大些。

孔子关于交往的各种议论，极富人情味，"言中伦"（《论语·微子》），充满温和的气度，但这只以符合"礼"为限，对越"礼"的传播行为，很少见到他的宽容大度，实用理性在这方面表现得更为强烈。他说："巧言令色，鲜矣仁。"（《论语·学而》）"巧言乱德"（《论语·卫灵公》）。他厌恶"称人之恶者"和"居下流而讪上者"，"恶紫之夺朱也，恶郑声之乱雅乐也，恶利口之覆邦家者。"（《论语·阳货》）主张"放郑声，远佞人"（《论语·卫灵公》）。在这方面，他是言行一致的。鲁定公十年春，孔子陪鲁君与齐君在夹谷相会，仅仅由于让优倡侏儒为国君们表演违反了周礼，"孔子趋而进，历阶而登，不尽一等，曰：匹夫而营惑诸侯者罪当诛！"于是，这些无辜的侏儒演员们竟被腰斩，"手足异处"（《史记·孔子世家》）。鲁定公十四年，孔子诛鲁大夫少正卯，他讲了五条杀人的理由："一曰心达而险，二曰行辟而坚，三曰言伪而辩，四曰记丑而博，五曰顺非而泽，此五者，有一于人，则不得免于君子之诛，而少正卯兼有之。"(《荀子·宥坐》)所有的理由都是他对言论的主观评判。看来，为确立宗法制的传播秩序，孔子开了以言治罪的头。此后这成了传统的统治术，并且有过之而无不及。例如荀子说："凡言不合先王，不顺礼义，谓之奸言。""圣王起，所以先诛也，然后盗贼次之。"(《荀子·非相》)

以孔子为代表的中国古代社会生活中的信息传播气质，清醒冷静而又温情脉脉，重视人际，讲求关系，即使因言而杀人，也是那样不动声色，将它融化在一片泛道德主义之中。这就是中国社会传播领域中特有的传统的实用理性。

第四节　无形的传播控制网络

孔子所有关于传播的论述，均被后世的儒家各派从不同方面加以发挥，深入社会生活的每一微小的领域。他提出的社会生活传播结构，主要依靠道德规范、行为习惯来维护那些不成文、不证自明的传播秩序，使社会的信息矢量达到整合。这种结构的运行和效果怎样？

在"身→家→国→天下"这个信息传播的顺序中，一环牵制一环，越处于圈层的中心位置，信息交流越带有内在模糊感悟的特征(修身)，人际交往的频率也越高(齐家)。大多数中国人生活在"家"的圈层中，这个圈层的传播活动极为丰富，规范(控制)也很多。通过各种礼仪、乡社、家教、职业团体、方术和确定的人伦关系，不断地重申既定的等级秩序、道德信条和群体理想，最终塑造了特定的人格及关系内容和方式。众多的传播活动使人具有了一系列情感特征，例如自尊心，自豪感、家国中心主义或乡土中心主义、深度的人际相互参与感(无隐私)。

处于各个圈层内的人们，信息交流模式相近，均以"我"和放大了的"我"(家、国)为中心，对外圈层的信息进行取舍，决不会顺应外部，而只想同化外部对象。所以，特别注重以周礼修身的孔子，在《论语》中有四次用不同语言表达了同一个思想："不患人之不己知，患不知人也"(学而，另见里仁、宪问、卫灵公篇)。目的即是同化对象。在《论语》和其他先秦典籍中，外族永远处于可疑的地位，总有"夷夏之辨"。与外部的文化交流，各民族和地方都有不同程度的"中心主义"，但中国古代的"中心主义"更为强烈，因为它被自身的社会生活传播结构不断强化着，为保持对外部的警觉，就需要特别强调内部关系的平衡、协调，强调圈内的个体服从整体。

这种传播结构的每一圈层内的交往形态，均有双重意义。内圈的观念、道德、风范等等，是进入外圈的基础。个体的人格可以放大为社会性情操，个体生活中的每一个微小细节，均可被赋予兴邦安国、平治天下等无法承负的伟大意义。孔子论君子与小人的话很多，事无巨细，都要分一分是否君子小人，便是由于他把社会生活和政治事务维系于个体（修身）的道德、好恶、观念。于是，后世便有了"君子→孝子→忠臣"和"小人→不肖子→奸贼"这样不证自明的推理模式。反之，这种结构中的人一旦在外圈层的活动不得志，又可心安理得地退到内圈，直至退到最里层，独慎其身。这也是中国的隐士多和"禅学"发达的原因。

正如吴予敏总结的，这种传播结构表现为信息的内敛性、文化的封闭性、圈层内的彼此渗透性和灵活的伸缩关系。内部交流趋于恒定、循环式。向外的推延，不是吸纳外界的新信息，而是将原有的储存的信息意蕴范围，人为地扩充、演绎为外圈的言行模式。

在这个传播结构中，每个圈层都有一个上对下的纵向传播系统（"身"的圈层表现为典籍所代表的观念从上面对在下的个体的传播），以保持圈层内部的稳定。这也是孔子规定了的，他说："君子之德风，小人之德草，草上之风，必偃。"（《论语·颜渊》）中国古代社会的舆论，实际上是由处于支配地位的长老或豪右控制着，他们通过舆论对圈层内部信息导向的控制是相当成功的。这种舆论的存在，加深了群体对个体的干预，是制约个体使之符合传统道德规范的最重要的措施之一，能举人也能杀人，因而便有了"人言可畏"的成语。

同样为保持圈层内的稳定，各圈层的横向沟通是被禁止的，或处于受监视的境地。孔子坚持非礼勿视、勿听、勿言、勿动，这个"非礼"，除了指内容外，也指非正常的传播渠道。到了荀子那里，则发展到明确规定不许横向串联。他说："流言、流说、流事、流谋、流誉、流愬，不官而衡至者，君子慎之，闻听而明誉之。"（《荀子·致士》）他不仅要求警惕不官而衡（横）的信息，而且还要求言听之于暗，而举之于明。

有人猜想，孔子以"仁"为核心的传播结构，由于把人置于"伦常日用之中"，人生理想满足于社会性的人群关系和日常交往，也许不会使中国人产生现代社会的那种人的孤独感；也许能够使人们在高度物质文明的条件下有一个愉快而和谐的现实精神的安息场所。也有人论证，这个传播结构虽然成功地使社会保持长久的稳定，但代价是牺牲了个体的尊严与主体自由。

无论怎样，吴予敏的书名"无形的网络"，概括得非常准确，它恰到好处地点明了自孔子始而逐步成熟的中国古代社会生活传播结构的实际功效。生活在孔子学说笼罩了两千年的土地上，感到非常舒服也好，感到愤愤然也好，反正逃脱不了下面的命运："一个社会内全部交往活动所携带的信息的总和就构成了该社会的现实的社会文化背景。个体处于交往中亦即自然地处于社会文化的背景中。"[1]

---

① 周文彰：《狡黠的心灵——主体认识图式概论》，北京：中国人民大学出版社，1991年，第189页。

第二章 人即媒介：孔子的文化传播实践及现代意义

杨柏岭

现有的孔子研究注重于其典籍整理、知识教学、思想影响功能等方面，而对其文化传播活动及社会意义，缺乏必要的关照。孔子作为一个智者的崇高地位，与其文化传播实践密切相关。身处文化断裂带来的传播境遇，孔子勇担文化传播使命，力主"人能弘道"，言传身教，提升传播主体的文化修养；游说、教学、修书，强化媒介品质；以礼为仪、以仁为人，突出成人之美的传播内容；述而不作、有教无类、循循善诱，不断探索传播者与受众之间交流互动的方法；孔子的文化传播实践实现了文化教育者身份与传播主体角色、传媒责任与历史使命的统一。这些对于当今的媒体从业者，有着深远的启示意义。

科技的发展带来当代媒介的迅猛变革，不断涌现的新媒介改变着人们对媒介服务环境的认知，从而催生了诸如"媒介即讯息""媒介是人的延伸"等现代传播学的主流论断。尽管这些话只是马歇尔·麦克卢汉的一种比喻，诚如他自己解释的他并非一个技术决定论者，因为"媒介即讯息""只不过是说：任何媒介（即人的延伸）对个人和社会的任何影响，都是由于新的尺度产生的"，[①]"说的其实是一套隐蔽的服务环境，由革新造就的隐蔽的服务环境；使人改变的正是这样的环境，而不是技术"。[②]即便如此，从"新的尺度""隐蔽的服务环境"等关键词中，依旧可以看出他的认识中具有媒介本体论的倾向。这一倾向直接导致了如媒介的影响大于讯息、工具（或技术）可以改变人类甚至是超过人类的创造等观念的滋生。

我们不回避麦克卢汉"媒介是人的延伸"之论，强调指出人在凭借技术实现身体的延伸，以及媒介并非外在于人的技术工具，乃是对媒介本质的一种现象学考察，

---

① 马歇尔·麦克罗汉:《理解媒介——论人的延伸》，何道宽译，北京：商务印书馆，2000 年，第33 页。

② 斯蒂芬妮·麦克卢汉等编:《麦克卢汉如是说：理解我》，何道宽译，北京：中国人民大学出版社，2006 年，第 163 页。

赋予了媒介的新"人学"意义，[①] 但毕竟"传播是信息或讯息交换，是一种活动"，[②] 人类才是这种活动的真正主体。同时，尤其要引起我们重视的，"所有当代的媒介和传播技术都看作人类基本的、与生俱来的传播能力的延伸""现代媒介技术只是最新的技术形式而已，虽然非常重要，但是并未超越远古人类的传播技术形式中已经包括的各种类型的语音、手势、戏剧和社会仪式"。[③] 人类在不同时期，都曾凭借"最新的媒介技术"实现讯息的交换，其中也曾有过将这些技术神话的体验与认知，但最终还是回到并守护住了以人为本的媒介本质论。因此，为了科学把握当今新媒体的人学意义，有必要研究历史上的传播现象和传播学者的思想，探寻人类传播行为中具有普遍意义的规律。

通过对孔子文化传播实践的考察，可以全面而系统地认识中国特色的以人为本的传播规律：既重视传播者文化修养的提高与知识结构的优化，也通过言传身教等方式强调"传播者即媒介"的意识；既通过人性与工具性的统一，强调媒介的文化品质建设，也不回避媒介的局限性；既重视传播内容的专业性学习与把握，彰显传播行为的功利性，也重视有利于受众接受讯息为目的的传播方式，强调以人的培育与塑造为己任的功能……孔子这种以人为本的文化传播实践，对丰富"媒介是人的延伸"等现代传播学论断、反思当前社会中"去品质化"的传播现象、加大"传播学本土化"的建设力度、优化当前传播学人才培养方案等，都具有一定的借鉴意义。

第一节　好学、修德与弘道：传播主体的身份界定

诗人屈原在《天问》中，曾向上苍发出了 174 个问题，开篇第一问"遂古之初，谁传道之"，便从人类文明史的书写角度表明了对文化传播主体的尊重。在人类文明的历史演变中，那些向人类播撒真善美的传播者总是被奉为带来光明的神灵或圣贤。可以说，传播者的知识水平、品德修养直接决定着其转播活动的社会价值、文化品质以及历史意义。历史地看，孔子的身份很多，然究其实质，他是一个深谙文化传播之道，并身体力行的文化传播学者。他自称"学而不厌，诲人不倦"（《论语·述而》），将知识修养的提升与传播有机统一，反映出他作为一个文化传播学者的身份定位。那么，从孔子的文化传播实践中，能获得哪些考察传播者提升文化修养的启示呢？这就是孔子始终通过提高作为传播者的专业性乃至品牌性，强化他作为有效

---

① 梅琼林：《透明的媒介：论麦克卢汉对媒介本质的现象学直观》，《人文杂志》2008 年第 5 期。

② 戴维·克劳利、保罗·海尔：《传播的历史：技术、文化和社会》（第五版），董璐等译，北京：北京大学出版社，2016 年，第 2 页。

③ 小威拉德·罗兰：《序言》，见戴维·克劳利、保罗·海尔：《传播的历史：技术、文化和社会》（第五版），董璐等译，北京：北京大学出版社，2016 年，第 2 页。

信源的强度，传递他认为有效的信息，实现他作为传播者的时度、信度和效度。

一、敏而好学、温故知新：传播者的知识素养

积累知识，提升文化素养的好学态度，既是孔子的生活习惯与精神品格，也是他能成为一名文化传播学者的前提。《论语·公冶长》记载，卫国人孔圉死后，谥号"文"，子贡向孔子表示了对这位乡贤谥号的质疑，孔子说，因为孔圉"敏而好学，不耻下问"，懂得如何培养自己的文化修养，"是以谓之'文'也"。可见，孔子对孔圉的评价，正是夫子自道，与他称许自己的好学精神十分一致。如云"我非生而知之，好古，敏以求之者也"（《论语·述而》）；"十室之邑，必有忠信如丘者焉，不如丘之好学也"（《论语·公冶长》）；"吾尝终日不食，终夜不寝，以思，无益，不如学也"（《论语·卫灵公》）；"学如不及，犹恐失之"（《论语·泰伯》）……在他看来，"好学"是进德修业，避免极端的唯一桥梁。《论语·阳货》中有一段孔子与仲由的对话：

> 子曰："由也，女闻六言六蔽矣乎？"对曰："未也。""居！吾语女。好仁不好学，其蔽也愚；好知不好学，其蔽也荡；好信不好学，其蔽也贼；好直不好学，其蔽也绞；好勇不好学，其蔽也乱；好刚不好学，其蔽也狂。"

好仁、好知、好信、好直、好勇、好刚等"六言"，乃人之六种美德，然若没有"好学"这个阶梯，则极可能依次滑向"愚""荡""贼""绞""乱""狂"等弊病。这段话虽是孔子对子路的因材施教之言，所说的也主要是礼度方面的规范要求，但举一反三，足见孔子对"好学"的重视。

孔子如此好学，除了一般意义上所认为的强烈的求知欲与进取心，以及"君子不器"（《论语·为政》）的人才观等，还有就是出于孔子要成为一名文化传播者的责任感。他有着以周文化的继承者与传播者的自觉意识，所谓"朝闻道，夕死可矣"（《论语·里仁》），等，反映出的正是他以传道授业解惑的"师"者身份，对传播者提升文化修养的迫切期待。事实上，正是得益于"学而不思则罔，思而不学则殆"（《论语·为政》）的好学慎思的品行，孔子的知识结构可以说达到了他那个时代最优化的状态。当时人所学的"六艺"，孔子均比较精通，而对诗、书、礼、乐、易的研究更是达到了专业水平。

二、见贤思齐、择善而从：传播者的道德修养意识

孔子有成为一名文化传播者的自觉意识，其不断提升自己文化修养、道德修养的言行，堪称中国特色的文化传播者的人格典范。在《论语·为政》中，孔子谈及自

己一生的修养进程时曾说："吾十有五而志于学，三十而立，四十而不惑，五十而知天命，六十而耳顺，七十而从心所欲，不逾矩。"可见，孔子历经了从自律到自觉的人生修养历程，这其中除了知识积累、政治觉悟、人生体悟等层面，还有就是道德境界。可贵的是，孔子将人生不断进取的发展意识，视为有品德者提升修养的重要品质——如此自觉、清醒地提升自我道德修养的发展意识，难道不令今人思考吗？

更值得称道的，孔子除了自我修养，还善于向道德者学习，并将此学习习惯视为君子之品质。这其中又分两种情形：一是"见贤思齐，见不贤而内省"（《论语·里仁》），明确表达向那些具有道德典范的精英者们的看齐意识，反之亦然。所谓"君子食无求饱，居无求安，敏于事而慎于言，就有道而正焉，可谓好学也已"中的"有道"，以及"甚矣，吾衰也，久矣，吾不复梦见周公"（《论语·述而》）中的周公便是其心仪的贤者。二是"三人行，必有我师焉。择其善者而从之，其不善者而改之"（《论语·述而》），指出在公众中选择善者的学习态度，反之亦然。所谓"子与人歌而善，必使反之，而后和之"（《论语·述而》），便是这个态度的反映。

在上述所引用语句的语境中，孔子所言"贤者"可谓"旗子"，"善者"近似于"尺子"，而"不贤""不善"可视为进德者内省的"镜子"，均是督促自我发展的"鞭子"。不过，在孔子看来，自我的发展又不能"徒欲以多闻多见为学"，他曾批评子张"务外好高""多闻多见之病"①云："盖有不知而作之者，我无是也。多闻，择其善者而从之，多见而识之，知之次也。"（《论语·述而》）不仅"不知而作"需要杜绝，而且即便择善而从的见闻之知亦为次，因为进德修业者的关键还是在于"能求诸其心"。②孔子曾自述其日常担忧之所在："德之不修，学之不讲，闻义不能徙，不善不能改，是吾忧也。"（《论语·述而》）《四书集注》引尹氏曰："德必修而后成，学必讲而后明，见善能徙，改过不吝，此四者，日新之要也。苟未能之，圣人犹忧，况学者乎？"③这正如孔子弟子曾子所说的"吾日三省吾身：为人谋而不忠乎？与朋友交而不信乎？传不习乎？"（《论语·学而》）的省思精神。

三、人能弘道，言传身教：传播者的媒介意识

人们常常将媒介视为外在于人的一种载体、渠道或工具，其实，人在创造、运用媒介的同时，始终与媒介处于共生状态，或是媒介的一部分，或直接扮演着媒介。而这正是孔子文化传播实践带给我们的重要启示。他明确指出："人能弘道，非道弘人。"（《论语·卫灵公》）"士不可以不弘毅，任重而道远。"（《论语·泰伯》）面对"道

---

① 王守仁撰，萧无陂校释：《传习录校释》，长沙：岳麓书社，2012 年，第 80 页。
② 王守仁撰，萧无陂校释：《传习录校释》，长沙：岳麓书社，2012 年，第 80 页。
③ 朱熹集注，陈戍国标点：《四书集注》，长沙：岳麓书社，2004 年，第 106 页。

之不行"的现实，孔子倡导一种主体自觉精神，人既是道的追求者、守护者，更是道的光大者。① 也就是说，在道与人的互动中，"人"要有成为"弘道"媒介的自觉意识。当然，孔子所谓"人"并非抽象的概念，而是内含着政治、道德标准的活体。孔子云："上好礼，则民莫敢不敬；上好义，则民莫敢不服；上好信，则民莫敢不用情。"（《论语·子路》）"君子之德风，小人之德草，草上之风必偃。"（《论语·颜渊》）强调了政治、道德地位不同的人的影响力的差异性。

由此，孔子构建了以"言传身教"为主要特色的文化传播思想，彰显了儒家对人这个传播媒介的重视。言传身教，建立在孔子知行合一的哲学思想之上。不过，在孔子看来，"身教"比"言教"更为重要，故而他更突出"行"的媒介价值。所谓"君子耻其言而过其行"（《论语·宪问》）、"先行其言而后从之"（《论语·为政》）、"古者言之不出，耻躬之不逮也""君子欲讷于言而敏于行"（《论语·里仁》）……一言以蔽之，"不能正其身，如正人何？""其身正，不令而行；其身不正，虽令不从。"（《论语·子路》）从这个角度说，文化传播工作者应当是个"师"者。纵观孔子的一生，他对学生的影响与教化，一部分是通过言传，通过学习古代文献、传授各种技艺，而更多的、更为深刻的则是身教。从传播规律上说，这就是将以人视为传播的重要媒介，传播者的修养及其"言传身教"的传播方式具有发挥传播者"威信暗示"的意义。事实上，从颜渊谓之"仰之弥高，钻之弥坚"（《论语·子罕》）、子贡赞之如日月"无得而逾焉"（《论语·子张》）、孟子评之为"出类拔萃，生民未有"（《孟子·公孙丑上》）等记载来看，孔子的媒介形象已实现了品牌传播的效果。而最形象的说法，则是仪封人叹之曰"天下之无道也久矣，天将以夫子为木铎"（《论语·八佾》），将孔子视为宣布政教法令，巡行振鸣的大铃——此可谓时人对孔子即媒介的典型比喻。

需要说明的是，"言传身教"虽是口语传播时代"人即媒介"的必然反映，但仍具有现实意义。除了具有提升传播者修养的一般意义，在当下，更具有一种特殊的针对性。在网络与社交化媒体占据绝对主导的新媒介环境下，口语传播正以一种视听共赏的方式备受青睐。一些"视频主播"们在网络视频的世界中，自认为的言是"空中语"，身是"虚拟形"，正以另一种"言传身教"方式在娱乐着、诱惑着受众，发挥着一种负面力量。因此，如何强化他们作为非职业的公众传播的媒介意识，我想这正是要关注孔子"人能弘道""言传身教"媒介思想的意义所在。

---

① 朱人求：《儒家文化哲学研究》，合肥：安徽人民出版社，2008 年，第 83 页。

第二节　游说、教学、修书与雅言：人之延伸的媒介品质

文明的演进与传播媒介的发展息息相关。可以说，一部人类文明史就是一部媒介发展史和变迁史。某个时代文化的传播性质和水平，与传播渠道、信道、传播工具等密切相关。在一定意义上，媒介品质决定着文化传播的速度、内容和范围。因此，人类为了使自己的文化"传之久远"，总是在寻求着最佳的传播方式和传播媒介；一个真正希望传播自己思想，而且相信自己的思想和研究对社会有益的学者，是一定不会忽视他所处时代先进的传播媒介。前文说过的，孔子倡导"言传身教"，彰显"人即媒介"的理念，便是在口语传播时代对媒介建设的体现。除此之外，孔子在选择游说、讲学、修书等传播方式时，同样彰显出对媒介文化品质建设的自觉意识。

先说"游说"。梁启超曾言："周既不纲，权力四散，游士学者，各称道其所自得以横行于天下，不容于一国，则去而之他而已。故仲尼奸七十二君，墨翟来往大江南北，荀卿所谓'无置锥之地，而王公不能与之争名；在一大夫之位，则一君不能独畜，一国不能独容'……"[1] 可见，先秦时期的游士学者的游说行为，可谓那个时代最流行的政治文化传播方式，接近上行传播活动，目的在于劝服有权者接纳他们的政治主张。而孔子"率领弟子，周游列国，作政治的活动，这也是后来战国'游说'的风气的创始"。[2]

据《史记·孔子世家》载，孔子的游历有两个阶段：一是鲁昭公时期，孔子三十岁前后的两次出访。先是由弟子南宫敬叔的推荐，陪同鲁君由鲁国向西"适周问礼"；次是三十五岁时，鲁国内乱，"平子与孟氏、叔孙氏三家共攻昭公，召公师败，奔于齐"，此后孔子适齐，与齐景公谈了他的政治主张。二是鲁定公时期，孔子率弟子周游列国。起因是孔子为鲁国内政外交做出了成就，由大司寇行摄相事。齐人闻而惧，以为"孔子为政必霸，霸则吾地近焉"，于是设计送女乐给鲁定公，致使定公"怠于政事"。由是，在子路"夫子可以行矣"的建议下，五十五岁的孔子离开鲁国，开始了十四年的游说列国诸侯的活动。

孔子的行进路线由鲁—卫—匡—蒲—卫—晋（临河而返）—卫—曹—宋—郑—陈—蔡—负函—卫—鲁。现在看来，孔子游说历时十数年，足迹不过今天山东省和河南省的范围，然就当时的交通条件而言，仍可谓壮举。通过周游列国，孔子的政治主张、学术思想得到了一定的传播。像卫灵公、齐景公、鲁哀公等执政者向他问政、问礼、问仁、问兵陈等；鲁国季孙氏、孟孙氏等权臣，抑或如晋国叛乱者佛肸

① 梁启超撰，夏晓虹导读：《论中国学术思想变迁之大势》，上海：上海古籍出版社，2001年，第20页。

② 张荫麟：《中国史纲》，北京：中国和平出版社，2014年，第90页。

等也向他求教、寻求帮助。值得注意的，在口语传播时代，孔子选择周游列国传播其政治主张，当是最佳的媒介方式。孔子甚至说过"道不行，乘桴浮于海"（《论语·公冶长》），足见他传播自己政治理想的决心以及对游说方式的重视。

次说教学。学校是培养人才的专门教育机构，学校教育是传播和生产精神产品的基本途径，更是在口语传播时代极佳的媒介方式。据载，我国夏、商朝已出现"庠""校""序""学""大学""瞽宗"等学校名称。西周时，学校制度初具规模……包括国学与乡学两个系统，前者设在周王城和诸侯国都中，后者设在郊外的乡、州、党、闾等地方行政区域之中。①无论是国学，还是乡学，均是官学，体现的是"官师合一""政教合一"的办学体制。

西周末期，"学在官府"的局面被打破，渐趋形成"天子失官，学在四夷"的新形势。而开办私学，正是孔子一生最得意之举。凭借这种下行传播方式，孔子的政治主张与学术思想得到了广泛传播。孔子大约在三十岁时便收徒讲学，终其一生，"弟子盖三千焉，身通六艺者七十有二人"，可谓"弟子弥众，至自远方，莫不受业焉"（《史记·孔子世家》）。值得注意的是，孔子在提升"授徒讲学"这个传播媒介的过程中，积累了诸多极具启示意义的经验：一是前文已说的，他通过进德修业的好学精神与言传身教的媒介意识，强化传播者主体的学术水平与文化素养；二是他开创了诸如"因材施教""不愤不启，不悱不发"等系列教育方法，深入到文化传播中讯息交换方法的本质；三是孔子率众弟子周游列国，既是一个流动的文化传播团体，也是一个流动的课堂，而频繁地在游历中授徒讲学，也是通过情境教学传播信息的一次突破；四是"自行束脩以上，吾未尝无诲也"（《论语·述而》），提出并实践了"有教无类"，扩大受众面的教育传播方针。

历来在讨论孔子办私学时，多强调他打破贵族对文化学习的垄断，开启"百家争鸣"局面，彰显思想自由、言论自由的意义。不过，与其他诸子略有不同，孔子授徒讲学的内容，主要"以诗、书、礼、乐教弟子"（《史记·孔子世家》），基本延续了西周以"六艺"为核心的教学内容。孔子的初衷不在开启言论自由，而是扩大受众面，以唤起更多的人对周代文化的认同与自信。如此，才能真正把握孔子提倡私人讲学这个传播媒介的历史价值，也才能理解他所谓"默而识之，学而不厌，诲人不倦，何有于我哉"（《论语·述而》），平生以知识的汲取与传播为己任的深层动力。

再次说修书。书籍的起源可"追溯到竹简木牍，编以书绳，聚简成篇"②的时代，书籍的出现反映出人们用文字记录知识、传播思想的自觉意识。限于当时生产力的

---

① 参见张岂之主编：《中国传统文化》第 3 版，北京：高等教育出版社，2010 年，第 167 页。

② 钱存训著，郑如斯增订：《印刷发明前的中国书和文字记录》，北京：印刷工业出版社，1988 年，第 59 页。

条件，有资格享用书籍这个传播媒介属于小众的权利，但文字毕竟是通过文明存储，实现异地传播，发挥"再现"功能的主要媒介，有着口语传播无法比拟的优势，故而三代时期极重史官文化，强调"动则左史书之，言则右史书之"（《礼记·玉藻》）的记事制度。然即便如此，盖其时还是存在如老子者"不以书籍所传言语为重"①的现象。据《史记·老子韩非列传》载，孔子适周，将问礼于老子，老子曰："子所言者，其人与骨皆已朽矣，独其言在耳。"老子此处所批评的正是以书籍所传之言为重的孔子。

孔子对书籍传播媒介的重视，一则反映在对古籍的整理与研习上。据考证，《诗》《书》《礼》《易》《乐》《春秋》之文古已有之，然"孔子之时，周室微而礼乐废，诗书缺"（《史记·孔子世家》），故而亲自整理，传之于世。从对古籍整理的力度上说，"孔子是历史上已知的最早的书籍编纂者，开山之功不可没"。②关于对书籍的学习，《论语·先进》曰：

子路使子羔为费宰。子曰："贼夫人之子。"子路曰："有民人焉，有社稷焉，何必读书，然后为学？"子曰："是故恶夫佞者。"

孔子之所以说子路派子羔作费地长官是害人弟子，批评子路"何必读书，然后为学"之论是巧语狡辩之言，均是因为他们不重视对书籍的阅读。又如《论语·季氏》记载，陈亢问于孔子的儿子伯鱼曰："子亦有异闻乎？"伯鱼回答，其父先是教他要学《诗》，因为"不学《诗》，无以言"；继而教他要学《礼》，因为"不学《礼》，无以立"。于是，陈亢退而喜曰："问一得三：闻《诗》，闻《礼》，又闻君子之远其子也。"孔子教子伯鱼与教弟子并无不同，其秘诀都是重视文献的阅读，注重书籍的教育传播作用。二则表现在对书籍文献功能的重视。孔子主张"博学于文，约之以礼"（《论语·雍也》），常征引古代文献说理，曾言："夏礼吾能言之，杞不足征也；殷礼吾能言之，宋不足征也。文献不足故也。足，则吾能徵之矣。"（《论语·八佾》）夏礼、殷礼之所以能言，是因为它们的文献相对充足；相反，杞国、宋国的礼制之所以无法证明，是因为文献不足。三则将典籍"教材化"，发挥其教育传播作用。他曾说："入其国，其教可知也。其为人也，温柔敦厚，《诗》教也；疏通致远，《书》教也；广博易良，《乐》教也；洁静精微，《易》教也；恭俭庄敬，《礼》教也；属辞比事，《春秋》教也。"（《礼记·经解》）像《论语·泰伯》说的"兴于《诗》，立于

---

① 柳诒徵：《中国文化史》（上），北京：中国和平出版社，2014年，第399页。
② 韩仲民：《中国书籍编纂史稿》，北京：商务印书馆，2013年，第39页。

《礼》，成于《乐》"，便是孔子在专业性的研习基础上，从文化教育的传播角度，为那个时代人才培育设置的核心内容（课程）以及阶段性安排。

第四，无论是游说、教学，还是书籍整理，都以语言为媒介之本。麦克卢汉说，语言是"伟大的、持久不变的大众媒介""既是一切媒介之中最通俗的媒介，又是人类迄今可以创造出来的最伟大的艺术杰作"。[①] 可以说，孔子对语言媒介传播效果极为重视，概括而言，有如下几点：

一则，规范了通行语的传播价值。针对"五方之民，言语不通"（《礼记·王制》）的现象，《论语·述而》曰"子所雅言，《诗》，《书》，执礼，皆雅言也"。郑玄注："读先王典法，必正言其音，然后义全，故不可有所讳。"[②] 所谓"雅言"，即正言，以此作为消解各地方言隔阂的通行语言，增强传播效果。雅言，除了正音、义，还有正名。孔子说"名不正，则言不顺……故君子名之，必可言也；言之，必可行也"，并明确提出了"君子于其言，无所苟而已矣"（《论语·子路》）的语言运用原则。

二则，守住了慎言的传播伦理。孔子屡次批评巧言，指出"巧言令色，鲜矣仁"（《论语·学而》）、"巧言，令色，足恭，左丘明耻之，丘亦耻之"（《论语·公冶长》）、"巧言乱德"（《论语·卫灵公》）、"道听而途说，德之弃也"（《论语·阳货》）。与此相对，他认为"仁者，其言也讱"（《论语·颜渊》）、"侍于君子有三愆：言未及之而言，谓之躁；言及之而不言，谓之隐；未见颜色而言，谓之瞽"（《论语·季氏》）……诸如此类，孔子之慎言说明追求传播效果，当以追求客观诚信的传播伦理为底线，这对当今"不好好说话"而一味追求轰动效应的网络用语现象具有积极的针砭意义。

三则，践行了文质彬彬的传播效果。孔子说："质胜文则野，文胜质则史。文质彬彬，然后君子。"这一人格理想反映在语言媒介的认识上，便是《左传·襄公二十年》所记录的孔子的话："志有之，言以足志，文以足言。不言，谁知其志？言而无文，行而不远。"这可谓孔子论及语言传播的重要理念，一方面认识到言语是思想传播的最基本的媒介，另一方面指出唯有言语的艺术表达，才能使传播更有效果，提出了寻觅最佳传播方式的需求。如此，我们才能更为准确理解"辞，达而已矣"（《论语·卫灵公》）这句话的深层含义。此句并非反对语言的"文"，而只强调语言为工具的意思，是在强调语言之"达"所需要的修养及其呈现的自由境界。所谓"夫言止于达意，则疑若不文，是大不然"，唯有"了然于心"又"了然于口与手"，"是之谓词达"，如此，"词至于能达，则文不可胜用矣"。[③]

———————
① 埃里克·麦克卢汉、弗兰克·秦格龙编：《麦克卢汉精粹》，何道宽译，南京：南京大学出版社，2000年，第424页。

② 阮元校刻：《十三经注疏·论语注疏》卷七，北京：中华书局，1980年，第2482—2483页。

③ 苏轼：《答谢民师书》，《苏轼文集》，北京：中华书局，1986年，第1418页。

至此，孔子或许不像今人如此看重媒介环境的影响力，但他出于扩大受众面的需求，选择游说、教学、修书等当时最先进的媒介，并对语言的传播价值、传播伦理及传播效果予以了深度思考，均可见一名文化传播学者对传播媒介品质的建设力度。然孔子并非媒介决定论者，他看重媒介作为人的延伸的积极意义，但其目的还在于传播以人为本的政治文化思想。

第三节　播知育德：成人之美的传播内容

历来学人多认为，孔子平生主要工作就是"删《诗》《书》，定《礼》《乐》，赞《易》象，修《春秋》，以祖述尧、舜，宪章文、武"，[①]指出他在传先王之道，行仁爱之政上的历史价值。同时，我们也熟知"孔子以诗、书、礼、乐教弟子"（《史记·孔子世家》），乃是"子以四教：文、行、忠、信"（《论语·述而》）的重人伦，倡教化的教育传播。故而，"子不语怪、力、乱、神"（《论语·述而》）、"未能事人，焉能事鬼""未知生，焉知死"（《论语·先进》），又云"鸟兽不可与同群"（《论语·微子》）……这正印证了威尔伯·施拉姆的名言："我们既不完全像神，也不完全像动物。我们的传播行为证明我们完全是人。"[②]可以说，孔子的文化传播正是以人生实际问题为内容的，"是世俗的而非宗教的，现实的而非虚妄的"[③]……因而，始终能坚守人的本体地位，作为传播者或受众并没有也不会成为媒介的工具。

一、言必有中的意图传播

传播意图是传播内容的要素之一，"夫人不言，言必有中"（《论语·先进》），既反映了孔子"慎言"的传播媒介观，更是他关注传播意图的准确性、方向性的体现。在他看来，只有"言必有中"的有效传播，才是传播价值的真正实现。故而，他既说"不言，谁知其志"（《左传·襄公二十年》），给予"言"的地位，然"志"才是"言"以及有文之言的对象，于是他又说"巧言令色，鲜矣仁"（《论语·学而》），"言"只是媒介，不能以媒介遮蔽其传播"仁"的目的。由此，孔子屡屡批评那些利口善变，却"言不由衷"或"言未有中"者，这其中也包括他的弟子如言语科的高才生子贡、宰予等。如，当他看到宰予昼寝，气愤而言："朽木不可雕也，粪土之墙不可杇也。"甚至说："始吾于人也，听其言而信其行；今吾于人也，听其言而观其行。"

---

① 石介：《与士建中秀才书》，曾枣庄、刘琳主编，四川大学古籍整理研究所编：《全宋文》第15册，成都：巴蜀书社，1991年，第213页。

② 威尔伯·施拉姆：《传播学概论》，北京：新华出版社，1984年，第39页。

③ 毛礼瑞：《从方法论谈孔子教育思想的古为今用问题》，中华孔子研究所编：《孔子研究论文集》，北京：教育科学出版社，1987年，第237页。

究其原因，乃是"于予与改是"。（《论语·里仁》）反之，则多加鼓励与褒扬。故当有人说"雍也仁而不佞"，孔子反驳道："焉用佞？御人以口给，屡憎于人。不知其仁，焉用佞？"

　　舆论导向是传播意图的本质显现。孔子生活在诸侯放恣、百家争鸣、处士横议、舆情丛生的年代，若想做到传播意图"言必有中"在方向上的准确性，那就必须控制舆情，掌握好舆情导向。对此，孔子有着清晰的认识。一则十分注重舆情调研，无论是"求之与"，还是"与之与"，"夫子至于是邦也，必闻其政"（《论语·学而》）；而了解人，必"视其所以，观其所由，察其所安"（《论语·为政》）……如此，在引导舆论时便可有的放矢。二则深入认识到舆情产生的社会机制，既云"天下有道，则庶人不议"（《论语·季氏》），又云"邦有道，危言危行；邦无道，危行言孙"（《论语·宪问》）；前者指出庶人之议多滋生于无道之世，后者从君子避祸角度，同样强调了舆情与政治关系。三则明确指出了传播者担负舆情导向的责任，在他看来，"攻乎异端，斯害也已"（《论语·为政》），像前文分析的慎言、雅言等，以及"子不语"之类，均是典型例证。四则我们对孔子通过理性诉求影响受众的接受判断比较清楚，其实，孔子也擅长通过情感诉求直接影响受众的情绪，劝服受众，及时控制舆情走势。[①] 譬如，《论语·雍也》记载，孔子求见俏丽风情的卫灵公夫人南子，子路不悦，认为这是不正当之举。于是，孔子连忙发誓说"予所否者，天厌之，天厌之"，试图规避子路所挑起的舆情的风险。当然，孔子通过情感诉求引导舆情的方式，更多的还是一种情中之理的劝服。像"孔子谓季氏：八佾舞于庭，是可忍也，孰不可忍也"的舆情引导，就是典型的案例。

二、知德并举的品质传播

　　在儒家传统教育中，传播讯息须遵循真善美的统一。这个传统就是从孔子较早确立的。譬如，孔子在传播《诗三百》时说"《诗》可以兴，可以观，可以群，可以怨，迩之事父，远之事君，多识于鸟兽草木之名"（《论语·阳货》），典型地揭示出先秦用诗的审美、教育、认识功能。结合孔子文化传播实践，有几点值得关注：

　　一则遵循"博学于文，约之以礼"的制度保证。孔子曾检验自己教育子路的效果时说："由，诲女知之乎！知之为知之，不知为不知，是知也。"（《论语·为政》）这种实事求是的求真态度甚至达到了极其谨慎的地步。这尤其反映在为政之道上，如子张学干禄，孔子教导说："多闻阙疑，慎言其余，则寡尤；多见阙殆，慎行其余，则寡悔。言寡尤，行寡悔，禄在其中矣！"（《论语·为政》）既要多闻多见，又要搁

---

　　① 关于情感诉求、理性诉求的劝服受众的话题，可参见卡尔·霍夫兰、欧文·贾尼斯等：《传播与劝服：关于态度转变的心理学研究》，张建中等译，北京：中国人民大学出版社，2015 年，第 57 页。

置不懂之处，只谨慎地传播和践行所知的东西，而不作虚妄之言行。

不作虚妄之言行，仅有求真精神还是不够的，还须有制度保证。《论语·子罕》记载，达巷党人曰："大哉孔子！博学而无所成名。"子闻之，谓门弟子曰："吾何执？执御乎？执射乎？吾执御矣。"面对人们对他博学而未能以专学名家的质疑，孔子一个"吾执御矣"的自我调侃，实则透露出他并不在乎凭借博学成名，而在乎他是个敬礼的引领者。明乎此，便可理解孔子告诫弟子们的话："博学于文，约之以礼，亦可以弗畔矣"（《论语·雍也》）。

可以说，在文化传播实践中，"述而不作"的孔子并不在意控制话语的提出权，但极为注重健全与执行知识传播、引领舆论导向的体制机制，以及掌握辨别是非的解释权。因此，他特别重视"礼"在文化传播中的作用，主张用"礼"来统一思想、引导舆论。在别人看来，"礼"只是空洞的仪式，但孔子认为"礼"是价值观的体现，有着鲜活的生命。而对"礼"的守护，关键在于自己，《论语·颜渊》记载，颜渊问仁，子曰："克己复礼为仁。一日克己复礼，天下归仁焉。为仁由己，而由人乎哉？"颜渊曰："请问其目。"子曰："非礼勿视，非礼勿听，非礼勿言，非礼勿动。"这可谓"约之以礼"的具体说明，同时也从传播制度、机制层面，道出了传播意图所需遵循的伦理规则，如此方不会做出离经叛道之举。

二则践行"道之以德"的教育责任。孔子罕言利，《论语·里仁》曰"放于利而行，多怨"，循利行事，必然会带来天下非议的舆情氛围。不过，孔子在以求真精神传播"真理"的同时，除了重视意图传播的指向性目的，还十分强调传播内容的功用性价值。只是此时的功用性，已非"小人喻于利"的物质之利、私人之欲，而是"君子喻于义"（《论语·里仁》）的行仁义之道的"大利"。如他说："诵诗三百，授之以政，不达；使于四方，不能专对。虽多，亦奚以为？"（《论语·子路》）这一方面反映孔子尊重当时"用诗"的传统，另一方面说明孔子固有一种学以致用的教育传播观。

这其中，道德教育处在孔子政治思想及文化传播的首位。在他看来，"有德者必有言，有言者不必有德"（《论语·宪问》），始终将发挥道德的引导力量视为传播者的责任。唯有认识到"为政以德，譬如北辰居其所而众星共之""道之以德，齐之以礼，有耻且格"（《论语·为政》），如此传播才是一种有内涵、有品质的传播。故而，他在传播《诗》时，以标举一义的口吻言道："《诗》三百，一言以蔽之，曰'思无邪'。"（《论语·为政》），在"言与德"结构中明确"德"的指向。事实亦如此，如子夏问曰："'巧笑倩兮，美目盼兮，素以为绚兮'。何谓也？"子曰："绘事后素。"曰："礼后乎？"子曰："起予者商也，始可与言《诗》已矣。"可见，孔子以绘画为喻，在遵循教学相长的教育传播规律下，秉承美质为先、文饰为后的原则，解读了《诗》的传播内容。如此，孔子的传播虽不一定是《诗》之本义，但确实彰显了一名文化传播者的道德责任感。

三、尽善尽美的人格传播

孔子有言"君子成人之美，不成人之恶"（《论语·颜渊》），但并非无原则地投人所好，而是以仁心帮助他人成为仁人。在孔子看来，"当仁，不让于师"（《论语·卫灵公》）、"求仁而得仁，又何怨"（《论语·述而》）……而《中庸》说"仁者，人也"，可见，"仁人"就是孔子心中有完全人格的人。当然，对于极重言传身教，以己为媒介的孔子而言，欲使受众成为"仁人"，作为传播者首先须成为"仁人"。从这个意义上说，孔子平生的传播活动所追求的是一种人格传播。他曾言："吾道一以贯之。"曾参解释云："夫子之道，忠恕而已。"（《论语·里仁》）"仁"的内容是"克己复礼"，所以"忠恕"既是为"仁"之方，也是克己复礼之方。① 如此，我们便能理解孔子所说的"己所不欲，勿施于人"（《论语·颜渊》）的内涵。此句表面上在"反传播"，实则所不欲之己乃是符合"仁人"的标准，反过来说，就是"己欲立而立人，己欲达而达人，能近取譬，可谓仁之方也矣"（《论语·雍也》）。由此，孔子以道德力量引领社会舆论，传播文化，目的是以自我修养实现民众人格的塑造。

自我完善，直至达到完全的人格，既是孔子文化传播的内容，也是其社会理想的内核。由此，可深入理解传播的人学本质：一方面，媒介是人的延伸；另一方面传播内容是延伸的人。从《论语》来看，他所谓"仁"，"几乎是包括了做人的全部规范，它包括忠、恕、孝、悌、智、勇、恭、宽、信、敏、惠等等"。② 这些规范乃是孔子对真善美追求的反映。结合《论语》的相关记载，"孔子的人生境界（或圣人的境界）是由'求真'到'得美'而'行善'，即由'真'而'美'而'善'"。③ 这一方面说明儒家的境界观是关于个人的知识修养与道德修养的问题，另一方面也进一步证明了孔子遵循了文化传播的规律。即以讲真事、讲真话、讲真理为前提，通过讲文采、讲趣味，传播符合道德要求的善的文化。

至此，一个具有文化品位的传播行为，其突出的表征应在于负载于媒介符号中的信息价值。由孔子在文化传播实践中，所践行的言必有中的意图传播、知德并举的品质传播、尽善尽美的人格传播，反观当前传媒界某些浮躁的现象，传播内容文化品位的缺失就是突出的表现。就当前新闻传播人才培养而言，提高教学质量的目

---

① 冯友兰：《中国哲学史新编》第1册，北京：人民出版社，1982年，第151页。
② 汤一介：《孔子》，中华孔子研究所编：《孔子研究论文集》，北京：教育科学出版社，1987年，第72页。
③ 汤一介：《当代学者自选文库（汤一介卷）》，合肥：安徽教育出版社，1999年，第589页。

的，绝不仅仅是向传媒界输送掌握采、写、编、评、摄、播等技术的熟练的工作人员，而是输送具有高水平文化修养的新闻传播人才。如此，才能成为文化的真正传播者。

第四节　循循然善诱人：直面受众的传播方式

传播是"一个心灵影响另一个心灵的全部程序"，[①] "人在世界上的作用，最重要的是交流"，[②] 由此亦可进一步理解"媒介是人的延伸"的传播本质。不过，"主体际困境"一直是人类传播哲学的最大难题之一。在文化传播的实践中，孔子遭遇过"再逐于鲁，伐树于宋，削迹于卫，穷于商、周，围于陈、蔡之间"（《庄子·山木》）等多次的"交流的失败"，甚至被郑人形容为"累累然若丧家之狗"（《史记·孔子世家》）的媒介形象。即便如此，孔子对人类交流的可能始终充满信心，将潜心学习，悉心传播视为自己的人生责任与为人品质；孔子此番努力也得到了受众的礼赞，像颜渊就喟然叹曰"夫子循循然善诱人，博我以文，约我以礼，欲罢不能"（《论语·子罕》），道出了师生心灵互动交流的一面。

一、述而不作：秉承传统的文化劝服

孔子的文化传播实践，主要选择了论述、讲授、编纂典籍的传播形式，并将这种传播方式总结为："述而不作，信而好古，窃比于我老彭。"（《论语·述而》）关于这一点，读者们常常将孔子视为极度尊古守旧之士，然而，孔子信而好古的"述而不作"，实则也是一种"以述代作"的传播方式。可以说，在文化传播实践中，孔子秉承着传承文化的使命感，已经认识到并试图处理好文化认同与文化批判之间的关系。

一方面，孔子"继承、总结了原始社会后期以来和夏商周三代的文化传统"，[③] 认为"殷因于夏礼，所损益，可知也；周因于殷礼，所损益，可知也；其或继周者，虽百世可知也"（《论语·为政》），古今文化制度虽于形态上有所损益，却有内在的连续性。这其中，孔子尤其表现出对周朝文化的认同感，指出"周监于二代，郁郁乎文哉，吾从周"（《论语·八佾》）。然而另一方面，孔子并不认为周制是永恒的，是尽善尽美的，也并没有否定创新，"温故而知新，可以为师矣"（《论语·为政》），要求

---

① 美国传播学者沃伦·韦弗语，转引自《新编公共关系学》，北京：中国审计出版社、中国社会出版社，2001 年，第 366 页。

② 特伦斯·霍克斯：《结构主义和符号学》，上海：上海译文出版社，1987 年，第 127 页。

③ 张岱年：《孔子与中国文化》，《当代学者自选文库：张岱年卷》，合肥：安徽教育出版社，1998 年，第 373 页。

接受者"告诸往而知来者"(《论语·学而》)。因此,孔子"述而不作",绝不是简单地重复历史,而是精心选择历史,从古代历史中找到他自己内心中的永恒——"道"。事实亦如此,孔子传承的是周代礼乐文化,但正是由他将"礼"上升为儒家的仁学。

从传播学上说,孔子述而不作的诲人不倦态度,其主要目的在于劝服。劝服,"它是有意图的传播,是由某种信源所作出的单向尝试,以便在接受者方面造成效果。但是由于说服通常是通过人际传播渠道而进行的,有些来回往返的相互作用便往往发生在说服过程之中。"①孔子"吾从周"之"从",除了顺从,还有传播之意。而孔子选择"述而不作""以述代作"的文化劝服方式,也是其传播思想的反映,乃是针对当时乱世的社会背景和民众接受心理做出的选择。一则人们总是对已成形历史事物有发自内心的认同感,孔子"述而不作",便是立足这个心理,借助"重言",叙说上古帝王贤圣的功过得失,发挥传播的劝服功能。二则,"天下有道,丘不与易也"(《论语·微子》),孔子面临着新旧递变的文化断裂阶段,从而滋生出上天赋予自己"信而好古"、传播文化的使命意识。于是,当他在文化传播中遭遇交流困境时,便说"不患莫己知,求为可知也"(《论语·里仁》),甚至说:"文王既没,文不在兹乎?天之将丧斯文也,后死者(孔子自谓)不得与于斯文也;天之未丧斯文也,匡人其如予何!"(《论语·子罕》)文王既没,大道在我!正是在这种信念的驱使下,他一生致力传播"先王之教","笃信好学,守死善道"(《论语·泰伯》)。

二、诲人不倦:有教无类的传播态度

我们多次提到,孔子谈到自己社会角色时,屡言自己只不过是一名"学而不厌,诲人不倦"的文化教育传播者,所谓"若圣与仁,则吾岂敢","抑为之不厌,诲人不倦,则可谓云尔已矣"(《论语·述而》)。这虽是自谦之辞,但确实道出了实情。若从孔子这一身份的自觉意识出发,我们可以对歧解甚多的《论语·学而》首则作出新释。此则曰:"学而时习之,不亦说乎?有朋自远方来,不亦乐乎?人不知而不愠,不亦君子乎?"我们认为,这是孔子立足传播情境,交代了自己作为传播主体所应有的"君子"式修养境界:首句对眼前的受众而言,说看他们不断温习自己传授的知识所获得的幸福体验;次句就远处的受众而言,说因自己的传播者品牌效应吸引了远道而来的志同道合者所获得的满足感;第三句就传播者而言,说当自己遭遇传播的无效性时所具有的不愠心态……由此可见,"诲人不倦"乃是以受众为本的传播态度,反映出传播者在传播过程中的愉悦感与执着品格。

同时,孔子诲人不倦之精神还表现在"有教无类"(《论语·卫灵公》)的立场上。

---

① E.M. 罗杰斯:《传播学史:一种传记式的方法》,殷晓蓉译,上海:上海译文出版社,2002 年,第 378 页。

类，既有类别之意，也有相同或相似的意思。前者侧重在选择受众时的无差别现象，后者指受众在教育传播之后的一致性，合起来就是，孔子主张广泛地选择受众，并通过教育传播，使他们均成为"君子"。对此，孔子表现出极大的热情，化为其诲人不倦精神之动力源泉。于是，当遭遇弟子们怀疑他传播知识有所隐瞒时，他立即回应道："二三子以我为隐乎？吾无隐乎尔。吾无行而不与二三子者，是丘也。"（《论语·述而》）再次将自己定位为诲人不倦的教育传播者。

有鉴于此，我们完全有理由怀疑孔子"民可使由之，不可使知之"（《论语·泰伯》）之言的真实性。因为发扬诲人不倦之精神，创办私学，坦言"自行束脩以上，吾未尝无诲焉"（《论语·述而》）的孔子，不可能说出这类带有"愚民政策"倾向的言论。抑或此句可句读为"民可，使由之；不可，使知之"或"民可使由之？不。可使知之"，方与孔子思想一致。

三、因材施教：尊重差异的沟通之道

"对传播的评价不仅取决于传播内容，还取决于受众本来的偏好和传播者表明意图之间的矛盾。"[①] 对此，孔子有着深入的认知，也有着丰富经验。或是据受众思想水平、接受能力予以阶层性、类别式的划分，传播不同的内容，采取不同的沟通方式，所谓"中人以上可以语上也；中人以下，不可以语上也"（《论语·雍也》）。或是据传播情境的不同，有意识地控制传播者的媒介形象，以及传播的对象、内容和方式等，所谓"孔子于乡党，恂恂如也，似不能言者。其在宗庙朝廷，便便言，唯谨尔"，"朝，与下大夫言，侃侃如也；与上大夫言，訚訚如也。君在，踧踖如也，与与如也"（《论语·乡党》）。

而孔子对受众的关注，最为人们称道的则是他因人而异的传播路径。阅读《论语》便知，孔子十分清楚众弟子的性格、智力、能力、志向、兴趣、专长或不足，乃至学习态度、习惯等。像他对仁、义、礼、智、信等核心思想，多未下定义，而是据不同情境，对不同的人作出不同的解释，目的就在处理好传播者表明意图与受众本来偏好之间的矛盾，追求传播的最佳效果。正是基于这一点，北宋程颐在解释《论语·为政》"子游问孝""子夏问孝"时说："子游能养而或失于敬，子夏直义而或少温润之色，各因其材之高下与其所失而告之，故不同也。"[②] 孔子这种从受众的个性差异出发实施教育传播的做法，乃是其人性论的深入体现，进一步证明人是孔子文化传播的出发点与归宿点。

① 卡尔·霍夫兰、欧文·贾尼斯等：《传播与劝服：关于态度转变的心理学研究》，张建中等译，北京：中国人民大学出版社，2015 年，第 21 页。

② 朱熹：《四书章句集注》，北京：中华书局，2011 年，第 57 页。

四、不失人亦不失言：举一反三的交流之法

孔子主张身教高于言传，"无言"①才是他理想的传播境界。然"人"本质上是需要说话者，孔子的"予欲无言"既在强调人之身教的重要性，也是屡遭言之无效的挫败感的反映。从本质上说，传播并非单向度的传者输送与受者接受，而是一种双向交互影响与交流对话的过程。因此，孔子在现实的文化传播实践中，依旧十分重视传播者与受众之间互相"解惑"的过程。孔子曾说："不愤不启，不悱不发。举一隅不以三隅反，则不复也。"（《论语·述而》）这就是由传播者到接受者以及二者之间双向交流的过程。为了实现这个目的，孔子还提出了一些具体的方法。如，"能近取譬，可谓仁之方也已"（《论语·雍也》），像《论语·子罕》中"逝者如斯夫"的流水，"譬诸德政"的松柏等，以日常生活事例为喻，达到传播与劝服的目的。又如，针对"女以予为多学而识之者与"的疑问，孔子提出的"非也，予一以贯之"的信息提炼办法。"一以贯之"，就是传播者或接受者经过思维的筛选，将所传播或接收的信息提炼成一个精粹的认识。孔子本人极善此道，如以"仁"概括人之美德，以"思无邪"概括《诗三百》等；他的学生也多有高手，如曾参以"忠恕"归纳孔子的学说，子贡以"温良恭俭让"论述孔子的品行，等。

传播是交流，需要双向的主动性。前文从传播者角度讨论得比较多，其实，"循循然善诱人"的孔子特别重视受众的接受态度与能力，如此才能实现"告诸往而知来者"（《论语·学而》）的传播效果。他曾以"语之而不惰者，其回也与"（《论语·子罕》）表扬颜渊，树立了一个倾听者的榜样。而当冉求曰："非不说子之道，力不足也。"孔子则说："力不足者，中道而废，今女画。"这其中既有对冉求的鼓励，也有对冉求将接受困难的原因推向客观的不满。当然，选择受众的对象以及说话的内容，也是有标准的。对此，孔子有过精辟的总结："可与言而不与之言，失人；不可与言而与之言，失言。知者不失人亦不失言。"（《论语·卫灵公》）从不能轻易放弃交流的对象，不可不顾交流对象而胡言，到将尊重交流对象与言语的内容视为"知者"的内涵，可见孔子对言传育人的重视——所谓"不失言"其本质仍在于"不失人"。

诚如梁漱溟所言"孔子以前的上古文化赖孔子而传""孔子以后数千年文化赖孔子而开"，②面对文化的传承与创新，孔子述而不作、诲人不倦、有教无类、因材施教，乃至提出"不失人亦不失言"的要求，围绕传播者与受众之间的心灵交流，既塑造了自己，也培育受众，更是树立了儒学旗帜，延续华夏文化。通过对孔子文化传播

---

① 《论语·阳货》：子曰："予欲无言。"子贡曰："子如不言，则小子何述焉？"子曰："天何言哉？四时行焉，百物生焉。天何言哉？"

② 中国文化书院学术委员会编：《梁漱溟全集》第7卷，济南：山东人民出版社，2005年，第296页。

实践的考察，可见，人必须生活在文化传统中，接受文化教育的权利是公民的基本权利；"媒介是人的延伸"，但传播者即媒介，传播内容应是延伸的人，传播的目的也是为了人的"延伸"……只有以人为本，才能真正发挥传媒在文化传承与文化建构上的双重功能。

第三章　关系与互动的智慧:《论语》传播观念的中西比较

单波　肖劲草

《论语》是孔子的弟子及其后学对孔子言行思想的记录,是中国人的必读书,也是西方理解中国的必读书,其中蕴含的传播思想已为学界认知,[①]但这种认知偏重宏观而失之微观,偏重于道德概念而失之于传播智慧的发掘,偏重纯粹的中国视野而失之于比较视野,这就使得《论语》难以成为在人类传播实践层面可以分享的智慧。

《论语》的传播智慧围绕"仁"展开。"仁"的基本内容是相亲、相敬、相爱,其展开的形式是人与人之间的传播。《论语》里没有与"communication"相对应的词,但其中所讲的"传""言""交""风""察""观"等从不同层面触及了符号、言语、理解、互动、关系、影响等含义,呈现了中国式的传播智慧。本章试图在文本与语境理解的基础上,以古希腊的经典文本为参照,在比较中呈现《论语》的传播智慧,建构中西方传播智慧的对话关系。

第一节　对话的智慧：创造理解、反思和领悟的契机

传播是以符号言语交换思想或观念,也是我们理解他人,并使自己为他人所理解的过程。对话是言语交流和符号交流的主要方式。在对话中,人们言说、聆听、观察、反馈,是人们互相影响,相互理解的重要方式。《论语》的 500 余章是孔子与弟子对话的结果,直接以对话形式出现的有 140 余处。同古希腊苏格拉和柏拉图的对话相比,《论语》中的对话篇幅短,回合少。单回合对话有 70 余次,超过三个来回的非常有限。对话以"仁"为主题,涉及"礼""政""君子"等内容。对话的

---

① 参见成中英: Chinese Philosophy and Contemporary Human Communication Theory,收录于 *Communication theory: eastern and western perspective*(Edited by D.Lawrence, San Diego, Calif. ; New York: Academic Press, c1987);吴予敏:《无形的网络》,北京:国际文化出版公司,1988 年;朱传誉:《先秦唐宋明清传播事业论集》,台北:台湾商务印书馆,1988 年。

参与者有孔子、孔门弟子、君卿大夫、朋友、隐士等。在对话中，孔子一方面传播"仁"的价值，让他人接受"仁"的精神以及相关理念，另一方面则是指导他人践行"仁"。

孔子对话的特点是什么呢？第一、在对话中，孔子较少通过逻辑推导和理性劝服来传播价值，而是以对话指引人们去体会生活、反思生活，从中获得启发。人们需要在对话中或对话后"反求诸己"才能有所领悟。对话的功能是开启一个理解和领悟的契机，而非以严密的论证直接显现传播的内容，说服对方接受。这一过程不是纯粹的理性思辨，情感等因素也会参与进来，追求"心安理得"，"合情合理"，"通情达理"的精神境界。最能体现这种方式的对话当属《论语·阳货》章中关于"三年之丧"的问答。在对话中，宰我认为守孝三年会导致礼乐崩坏，引起严重的社会后果。孔子不同意宰我的观点。但孔子没有寻找宰我推论的漏洞，没有例举守孝三年的重要性，也没有以理性辩论的方式进行反驳，而是问宰我在情感上安宁与否。这个过程需要人"扪心自问"，并调动回忆，释放情感，进行对比。孔子在问完安与不安后，举出了君子在服丧期间的恰当表现和幼儿需要三年才能离开父母的怀抱这两点，来帮助对话的参与者领悟"守丧"，即践行仁的价值所在。如果对话的参与者仍无动于衷，无所领悟，多余的言辞也就毫无意义。

另一例证是孔子在《论语》中经常使用设问、反问的方式启发思考。首先，设问和反问促使被问者停顿，帮助其同惯常的信念和思维拉开距离，为反思创造机会。其次，孔子在反问之前一般会有所铺垫，提供一处思考的起点。《论语》中的反问有 50 余处，如下几处颇具代表性："学而时习之，不亦说乎？有朋自远方来，不亦乐乎？人不知而不愠，不亦君子乎？"（《论语·学而》）"人而不仁，如礼何？人而不仁，如乐何？"（《论语·八佾》）这种走向内省的提问，引人思考，是人促进理解的重要方式。

《论语》中对话的第二个特点是对"言"的限定。根据杨伯峻《论语译注》的统计，"言"在《论语》中出现了 126 次，其中以"言语"的名词形式出现了 59 次，[①]表示有口才的"佞"字出现了 8 次。[②] 然而《论语》对"言"的使用非常谨慎，要求言行一致，反对语言的滥用。首先，由于价值传播不能仅凭说理和启发，需要传播者身体力行，让受众在实践中认可。"花言巧语"，"言行不一"是自身没有德性的表现，不利于价值的传播。所以孔子说"焉用佞？御人以口给，屡憎于人"（《论语·公冶长》），"巧言令色，鲜矣仁"（《论语·学而》），"刚、毅、木、讷，近仁"

---

① 杨伯峻：《论语译注》，北京：中华书局，1980 年，第 246 页。
② 杨伯峻：《论语译注》，北京：中华书局，1980 年，第 240 页。

（《论语·子路》），"仁者，其言也讱"（《论语·颜渊》），"巧言乱德"（《论语·卫灵公》），要求形式与内容的匹配，即所谓的"文质彬彬"（《论语·雍也》）、"辞达而已矣"（《论语·卫灵公》）。

其二，在《论语》中，语言不是存在的家园，只是启发的桥梁和阶梯，理解需要在生活体验和反思中获得，因此语言的地位不是根本性的。正所谓"天何言哉？四时行焉，百物生焉，天何言哉？"（《论语·阳货》）

第三个特点是《论语》提示我们注意接收的智慧。对话不仅包含着说，还有"听""闻""观""察"等。其一，人应多听，遇见有疑问的地方要学会分辨。例如，"多闻阙疑，慎言其余，则寡尤"（《论语·为政》），"多闻，择其善者而从之"（《论语·述而》）。对话中不宜急于发言或反驳，而应该多思考，善于取其精华，学会"阙疑"，能"视其所以，观其所由，察其所安"（《论语·为政》）。因此，在孔子看来，最能把握其微言大义的不是擅长辞令的宰我和子贡，而是会听会琢磨的颜渊。① 其二，除言语交流外，对话还包含情绪、情感的交流，对话者要善于全方位的观察，正所谓"察言而观色"（《论语·颜渊》）、"听其言而观其行"（《论语·公冶长》）。

使用"精神助产术"（midwifery）来对事物进行定义是苏格拉底② 式对话的主要特点。在《美诺篇》（*Meno*）中苏格拉底探讨美德的定义，在《拉凯斯篇》（*Laches*）讨论勇敢的定义，在《斐德罗篇》（*Phaedrus*）里讨论什么是真正的修辞学，在《游叙弗伦篇》（*Euthyphro*）中讨论何为虔诚，在《理想国》（*Republic*）中讨论什么是正义，什么是善。正如伯姆所说："对话如同流淌于人们之间的意义溪流，它使所有对话者都能参与和分享这一意义之溪，并因此能够在群体中萌生新的理解与共识。"③ 在这里，新共识和新理解以知识的形态出现。

与《论语》中的师生问答式的对话不同，"精神助产术"的特征是对话各方围绕同一主题④ 进行问答，揭示日常信念中的荒谬⑤ 和漏洞，"从我们表象经验中的特殊成分引导出朴素地存在于我们意识中的某种普遍的东西"，⑥ 推进对现象的理解，从特殊走向一般。在《回忆苏格拉底》（*Memorabilia*）、《理想国》中，苏格拉底非常典型地运用了该方式讨论"正义"：

---

① 子曰："语之而不惰者，其回也与？"（《论语·子罕》）子曰："吾与回言终日，不违，如愚。退而省其私，亦足以发，回也不愚。"（《论语·为政》）

② 在柏拉图早期的对话中，苏格拉底表述的是苏格拉底本人的思想，而中后期以苏格拉底为名出现的言说者表达的则是柏拉图的思想。由于本章的主题并非研究苏格拉底和柏拉图各自的传播思想，所以不对两者进行区分。文中所说的苏格拉底皆指柏拉图笔下以苏格拉底之名出现的谈话者。

③ 戴维·伯姆著，李·尼科编：《论对话》，王松涛译，北京：教育科学出版社，2004 年，第 6 页。

④ 是否围绕同一主题进行对话，是"精神助产术"和漫谈的重要区别。

⑤ 荒谬是因为这些信念同当时社会环境中的经得起反思的直觉相矛盾。

⑥ 黑格尔：《哲学史讲演录》（第二卷），贺麟、王太庆译，北京：商务印书馆，1960 年，第 58 页。

苏格拉底：虚伪、欺骗、奴役是正义的吗？

尤苏戴莫斯：不是正义的。

苏格拉底：奴役非正义敌国的人民，在作战期间欺骗敌人是正义的吗？

尤苏戴莫斯：是正义的。

苏格拉底：是不是可以说虚伪、欺骗用在敌人身上，属于正义行为，用在朋友身上属于非正义行为？

尤苏戴莫斯：是的。

苏格拉底：如果一个将领看到他的军队士气消沉，就欺骗他们说，援军快要来了，因此，就制止了士气的消沉，是正义的吗？

尤苏戴莫斯：正义的。

苏格拉底：一个儿子需要服药，却不肯服，父亲就骗他，把药当饭给他吃，而由于用了这欺骗的方法竟使儿子恢复了健康，这种欺骗的行为是正义的吗？

尤苏戴莫斯：正义的。

苏格拉底：你是说，就连对于朋友也不是在无论什么情况下都应该坦率行事的？

尤苏戴莫斯：不是的。如果你准许，我宁愿收回我已经说过的话。[1]

通过上面的例子我们可以看到，"精神助产术"注重表述的清晰，分类讨论和逻辑推理，力求在语言中准确的传达意义，逐步超越纷繁复杂的具体现象，增进人们的理解，把握共同的东西。

"精神助产术"被用来探寻知识，修辞学则被用来传递知识。智者是苏格拉底和柏拉图学术上的竞争对手。他们的特点是善于使用语言技巧，利用受众的情感和心理因素说服对方，传播知识不是其所谓"修辞学"的目的。苏格拉底、柏拉图、亚里士多德反对这种罔顾真理、颠倒是非的，只顾自圆其说，以迎合公众为目的不惜抛弃真知的"修辞学"（267A—269C，272C—273C），[2]认为真正的修辞学一方面要研究受众的特点，知道"划分谈话的类型和灵魂的类型，以及灵魂受影响的各种方式，解释产生各种情况的原因，就每一种灵类的灵魂适用哪种谈话提出建议，说明要在一个灵魂中创造信念或在另一个灵魂中产生不信要用什么话"（271B），[3]另一方面也

---

① 在原文中该段对话较为烦琐，为了突出苏格拉底对话的特点，现将其简要缩减。色诺芬：《回忆苏格拉底》，吴永泉译，北京：商务出版社，2009 版，第 145—148 页。

② 柏拉图：《柏拉图全集》（第 2 卷），王晓朝译，北京：人民出版社，2003 年，第 186—189、194—195 页。

③ 柏拉图：《柏拉图全集》（第 2 卷），王晓朝译，北京：人民出版社，2003 年，第 186—189、194 页。

需要知道事物的本性，知道如何按本性划分事物的种类，知道如何把个别事物纳入一个普遍的类型，以便受众把握（273E）。①真正的修辞学尊重真知，传播真知。亚里士多德继承和发展了柏拉图对于修辞学的看法。在《修辞学》(Rhetoric)中分析了传者的性格，受众的性格，受众的情绪和心理特点，传播的题材，演说的风格和方法等传播的各项因素，及其之间的关系。

综上所述，孔子和苏格拉底、柏拉图、亚里士多德②选择了不同的对话方式。对孔子而言，对话的功能在于创造理解、反思和领悟的契机，对话者需要反求诸己才能读取意义，意义的传达具有一定的模糊性和开放性，意义没有完全固定在语言中。可以说《论语》中的对话"意在辞外"，"言有尽而意无穷"。苏格拉底、柏拉图和亚里士多德重视理性和逻辑，力求在言语中清晰准确地阐明意义，将意义准确地固定在语言中，注重分析传播过程中的各类因素和它们之间的关系，让语言最大限度地发挥探索和传达意义的作用，可以说是"意在辞中"。另外，双方都反对"以辞害意"。《论语》忌讳言语同行为的不一致，造成传播者本身不能践行其所持价值的印象。古希腊思想家所忌讳的是言辞脱离知识，一味地迎合受众，要求表达方式应和内容匹配。其三，苏格拉底，柏拉图和亚里士多德基本上是站在传播者的角度来研究说的智慧，《论语》则注意到受众视角和听的智慧。

第二节　关系的智慧：将亲情推广到各类人际关系中

Communication是把互不关联的现实世界的各部分联系起来的过程，因此，也是建构关系的过程。《论语》中虽无"关系"一词，但讨论关系的篇章众多，君臣、父子、兄弟、朋友、师生关系皆有涉及。其中22处直接讨论孝道和父子关系，11处涉及君臣关系，7处涉及兄弟关系，13处涉及朋友关系。纵向的父子关系是《论语》关注的重点，也是各类社会关系的基础。人伦政治是《论语》讨论关系的主要视域，而经济关系、商业关系在《论语》中基本没有涉及。

那么，人伦政治关系对生活的意义中的地位如何？《论语》认为世俗关系是生

---

① 柏拉图：《柏拉图全集》（第2卷），王晓朝译，北京：人民出版社，2003年，第186—189、196页。

② 在具体层面苏格拉底、柏拉图、亚里士多德三者对待"对话"的态度也存在差异。苏格拉底完全使用对话的方式来探讨真理；柏拉图在前期的文本中比较多的使用对话，但在后期则更多地选择以独白的形式来表达思想；亚里士多德则放弃使用对话的形式来表述思想，其关于对话的思想主要体现在他对修辞的研究中。

活意义发源的土壤，它们对于人来说是内在的。① 从正面讲，"仁者，人也"（《礼记·中庸》）。从字源上看，"仁"意味着"二人"，代表着人与人的关系。孔子说："夫仁者，己欲立而立人，己欲达而达人。"（《论语·雍也》）这里"立人""达人"是同"立己""立人"同一过程。生活意义在这一过程中生长，根植于关系。修养身心不仅在于提升个人德性与境界，更在于有所行动，促进他人发展。故而当子路问君子时，孔子回答"修己以敬"，"修己以安人"，"修己以安百姓"（《论语·宪问》）。

就关系的建构而言，儒家以人伦关系为基础，以源于人伦关系的"仁"作为调节关系的规范，逐步向外拓展社会关系。由于中国当时为宗法血缘社会，社会关系同家族关系结构相似，② 又因为"孝悌"是孕育"仁"的源头，所以搞好家族关系对处理其他人际关系极为重要。正所谓"其为人孝弟，而好犯上者，鲜矣；不好犯上，而好作乱，未之有也。君子务本，本立而道生。"（《论语·学而》）另外，由于治理者的言行有示范效果，所以他们做好"慈孝"对于维护社会关系更为重要。③

就关系本身而言，《论语》重关系的情感性。首先，《论语》要求人持有一种爱人的态度，对他人抱有情感。正所谓"仁者爱人"，④ "凡爱众，而亲仁"（《论语·学而》）。《论语》里讲"四海之内，皆兄弟也"（《论语·颜渊》），到了孟子那里便是"老吾老以及人之老，幼吾幼以及人之幼"（《孟子·梁惠王上》），将源于血缘的亲情推广到各类人际关系中，使各种人与人之间都带有一种温情色彩。后世儒者更发展出"民胞吾与"的天下情怀。其次，《论语》重道德情感对关系的支持。好的关系要求对方拥有相应的德性，而德性要求人们拥有相应的道德情感。在"三年之丧"的对话中，宰我能够心安理得地支持不守三年之丧，无愧疚之情，缺乏相应的道德情感，所以孔子认为宰我不仁。在讨论"孝"时，《论语》认为仅有赡养父母的行为是不够的，子女还应对父母怀有"敬"的道德情感，⑤ 做到行为与情感的匹配。⑥

与《论语》将生活意义植根于世俗伦理政治关系中不同，古希腊有着"爱智"

---

① 安乐哲、罗思文：《〈论语〉的哲学诠释：比较哲学的视域》，北京：中国社会科学出版社，2003年，第25页。

② 社会的统治者类似于家族中的治理者，但《论语》并未直接将社会的统治者直接比作"父"，也没有直接提出"移孝作忠"，"事君如事父"的理念，而是经常将君臣关系同朋友关系类举，如"事君数，斯辱矣；朋友数，斯疏矣"（《论语·里仁》）。君臣之间应有某种独立性，君对臣善意的忠告也应适可而止，和后世臣子以死相谏的观念不同。参见李泽厚，《论语今读》，天津：天津社会科学院出版社，2007年，第87页。

③ 季康子问："使民敬、忠以劝，如之何？"子曰："临之以庄，则敬；孝慈，则忠；举善而教不能，则劝。"（《论语·为政》）

④ 樊迟问"仁"。子曰："爱人。"（《论语·颜渊》）

⑤ "今之孝者，是谓能养。至于犬马，皆能有养；不敬，何以别乎？"（《论语·为政》）

⑥ 子夏问孝。子曰："色难。有事，弟子服其劳；有酒食，先生馔，曾是以为孝乎？"（《论语·为政》）

传统。追求理性的纯粹运用，追求知识，这使古希腊人在世俗生活之外开辟了新的意义空间，使生活有了超越世俗关系的可能。典型的例子是《理想国》中的"哲学王"，当他洞悉了最高的善，他就不再愿意回到政治生活中来，只愿意过沉思的生活。柏拉图的哲学让人在理念的世界中超越世俗的关系，亚里士多德的哲学让人在沉思中超越世俗关系，之后兴起的基督教又让人在彼岸世界中超越世俗的关系。

　　和《论语》重视情感不同，柏拉图和亚里士多德认为，理性是构建关系的力量与尺度。① 人伦关系不再是各类社会关系的模本和基础。② 首先，柏拉图和亚里士多德在多处表明理性应该成为建构关系的尺度。在《理想国》中，柏拉图认为最有理性的人应该成为城邦的统治者 (rulers)，理性能力次之的人成为护卫者（soldier），理性能力最差的人成为劳动者 (husbandmen and craftsmen)；对于个人而言，理性是灵魂的统治者，激情是理性的盟友，欲望则应处于被统治的地位。当理性是决定统治和被统治关系的尺度时，关系才是和谐与正义的。③ 在亚里士多德的《政治学》中，理性同样是决定关系的标准。例如，在男女关系中，亚里士多德认为男性理性能力强，女性理性能力弱，所以女性应处于被统治地位。④ 主奴关系中，亚里士多德认为主人能够运用理性，而奴隶只能接受感应别人的理性，所以奴隶应处于被统治地位。⑤ 其次，规范人际关系的主要德性是正义。正义更多地体现理性而非情感。正义要求理性确定各类资源分配、交换 ⑥ 的比例。另外，即便在富有感情色彩的"友爱"⑦(friendship) 中，关系各方都应以某种比例保持往来的平等。更为关键的是，亚里士多德认为真正的友爱是基于德性的，而他的德性则是人能良好地运用理性，情感欲望能够服从理性的命令。因此，各方是否有足够或相当的理性是建立友爱关系的基础，情感因素在友爱关系中的地位并不突出。

　　综上所述，由于《论语》的根本精神是仁，注重世俗社会的政治伦理实践，且持有"一个世界"的世界观，所以儒家将生活的意义根植于人伦政治关系中，而古

---

　　① 亚里士多德在《修辞学》中详细地分析过"仁慈""愤怒""愤怒""慈善""羞耻"等道德情感，但是却没有将他们视为构建关系的重要因素。

　　② 在《理想国》中柏拉图甚至取消了家庭，完全凭借"理性"来安排两性的结合和后代的繁育 (457E–462C)

　　③ 柏拉图：《理想国》，郭斌和，张竹明译，北京：商务印书馆，1986 年，第 144—172 页。

　　④ 亚里士多德：《政治学》，吴寿彭译，北京：商务印书馆，2008 年，第 15 页。

　　⑤ 亚里士多德：《政治学》，吴寿彭译，北京：商务印书馆，2008 年，第 15 页。

　　⑥ 在《尼各马可伦理学》中，交换不仅仅指商业上的交易，还包括各种涉及一方有得，一方有失的交往活动。例如，偷窃、通奸、下毒、拉皮条、引诱奴隶离开其主人、暗杀、作伪证、袭击、抢劫、辱骂、侮辱等 (1131a5–9)。中世纪，托马斯·阿奎那将规范该类问题的正义称为 commutative justice (Summa Theologiae，2a2ae 61)。

　　⑦ 在亚里士多德那里，友爱不仅存在于朋友关系中，其存在于两人之间相互吸引的关系中。亚里士多德认为有基于快乐、基于有用和基于德性的三类友爱（1155b18–1156b30）。

希腊则有求知爱智的传统，开辟了在求知活动中超越人伦政治关系可能。《论语》重血亲情感的外推，道德情感的支持，古希腊则以理性为基础，双方在构建关系的方式上选择了不同的道路。

第三节　互动的智慧："礼乐教化"与"忠恕之道"

一般来讲，互动是生命有机体的存在方式，因为没有互动就没有共同行动。互动自然是 communication 的应有之意，表现为社会交往仪式和人与人之间的相互影响。

《论语》关于互动的思想主要体现在"礼乐教化"和"忠恕之道"的观念中。"礼乐教化"是《论语》倡导的影响他人的方式，"忠恕之道"是人际互动中的行为准则。

"礼乐教化"可以分为两个方面理解。第一个方面是"礼乐"，其通过仪式和音乐培养参与者的社会情感，增强其对共同体的归属感和责任感，起到价值传播的效果。第二个方面是"教化"，主张价值的传播者言传身教，以感染示范的方式影响受众的情感与心理，使受众主动接受并认可其传播的价值。在"礼乐教化"这种互动模式中，传播者起主导地位，是互动的引导者。传播者既要保持其所坚持的原则，又要善于根据具体情况选择互动方式和传播内容，做到"有经有权"。

"礼乐"的传播功能体现在情感塑造上，它一方面唤起情感，另一方面使参与者产生共鸣，在情感上相互印证。有弟子向孔子请教礼的根本。孔子回答："大哉问！礼，与其奢也，宁俭；丧，与其易也，宁戚。"（《论语·八佾》）也就是说，仪文、容色与音乐只是彰显和唤起这些情感的手段，情感才是关键。所以孔子说："礼云礼云，玉帛云乎哉？乐云乐云，钟鼓云乎哉？"（《论语·阳货》）音乐是仪式的重要组成部分，其塑造情感的功能强大。[1] 好的音乐不仅能传达美感，更能表达人伦道德意蕴。[2]《论语》记载孔子和别人一起唱歌，唱得好，一定请他再唱一遍，然后自己又唱一遍。[3] 在孔子那里，音乐是塑造情感者，需反复歌咏才能使情感巩固，形成相应的结构。然而这种巩固不仅是简单重复的结果，更是参与者情感相互印证的结果，通过共鸣加强的结果。在众多的仪式中，孔子强调"慎终，追远"（《论语·学而》），重视祭祀和丧葬。因为祭祀和丧葬仪式建立了个人与家族历史的情感联系，不仅利于培养关于"孝"的道德情感，更将个人纳入共同体的历史和谱系中，[4] 培养个体对共同

---

① 在《政治学》中，亚里士多德认为音乐有娱乐、陶冶性情（使人对恰当的对象产生快乐）和操修心灵（培养理性）的功能（1339b13）。

② 子谓《韶》："尽美矣，又尽善也。"谓《武》："尽美矣，未尽善也。"（《论语·八佾》）

③ "子与人歌而善，必使反之，而后和之。"（《论语·述而》）

④ 孔子注重将历史纳入交往互动，注重传统的继承与学习，注重同传统的对话。本人就持有"述而不作"的思想，在教导学生时常以历史中的事件和人物（尧、舜、文、武、周公）作为范例。

体以及共同体其他成员的责任感，以一种可参与、可体验的方式将历史因素融入人的互动和生活中。①

教化是《论语》所倡导的，具有情境性的互动模式。首先，教化依赖传者的示范作用，而示范需要各方处于相似的情境中。孔子认为"君子之德风，小人之德草；草上之风，必偃"（《论语·颜渊》），"其身正，不令而行；其身不正，虽令不从"（《论语·子路》），以身作则的方式是传播价值和信念的好方式。以身作则要发挥作用首先需要模仿者对传者的行为和信念有一定的"前理解"，能够解读行为的象征意义。另外，受众还需和传播者建立联系以便能观察对方。这些都要在一定的情境中完成。其次，教化需要进行个性化的互动。《论语》很少说教，孔子教育弟子的方式也是因材施教。正如杨伯峻在《论语译注》中所言，孔子非常了解自己的学生，常就同一问题以不同的方式和内容回答学生。颜渊、仲弓、司马牛、樊迟、子张五位弟子先后七次问仁，孔子或以较为一般的方式回答，如"克己复礼为仁"（《论语·颜渊》），"己所不欲，勿施于人"（《论语·卫灵公》），"爱人"（《论语·颜渊》），或以仁所辖的德性回答，如"恭、宽、信、敏、惠"（《论语·阳货》），或以具体的方式回答，如"出门如见大宾，使民如承大祭"（《论语·颜渊》），"居处恭、执事敬、与人忠"（《论语·子路》），"仁者先难而后获，可谓仁矣"（《论语·雍也》）。由于弟子司马牛多言急躁，孔子甚至直接对他说，仁就是说话慢。在先进篇中孔子根据弟子的性格特征，就相同的问题给予了相反的回答：

子路问："闻斯行诸？"子曰："有父兄在，如之何其闻斯行之！"冉有问："闻斯行诸？"子曰："闻斯行之！"公西华曰："由也问'闻斯行诸？'，子曰：'有父兄在'；求也问'闻斯行诸？'子曰：'闻斯行之'。赤也惑，敢问？"子曰："求也退，故进之；由也兼人，故退之。"（《论语·先进》）

当子路和冉有同时问是否听到之后就要行动起来？由于子路的胆量大，勇于作为，所以孔子的回答是要压一压，而冉有平时做事退缩，因此孔子鼓励他马上行动。另外，《论语》中已包含受众分类的思想，孔子曾说："中人以上，可以语上也；中人以下，不可以语上也"（《论语·雍也》），"唯上知（智）与下愚不移"（《论语·阳货》），学问的传播方式与受众的资质有关。

"忠恕之道"，即"己欲立而立人，己欲达而达人"（《论语·雍也》）和"己所不

---

① 和《论语》重视将历史纳入教化，将人纳入历史不同，历史在柏拉图、亚里士多德论述如何建构好城邦、培养好公民的著作中没有地位。祭祀祖先的活动不是培养公民和建构城邦的要素，理性是构建城邦培养公民的唯一蓝图。

欲，勿施于人"（《论语·卫灵公》），是孔子规范互动的基本准则，被视为能一以贯之地体现仁之精神。忠恕之道同样具有情境性。其一，"忠恕之道"不是以诫命形式出现的，如不许杀人，不许说谎等。实践者在运用时必须对情境进行判断、分析和推理，使该原则以某种具体的方式落入情境中。其二，由于孔子极少谈论抽象的人性，[①]其中的"人"是具体的他人。我们在思考"己所不欲"时，需要考虑当我处于他人的环境和角色时，自己愿意或者不愿受到怎样的对待。在考虑"立人""达人"时，我们也应进入他人所处的情境，来考虑如何襄助他人、参赞化育。同情的理解是贯彻忠恕之道的先决条件。由此，我们也可以解释为何孔子面对不同对象时以不同的内容和方式来阐发其思想。

"忠恕之道"具有包容性。其一，以忠恕之道为互动原则，不易产生将自身标准强加于人的现象。一方面，忠恕之道有"己所不欲，勿施于人"的消极原则。另一方面，积极原则中的"立人""达人"是具体的他人，具体的他人有自身的特点和背景。我们襄助他人是帮助他人按其自身的特点去发展，而不是简单地以自我的标准来衡量和改造他人。其二，忠恕之道也提醒人不可丧失自我。子贡问友时，孔子说"忠告而善道之，不可则止，勿自辱焉"（《论语·颜渊》），谈到如何对待君上时又说："事君数，斯辱矣；朋友数，斯疏矣"（《论语·里仁》），"所谓大臣者，以道事君，不可则止"（《论语·先进》）。与人互动时既要重视对方，也要尊重自己，做好两者的平衡，才是真正的"和而不同"。[②]其三，孔子对孝悌之情的肯定意味着对生命的给予和养护的肯定，将其外推到血缘关系之外则肯定了一切生命的给予和养护。其所看重的价值是生命本身，而非生命的某种特性，如理性、感性、意志等，不易极端地以某种特质作为价值判断的标准，制定人际互动的准则。

与《论语》在互动中注重情境和情感不同，柏拉图、亚里士多德偏重理性在人际互动中的指导作用。亚里士多德认为同实践相关的事务由明智负责处理。[③]在《尼各马可伦理学》（*The Nicomachean Ethics*）中亚氏分析了正义、友爱、节制、勇敢、慷慨、大度、诚实等规范人际交往的道德德性。这些德性的核心是在实践过程中通过理性来引导、规范情感和欲望，让情感和欲望处于适度的状态，避免过度和不及。正义是在过多地占有善和过少的占有善之间的适度，过少地失去恶和过多地失去恶之间的适度。勇敢[④]是在战场上面对危险时，在恐惧和信心之间保持适度。其过度

---

① 子贡曾言："夫子之文章，可得而闻也；夫子之言性与天道，不可得而闻也"。（《论语·公冶长》）这同西方从抽象人性出发建构公共生活非常不同。

② 君子和而不同，小人同而不和。（《论语·子路》）

③ 在亚里士多德眼中，明智和智慧不同。明智是处理可变的、不具有必然性事务的理性；智慧是认识不变的，具有必然性事务的理性。（1138b19—1141b23）

④ 战场上是否勇敢事关战友的生死和城邦的存亡，所以勇敢是涉及人际互动的德性。

是鲁莽，不及是却懦。慷慨是人在财富给予上的适度。其过多是挥霍，过少是吝啬。大度是对待荣誉的适度，过度的人虚荣，不足的人谦卑。这些不适度或由情感不受理性规范，或由主体没能做出正确地判断造成。总之，遵守理性是互动的准绳。

需要注意，注重理性并不等同于不考虑实践情况，互动毫无弹性。在讨论德性时，亚里士多德指出实践德性需要考虑具体的时间、场合、对象、原因和方式（1106b20），①提高德性也无固定方法，只能向有德性的个人学习。②其和《论语》的不同在于，"忠恕之道"有一个换位思考，推己及人的过程，而在亚里士多德那里，则更多是从主体出发来判断行动是否合适。

重视理性使互动拥有了"尺度感"。③尺度要求明确地确立交往界限，划定交往的空间。在对正义的讨论中，亚里士多德引出了"应得"（desert）概念。④这个概念要求明确什么是你的，什么是我的，要求人们为自己的要求提供理由和辩护，建立起明确的交往的空间。相比而言，如果人际互动中带有较强的感情色彩，双方能做什么不能做什么就更有弹性，人与人之间的界限会模糊和松动。这种强调"尺度感"和交往界限的思想自然地使比礼仪道德规范更具强制性、明确性和可操作性的法律成为调节人际互动的主要规范。

综上所述，注重情感的熏陶，历史因素的带入和注重相互包容是《论语》中的互动特色。苏格拉底、柏拉图和亚里士多德则明显地突出了理性⑤在互动中的决定性地位，产生了注重交往界限，以法律来调节互动的倾向。各方都注意情境，但主体间性的程度不同。

第四节　智慧的转化：《论语》对交往局限的超越

通过比较分析，我们发现，孔子慎用语言，以对话创造理解的契机，不将意义完全固定在语言中，并提示注意"接收"的智慧。孔子注重关系，将生活的意义安置在伦理政治关系中，并以朴素的家庭关系为基础拓展各类关系，注重培养道德情感来维护、巩固关系。"礼乐教化"是别具中国特色的互动方式，"忠恕之道"是指导互动的根本准则，两者将情感、历史、情境、理智结合在一起，形成了较为立体

①　亚里士多德：《尼各马可伦理学》，廖申白译，北京：商务印书馆，2003年，第47页。
②　这种学习主要是学习优秀者如何具体地使用理性。优秀者主要示范的是理性能力，和教化中的示范作用不同。
③　从语言学上看，理性本身就有尺度的含义。
④　在讨论分配正义时，亚里士多德表明分配的公正应基于某种配（1131a27-29）。
⑤　柏拉图和亚里士多德虽然都强调理性在实践中的地位，但亚里士多德则注意到理性与经验，普遍与特殊之间的张力，对待理性的态度不如柏拉图绝对，带有一定的调和色彩。

的互动模式。

《论语》的传播智慧显示的是中国人的精神交往的智慧，是中国人的交往特性。在当今的世界交往体系中，中国人可以通过温习这一智慧，建构交往的主体性，在一个多元文化主义的时代复活"仁"的主体间性的交往精神。这与西方基于理性的交往精神形成了某种互补关系，创造理解、反思和领悟的契机与意义的准确表达、理性的劝服，人伦政治关系的建构与在求知活动中超越人伦政治关系，在互动中注重情境和情感与偏重理性在人际互动中的指导作用，这其实是人类交往精神的完整性表现。在追求人类交往精神的完整性过程中，《论语》的传播智慧便得到了创造性转化。

对现代人来说，《论语》的智慧是一种超越交往局限的智慧。具体包括以下两方面：

一方面是面对他者的智慧。各种宏大叙事在当代纷纷崩塌，社会变得越来越多元化，个人变得越来越个性化，人们相互之间逐渐成为难以理解的"他者"。如何与"他者"相处，成为当代社会的重要问题。首先，"忠恕之道"提示我们要"和而不同"，既容纳对方，又保存自身，不相互吞并，尽量互相成就，在他人和自我之间能做好平衡，优化多样性，力争"万物并育而不相害，道并行而不相悖"（《礼记·中庸》）。其次，《论语》提示我们要"通情达理"，重视情感。人要走进他者，应注意消除情感上的抵触与隔阂，善于表达和解读情感，能与他者在情感上相互接近，善于建立情感关系。第三，和他者交往时，要善于走入对方的生活情景，构建恰当的交往方式。价值观的不同，文化的不同多源于生活情境的差异。只有进入他者的境遇，才能了解差异，了解差异的来源，了解差异的价值，真正进行换位思考，进而在和他人的协商中寻找最优的行为与交往方式。

另一方面是面对孤独的智慧。在这个人们越来越有权利去表达，表达方式越来越多样、便捷的时代，越来越多的人却深感孤独，难以找到意义的伙伴。面对孤独，《论语》首先提示人要有听的意识。声音并非越多越好，也不是越大越妙，在嘈杂浮躁的环境中人们需要聆听的智慧。一方面要能听到自己的心声，另一方面要能听到他者所传达的意义。不能聆听、观察与领会，不能放下固执，难免将自身置于孤独的囚笼，因此《论语》说"毋意，毋必，毋固，毋我"（《论语·子罕》），建议我们注意觉察。其次，《论语》提示我们应有表达的智慧。孔子没有选择以语言固定意义，而是尽力创造理解意义的契机与空间，运用行为、礼仪、音乐等多种手段立体地展现意义。这种通过创造情境，立体化的表达方式值得当代借鉴。最后，人生意义植于何处直接决定了人是否孤独。如果将人生意义安置于原子式的自我中，安置于纯粹的主体性中，那么孤独是无可避免的，因为他人和世界对主体而言仅有工具性的意义，主体眼中最终只有自我。如果能将部分生活意义置于关系中，将自身的生活意义同他人的生活意义结合，人生中的共鸣便会自然增多，孤独感也会随之减弱。

第四章　知识与德性的协同:《论语》的核心传播模式与儒家传播思维

邵培仁　姚锦云

儒家思想可分为两部分，一是德性知识的建构，二是德性知识的传播，两者是融为一体的。其目的是建构一种价值，并通过传播为社会所共享，从而形成一种共同的文化，实现文化的重建和社会的整合。《论语》文本蕴含了四种传播模式：价值传播的"内化"模式（以仁释礼，情在理中）；道德传播的"情感"模式（众星共辰，风行草偃）；人际传播的"外推"模式（忠恕为仁，推己及人）；知识传播的"情境"模式（不愤不启，不悱不发）。其深层结构是儒家一以贯之的传播思维，包括传受兼顾的主体意识、知行合一的实践精神和情理交融的实用理性。《论语》和儒家传播思想的现代价值，是区分信息与价值传递，为传播的"社会遗产传衍"功能的实现，乃至中国价值系统的重建，开辟了新的道路。

第一节　中国古代传播思想与创造性转化

百余年来，中国学人无法绕开的一个问题，就是"中国传统文化如何进行创造性的现代转化"。即使是一流的华人学者，也都倾其一生要试图回答这个问题，如余英时所说的"中国思想传统的现代诠释"，抑或是林毓生所说的"中国传统的创造性转化"，李泽厚所说的"转化性创造"，杜维明所说的"现代精神与儒家传统"，以及傅伟勋所说的"批判的继承和创造的发展"。这是一项伟大的事业，已经历了一百多年的积淀，但还远远没有完成，仍然在"外推与统合的辩证历程中进行思想创造"。[①]正如沈清松所说："中国哲学各派各家自始便意识到自己是在多元他者中以对比的方式存在与发展。所谓'对比'是指在多元他者的脉络中既差异又互补、既连续又断裂的构成与发展。这其实是立基于人的存在实情，因为人皆生于多元他者之间，须

---

① 孔令宏:《宋代理学与道家道教（上册）》，北京：中华书局，2006年，序第1页。

不断地进行外推，再不断地进行统合，如此才能真正创新。"① 回归到当年陈寅恪的一句话："窃疑中国自今日以后，即使能忠实输入北美或东欧之思想，其结局当亦等于玄奘唯识之学，在吾国思想史上既不能居最高之地位，且亦终归于歇绝者。其真能于思想上自成系统，有所创获者，必须一方面吸收输入外来之学说，一方面不忘本来民族之地位。此两种相反而适相成之态度，乃道教之真精神，新儒家之旧途径，而二千年吾民族与他民族思想接触史之所昭示者也。"②

对当代的中国传播学者来说，同样有一个必须直面的问题，那就是"如何实现中国传统传播思想的创造性转化"。一方面，中国传统思想中具有丰富的传播思想资源：一是阴阳和合的传播哲学，源自"阴阳"，指向"和合"与"天人合一"，统摄于"中庸"，其最高境界是"通天人，合内外"；二是情理交融的传播伦理，强调外在规范与内在需求的统和，包括"仁 - 礼""言 - 行""名 - 实"等关系，其最高准则是"明贵贱，辨同异"；三是物我融通的传播意识，体现出信息接收的强大主体性，其精神支柱是"参天地，赞化育"。③ 更具特色的是，中国古代辩证思维极为发达，因而辩证传播思想极为丰富：在符号能否指代意义、意义能否共享的符号学传统中，体现为"名实"和"言意"之辩；在交流如何进行，交流障碍能否解决的哲学和伦理学传统中，体现为"是非"与"辩讷"之争。④ 另一方面，思想不能等同于理论，中国传统文化中有丰富的传播思想却几乎没有传播理论。中国古代传播思想，与整个中国思想传统一样，虽然基于直觉和想象发展出了一种实用智慧，但总体缺乏数学逻辑论证，也没有将理性和实证结合。⑤ 陈国明认为，一个完整学科范型（paradigm）的建立，须同时顾及本体论、认识论、形上论、方法论的发展。⑥ 他在后来的论述去除了形上论，增加了价值论。⑦ 但不管如何，理论包括作为根本性论述的原理和作为从属性阐述、可添加至原理的定律；原理是根本上正确的论述，原理衍生定律，定律可观察、可定义，在经验上正确有效，并可推出假说并检验，添加

① 孔令宏：《宋代理学与道家道教（上册）》，北京：中华书局，2006年，序第3页。

② 冯友兰：《中国哲学史（下册）》，上海：华东师范大学出版社，2000年，审查报告三，第441页。

③ 邵培仁、姚锦云：《寻根主义：华人本土传播理论的建构》，《新疆师范大学学报（哲学社会科学版）》2013年第4期，第28—41页。

④ 邵培仁、姚锦云：《传播辩证论：先秦辩证传播思想及其现代理论转化》，《杭州师范大学学报（社会科学版）》2014年第2期，第96—111页。

⑤ 汪琪、沈清松、罗文辉：《华人传播理论：从头打造或逐步融合？》，见陈国明主编：《中华传播理论与原则》，台北：五南图书出版股份有限公司，2004年，第27—43页。

⑥ 陈国明：《中华传播学研究简介》，见陈国明主编：《中华传播理论与原则》，台北：五南图书出版股份有限公司，2004年，第20页。

⑦ 陈国明、威廉姆·J.斯塔柔斯塔：《一个有关人类传播的亚洲研究的对话》，见赵晶晶编译：《传播理论的亚洲视维》，杭州：浙江大学出版社，2008年，第51页。

至原理。① 因此，对"中国传统传播思想的创造性转化"来说，唯有从传统思想中汲取资源，进行现代意义上的理论建构，实现与西方理论的有效对话，才能树立起华人传播研究在全球传播研究中的地位。之所以重视传统思想资源，是因为传播研究的最终对象是人，而且是文化意义上的人，并非生物意义上的人。而且，"由完全不同角度与文化传统所看到的事物、提出的论点必然有所不同，然而这并不妨碍彼此思想的激荡；相反的，只要充分了解歧异的根源与性质，它往往正是创新的源泉"。②这正是在"外推与统合的辩证历程中进行思想创造"。

　　无论是中国传统思想，还是中国传统传播思想，儒家经典《论语》都是重要的思想文献。《论语》和儒家思想之所以影响中国两千年，不仅在于其知识的内涵，也在于其知识的传播。儒家思想实际可分为两部分，一是德性知识的建构，二是德性知识的传播。这两部分是融为一体的，在德性知识建构的同时，就已经嵌入了传播的目标和手段；在德性知识传播的同时，就在践行德性知识的内涵。对传播研究来说，《论语》和儒家传播思想的资源，不仅在于其外显的传播模式，更在于其内在的传播思维。本章以《论语》为研究对象，梳理其文本中蕴含的传播模式，并试图在传播思维层面发掘儒家思想久远流传的深层原因。

　　在方法论上，本章采用傅伟勋提出的"创造的诠释学"进行研究。作为一般方法论的"创造的诠释学"，共分五个辩证的层次，包括"实谓""意谓""蕴谓""当谓"和"必谓"。第一层次的主要工作是"原典校勘、版本考证与比较"；第二层次的主要工作是"语意澄清、脉络分析、前后文表面矛盾的逻辑消解、原思想家时代背景的考察"；第三层次的主要工作是对照思想史上的各种诠释而进行多面探讨，以避免个人的主观偏见；第四层次的主要工作是"在原思想家教义的表面结构底下掘发深层结构"；第五层次的主要工作是批判地超越"原思想家的教义局限性或内在难

---

　　① 陈国明：《有助于跨文化理解的中国传播和谐理论》，见赵晶晶编译：《和实生物——当前国际论坛中的华夏传播理念》，杭州：浙江大学出版社，2010年，第22页。
　　② 汪琪、沈清松、罗文辉：《华人传播理论：从头打造或逐步融合？》，见陈国明主编：《中华传播理论与原则》，台北：五南国书出版股份有限公司，2004年，第37页。

题",为原思想家解决其所留下而未能完成的思想课题,即"讲活原思想家的教义"。[①]
这五个层次不得随意跳跃。对以传统传播思想的现代转化为己任的中国传播学者来
说,其最为重要的工作实际在第四("当谓")和第五层次("必谓")。前三个层次有
历代学者的"巨人接力",各种工作已达致很高水平,在一些需要用功极深的考证方
面,已不是传播学者的任务,而是历史学、文字学等关注的内容。传播学者的主要
任务,一是深入传统文化的母体,梳理传统思想关于传播的表层结构,进而发掘深
层结构,二是以此为基础,进行传统思想的创造性转化,即原创的本土传播理论的
建构。这种本土理论的意涵,并非仅仅解释本土现象,而是由本土学者提出,能够
与西方传播理论积极对话,并能解释全球传播的华夏传播理论。本章的目标,是深
入《论语》思想的母体,梳理其关于传播的表层结构(即传播模式),进而发掘儒家
思想关于传播的深层结构(即传播思维)。

第二节 《论语》的核心传播模式

《论语》作为儒家经典,最能引起传播学者兴趣的是她那两千年来传承不息、成
为中国文化主干的那种力量。沙莲香认为:"一个民族文化的兴衰存亡,固然有多种
原因,但同它的文化传播及文化积累方式分不开。中华民族文化之所以成为世界上
唯一不曾中断过的具有悠久历史的传统文化,是和中国文化特有的传播方式密切相
关的。"[②]而这些传播方式,主要体现为一些核心的传播模式。当然,本章所说的传播

---

① 参见傅伟勋《从创造的诠释学到大乘佛学》,东大图书股份有限公司,1990年,第9—12页。
"创造的诠释学"五个层次是:(1)"实谓"层次即"原思想家(或原典)实际上说了什么?"因为是"原
典校勘、版本考证与比较",因而只有此层算是具有所谓"客观性"。它是创造的诠释学必须经过的起点,
但非终点所在,更不可能是终点。"实谓"层次所获致的任何崭新而证成(justified)的结论,立即多少影
响后面四个层次的结论。(2)"意谓"层次即"原思想家想要表达什么?"或"他说的意思到底是什么"
此层次的目的是尽量"客观忠实地"了解并诠释原典或原思想家的意思(meanings)或意向(intentions)。
(3)"蕴谓"层次即"原思想家可能要说什么?"或"原思想家所说的可能蕴涵是什么?"此层次关涉种
种思想史的理论线索、原思想家与后代继承者之间的前后思维连贯性的多面探讨、历史上已经存在的(较
为重要的)种种原典诠释等等,通过此类研究方式,了解原典或原思想家学说(已成一伽达玛所云"历
史传统")的种种可能的思想蕴涵,如此超越"意谓"层次上可能产生的诠释片面性或诠释者个人的主观
臆断。(4)"当谓"层次即"原思想家(本来)应当说出什么?"或"创造的诠释学者应当为原思想家说
出什么?"所谓的"掘发深层结构",是批判地考察在"蕴谓"层次所找到的种种可能义蕴(meanings)或
蕴涵(implications),从中发现最有诠释理据或强度的深层义蕴或根本义理出来,这就需要他们自己的诠
释学洞见(hermeneutic insight),已非"意谓"层次的表层分析或平板而无深度的诠释可比。(5)"必谓"
层次即"原思想家现在必须说出什么?"或"为了解决原思想家未能完成的思想课题,创造的诠释学者现
在必须践行什么?"创造的诠释学之所以与普遍意义的诠释学训练不同,而有其独特的性格,亦即哲理创
造性(philosophical creativity),即在于此。
② 沙莲香主编:《传播学:以人为主体的图象世界之谜》,北京:中国人民大学出版社,1990年,
第85页。

模式，不同于丹尼斯·麦奎尔和斯文·温德尔所说的社会学取向的传播模式，而更倾向于詹姆斯·W. 凯瑞关于文化取向的传播模式。丹尼斯·麦奎尔等认为，"我们将每个模式看作用图象形式对某一客观现象进行有意简化的描述。每个模式试图表明的是任何结构或过程的主要组成部分以及这些部分之间的相互关系"。^① 简言之，模式用来描述结构和关系，传播模式可以理解为对传播结构和关系的描述。而这些传播模式所对应的领域，基本限于大众传播。凯瑞则认为："传播模式不仅是传播的表征，它也为传播提供了表征：无论是否管用，它都是引导人类人际的或大众的互动过程的模版。"因此，研究传播应该包括"考察传播模式本身的建构、理解与使用——其在常识、艺术、科学中的建构"，以及"其历史的具体建构及使用"，例如"家长与孩子""广告商与消费者"等关系与接触的背后"就存在着人类交往与互动模式"。^② 确切地说，《论语》的传播模式，是在政治哲学和伦理学的视野中"表征"传播的。正如彼得斯所说，"无论'交流'是何意义，从根本上说，它是一个政治问题和伦理问题，而不仅仅是一个语义问题"。^③ 对中国的传播来说，陈卫星认为，"中国的现代化就是要解决中国传统的创造性转化问题"^④，"处在发展中状态的民族国家的理性建构，必然要有一种传播模式，以使现代化过程本身成为一种政治选择，成为政治文化的载体和政治参与的手段"。^⑤ 在这个意义上，《论语》的传播模式确实如同一面镜子，能够在思想史的光芒中映射出传播本质的理性之光。本章梳理了四种传播模式并进行分析，分别是价值传播的"内化"模式（以仁释礼，情在理中）；道德传播的"情感"模式（众星共辰，风行草偃）；人际传播的"外推"模式（忠恕为仁，推己及人）；知识传播的"情境"模式（不愤不启，不悱不发）。

一、以仁释礼，情在理中：价值传播的"内化"模式

儒家德性知识的目标从根本上说，实际是建构一种价值，并通过传播为社会所共享，从而成为一种共同的文化，简言之即实现文化重建和社会整合。这种知识从建构之初，就嵌入了传播的目标和手段，使其成为适于传播的知识。孔子虽述而不作，但辑录孔子言行的《论语》却让我们得以发现，孔子所建构的这种知识具有内在的传播特性。一方面，孔子以"仁"释"礼"，主张"礼"有本质，注入"仁"的内涵，将"礼"统摄于"仁"，并选择性地剔除"礼"的仪式成分；另一方面，所建

---

① 丹尼斯·麦奎尔、斯文·温德尔：《大众传播模式论》，祝建华译，上海：上海译文出版社，2008 年，第 2 页。

② 詹姆斯·W. 凯瑞：《作为文化的传播》，丁未译，北京：华夏出版社，2005 年，第 19 页。

③ 彼得斯：《交流的无奈：传播思想史》，何道宽译，北京：华夏出版社，2003 年，第 25 页。

④ 陈卫星：《传播的观念》，北京：人民出版社，2004 年，第 312 页。

⑤ 陈卫星：《传播的观念》，北京：人民出版社，2004 年，第 313 页。

构的知识特点是"情"在"理"中,"礼"不斥情,"仁"不离人,外在的规范(理性)直接提取自人的内在心理情感,也即实现了伦理规范和心理欲求的融合。简言之,既有内在的人性根基,又有外在的实践可行性。这样的知识建构,使价值和规范从人性中来,又回归于人性,从而最大限度地保证了传播效果,这是儒学流传两千多年的内在原因。孔子的这种创造性改造的作用,按照李泽厚的说法,是使儒学"既不是宗教,又能替代宗教的功能,扮演准宗教的角色"。①

《论语》让我们看到,孔子进行了以仁释礼的创造性"诠释"。根据杨伯峻的统计,春秋时代重视"礼"却很少讲"仁",《左传》中提到"礼"有 462 次,而讲"仁"不过 33 次;论语讲"礼"只有 75 次,讲"仁"却达到了 109 次。②对孔子来说,"仁"就是"爱人"(《论语·颜渊》,以下引用只保留篇名),而首先爱的就是父母至亲,体现为"孝"。孔子主张:"三年无改于父之道,可谓孝矣。"(《论语·学而》)从今天的观念来看孔子,我们当然无法理解。但从当时的时代背景来看,孔子从家庭亲情推出社会规范,却是一种高明的策略。孔子处于"从早期宗法制走向更发达的地域国家制"的历史过渡期,氏族制度瓦解,社会和制度进步了,但"氏族内部的各种民主、仁爱和人道的残留,包括像春秋许多中小氏族国家的城邦民主制政治,也全被这一历史进步所舍弃和吞没"。③而要恢复这些被制度进步所吞没的人伦遗产,人的基本情感无疑是一座最好的桥梁。这是一种最真实的人性,从中提出"仁 - 礼"的价值和规范结构,是具有现实可行性的。在"礼乐崩坏"的当时,连孔子的学生宰我都认为"三年之丧"太久了,"君子三年不为礼,礼必坏;三年不为乐,乐必崩",一年就可以了。孔子斥责他"不仁",理由是"子生三年,然后免于父母之怀。夫三年之丧,天下之通丧也,予也有三年之爱于其父母乎"(《论语·阳货》)。人从出生一直到三岁,才能独立于父母的怀抱,守孝三年是天下通则,难道宰我没有从父母那里得到三年的爱吗?也就是说,"三年之丧"的外显之礼是由内在之"仁"支撑的,"仁"起始于人性中子女对父母之爱,这是一个极为牢固的根基。孔门弟子又将其延伸到了师徒之情,孔子死后,弟子在其墓旁结庐而居,守护三年,而子贡又居三年。"昔者孔子没,三年之外,门人治任将归,入揖于子贡,相向而哭,皆失声,然后归。子贡反,筑室于场,独居三年,然后归。"(《孟子·滕文公上》)如果不是因为孔子对学生"诲人不倦","无隐乎尔"(《论语·述而》),学生对其由内而外的尊重和爱戴,何来三年、六年之"礼"。孔子说:"父母之年,不可不知也。一则以喜,一则以惧。"(《论语·里仁》)父母的年龄必须知道(礼),但既为他们长寿而高兴,又

①　李泽厚:《中国古代思想史论》,北京:生活·读书·新知三联书店,2008 年,第 16 页。

②　杨伯峻:《论语译注》,北京:中华书局,1980 年,第 19 页。

③　李泽厚:《中国古代思想史论》,北京:生活·读书·新知三联书店,2008 年,第 8 页。

为他们衰老而担忧（仁）。"礼"的温情脉脉在这里顿时凸显。"孝"是内外合一的："今之孝者，是谓能养。至于犬马，皆能有养；不敬，何以别乎？"（《论语·为政》）即子女不仅仅在衣食上养活父母就行了，而是要心存父母，否则与养犬马有何区别？相比之下，父母对子女"唯其疾之忧"（《论语·为政》），年纪大了却还总是担心子女的健康，这才是真爱。如果子女真的"孝"，那就不要让父母担忧，至少在父母面前多显露愉悦之情。"色难。有事，弟子服其劳；有酒食，先生馔，曾是以为孝乎？"（《论语·为政》）孔子感叹，子女在父母面前经常显露愉悦之情，是件难事。可是，仅仅帮父母做事，提供他们吃喝，怎么也能算是孝呢？如果做到了对父母的孝，自然可以做到对兄长之悌，孝悌这两种基本的情感，正是"仁"的根基。"仁"的基础扎实，自然可以进一步延伸到君臣之道。有子说："其为人也孝弟，而好犯上者，鲜矣；不好犯上，而好作乱者，未之有也。君子务本，本立而道生。孝弟也者，其为仁之本与！"（《论语·学而》）也就是说，孝悌的人，极少犯上，更不用说作乱了。其根本原因，就在于"仁"之本在起作用，"君子务本，本立而道生"。因此，子夏说："事父母，能竭其力；事君，能致其身"（《论语·学而》）。

由至亲之爱推出的"仁"，需要以外化的"礼"来体现和维持。因为"仁"仅仅停留在知识建构层面，虽然其中蕴含了便于传播的因素，但要真正进入传播过程，必须依赖一种实践性的规则"礼"。因为德性知识的传播，或者说价值的传播，与一般的知识不同，不是通过劝说或告知就能解决的，必须落实到实践的情境中。"礼之用，和为贵。"（《论语·学而》）这种实践的情境，强调的是多样性中达成的同一性，目的在于恰到好处；以及外在的社会规范与内在的人性之间的契合性，即"情在理中"。这是寻求理性与情感之间的平衡，既寻求规范的切实执行，也考虑情感的接受程度。成中英认为，"仁"并不只是"简单的抽象理念或精神"，而是"一种具体的行为或者说是一个培养、转变的过程"，而用来体现和维持"仁"的"礼"，"是一种生活形态，一种行为的方式，它保持和促进生活与社会的和谐"，同时也是"人作为社会存在的方式的表现"。"人性中的'仁'的本质正是通过'礼'而表现和真正形成的。与其他德性一样，礼也是一种建立在'仁'的基础上的德性，因为正是基于'仁'，我们才会关注文化和文明，并关注于能够培养、提炼生活的和谐的生活样式。"①

通过以上分析可以看出，"仁"为"礼"之本，"礼"为"仁"之方。"仁"的理念和价值，正是通过"礼"的行为进行传递的。"君子博学于文，约之以礼，亦可以弗畔矣夫！"（《论语·雍也》）这种最为稳定的状态，就是内仁外礼。正如徐复观所

---

① 成中英、麻桑：《新新儒学启思录》，北京：商务印书馆，2008年，第71页。

言："仁的自觉的精神状态，是一个人努力于学的动机，努力于学的方向，努力于学的目的。同时，此种精神落实于具体生活行为之上的时候，即是仁的一部分的实现；而对于整体的仁而言，则又是一种工夫、方法。即所谓'仁之方'（《论语·雍也》)"。①当"礼"在全社会广泛传播，成为一种普遍行为的时候，其巨大作用便显现出来，因为"礼"的内涵就是"仁"。"恭而无礼则劳，慎而无礼则葸，勇而无礼则乱，直而无礼则绞。君子笃于亲，则民兴于仁；故旧不遗，则民不偷。"（《论语·泰伯》)孔子认为，仅仅表现出恭敬却不知礼，会让人疲于应付；谨慎而不知礼，就会流于懦弱；勇敢却不知礼，容易闯祸；直爽却不知礼，容易说话尖刻。如果知道了礼的内涵，官员能够以真情对待自己的亲族，老百姓自然会风行仁道；官员不抛弃他的故旧，那么老百姓也不会冷漠无情。在君臣关系上也是这样，"君使臣以礼，臣事君以忠"（《论语·八佾》)。

既然"仁"为"礼"之本，那么无"仁"之"礼"就不成为"礼"，而是"仪"。当"礼"成了"仪"，就成了形式，仅具有一种象征意义而已。"礼乐崩坏"的表现之一，就是"礼"成了"仪"。《左传》记载，昭公去晋国，一路上各个环节都没有失礼。晋平公认为昭公善于礼，但女叔齐则认为那是仪，不是礼。"是仪也，不可谓礼，礼所以守其国，行其政令，无失其民者也，今政令在家，不能取也，有子家羁，弗能用也，奸大国之盟，陵虐小国，利人之难，不知其私，公室四分，民食于他，思莫在公，不图其终，为国君，难将及身，不恤其所，礼之本末，将于此乎在，而屑屑焉习仪以亟，言善于礼，不亦远乎？"（《左传·昭公五年》)女叔齐认为，昭公将礼的枝节做得很好，却将礼的根本抛之脑后。礼是用来保卫国家，实施政令，让人民归服的。如今政令出于私家，无法拿回；有子家羁，无法任用；违反盟约，欺凌小国；损人利己，不知灾至；公室四分，人民靠大夫养活；既不考虑人民不思国君的后果，也无大难临头的忧虑，这怎么能是礼呢，只能是本末倒置罢了。通过这个故事，可以一窥春秋时代礼乐崩坏的背景。这样也就可以理解，为什么孔子一方面说"礼，与其奢也，宁俭；丧，与其易也，宁戚"（《论语·八佾》)，另一方面又说"尔爱其羊，我爱其礼"（《论语·八佾》)。"仁"是内在的根本要求，是决定性的，"礼"是外在的形式和实体，是"仁"的外化。"人而不仁，如礼何？"（《论语·八佾》)按照李泽厚的说法，"仁"实际上"最终归宿为主体的世界观、人生观"，②在观念上深深地认同了"仁"，那么对"礼"的施行，与其铺张不如节俭，对丧事，与其仪式上安排得很周到，不如内心的真正悲哀。然而，很多"礼"到后来仅仅成了

---

① 徐复观：《中国人性论史·先秦篇》，上海：上海三联书店，2001年，第81页。
② 李泽厚：《中国古代思想史论》，北京：生活·读书·新知三联书店，2008年，第24页。

"仪"，如周朝"告朔饩羊"的制度，到了鲁国的国君这里，仅仅简化成了杀一只羊，"亲临祖庙"和"听政"的传统都没了。所以子贡才觉得不如连杀羊都不必了。孔子所说的"尔爱其羊，我爱其礼"，与其说是对"礼"在仪式层面保留的坚持，毋宁说是对"礼"在"仁"的内心层面缺失的悲叹。

二、众星共辰，风行草偃：道德传播的"情感"模式

"德"是《论语》和儒家的重要概念，地位极高。孔子说："志于道，据于德，依于仁，游于艺"（《论语·述而》）。根据杨伯峻的统计，德在《论语》中出现38次，其中意为"道德"的最多，出现27次，如"为政以德"（《论语·为政》），其余分别意为"行为，作风，品质"（6次）、"恩德，恩惠"（4次）和"品质"（1次）。[①] 除"恩德，恩惠"外，其余意义实际很接近，指的是一种良好的品质和行为。"德"的概念不仅重要，而且直接被用于传播，孟子曾引用孔子的话"德之流行，速于置邮而传命"（《孟子·公孙丑上》）。"德"的传播流行，如何得以比设置驿站传达政令还快？孔子认为，"德"在全社会的传播体现为两种效应。一是"吸附"效应，体现为"譬如北辰，众星共之"；二是"感化"效应，体现为"君风民草，风行草偃"，"吸附"是由于"感化"，"感化"更利于"吸附"，"君子学道则爱人，小人学道则易使也"（《论语·阳货》）。两者均是基于一种情感的内化，而非刑戮的外推，因此可称之为"情感"模式。

首先，"吸附"效应是道德传播的核心目标，是为政要遵循的首要规律。"为政以德，譬如北辰，居其所而众星共之。"（《论语·为政》）孔子认为，君主及其士大夫的统治阶层，要以"德"来管理人民，就像北极星一样，老百姓会围绕在这些有德者的周围。"德"的倡导和持有，将会形成一个以有德的君主为圆心，凝聚了士大夫和普通人民的"德"之圆，中心的"德"会源源向外扩散，外围的人接收了"德"，也会受中心的有德者影响。一个经济上贫富差距不大、大家和平团结、政治安定的国家，若边远民族还不归服，那就要用"仁义礼乐"的德教来感服他们。"均无贫，和无寡，安无倾。夫如是，故远人不服，则修文德以来之。"（《论语·季氏》）道德传播的"吸附"模式基于孔子的一种假设："德"是会相互"吸附"的："德不孤，必有邻"（《论语·里仁》），有"德"的人不会孤单，自有志同道合者与之为伍。孔子高度评价鲁国的宓子贱："君子哉若人！鲁无君子者，斯焉取斯？"（《论语·公冶长》）意思是说，如果鲁国没有君子，那宓子贱的好品德是从哪里来的？因此，居住和交友也应该力求接近"德"。居住要选择有仁人聚居之地，不然人就无法变得聪明，"里

---

① 杨伯峻：《论语译注》，北京：中华书局，1980年，第114页。

仁为美。择不处仁，焉得知？"（《论语·里仁》）正所谓"近朱者赤，近墨者黑"，后来的"孟母三迁"原因就在于此。交友要选择"益者三友"，远离"损者三友"："友直，友谅，友多闻，益矣。友便辟，友善柔，友便佞，损矣"（《论语·季氏》）。同正直、信实和见闻广博的人交朋友，将获益匪浅。和谄媚奉承、阳奉阴违、夸夸其谈的人为伍，则危害严重。简言之，"见善如不及，见不善如探汤"（《论语·季氏》），看见善良就要生怕赶不上似地追赶，看见邪恶就要像手碰到沸水一样避开。

由于"德"的"吸附"效应，作为统治阶层，对一切有"德"的贤人，要大胆任用；对一切无"德"甚至违"德"的人，要坚决排除。孔子在回答鲁哀公"如何让百姓服从"的问题时说："举直错诸枉，则民服；举枉错诸直，则民不服。"（《论语·为政》）提拔正直（有德）的人，百姓就服从；若提拔奸邪（违德）的人，百姓显然就不服从。子夏举了一个"举直错诸枉，能使枉者直"的例子："富哉言乎！舜有天下，选于众，举皋陶，不仁者远矣。汤有天下，选于众，举伊尹，不仁者远矣。"（《论语·颜渊》）舜得天下后，经过挑选，提拔了皋陶，坏人就难以存在了。汤有了天下，也用挑选的方式提拔了伊尹，坏人也难以存在了。这就是"以正压邪"的治国之道。这些仁人是国家之"器"，"工欲善其事，必先利其器。居是邦也，事其大夫之贤者，友其士之仁者"（《论语·卫灵公》）。要治理好国家，就要搞好治国之"器"，要敬奉和结交那些大官中的贤人、士人中的仁人。国家若是一直由有德之人治理，治国一直贯彻"德"的原则，那就是最理想的状态。孔子深深地赞同这句话："善人为邦百年，亦可以胜残去杀矣。"（《论语·子路》）孔子一生都在为这个目标努力，只不过由于主客观条件的限制，无法如愿，但"用之则行，舍之则藏"（《论语·述而》），"在邦无怨，在家无怨"（《论语·颜渊》），"不怨天，不尤人"（《论语·宪问》）。虽不在其位，不谋其政，但孝敬父母、友爱兄弟，也能把这种"德"的风气影响到政治上去，也仍能传播这种"德治"思维，"孝乎惟孝，友于兄弟，施于有政"（《论语·为政》）。反之，如果圆心散播的不再是"德"，老百姓也能感受到，而这种传播的结果就是负面的，将会导致整个"圆"的解体。简言之即"上梁不正下梁歪"。曾子就认为："上失其道，民散久矣。如得其情，则哀矜而勿喜！"（《论语·子张》）老百姓的离心离德，很大程度上要归因于统治者"失其道"。因此，若能审出罪犯的真情，反而要同情与可怜他。可见在上位的人守德之重要。孔子说："知及之，仁不能守之；虽得之，必失之。"（《论语·卫灵公》）江山能够智取，但"坐稳"却需要仁德，否则即使得到了天下也会丧失。正如诸葛亮在《出师表》中所言："亲贤臣，远小人，此先汉所以兴隆也；亲小人，远贤臣，此后汉所以倾颓也。"

由上可以看出，道德传播的流向是从有德者流向执政者，从执政者流向百姓，百姓进行积极的反馈，从而更加巩固这一"德治"的模式。也就是说，道德的传播始终遵循"自上而下"的原则，要提高全社会的道德水准，必须从上层开始；而要提高上层的道德水准，必须让志士仁人进入上层。子夏所说的"仕而优则学，学而优则仕"（《论语·子张》），即代表了这样一种良性循环。孔子更倾向于"学而优则仕"："先进于礼乐，野人也；后进于礼乐，君子也。如用之，则吾从先进。"（《论语·先进》）普通人是先学习礼乐然后做官，而士大夫的子弟是先有官位后学习礼乐，孔子更赞成前者。但"仕而优则学，学而优则仕"与今天的理解大相径庭，儒家的"学而优"更强调道德上的修为，因为儒家的知识实际上是德性的知识。孔子认为"能行五者于天下为仁"，"恭，宽，信，敏，惠。恭则不侮，宽则得众，信则人任焉，敏则有功，惠则足以使人"（《论语·阳货》）。恭（庄重）就不致受辱，宽（宽厚）就能博得拥护，信（诚实）就能得到任用，敏（勤敏）就能立功，惠（慈惠）就能够管理别人。这"仁"的五个方面主要是道德方面，是"学而优"的重要标准。另外，"优"是过程而非结果，"优而学"同样重要。"好仁不好学，其蔽也愚；好知不好学，其蔽也荡；好信不好学，其蔽也贼；好直不好学，其蔽也绞；好勇不好学，其蔽也乱；好刚不好学，其蔽也狂。"（《论语·阳货》）爱仁不爱学，弊端是易受人愚弄；爱耍聪明却不爱学，弊端是放荡；爱诚信不爱学，弊端是容易被人利用；爱直率不爱学，弊端是说话尖刻刺耳；爱勇敢不爱学，弊端是容易闯祸；爱刚强不爱学，弊端是胆大妄为。可见，"仕而优则学，学而优则仕"完全不像今天所理解的那样，而是一种对执政官员"德智兼修，学而不厌"品质的要求。这是对"德治"人才的关键要求，也是道德传播"情感"模式的起始推力。否则，"君风民草，风行草偃"和"譬如北辰，众星共之"都无法实现。

其次，"譬如北辰，众星共之"的"吸附"效果，是通过"风行草偃"的"感化"效应来完成的。"吸附"不是出于强制，而是百姓内心的自愿归服，这也是道德区别于法制的本质属性。"道之以政，齐之以刑，民免而无耻；道之以德，齐之以礼，有耻且格。"（《为政》）孔子认为，由对刑戮的恐惧，顶多能产生对刑罚的逃避，是外在的；而由百姓内心生成的廉耻之心，则是一种人心的归服，是内在的。季康子曾经以"杀坏人以亲好人"的治国方式与孔子探讨，孔子认为："子为政，焉用杀？子欲善而民善矣。君子之德风，小人之德草。草上之风，必偃。"（《论语·颜渊》）孔子反对杀戮治国，而是主张"德治"，"德"的传播效果就像"风行草偃"一样强大。子贡在评价孔子时说："立之斯立，道之斯行，绥之斯来，动之斯和。"（《论语·子张》）即让百姓立足于社会，百姓就能立足；引导百姓，百姓就能前进；安抚百姓，百姓就能前来投奔；动员百姓，百姓就能齐心协力。"风行草偃"的"风"是由上层统治者发起的，亦即孔子所说的"先之劳之""无倦"（《论语·子路》），统治者为百姓带头，且永远不懈怠，才能让百姓勤劳工作。在这个方面，"国"与"家"是高度统一的，"君子笃于亲，则民兴于仁；故旧不遗，则民不偷"（《论语·泰伯》）。周公也曾说："君子不施其亲，不使大臣怨乎不以。故旧无大故，则不弃也。无求备于一人！"（《论语·微子》）君主不怠慢他的亲族，对大臣不求全责备，老臣无大故就不抛弃。孔子极为推崇周公，视其为圣人，二人所见如出一辙。

"风行草偃"的"感化"效应，目标是"草偃"，但前提是"风行"，二者缺一不可。季康子还曾向孔子请教："使民敬、忠以劝，如之何？"孔子则认为："临之以庄，则敬；孝慈，则忠；举善而教不能，则劝。"（《论语·为政》）孔子的这番言辞极具"传播"意味，指出了传播的互动性质。统治阶层对待人民"庄"（严肃认真），人民也会对他们"敬"；统治阶层践行孝与慈，百姓看在眼里，就会对他们"忠"；统治阶层提拔好人（举善），教育能力弱的人（教不能），老百姓也就会相互劝勉。正如曾子所说："慎终，追远，民德归厚矣。"（《论语·学而》）处于圆心中的统治阶层，如果都谨慎地对待父母的逝去，缅怀先祖，自然就出现"民德归厚"了。这就是孔子所言的"其身正，不令而行；其身不正，虽令不从"（《论语·子路》）。亦即正人先正己："苟正其身矣，于从政乎何有？不能正其身，如正人何？"（《论语·子路》）君主或统治阶层人员，只要端正了自己，治国有何难？自己都不能正，如何去正人？孔子的这一观点多次体现于和季康子的对谈中："政者，正也。子帅以正，孰敢不正？"（《论语·颜渊》）也就是说，要端正社会风气，首先要端正统治阶层的道德风气。孔子还对季康子说："苟子之不欲，虽赏之不窃。"（《论语·颜渊》）意思是说，你自己如果不贪求太多的话，即使奖励老百姓去偷窃，他们也不会去干的。"上好礼，则民易使也"（《论语·宪问》），上层的人崇尚礼，那么就容易让百姓听从。一个有意思的故事是，樊迟想学种庄稼和蔬菜，遭到孔子责备。孔子认为："上好礼，则民莫敢不敬；上好义，则民莫敢不服；上好信，则民莫敢不用情。夫如是，则四方之民襁负其子而至矣，焉用稼？"（《论语·子路》）孔子一语指出了这种道德传播模式的真谛，即在上者注重"礼"，百姓就无人敢不敬；在上者行为正当，百姓就无人敢不服；在上者尊崇诚信，百姓就无人敢不说真话。真能做到这样，老百姓就会带着儿女前来投奔，还需要自己种田种菜吗？此语即孔子道德传播模式的枢要：统治阶层以践行"德"为表率，就会达到"风行草偃"的传播效果；而"风行草偃"的结果又会带来"譬如北辰，众星共之"的"吸附"效果，四方百姓争相前来归服。

三、忠恕为仁，推己及人：人际传播的"外推"模式

中国是一个人伦社会，每个人都存在于社会关系中，为人处世是生命的重要活动。自先秦以来，中国思想家就在思考人际交往的准则与模式。孔子提出的"己所不欲，勿施于人"（恕）和"欲立立人，欲达达人"（忠），诠释了"推己及人"的人

际交往准则与模式，深刻影响了后世。孔子曾对曾参说："吾道一以贯之"，曾参认为"夫子之道，忠恕而已矣"（《论语·里仁》）。杨伯峻认为，贯穿于孔子思想体系之"道"的，是"仁"，包括"忠"和"恕"。"恕"是"仁"的消极面，其定义是"己所不欲，勿施于人"；[①]"忠"是"仁"的积极面，其表现是"己欲立而立人，己欲达而达人"。[②] 徐复观认为，"忠恕正是为仁的功夫与方法；忠是成己的一面，恕是成物的一面。孔子自述他是'学而不厌，诲人不倦'（《论语·述而》），学而不厌是成己，诲人不倦是成物"，"追求智能，建立品德，这是成己的自觉；但有这种自觉的人，不一定感到要同时成物，因之，这种自觉可以为仁的自觉所涵摄；但不能算是仁的自觉"，"由某一点的工夫加深下去，便不仅是成己的进步，并且必在成己的进步中浮出成物的要求，这才是仁的精神的自觉"。[③]

孔子主张，"己所不欲，勿施于人"是人际交往最基本准则，可以通过"自省"的方式加以施行。子贡问孔子："有一言而可以终身行之者乎？"孔子回答："其恕乎！己所不欲，勿施于人。"（《论语·卫灵公》）这可以说是为人处世的"金律"，即自己不想要的东西，就不要强加于人，用一个字来概括，就是"恕"，是实现"仁"的重要方面。之所以提出此"金律"，是因为在复杂的人际交往中，确实有一种"交流的无奈"："不患人之不己知，患不知人也"（《论语·学而》），孔子担心的是自己不了解别人，这既受人的主观能力所限，又受到客观条件的限制。也就是说，无法保证别人向你做什么，但却可以保证自己不向别人做什么。正所谓"君子求诸己，小人求诸人"（《论语·卫灵公》）。而之所以"己所不欲，勿施于人"是"金律"，就在于它是最低的实践标准，实行起来并不难。例如，"攻其恶，无攻人之恶，非修慝与？"（《论语·颜渊》）人总是不喜欢听到别人"攻己之恶"，但一个人如果只说自己的不好，不说别人的不好，那自然减少了很多怨恨。这种"将心比心"式的"推己及人"模式，可以通过"自省"的方式达成。曾子说："吾日三省吾身：为人谋而不忠乎？与朋友交而不信乎？传不习乎？"（《论语·学而》）如果对方对自己"谋而不忠""交而不信""传不习"（传播或传授给别人的东西自己未经研究或实践），显然是"己所不欲"的，因此对"为人谋""与朋友交""传"等行为如果自己都通不过，那就"勿施于人"。子夏说："君子信而后劳其民；未信，则以为厉己也。"（《论语·子张》）对百姓，君子只有自己信仰，才能去动员他们，否则会被认为是在折磨他们。在君主与百姓的关系上，这种"推己及人"同样奏效。例如，鲁哀公问有若应对年成不好、国家用度不够的办法。有若建议十分抽一的税率，而鲁哀公觉得十分抽二

① 杨伯峻：《论语译注》，北京：中华书局，1980年，第20页。
② 杨伯峻：《论语译注》，北京：中华书局，1980年，第176页。
③ 徐复观：《中国人性论史·先秦篇》，上海：上海三联书店，2001年，第83—84页。

都已经不够了，怎么能仅十分抽一？有若反问道："百姓足，君孰与不足？百姓不足，君孰与足？"（《论语·颜渊》）有若的反问暗示，百姓的状况君主是可以知道的，如果君主不够，百姓自然不够；百姓够了，君主自然也够了。这是对"推己及人"最妙诠释，在今天可以被称为"主体间性"。李泽厚认为："人处于'与他人共在'的'主体间性'之中。要使这'共在'的'主体间性'真有意义、价值和生命，从儒学角度看，便须先由自己做起。所以这不仅是交友处世的'君子'之道，而且也是稠密人际关系，并将这关系置放于很高地位的自我修养和自我意识。"① 曾子对这种儒家的"主体间性"作了很好的总结："故为人子而不能孝其父者，不敢言人父不能畜其子者；为人弟而不能承其兄者，不敢言人兄不能顺其弟者；为人臣而不能事其君者，不敢言人君不能使其臣者也。故与父言，言畜子；与子言，言孝父；与兄言，言顺弟；与弟言，言承兄；与君言，言使臣；与臣言，言事君。"（《大戴礼记·曾子立孝》）儒家所说的"父慈、子孝、兄良、弟弟、夫义、妇听、长惠、幼顺、君仁、臣忠"（《礼记·礼运》）等"十义"就是五种"主体间性"的关系。因此，"己所不欲，勿施于人"实际上是人际交往中的一种"自我约束的主体性"，是实现"仁"的重要条件。孔子在回答颜渊"什么是仁"时说："克己复礼为仁。一日克己复礼，天下归仁焉。为仁由己，而由人乎哉？"（《论语·颜渊》）这里的"克己复礼"，就是主动地以"礼"进行"自我约束"，因此可以称为"自我约束的主体性"。孔子说的"为仁由己，而由人乎哉"就是"自我约束的主体性"的最好体现。

如果说"己所不欲，勿施于人"是一种"自我约束的主体性"，那么"己欲立而立人，己欲达而达人"就是一种"自我外推的主体性"，两者共同构成了孔子"推己及人"的人际传播模式。前者力求"自省"，并不强求主体间的互动，而后者则开始寻求主体间的互动。孔子认为："夫仁者，己欲立而立人，己欲达而达人。能近取譬，可谓仁之方也已。"（《论语·雍也》）对孔子来说，仁就是"自己要站得住，同时也使别人站得住；自己要事事行得通，同时也使别人事事行得通"。② 而实行"仁"的方法，就是选择当下的或近处的事情去实践，即"能近取譬"才能"推己及人"。对儿童为人的教育，孔子认为"入则孝，出则弟，谨而信，泛爱众，而亲仁"（《论语·学而》）。入则孝敬父母，出则敬爱兄长，一入一出之间便是"能近取譬""推己及人"的最初尝试，而这是走向"仁"的第一步，也是最重要的一步。"君子务本，本立而道生。孝弟也者，其为仁之本与！"（《论语·学而》）也就是说，"中国传统之等级爱是推己及人，由家庭、宗族、逐步扩展到社会，达到'泛爱众，而亲仁'、'老吾老

---

① 李泽厚：《论语今读》，北京：生活·读书·新知三联书店，2008 年，第 30 页。
② 杨伯峻：《论语译注》，北京，中华书局，1980 年，第 68 页。

以及人之老，幼吾幼以及人之幼'（《孟子·梁惠王上》）之境地"。① 当子张问及"如何才能使自己到处行得通"的方法时，孔子说："言忠信，行笃敬，虽蛮貊之邦，行矣。言不忠信，行不笃敬，虽州里，行乎哉？"（《论语·卫灵公》）孔子认为，言语忠诚老实，行为忠厚严肃，无论是本国还是别族都是行得通的；反之，言语欺诈无信，行为刻薄轻浮，就是在自己家乡也站不住脚。这种外推就基本建立于"主体间性"之中。在《国语》中有这么一段记述："《礼志》有之曰：'将有请于人，必先有入焉。欲人之爱己也，必先爱人。欲人之从己也，必先从人。无德于人，而求用于人，罪也。'"（《国语·晋语四》）有求于人，就得先赠予人；希望别人爱自己，先得爱别人；想要别人听自己，得先听别人。没有给别人恩德就想让对方为自己所用，这是罪过。《左传》将这种"主体间性"说得很透彻："君义，臣行，父慈，子孝，兄爱，弟敬，所谓六顺也。"（《左传·隐公三年》）

当然，"推己及人"很难掌握，一不小心就"过犹不及"。正如子游所说："事君数，斯辱矣；朋友数，斯疏矣。"（《论语·里仁》）无论是对待君主还是朋友，过于频繁都会遭至负面效果。李少南认为，"在'推己及人'的思想指导下，华人传播的一些特点是'为他人着想'、'揣度对方的意思'、'为对方的福祉而行事'，在过度关爱对方时，甚至会'为对方作决定'或'为了他好而强加己见于其身上'。在人际沟通上，假若二人都正确地估量到对方的意思，并接受对方的好意，这种沟通将如鱼得水，建立亲密互爱的关系。但是假若二人并不能准确测准对方的意思，并且不完全接受对方的好意，这种沟通便可能变成'控制反控制'的争执，造成紧张及敌对的关系。"②

因此，现实情境非常复杂，"忠"与"恕"之间存在着巨大的张力，必须处理好"自我约束的主体性"与"自我外推的主体性"之间的微妙关系。处理的方法是"中庸"："中庸之为德也，其至矣乎！民鲜久矣"（《论语·雍也》）。"中庸"原则在"推己及人"的模式中可以理解为"合理而恰当"地处理"自我约束的主体性"与"自我外推的主体性"的关系。"中庸"可以如杨伯峻所言的"折中的和平常的东西"，③或如徐复观认为的"有普遍妥当性的行为"，④抑或如李泽厚所说的"实用理性"，"着重在平常的生活实践中建立起人间正道和不朽理则"。⑤简言之，这种"合理而恰当"的智慧就体现在"人伦日用"中，亦即只有在实践中的尺度把握，才使这种人际传

① 李少南：《在"仁"的观念下华人社会之人际传播》，《中国传媒报告》2009年第4期，第5页。
② 李少南：《在"仁"的观念下华人社会之人际传播》，《中国传媒报告》2009年第4期，第7页。
③ 杨伯峻：《论语译注》，北京：中华书局，1980年，第68页。
④ 徐复观：《中国人性论史·先秦篇》，上海：上海三联书店，2001年，第99页。
⑤ 李泽厚：《论语今读》，北京：生活·读书·新知三联书店，2008年，第30页。第186页。

播模式具有意义。孔子认为："仁者先难而后获，可谓仁矣。"（《论语·雍也》）"先事后得，非崇德与？"（《论语·颜渊》）只有付出了努力，才能收获仁德；只有付诸实践，才能知晓"推己及人"的尺度。例如，孔子在"如何对待朋友"的问题上，对子贡说："忠告而善道之，不可则止，毋自辱焉"（《论语·颜渊》）。意思是，忠心地劝告，好好地引导，但不听就算了，否则便"自讨没趣"。在对待君主的问题上，孔子也主张"以道事君，不可则止"（《论语·先进》）。这种"合理而恰当"智慧的最高境界，就是孔子所说的"君子之于天下也，无适也，无莫也，义之与比"（《论语·里仁》），"无可无不可"（《论语·微子》），即天下的事情没有规定怎样干或不怎样干的，只要君子觉得"合理而恰当"，便去实行。如此便达到了"我欲仁，斯仁至"（《论语·述而》）的境界。可见，要做一个合格的君子也是有极高要求的，关键在于灵活处理"自我约束的主体性"与"自我外推的主体性"之间的关系。这不仅体现了孔子对人的主体性和灵活性的生动诠释，也充分反映了儒家为人处事的"实用理性"。这需要通过"修己以敬"，"修己以安人"，"修己以安百姓"（《论语·宪问》），而最后一项即使连尧、舜大概都还没有完全做到。无怪乎当孔子让漆雕开去做官时，漆雕开却说"吾斯之未能信"（《论语·公冶长》），他对自己还没有信心，亦即"修己"功夫还做得不够。

综上所述，"推己及人"的人际传播模式是以"己所不欲，勿施于人"为原点，以"己欲立而立人，己欲达而达人"为延伸，以实践为指向，以"中道"尺度为原则的传播模式。李泽厚指出："'己所不欲，勿施于人'至今仍为习用成语，与《圣经》中'你们愿意人怎样对待你们，你们也要怎样对待人（马太福音）'，交相辉映。《圣经》乃情爱的宗教观，主动、热情、舍己救人，而较难做到。《论语》乃实用理性的人性观，节制、冷静，而较易遵循。可惜以前只将它作为个人修养用，其实它正可作为现代社会某种公共道德的传统资源，即个体均生活在一个平等、独立、以契约关系为原则的群体环境中，尊重别人即尊重自己，这甚至可以无关个人的修养，而直是一种社会规约。"[①]

四、不愤不启，不悱不发：知识传播的"情境"模式

孔子"学而不厌，诲人不倦"（《论语·述而》），建构并传播德性知识，并强调传播的实践层面，必然会遇到具体情境的问题。德性知识如何传授与人？又如何获得于人？《论语》的智慧就在于，传播的情境是成功传播的前提，这正是"经世致用"的精髓所在，即"道在人伦日用中"。徐复观认为："仁的自觉的精神，必须落实于工

---

① 李泽厚：《论语今读》，北京：生活·读书·新知三联书店，2008 年，第 321 页。

夫、方法之上；而工夫、方法，必定是在当下生活中可以实践的，所以便说是'近'（能近取譬）。'近'是针对博施济众之'远'而言。"①

孔子的"因材施教"，实际上是一种传播者的主体性，针对不同特点的接受者而实施。例如，孔子在不同的人问"仁"时，回答各不相同。颜渊问仁，孔子回答："克己复礼为仁。一日克己复礼，天下归仁焉。为仁由己，而由人乎哉？""非礼勿视，非礼勿听，非礼勿言，非礼勿动"（《论语·颜渊》）。孔子所说的"为仁由己"，属于"内圣"层面，要求极高，普通人难以做到；而"四非四勿"属于"外王"层面，虽然具备操作性，但要求也极为严苛；"克己复礼"则是将"内圣"与"外王"融为一体的体现，非高超境界不可行，由这三个层面可见孔子对颜渊期望之高。通观《论语》就能发现，孔子对颜渊的评价之高，足以使颜渊成为孔子最得意的弟子：一是颜渊非常好学，而且自始至终都能听孔子的话，这在孔子的学生中找不出第二个；二是只有颜渊可以长时间坚守住"仁"，其他学生则只能坚持很短时间，因而孔子认为其道德已经差不多了；三是不迁怒于人，同样的错误不会犯两次；四是安贫乐道，别人都受不了的愁苦，他却可以乐在其中。这些评价可见于《论语》各篇："有颜回者好学，不迁怒，不贰过"（《论语·雍也》）；"回也，其心三月不违仁，其余则日月至焉而已矣"（《论语·雍也》）；"回也其庶乎，屡空"（《论语·先进》）；"贤哉，回也！一箪食，一瓢饮，在陋巷，人不堪其忧，回也不改其乐。贤哉，回也"（《论语·雍也》）；"语之而不惰者，其回也与"（《论语·子罕》）。因此，孔子以最严格的"内圣"层面来告诉颜渊什么是"仁"，是有其充分理由的。当子张问仁，孔子说："能行五者于天下为仁矣"，"恭，宽，信，敏，惠。恭则不侮，宽则得众，信则人任焉，敏则有功，惠则足以使人"（《论语·阳货》）。孔子的这个回答侧重于"外王"层面，因为子张志在政治，曾问孔子"何如斯可以从政矣"（《论语·尧曰》）、"何如斯可谓之达矣"（《论语·颜渊》），因而子张被认为是孔门"最热衷于政治的门徒之一"②，而孔子所答的"恭，宽，信，敏，惠"针对了为政的基本要求，恭（庄重）就不致受辱，宽（宽厚）就能博得拥护，信（诚实）就能得到任用，敏（勤敏）就能立功，惠（慈惠）就能够管理别人。

不仅如此，孔子还非常注重知识接受者的主体性。孔子传授知识的原则是"不愤不启，不悱不发"（《论语·述而》），不到学生自己主动求知却无所收获的时候不开导，不到学生自己想说又说不出的时候不启发。子贡问孔子如何看待"贫而无谄，富而无骄"，孔子持肯定态度，但认为不如"贫而乐，富而好礼"。于是子贡进一步

①　徐复观：《中国人性论史·先秦篇》，上海：上海三联书店，2001 年，第 83 页。
②　李泽厚：《论语今读》，北京：生活·读书·新知三联书店，2008 年，第 474 页。

说："诗云：'如切如磋，如琢如磨。'其斯之谓与？"孔子很满意："赐也，始可与言诗已矣，告诸往而知来者。"（《论语·学而》）《诗经》中的"如切如磋，如琢如磨"，意思是加工骨器玉石，切了要磋，磋了要琢，琢了还要磨。子贡通过与孔子的对话，领悟到君子的修养也是一个不断深入乃至永无止境的过程。孔子听后很高兴，认为可以和他谈论《诗经》了，因为子贡"告诸往而知来者"，能举一反三。注重对象的接受能力，即接受的主体性，这是传播的重要前提。而一旦接受对象有了主体性，对方也就不仅是受体，反又成了传播主体，在双方的互动中，新的知识又得以产生。子夏问孔子："'巧笑倩兮，美目盼兮，素以为绚兮。'何谓也？"子夏问的是，"有酒窝的脸笑得美啊，黑白分明的眼流转得媚啊，洁白的底子上画着花卉呀"，[①] 这句话什么意思。孔子回答"绘事后素"，即先有白色底子，然后画花。子夏便问是不是礼乐也在仁义之后。孔子很满意，而且认为子夏还启发了自己，当然可以一起讨论《诗经》了，"起予者商也！始可与言诗已矣"（《论语·八佾》）。除了知识接受者的主体性，还需要注重其接受能力。传授高深的学问，需要中等水平以上，"中人以上，可以语上也；中人以下，不可以语上也"（《论语·雍也》）。孔子对人的观察入微，甚至各人秉性的不同，在一类事情上能够相得益彰，不代表在另一类事情上也能共同进退。"可与共学，未可与适道；可与适道，未可与立；可与立，未可与权。"（《论语·子罕》）不仅如此，即使是人所犯的错误，也各有其因。"人之过也，各于其党。观过，斯知仁矣。"（《论语·里仁》）孔子认为，人各种各样，其错误也各种各样；通过考察它们的错误，就可以知道他们是什么样的人。对此，孔子总结道："可与言而不与之言，失人；不可与言而与之言，失言。知者不失人，亦不失言"（《论语·卫灵公》）。能与之言而不言，就会错过人才；不能与之言而言，那是浪费口舌；聪明的人既不会错过人才，也不会浪费口舌。言外之意，无效传播还不如不传播。"举一隅不以三隅反，则不复也"（《论语·述而》），学生若不能举一反三，就不用再多言了。更有甚者，其接受态度就不端正。"不曰'如之何，如之何'者，吾末如之何也已矣。"（《论语·卫灵公》）孔子感叹，对于那些不想想怎么办的人，孔子也无能为力。

第三节 《论语》传播模式和儒家传播思维

通过梳理《论语》所蕴含的核心传播模式，有助于我们理解儒家思想在中国历史上的传播奇迹，以及在这种奇迹下中国人所形成的深层文化 - 心理结构。首先，《论语》的核心传播模式不但强调传者的主体性，而且极为重视受者的主体性，即

---

① 杨伯峻：《论语译注》，北京：中华书局，1980 年，第 27 页。

传受兼顾的主体性。从传者的主体性来说，人际传播的"外推"模式已经囊括了各个层面，即从消极（己所不欲，勿施于人）到积极（己欲立而立人，己欲达而达人）的各种梯度。从受者的主体性来说，价值传播的"内化"模式和知识传播的"情境"模式也考虑了从积极到消极的各个层面。"仁"作为"礼"之本，直接来源于人性；而"礼"为"仁"之方，也是这种人性的外化，这就为价值和规范的传播，预设了一种接受的主体性。"不愤不启，不悱不发"的情境模式，非常重视受者的接受主体性，以保证传播的效果和效率。其次，《论语》的核心传播模式体现出一种知行合一的实践精神，无论是道德在全社会的传播，还是德性知识在君子中的传播，不只是一种意义的告知，而是一个生活实践的问题。对儒家来说，现实世界和符号世界的区分是没有意义的，一切的意义就在活生生的现实世界。第三，《论语》的核心传播模式体现了一种情理交融的实用理性，这是一种深刻洞察人性，又深谙社会现实的智慧。来自人性的"仁"和由此外化的规范"礼"的结合，也是这种实用理性智慧的结晶。这有点类似于雷蒙威廉斯所说的"自然生长"和"扶持"："一种共同文化的观念以一种特定的社会关系形式把自然生长的观念和扶持的观念结合在一起"。①"仁"正是这种"自然生长"的人性，而"扶持"则是顺着这种人性，顺势培育出规范（例如礼）。总之，孔子毕生的愿望，就是建立一个"老者安之，朋友信之，少者怀之"（《论语·公冶长》）的道德社会，这是一种通过价值的传递，来建构一个有意义、有秩序的文化社会的政治理想。这种政治理想基于人性和社会现实的思考，很大程度上也成为儒家传播思维的特性。

一、传受兼顾的主体意识

在中国的传统传播思想中，人始终是讨论的中心，而传播手段（包括传播媒介和符号）则居其次。这一方面由于中国没有像西方那样完善的宗教传统，也由于中国有着轻言重行的传统。没有神的护佑，凡事要靠自己；语言不是绝对可靠，因而行比言更重要。这种传统也造就了儒家传播中传受兼顾的主体性极为突出。

占卜是中国人最早的传播活动之一，只是其对象是"天"而非人，但最终的目的，是为了获知"天意"，明白吉凶，从而调整人的行为。这种"天意"，可以理解为自然规律，是永恒的，人亲近、遵循它就是"德"："有亲则可久"，"可久则贤人之德"（《易·系辞上》）。人的主体性就在于，通过观察天地万物可以获知自然规律，因为自然规律易于为人所知，"乾以易知，坤以简能。易则易知，简则易从"（《易·系辞上》）。人是通过观察天地万物的现象和变化而发现自然规律的，"在天成象，在

① 雷蒙·威廉斯：《文化与社会》，高晓玲译，长春：吉林出版集团有限责任公司，2011年，第347—348页。

地成形，变化见矣"，这些现象和变化包括"天尊地卑""动静有常""方以类聚，物以群分"（《易·系辞上》），这是其自然状态。但即便是自然状态，也会有贵贱之位、刚柔之分和吉凶之变。也就是说，矛盾是随时存在的，人要生存于这个世界，首先就要正视矛盾，了解矛盾背后的规律，明白吉凶之变，从而调整自己的行为以遵循规律。"圣人设卦观象，系辞焉而明吉凶，刚柔相推而生变化"，设卦观象系辞，就是以象来比拟天地万物的变化，从而推知吉凶变化，调整人行为的一种方式。因此，这种获取"天意"的过程，不是靠神，而是靠人自己的行动——占卜。占卜最大的特点，是不会给出一个直接的答案，不会"说破"，最终的决定还在于人本身。因而对各种卦象的解释也进一步发展，随着《易传》等内容对《易经》的丰富，占卜本身已不再重要，对占卜的解释越来越重要，对占卜解释的理解也更为重要，目的就在于综合分析信息从而调整行为。《周易》对早期中国人的作用，不亚于西方的理性或后来希伯来的上帝，是中国人面对未知世界、谋求生存的重要保障。可以说，《周易》是中国人主体性传统的力量源泉。一方面，天地万物"易知易从"，人在大自然面前并不是完全无助的，而是可以通过特定的方式（设卦观象系辞），发现其背后的规律，从而调适人的行为。另一方面，天地万物"动静有常"，变化是常态，人必须接受并明白这一常态，不断洞悉复杂的变化，时刻调整自己相应的行为。

这种主体性的思维在孔子身上表现得极为突出。一方面，这种主体性就来自于"天"，但指向于人世间。"天生德于予"（《述而》），"德"是天赋的，经由孔子传播至弟子三千，贤者七十二，并影响到政治，"孝乎惟孝，友于兄弟，施于有政"（《论语·为政》）。而如果"为政以德"，则会实现"风行草偃"和"众星共辰"的效果，从而四方归服。另一方面，在面向人世间的同时进一步远离鬼神，"子不语怪、力、乱、神"（《论语·述而》），"未能事人，焉能事鬼"（《论语·先进》），"务民之义，敬鬼神而远之，可谓知矣"（《论语·雍也》）。没有神的昭示，在自然科学不发达的古代生活是艰难的，孔子的做法却是对未知"存而不论"（庄子语），"未知生，焉知死"（《论语·先进》），"知之为知之，不知为不知"（《论语·为政》），而且这不仅不可怕，还是"知（智）"的体现。孔子深信："人能弘道，非道弘人。"（《论语·卫灵公》）孔子将主体性应用于人世间，体现为传播的自觉，一方面"己所不欲，勿施于人"，另一方面"己欲立而立人，己欲达而达人"。这种传播自觉又与自省紧密联系，"传不习乎"，"不患人之不己知，患不知人也"（《论语·学而》），"不患人之不己知，患其不能也"（《论语·宪问》），"不患莫己知，求为可知也"（《论语·里仁》）。不怕别人不了解自己，只怕不了解别人。对"被人知"，个体具有极大的掌控性，只要言行一致，知行合一，就能有效传播自己；而对"知人"，个体确实难以掌控，因而需要追求了解别人的本领。

　　到了《中庸》，这种天赋的主体性表现得更为突出，人已然能够"参天地、赞化育"："唯天下至诚，为能尽其性；能尽其性，则能尽人之性；能尽人之性，则能尽物之性；能尽物之性，则可以赞天地之化育；可以赞天地之化育，则可以与天地参矣。"（《礼记·中庸》）也就是说，人之性与物之性是相通的，两者相通就能"参天地、赞化育"。之所以如此，是因为"天命之谓性，率性之谓道，修道之谓教"（《礼记·中庸》）。儒家思想虽然指向人世间，是一种入世的哲学，但其初始来源则是自然的人性，即"天命之谓性"，上天赋予的就是性；遵循这种自然的人性，或者说"天性"，就是道，"率性之谓道"。而按照道的原则来修养，就是"教"。由此可见，儒家的主体性是建立在遵循自然规律的基础上。这种主体性的极致，就是"天人合一"，人可以与天沟通。以董仲舒为代表汉代思想家建构了系统的天人相通模式。林毓生认为，"天人合一"体现的是"超越的实在"内涵于宇宙之中，而人则是这个宇宙的有机部分，汉儒的"天人合一"是为了建立人的外在行动自由的宇宙模式，宋儒的"天人合一"则意在建立内在伦理自由的人性理想。[①]

　　明代的王阳明，不仅吸收了儒家的主体性思维，更融入了庄禅的主体意识。庄子假托孔子的口吻说："若一志，无听之以耳而听之以心，无听之以心而听之以气。听止于耳，心止于符。气也者，虚而待物者也。唯道集虚。虚者，心斋也。"（《庄子·人间世》）也就是说，一个人要能够真正把握"道"的真谛，主要在于做到"心斋"，即保持开放的心态，超越是非的相对性。这一观念得到了禅宗六祖慧能的呼应："道须通流，何以却滞。心不住法，道即通流，心若住法，名为自缚。"（《六祖坛经·定慧品》）要把握"道"，就要让内心永远保持流通的状态，而要流通的前提就是让内心排空（虚），只有这样，才能做到无所不出，无所不入，也就是"前念不生即心，后念不灭即佛"，"即心即佛"（《六祖坛经·机缘品》）。王阳明汲取庄禅精神，提出"学者欲为圣人，必须廓清心体，使纤翳不留，真性始见，方有操持涵养之地"（《王文成全书·年谱一》）。实际上，这种传播的主体性已经深入中国人的骨髓，钱穆就将中国文化的思想概括为"通天人，合内外"，[②] 这一"通"一"合"之间，流露出"物我融通"的主体意识。在中国古代的信息接受观念中，"观"、"味"、"知"就体现了这种主体意识。一方面，通过"观""味""知"可以获得一种"言外之意"、物外之旨，并以言"观"物，以物悟意，沟通天地万物，最终达到一种物我融和、"天人合一"的至高文化境界。另一方面，通过"观""味""知"，使言不离物，物不离意，以意致物，意在言先，最后统一于物我融通的理念之中。

---

① 林毓生：《中国传统的创造性转化》，北京：生活·读书·新知三联书店，2011 年，第 453 页。
② 钱穆：《从中国历史来看中国民族性及中国文化》，北京：九州出版社，1998 年，第 88 页。

二、知行合一的实践精神

孔子的志向，是通过建构一种社会共享的价值，实现人伦遗产的继承和文化的重建。这是一个如何传播德性知识，或者说传播价值的问题。而德性知识不像一般的知识，仅仅通过告知或劝说是无法成功传递的，必须考虑经验层面的问题。德性的知识只能说明价值的基本原则和内容，具体操作必须落实到无限多样的现实情境中，现实情境的复杂性又进一步影响到知识传播的可行性。正如雷蒙·威廉斯所说"告知（telling）是生活的一个方面，获知（learning）是经验的一个成分"，"只有经验能教导人"。①

孔子以仁释礼就是一种将知识建构和传播实践合一的努力，其中"仁"是知识的内核，"礼"是外化的实践，两者是紧密结合在一起的。"仁"的知识一旦建立起来，"礼"的实践就成了这一知识能否为社会所共享的关键。在《论语》中，"礼"既是传递"仁"的媒介，又是"仁"是否成功传递的实践标准。"礼"的知识内核与外化实践就是"知行合一"精神的极佳体现，不仅因为"礼"要体现"仁"的知识，还因为"礼"本身也是一种知识，"礼"承担了将"仁"和"礼"的双重知识进行实践的重任。虽然在《论语》中，孔子对于"礼"的本质和作用没有直接说明，但在《孔子家语》中却有清晰的记录。孔子认为，礼的直接作用是"节事神，辨尊卑，别亲疏"："非礼则无以节事天地之神焉；非礼则无以辨君臣、上下、长幼之位焉；非礼则无以别男女、父子、兄弟、婚姻、亲族、疏数之交焉"（《孔子家语·问礼》）。从形式上说，这是通过行为规范来明确等级秩序；从本质上讲，这是通过行为来传递一种社会共享的价值。而"礼"的最终作用，是用以建构一种共同的文化，从而实现社会的整合。其价值传递的途径是：首先君主以"礼"（的行为）行事，而这"礼"（的行为）能够"教顺百姓"，从而扩大到全社会。当通过行为的教化产生效果之后，才考虑对礼进行规范化和制度化的确认："既有成事，而后治其雕镂文章黼黻"，"其顺之也，而后言其丧祭之纪，宗庙之序"（《孔子家语·问礼》）。也就是说，"礼"的制度化（礼制），是在"礼"的观念被广为接受、"礼"的本质成为社会共享价值之后的事情。观念广为传递，价值被社会所共享，共同的文化便得以形成。为了传承这些共同的文化，还需要一些形式化的东西加以固化，包括"丧祭之纪"和"宗庙之序"。其中的逻辑，就是观念层面的东西用行为加以体现，行为的实践用规范加以固化。简言之，就是"礼"的观念在先，同时体现为君主"礼"的行为，然后扩大至全社会"礼"的观念和行为，最后将其制度化为行为规范，以传承这种价值。

---

① 雷蒙·威廉斯：《文化与社会》，高晓玲译，长春：吉林出版集团有限责任公司，2011年，第328页。

明白了礼和礼制的区别，也就明白了礼的精髓。有子说："礼之用，和为贵。先王之道，斯为美；小大由之。有所不行，知和而和，不以礼节之，亦不可行也。"（《论语·学而》）"礼"在没有被运用的时候，体现为一种行为规范，其形态还是知识的，规定了"礼"的基本原则和具体形式；但是，在运用"礼"的时候，具体形式并不是无所不行，一旦行不通，就不能局限于"礼"的形式，而要根据"礼"的本质功用"和为贵"，即为了求恰当而恰当地行事。这个时候，就有了"礼"的本质属性和表现形式上的差异，但归根结底这仍是"以礼节之"。肖小穗借用 Searle（1969）的理论框架，认为中国古代"礼"的规则有两种：制约规则（regulative rules）和构成规则（constitutive rules）。"制约规则是一种'说不'的、封闭式的规则；而构成规则是开放的，允许行动者有一定程度的选择自由"，[①]"偏离某种具体的制约规则，不等于就走出了礼的范围，只要沟通者仍在既定的构成规则和操作规则的涵盖范围之内，他的行为就仍然是合理的"。[②]实际上，"礼"有本质和表象之分，即"礼"和"仪"之分，"礼之本"最为重要，直接决定了"礼之表"，只要遵循"礼之本"，"礼之表"不需要拘泥于固定的形式。因此，"礼"的内涵，就体现了一种知行合一的精神；"礼"的运用，也展示了一种知行合一的智慧。对儒家来说，符号世界所承载的价值内容，必须在现实世界能够实现才有意义。所谓"智"者，就是经历了这种实践的体验，才有"知之为知之，不知为不知"（《论语·为政》）之感。《大乘百法明门论》说得更为透彻，所谓"慧"，就是"拣择为性，断疑为业"。"智慧"合成一个字，指的就是这样一种能力：在知识落实到实践的体验中，深谙自己的所长和局限，学会了选择和断疑，从而具备了面对复杂现实并生存下去的能力。

因此，德性的"知"是离不开"行"的，而且从传播的角度看，"行"比德性的"知"更重要。因为"知"是传播的内容，而"行"是传播的手段，而且是最有效的手段，远胜于"言"的手段。正是在这个意义上，孔子感叹"予欲无言"，理由是"天何言哉？四时行焉，百物生焉，天何言哉？"（《论语·阳货》）司马迁就非常认同孔子的这种方式："太史公曰：《传》曰'其身正，不令而行；其身不正，虽令而从'。其李将军之谓也？余睹李将军悛悛如鄙人，口不能道辞。及死之日，天下知与不知，皆为尽哀。彼其忠实心诚信于士大夫也！谚曰'桃李不言，下自成蹊'。此言虽小，可以论大也。"（《史记·李将军列传》）《论语》中随处可见这种"行"重于"言"的论述："君子欲讷于言而敏于行"（《论语·里仁》），"君子耻其言而过其行"（《论语·宪

---

① 肖小穗：《礼与华人沟通行为》，见陈国明主编：《中华传播理论与原则》，台北：五南图书出版股份有限公司，2004年，第383页。

② 肖小穗：《礼与华人沟通行为》，见陈国明主编：《中华传播理论与原则》，台北：五南图书出版股份有限公司，2004年，第399页。

问》），"古者言之不出，耻躬之不逮也"（《论语·里仁》）。子夏说："贤贤易色；事父母，能竭其力；事君，能致其身；与朋友交，言而有信。虽曰未学，吾必谓之学矣。"（《论语·学而》）子夏认为，重品德而非美色，尽心侍奉父母，与朋友交往言而有信，为君主愿意豁出性命，这样的人，即使嘴巴上说没有学，也必定认为他是学了的。正因为德性知识本身与实践之间巨大的鸿沟，孔子很担心那些学了不实践，有错不能改的人。"德之不修，学之不讲，闻义不能徙，不善不能改，是吾忧也"（《论语·述而》）。对于那些表面接受，实际不改的人，孔子更为反感："法语之言，能无从乎？改之为贵。巽与之言，能无说乎？绎之为贵。说而不绎，从而不改，吾末如之何也已矣"（《论语·子罕》）。德性知识的最佳传播方式，是传授的人首先学习并实践，学习的人在接受知识之后更要实践，实践之后还要去温习和反思学过的知识。曾子"一日三省吾身"，其中之一就是"传不习乎"（《论语·学而》），即反思知识在传播给别人之前，自己是否实践过？知识传播者需要实践，知识接受者更需要实践。在《论语》的开篇，孔子说："学而时习之，不亦说乎？"（《论语·学而》）学习要经常实践，方能达到效果；经过实践的旧知识，若再次经过反思，则又可有新的收获："温故而知新，可以为师矣。"（《为政》）"温故而知新"不是简单地重读或回忆，而是在重温的同时"思"。"思"和"学"是紧密不分的，"学而不思则罔，思而不学则殆"（《为政》），只学习不思考，就会被知识的表象所蒙蔽，只思考不学习，就会疑惑而缺乏信心。据皇侃《论语义疏》说，"温故"就是子夏所说的"月无忘其所能"（每月复习自己所能的），"知新"就是子夏所说的"日知其所亡"（《论语·子张》）（每天知道所未知的）。[①]"温故而知新"，一方面知道自己学到了什么，另一方面又知道自己不知道什么，这就是智。"知之为知之，不知为不知，是知也。"（《论语·为政》）

这种知行合一的精神贯穿于儒家思想之中。宋代的朱熹提出"论先后，知为先；论轻重，行为重"（《朱子语类·学三》），"知之愈明，则行之愈笃；行之愈笃，则知之益明。二者皆不可偏废。如人两足相先后行，便会渐渐行得到。若一边软了，便一步也进不得。然又须先知得，方行得"（《朱子语类·大学》）；而明代的王阳明则进一步明确"知行合一"，认为"知是行之始，行是知之成"（《传习录·上》），乃至"真知即所以为行，不行不足谓之知"（《传习录·中》）。王阳所说的"知行合一"，不是自然科学中实验对理论的验证，也不是一般所理解的理论与实践的关系，而是人性在社会生活和实践层面的真实体现。董平认为，人的存在的完整性，或者说人格的完整性要求，是"内在的精神状态与展现于实际生活之中的行为状态保持其统一

---

① 杨伯峻：《论语译注》，北京：中华书局，1980年，第17页。

性"。① 成中英也说："儒学的德性不是列举出许多美德，而是对人的总体面貌提出了整体的方案。它要求对生活是如何经营的要有深刻的洞见"，"培养'义'的精神、做一个正直的人，是人之为人的一个重要部分。它的实现要求以'仁'为基础，并且需要知识、智慧和正确的行为方式。它同时还需要道德洞察力和实践理性。它甚至还需要更多的条件：它需要对生活本身以及它如何在现实世界中实现有一种道德的理解。"②

三、情理交融的实用理性

儒家的智慧，是致力于寻求情感和理性的统一，而非将情感与理性进行二分。因为儒家思想的来源就是人性，而情感是人性的重要内容。儒家的传播思维，也始终围绕着人性展开，情感与理性的统一也正是儒家传播的目标。对儒家传播来说，最重要的是传播过程中的人（包括传者和受者），传播内容是直接为人服务的，而媒介和符号更只是辅助的传播手段。德性的知识在建构之初，就要考虑传播过程，即德性知识的内容能否最大限度地被人所接受。因此，儒家传播始终在寻求情感（接受程度）与理性（德性知识）的平衡。

一方面，儒家知识的初始来源则是自然的人性，遵循这种自然的人性就是道，"天命之谓性，率性之谓道。"（《中庸》）而情感是人性的重要内容，"仁"的来源就是人性，即基于情感的人性。孔子认为，"仁"就是"爱人"（《论语·颜渊》）。孟子也说"仁义礼智根于心"（《孟子·尽心上》）。"仁"的基础是"孝悌"，"孝弟也者，其为仁之本与"（《论语·学而》）。孝悌等原则践行得差不多了，才考虑学习文献知识，"弟子入则孝，出则弟，谨而信，泛爱众，而亲仁。行有余力，则以学文"（《论语·学而》）。孔子最了不起的贡献，就是从人的基本情感出发，发展出一套关于价值的知识，这是儒家思想能够传承两千年的内在原因。孔子认为，人首先是一个情感的人，"仁"的基础就是人的基本情感——父母之爱与兄长之亲，"孝弟也者，其为仁之本与"（《论语·学而》）。孔子有一种坚定的信念，认为这种情感具有极大的感染力，即使不做官也能影响到政治，"孝乎惟孝，友于兄弟，施于有政"（《论语·述而》）。徐复观所说："孔子是认定仁乃内在于每一个人的生命之内，所以他才能说'仁远乎哉？我欲仁，斯仁至矣'（《论语·述而》），及'为仁由己'的话。凡是外在的东西，没有一样是能随要随有的。孔子既认定仁乃内在于每一个人的生命之内，则孔子虽未说明仁即是人性，他实际是认为性是善的；在孔子，善的究极便是仁，则亦必实际上认定仁是对于人之所以为人的最根本的规定，亦即认为仁是作为生命根源

① 董平：《"知行合一"：无限阔大的生命境界》，《光明日报》2013 年 11 月 26 日，第 14 版。
② 成中英、麻桑：《新新儒学启思录》，北京：上午印书馆，2008 年，第 67 页。

的人性。"① 可见，情感是孔子建构和传播德性知识的初始考虑。

另一方面，儒家认为，一个人要成为真正的人，需要修养自己的身心，就如同将原始的玉石雕琢成美玉一样，为天赋的人性再赋予人伦的价值，使其成为一个人伦世界中的人。正如《诗经》中说"如切如磋、如琢如磨"(《诗经·卫风·淇奥》)。其修养的原则，就是遵循天性的道；其修养的方式，就是教化，即"上施下效"。通过行为的教化，将道的原则内化于心，就是"修道之谓教"(《论语·中庸》)。这种行为的教化，甚至比知识的认知还要重要。"礼"就是这样一种规范化的知识，它是"仁"的外化，直接来自于人的情感；同时它又已经被规范化，甚至被制度化，成为一种"理"。所谓的"礼教"的误读，完全将"礼"看成了人的情感的对立物。以"孝"为例，作为"仁"的基本来源之一，"孝"之"礼"体现为"生，事之以礼；死，葬之以礼，祭之以礼"(《论语·为政》)，但这并不是干巴巴的形式和教条。"礼"是有本质的，作为"孝"之"礼"，内心的真心关爱父母是最重要的，形式是次要的。孔子就认为，对父母要内心真心的"敬"，否则与养犬马无异，"今之孝者，是谓能养。至于犬马，皆能有养；不敬，何以别乎？"(《论语·为政》)而这种内心真心的"敬"，往往体现于一种最难掩饰的行为——时时对父母和颜悦色，而不是仅仅为父母做事或者提供吃喝，"色难。有事，弟子服其劳；有酒食，先生馔，曾是以为孝乎？"(《论语·为政》)可以认为，在德性知识的传播中，"理"只是一种形式上的规范，而"情"则是一种根本性的内容。德性知识的传播，关键在于"理"是否真正达到了与"情"的合一，也就是"诚"的程度。也就是说，"礼"是"仁"的外在表现，"礼"直接来自人的本心，两者高度一致就是"诚"。即道德理性和行为的高度一致。正如成中英所言："道德理性和道德行为准则成为人内心的存在、深沉的信仰或本性的表现。这被称为达到了'诚'。当达到了至高的'诚'，一个人就获得了创造世界和使事情发生的创造力，便有了作为人的创造性的存在和创造性的生成。"②这种"诚"的境界，就是情感和理性的高度统一。

因此，儒家始终将情感和理性试图做融合的处理。蒙培元认为，儒家不但是将情感作为一个哲学问题来处理，而且"儒学从根本上说是人学，而人学就是仁学"，③ "仁不是别的，就是情感，更确切地说，是道德情感"。④ 儒家的理性，是以情感为内容的理性，可以称之为"情感理性"。既然以情感为内容，那就不是以纯粹的概念形式存在，蒙培元称之为"具体理性"，而非"纯粹理性"。这种"具体理性"，

① 徐复观：《中国人性论史·先秦篇》，上海：上海三联书店，2001年，第87页。
② 成中英、麻桑：《新新儒学启思录》，北京：商务印书馆，2008年，第72—73页。
③ 蒙培元：《情感与理性》，北京：中国社会科学出版社，2002年，第8页。
④ 蒙培元：《情感与理性》，北京：中国社会科学出版社，2002年，第9页。

是"实践的而不是理论的"，与行为紧密关联，"是有关人的行为、行动的原则或法则，而不是理论思维、理论认识的概念或观念；是指导人自身的实践活动的，而不是指导客观认识的"。^①从儒家寻求情理交融的意义上说，张载提出"德性之知"与"见闻之知"的区分是极有见地的。"德性所知，不萌于见闻"，"人谓己有知，由耳目有受也；人之有受，由内外之合也。知合内外于耳目之外，则其知也过人远矣"（《正蒙·大心篇》）。一般的知识，即"见闻之知"，是人的感觉即所见所闻而获得，就性质而言，是一种"事实认识"，是"对客观事物及其性质、规律的认识"；德性之知则超越于人的感官之外，就性质而言，是一种"价值认识"，是"对人的存在及其意义的认识"。^②关于价值的认识要难于事实的认识，不仅需要情感的体验，而且需要行为的实践。但这种关于价值知识的认识能力又是来源于天性的，是自然赋予的。那些能够将这种自然赋予的天性和情感体验、行为实践合为一体的，就达到了"圣人"的修为。"大其心则能体天下之物，物有未体，则心为有外。世人之心，止于闻见之狭。圣人尽性，不以见闻梏其心，其视天下无一物非我。孟子谓尽心则知性知天以此。天大无外，故有外之心不足以合天心。"（《正蒙·大心篇》）孔子所说的"天生德于予"（《论语·述而》），《中庸》所说的"天命之谓性，率性之谓道"说的是同一层面。

可以说，情理交融，情在理中，是儒家价值得以传递和延续两千年的内在原因。这是一种典型的中国思维，在中国的传统思想中，一则没有"我"与"非我"的区分和对立，庄子就认为"天地与我并生，而万物与我为一"（《庄子·齐物论》），僧肇禅师也说"天地与我同根，万物与我一体"（《五灯会元·马祖一禅师法嗣》）；二则虽然有着"阴"与"阳"的对立，但那不是绝对的对立，而是阴阳和合、相互转化的辩证思维，"一阴一阳之谓道"（《易·系辞》），"万物负阴而抱阳，冲气以为和"（《老子·第四十二章》）。孔子及儒家对情感与理性的态度，正是这种辩证思维的体现。

第四节　《论语》和儒家传播思想的现代价值

《论语》的核心传播模式，为我们展现了儒家思想的传播奥秘。儒家思想实际上可分为两部分，一是德性知识的建构，二是德性知识的传播。其目的是建构一种价值，并通过传播为社会所共享，从而形成一种共同的文化，实现文化的重建和社会的整合。儒家传播思想的特点，是德性知识的建构与传播融为一体：在德性知识建

---

①　蒙培元：《情感与理性》，北京：中国社会科学出版社，2002 年，第 19 页。
②　蒙培元：《情感与理性》，北京：中国社会科学出版社，2002 年，第 284 页。

构的同时，就已经嵌入了传播的目标和手段；在德性知识传播的同时，就在践行德性知识的内涵。《论语》和儒家思想影响中国人两千多年的内在原因，就在于其蕴含的传播模式及其背后的传播思维。《论语》的文本，就蕴含了四种传播模式：价值传播的"内化"模式（以仁释礼，情在理中）；道德传播的"情感"模式（众星共辰，风行草偃）；人际传播的"外推"模式（忠恕为仁，推己及人）；知识传播的"情境"模式（不愤不启，不悱不发）。在价值传播的"内化"模式中，"仁"为"礼"之本，"仁"的来源是自然的人性，这是其得以传播的前提；"礼"为"仁"之"方"，"仁"的价值是通过"礼"的行为实践来传递的。在道德传播的"情感"模式中，"德"在全社会的传播体现为两种效应：一是"吸附"效应，体现为"譬如北辰，众星共之"；二是"感化"效应，体现为"君风民草，风行草偃"，"吸附"是由于"感化"，"感化"更利于"吸附"。在人际传播的"外推"模式中，一方面要具备"自我约束的主体性"，即"己所不欲，勿施于人"，另一方面要具备"自我外推的主体性"，即"己欲立而立人，己欲达而达人"，两者共同构成了孔子"推己及人"的人际传播模式。在知识传播的"情境"模式中，不仅要注重传播者的主体性，针对不同特点的接受者而实施，即"因材施教"，而且要注重知识接受者的主体性，特别是其接受能力。一旦接受对象有了主体性，对方也就不仅是受体，反又成了传播主体，在双方的互动中，新的知识又得以产生。

　　《论语》传播模式背后的传播思维，也照亮了新的传播之"道"。传播可以说有"道"与"术"的区分：传播之"术"关心的是如何实现信息的传递，以达到控制的目的；传播之"道"则关心的是如何实现价值的共享，以实现人伦遗产的传衍、文化的重建和社会的整合。《论语》和儒家传播思想的现代价值，就在于为传播的"社会遗产传衍"功能的实现开辟了一条新的道路，即区分信息传递与价值传递的不同模式和思维。儒家认为，知识有"德性之知"与"见闻之知"的区别，"德性之知"是对人存在的价值和意义的认识，"见闻之知"是对客观事物的认识。因而两种知识的传播模式与思维是不同的，"德性之知"的传播是传播价值，理性的告知和劝说并不是其主要途径，而主要借助于情感的体验和行为的实践，因而强调情理交融和知行合一。对"德性知识"的传播来说，既然理性的告知和劝说不再是主要传播途径，那么传者与受者的双重主体性就极为重要。因而《论语》核心传播模式背后的深层结构，是儒家一以贯之的传播思维，即传受兼顾的主体意识、知行合一的实践精神和情理交融的实用理性。对《论语》核心模式的梳理乃至儒家传播思维的分析，就在于重拾传播的文化研究目标，从而重新检视乃至重塑我们的文化。詹姆斯·W.凯瑞曾经信誓旦旦地提出："重新打造传播研究的目的，不只是为了进一步把握传播这一'奇妙'过程的本质，而是为重构一种关于传播的模式（a mode of）并为传播再造一种模式（a model for）提供一条途径，为重塑我们共同的文化提供一些有价值的东西"。① 而《论语》的核心传播模式与儒家传播思维，为当今中国价值的重塑和文化的重建，提供了一缕曙光。

基金项目：本文系 2018 年广东省高等教育教学改革项目"中华优秀传统文化融入专业课教学的研究与实践：以'传播学'课程为例"的成果之一。

---

① 詹姆斯·W.凯瑞：《作为文化的传播》，丁未译，北京：华夏出版社，2005 年，第 21 页。

第五章　家国同构:《论语》的诚信传播思想探析

王仙子

以传播学的视角来看，诚信是《论语》中重要的传播思想，主要表现在自我传播的学与思、人际关系的孝、信、忠。诚信传播思想具有时间和空间的延展性，它呈现出从自我传播推及家庭关系再推及社会关系最终到达家国情怀，伴随这种动态推衍的是洋溢在诚信传播思想中的道德意识、情感色彩、实用主义和等级规范。

诚信是《论语》[①]中重要的传播思想，主要表现在自我传播的学和思，人际关系的孝、信、忠，其中孝指涉家庭关系，信指涉朋友关系，忠指涉君臣关系。诚信传播思想将个体放置于广阔的传播情境即社会环境之中。众所周知，孔子所处的是一个礼崩乐坏的时代，诸侯弑君、兄弟相残。天下无道，则礼乐征伐自诸侯出，周代创制的礼仪制度遭到了极大破坏。如何在这样一个诚信缺失的传播情境中探索出行之有效的实践路径，孔子认为应当从自我修身做起，修身也即自我传播是诚信的起点。

第一节　自我修身：孔子的自我传播沉思

修身是在确认个体对主体文化的调适、确立社会生活传播的内在标准和起点。[②]主体文化即是孔子所提倡的儒家文化，孔子认为当务之急是恢复和建立各项礼仪制度，构建良好的社会传播情境，学习则是个体适应社会文化的重要途径。子曰："君子博学于文，约之以礼，亦可以弗畔矣夫！"（《论语·雍也》）据陈满铭统计，"文"在《论语》出现的24次中，除去人名、谥号、文采、文辞而外共计11次。这些"文"所指的，不是《诗》、《书》、礼、乐等文献或学识，就是礼乐的推行与传

---

① 本章所引用的论语章句参见杨伯峻的《论语译注》，北京：中华书局出版，2009年。

② 陈力丹：《论孔子的传播思想——读吴予敏〈无形的网络——从传播学角度看中国传统文化〉》，《新闻与传播研究》1995年第1期。

统。①"文"是孔子诚信传播思想的重要内容，自我修身应当从学"文"开始。

　　子曰："诗三百，一言以蔽之，曰'思无邪'。"（《论语·为政》）朱熹注释说："'思无邪'者，诚也。"②学习《诗》的目的是追求思想的纯正和真诚，但对《诗》的学习并非纯粹的知识信息的获取，还必须将所获取的信息内化为主体意识并以此指导行为实践。所以，子曰："诵诗三百，授之以政，不达；使于四方，不能专对；虽多，亦奚以为？"（《论语·子路》）可见，学习的目的在于致用，将所学知识应用于传播实践才是根本。为了达到理想的传播效果，学必须辅之以思，思是将外在的知识信息内化的原动力，也是自我传播的关键所在。子曰："学而不思则罔，思而不学则殆。"（《论语·为政》）思其实是自我反省过程，它需要传播主体根据自身情况和传播情境来反复调适，所以确定"思"的对象很重要。孔子提出了"信而好古""温故而知新""故旧不遗"等评判标准，意在告诉弟子思考的路径不是向前而是返古。他所谓的"古""故"都是相对现在（春秋战国）而言，意指周代的礼仪制度和文化。而孔子毕生的梦想也是回到周代那种各司其职、各安其位、没有犯上作乱的理想社会。新知识建立在对旧习俗的反复温习之上，这需要传播主体的自我反省，也就是思。孔子对思进行了详尽区分，"君子有九思：视思明，听思聪，色思温，恭思貌，言思忠，事思敬，疑思问，忿思难，见得思义。"（《论语·季氏》）明、聪、温、貌、言等语言符号和非语言符号几乎涵盖了一切传播行为。视、听是主体获取各种语言符号和非语言符号的方法，孔子提醒到，对获取的信息进行辨析至关重要，这就需要思。不断进行自我反省，才能促成主体的人格的完满。

　　学和思是自我传播的重要途径，学与思相结合才能达到内心纯正的道德完满境界，也因此有"不学诗，无以言"的传播观念。孔子将不思之言称之为"巧言乱德""巧言伶色"，将信息与传播主体的道德联系，就直接将传播主体置于社会环境之中。诚信是君子的品德，在传播活动中应当讲求诚信就是诚信传播思想。"曾子有疾，孟敬子问之。曾子言曰：'鸟之将死，其鸣也哀；人之将死，其言也善。君子所贵乎道者三：动容貌，斯远暴慢矣；正颜色，斯近信矣；出辞气，斯远鄙倍矣。笾豆之事，则有司存。'"（《论语·泰伯》）从曾子的这段话中可以看出，传播是语言符号和非语言符号的统一，容貌、颜色、辞气有严格的先后顺序。"容貌"——非语言符号是思想的外在体现，只有思想纯正后方能"正颜色"——非语言符号，非语言符号接近信才能"出辞气"——语言符号，容貌、颜色、辞气的统一就是君子的信德，在传播活动中追求道德的完满是诚信传播思想的特点。道德的完满不是一蹴而

---

①　陈满铭：《论孟义理别裁》，台北：万卷楼图书股份有限公司，2003 年，第 63 页。
②　朱熹：《四书章句集注》，北京：中华书局，2011 年。

就的，它需要传播主体长期历练。颜渊是孔子最为赞赏的弟子，"回也，其心三月不违仁，其余则日月至焉而已矣。"（《论语·雍也》）因为颜渊注重品德修养，并且能够长期坚持。由此可见，以孔子为代表的儒家文化将个体纳入社会环境，传播主体、传播内容、传播客体都因此而被赋予了道德诉求，并且这种道德诉求是长期的，在时间上有无限延展的可能。另一方面，诚信传播思想通过动态推衍，从自我修身扩展到家庭关系再推及社会关系最终到达家国情怀，最终获得空间范围的拓展。

第二节　家庭关系：孔子家庭传播的孝爱取向

主体在外向探索，获取知识的学习过程中会接触到形形色色的人，并结成各种社会关系，孔子将其概括为三种，即表现为家庭关系的孝、朋友关系的信、君臣关系的忠。孔子认为，具有血缘亲情的家庭关系是各种关系中最直接、最本质的，它集中体现为父母之孝。

《说文解字》解释"孝"由省略的"老"和"子"构成，意味子承老。可见，孝涉及家庭内部"老"和"子"的关系问题。《论语》中有很多关于孝的议题，孟懿子问孝。子曰："无违。"樊迟御，子告之曰："孟孙问孝於我，我对曰，无违。"樊迟曰："何谓也？"子曰："生，事之以礼；死，葬之以礼，祭之以礼。"（《论语·为政》）孔子担心孟懿子不理解"无违"，借与樊迟谈话的机会深发。父母在世，以一定的礼节来对待他们；死后，按一定的礼节来对待他们；祭祀的时候仍旧遵循礼节。说明"无违"的是礼节，也就是说孝必须遵循一定的社会规范。"食不语，寝不言"，"席不正，不坐"，斋戒沐浴的时候必须穿浴衣，还必须是用布做的。吃饭必须长者先，不到一定的时候不能吃饭。日常生活的各种礼仪将孝程式化、固定化，使之成为处理家庭关系的准则，传播活动在一定程度上成为仪式化的展演。所有语言符号和非语言符号要表达的无外乎礼仪，语言、动作、穿着、色彩、时间等都有明文规定。"传播的起源及最高境界，不是指智力信息的传递，而是构建并维系一个有秩序、有意义、能够用来支配和容纳人类行为的文化世界。"[①]礼仪对家庭关系做出硬性规定，通过家庭成员之间的传播从制度上构建了家庭文化的核心——孝。

但是，礼仪并不仅仅是硬性的社会规范，孔子将血缘植入后，它显得温情脉脉，孔子称之为"绘事后素，礼后乎"。制度化的礼有了情感的调节则变得温情脉脉，社会传播被赋予情感的力量。宰我认为三年丧期太久了，问孔子能否一年。孔子说："女安则为之！夫君子之居丧，食旨不甘，闻乐不乐，居处不安，故不为也。今女安，

① 詹姆斯·W.凯瑞：《作为文化的传播》，丁未译，北京：华夏出版社，2005年，第7页。

则为之！"宰我出。子曰："予之不仁也！子生三年，然后免于父母之怀。夫三年之丧，天下之通丧也。予也，有三年之爱于其父母乎？"（《论语·阳货》）儿女生下来三年后才能离开父母的怀抱，父母和子女的血缘关系是孝的前提。做儿女的孝敬父母是人之常情，不守丧三年就是没有情感，否则内心也不能踏实。所以，父母死了做孩子的理所应当守三年之丧，如果不这样做就是不仁。可见，孝不是单纯的礼节仪式，而是内心情感的外发，这种情感是最天然、最本真的。《孝经注疏》中说："上古之人，有自然亲爱父母之心"；"父子之道，自然慈孝，本乎天性，则生爱敬之心，是常道也。"（《论语·圣治》）慈孝是人的天性，父母对子女的慈和子女对待父母的孝是人天性的流露。如前所述，诚信传播思想就是内外一致、真实无妄，孝的情感底蕴是诚信传播思想在家庭关系中的基础，孝是诚信传播思想的体现。

"子游问孝。子曰：今之孝者，是谓能养。至于犬马，皆能有养；不敬，何以别乎？"（《论语·为政》）孝不是简单的让父母吃饱喝足，而是爱敬之心基础上的对待父母，并施以恰当的礼节，时时刻刻地敬爱父母，将心比心地思父母所思、想父母所想，甚至子为父隐。叶公语孔子曰："吾党有直躬者，其父攘羊，而子证之。"孔子曰："吾党之直躬者异于是：父为子隐，子为父隐。直在其中矣。"（《论语·子路》）由于诚信传播思想是发自内心的真实情感，所以传播并不是简单传递真实的信息，而是将内心的真实表达出来，从而构建并维系一个有秩序、有意义、能够用来支配和容纳人类行为的文化世界。父子之情是人性的显露、是最天真无邪的，有了这种情感原则，父子相隐才是诚信，反之则不是。孝还应"承老"，"父在，观其志；父没，观其行；三年无改于父之道，可谓孝矣。"（《论语·学而》）儿子应当考察父亲的言行，其志向如果合理就应当继承。这种自对夫的严格继承使孝道或者诚信传播思想具备了时间上的延续。空间上，孝以推己及人的方式延伸至社会关系，表现为信。

第三节　社会关系：孔子社会诚信的理性思考

中国古代社会在血缘宗法影响下，以家庭为基本生产生活单位居住在一地。家庭成员在血缘的吸附下长期共同生活繁衍，某一乡、某一族就是某一姓氏或以某一姓氏为主的聚居地。大家同祖先、相互是亲戚、人口流动性小，构成了古代中国乡土社会的特征。熟人社会构成了传播情境，人与人的亲密程度很高，有"一表三千里"之说。社会不过是更大的家庭，将爱父母之心扩展至他人就是推己及人，即仁。有子曰："其为人也孝悌，而好犯上者，鲜矣；不好犯上，而好作乱者，未之有也。君子务本，本立而道生。孝悌也者，其为仁之本与！"（《论语·学而》）可见孝悌是仁之本，将处理家庭关系的根本方法——孝悌推而广之，像敬自己的父母一样敬他人之父母、像爱自己的兄弟一样爱他人之兄弟，整个社会便会像小家一样其乐融融。"入则孝，出则悌，谨而信，凡爱众，而亲仁。"（《论语·学而》）紧随孝悌之后的是信，信是处理社会关系的准则。

据杨伯峻统计，"信"在《论语》中共 38 次，其中表达诚实不欺意思的有 24 次、表达相信意思的有 11 次、做使动用法表使相信意思 1 次、用作副词表达真诚的意思 2 次。由此可见，信在《论语》中主要表达了诚实、相信的意思。从信的字形上看，从人从言，意思是人讲话要真实。孔子很重视信，他说："人而无信，不知其可也。大车无輗，小车无軏，其何以行之哉？"（《论语·为政》）人不讲信用就如同车马没有輗和軏，不能立足于社会。在孔子看来，诚信是个人品德修养的真实反映，在传播活动中则应是语言符号与非语言符号统一，外在的语言必须是内在精神气质的真实反映。这要求语言与行为乃至颜色、容貌的高度合一，语言甚至应当从属于行为。当子贡问什么是君子的时候，孔子回答道："先行其言而后从之。"（《论语·为政》）显然，君子应当先做事后说话，最终达到言行一致，而不是先说话再做事。在众多弟子中，他唯独赞赏颜渊"语之而不惰者，其回也与！"（《论语·子罕》）朱熹注释："颜子闻夫子之言，而心解力行，造次颠沛未尝违之。"言由心生、身体力行正是诚信传播思想。

然而，在诚信传播思想体系中，信并不是传播目的，而是作为实现其政治愿景——仁政的一种传播技巧，信有很强的实用性。建立在血缘基础上，以"人情味"（社会性）的亲子之爱为辐射核心，扩展为对外的人道主义和对内的理想人格，它确乎构成了一个具有实践性格而不待外求的心理模式。[1] 诚信传播思想根植于现实社会，血缘基础使之扎根现实，因而少了宗教狂热。传播实践在关注现实的实用理性主义指导下伸缩自如，对外可以实践人道主义，在此岸的功业文章中求得"不朽"。对内可以寻求人格的至真至善。不论内外，在所有传播实践活动中都离不开信，信被赋予很强的实用性，它是重要的传播技巧。在日常生活实践中，"主忠信，毋友不如己者，过则勿惮改。"（《论语·子罕》）对待朋友应当忠信，但前提是"以文会友，以友辅仁"，如果朋友不如自己，那就不要和他交往，因为这对仁德的培养有害无益。为了不使自己受伤，在结交朋友的时候还要"视其所以，观其所由，察其所安。人焉廋哉？人焉廋哉？"（《论语·为政》）可见，交友不是目的，信也只是手段，成仁才是真谛。传播实践中，信是四处通行的法宝。所谓"言忠信，行笃敬，虽蛮貊之邦，行矣。言不忠信，行不笃敬，虽州里，行乎哉？立则见其参于前也，在舆则见其倚于衡也，夫然后行。"（《论语·卫灵公》）仔细分析，信的最终目的是行于他邦，而

① 李泽厚：《中国古代思想史》，北京：生活·读书·新知三联书店，2008 年，第 27—28 页。

不是言于他邦。可见,作为社会实践的行为本身才是重点。在这种实践理性作用下,说了什么远比不上做了什么重要,传播重在效果。能达到理想的传播效果,不言也可以行;不能达到理想的传播效果,多说也无益。子曰:"予欲无言。"子贡曰:"子如不言,则小子何述焉?"子曰:"天何言哉?四时行焉,百物生焉,天何言哉?"(《论语·阳货》)德就像天一样,什么都不说,世间万物依然依天之道而行。理想人格的评判标准是德,它更多体现为外在的行动能力,而非语言符号。

诚信传播思想在实践理性的影响下显得很圆润,进可攻、退可守。向内是理想人格的塑造,向外则扩展为人道主义。子曰:"直哉史鱼!""邦有道,如矢;邦无道,如矢。君子哉蘧伯玉!邦有道,则仕;邦无道,则可卷而怀之。"(《论语·卫灵公》)直是信的意思,孔子认为信不是简单的恪守承诺,而应当着眼现实,在政治清明的时候就应当胸怀天下,而不是洁身自好。如果政治昏暗,也应当保全自己,不使自己受到伤害,转而向内寻求人格的净化。传播活动离不开处理社会关系,信就是用来处理这些关系的。然而不是处理所有关系的过程都是一帆风顺的,信的实用性就为我们设计了两条路线。一是在不顺畅的传播情境下,其底线是不让自己受伤;二是在顺利的传播情境下,其目标则是以天下为己任,将其化为行动的力量,实现其政治主张——仁政。子张问仁于孔子。孔子曰:"能行五者于天下为仁矣。""请问之。"曰:"恭,宽,信,敏,惠。恭则不悔,宽则得众,信则人任焉,敏则有功,惠则足以使人。"(《论语·阳货》)能做到恭、宽、信、敏、惠则能处理好社会关系,就可以为仁了。从位置来看,信居于五者之间。从作用上看,信起到联系上下的关键性作用。"信则人任焉"和"惠则足以使人"的"人"指代是不一样的,一个指上级一个指下级。为信的目的很明确,那就是要得到别人尤其是上级的信任,如此才能向更远的方向实践。子夏说得更明白"君子信而后劳其民;未信,则以为厉己也。信而后谏;未信,则以为谤己也。"(《论语·子张》)无论处理与君主还是民众的关系,都必须得到他们的信任,对君主而言,得到信任是为了谏上;对民众而言,得到信任是为了劳下。得到信任后,劳和谏就可以帮助其实现政治愿景。家国则是政治理想的重要实践场地,社会关系之信推衍到家国关系则体现为忠。

第四节 家国关系:孔子诚信传播的家国本位

孔子一生都在周游列国、游说诸侯,希望自己的政治抱负能够得到施展,他也以学而优则仕来鼓励学生,仕的对象多为诸侯。诸侯原本是周天子的同姓,他们被周天子分封到各地替天子管理当地事物,这种建立在血缘宗法基础之上的君臣关系实质是扩大了的父子关系,诸侯国与周也是小家与大国的关系。而春秋战国之际,西周社会的经济基础——井田制遭到破坏，分封制开始解体，随之而来的诸侯争霸导致"君不君、臣不臣"，诸侯与天子的君臣关系遭遇挑战，社会关系变得复杂化。在这样的传播情境下，社会关系之信推衍至家国关系则为忠，诚信传播思想也带有等级色彩。

"忠"在《论语》共出现了18次，其中与"信"在一起合成"忠信"，如"主忠信"有6次；"忠"和"信"同时单独出现在文中，且"忠"在"信"前，如"文、行、忠、信"有2次。可见，忠和信的关系非常密切。从字形来看，忠是中和心的合体，意思是把心放在正中。子曰："参乎！吾道一以贯之。"曾子曰："唯。"子出，门人问曰："何谓也？"曾子曰："夫子之道，忠恕而已矣。"（《论语·里仁》）朱熹注为："尽己之谓忠，推己之谓恕。"从宋人的注释中我们也可以看到，忠的意思就是内心的中正、不偏不倚，将心比心地对待他人就是恕。因此，忠信是诚信传播思想的体现。"诚"以体而言，该是"忠"，以用而言，则是指"信"（即恕）。①

仁是孔子仁学体系的核心，它被广泛用于处理人际关系。忠是群德之一，主要被用来处理君臣关系。定公问："君使臣，臣事君。如之何？"孔子对曰："君使臣以礼，臣事君以忠。"（《论语·八佾》）如前所述，礼是社会规范，它强调不同层级间的差异，并通过一定的礼仪制度来规约。为了明确君臣之间的等级关系，君和臣都必须行使特定的君臣之礼。礼传播了特定的"符号——意义"体系，从而建构出整套符合儒家文化的价值系统。鲁君叫孔子接待外国宾客的时候，孔子便以"色勃如也，足躩如也。揖所与立，左右手，衣前后，襜如也"的礼节后退。客人走后，还要回复君主："宾不顾矣。"（《论语·乡党》）礼节的表现形式——语言符号和非语言符号，无不体现臣对君的恭敬，这种由内而生的恭敬之情就是忠。朝堂之上，为了区别君与臣、臣与臣之间的不同级别，应当行使不同的礼。"朝，与下大夫言，侃侃如也。与上大夫言，訚訚如也。君在，踧踖如也，与与如也。"（《论语·乡党》）上大夫和下大夫是大夫内部的不同等级，无论上大夫还是下大夫都是诸侯的门客，所以文中的"君"应当指诸侯。从这段话中可以知道，与上大夫和下大夫交流强调言，只是因为等级不同导致言的方式不同，与下大夫要侃侃而谈、与上大夫要持正不阿。与君主的传播则不是强调言，而是强调内心的恭敬，表现出不安的样子。君处在金字塔的顶端，具有至高无上的权力，君对臣的传播因夹杂着权力因子而处于强势地位，臣处于命定的信息接收者位置，传播呈现自上而下的等级特征。在权力的作用下，信息从金字塔顶端一级一级往下流。为了保证传播的顺利进行，就必须确保处于各自层级上的臣没有越级行为、各司其职，首要任务则是正名，也就是确立臣的话语位

---

① 陈满铭：《论孟义理别裁》，台北：万卷楼图书股份有限公司，2003年，第16页。

置。所以当子路问孔子去卫国治理国政首先会干什么时，孔子说了那段话："名不正则言不顺；言不顺，则事不成；事不成，则礼乐不兴；礼乐不兴，则刑罚不中，则民无所措手足。"（《论语·子路》）诸侯战争致使社会混乱，原本稳定的君臣关系随时可能崩塌，所以首要任务是正名，正名就是确保传播关系的稳定和信息传递的流畅，确保社会稳定和文化传承。季氏在庭院中奏舞使用了"八佾"遭到了孔子的大声疾呼"是可忍孰不可忍"，原因是季氏使用了天子才能享用的规格，这是不符合等级规范的越礼行为，这也造成传播关系的错位，还可能引发社会混乱。需要指出的是，孔子强调传播的自上而下，并非无视自下而上的传播行为。这是因为君臣关系具有很强的政治性，并很大程度上依靠权力运行。手握权力的君主才是资源的占有者，才能享有传播信息的优势地位。臣对君的传播只能通过有限的渠道——谏，信息的取舍由君主决定。所以对君主进行信息传播活动受到权力的规约，其效果自然大打折扣。

英尼斯说："传播媒介的性质往往在文明中产生一种偏向，这种偏向或有利于时间观念，或有利于空间观念。只有在很罕见的间歇期，另一种媒介的影响才能抵消其偏向，从而达到平衡。"① 显而易见，理想的传播效果无非是求得时间观念和空间观念的平衡。纵观诚信传播思想通过自我修身，推衍至家庭关系、社会关系，最终到达家国关系，获得了空间和时间的拓展。体现诚信传播思想的思、孝、信、忠与中国传统文化的道德意识、情感色彩、实用主义和等级规范相互交织、相辅相成。

---

① 哈罗德·伊尼斯：《传播的偏向》，何道宽译，北京：中国人民大学出版社，2003年，第53—54页。

专题二 《论语》的人际传播思想研究

  《论语》一书关心的话题是人与人之间如何相安无事的问题，核心是处理好五伦关系问题。孔子明了人有喜怒哀乐的情绪，人与人共处，难免发生彼此埋怨的情况，那么当如何处理呢？他提出"以直报怨"，而老子则提出"以德报怨"。相比而言，孔子比较从实用理性的层面探讨"怨"的产生根源大多在于"利"，源于"贪"。紧接着就是如何对待"怨"的问题，一方面肯定了"怨"存在的合性；另一方面，孔子又提了如下要求：以"匿怨"为耻，讲究光明正大；以"行怨"为耻，做到自我节制。最终要体现在化"怨"上，强调自我反省，以仁化怨，培养任劳任怨的品格。

  以与孔子相近时代的苏格拉底为参照，观照两人对人际交往的看法与特点。孔子讲学注重因材施教，苏格拉底则是因势利导。在人际关系上，孔子讲究的是仁爱为本，苏格拉底推崇的是理性为先。

  《论语》所展现的时代已离我们很远，当代的青年已经很少阅读《论语》。然而，我们有必要熟悉文本，才能批判性地继承传统文化。《论语》倡导世人应当遵从礼制，积极管控自己的感观，做到非礼勿听，非礼勿视，非礼勿言，非礼勿动，安分守己。当然，对于其中蕴含的一些与当代自由平等观念违背的方面，要有所警醒。

  其实，《论语》一书虽是语录体，但是贯穿其间的是孔子是明晰的制度设计，那就是将以人为本作为行事的逻辑起点，而将礼作为自我规范与外在规范的共通规则，并上升为一种国家制度安排。对国家而言，就是依礼而治，对个体而言，就是遵礼而行；对人际关系而上，礼乐相示。不过，值得注意的是，孔子也明了，对礼的认知还需要情感的融入才能推动自己去主动遵礼行礼，因此，他倡导"克己复礼""为仁由己"，因为人格的高崇体现在自我能够为了维护社会秩序而自我节制。因为人性的光明之处正在于践行"仁道"，以仁相交，人人相安。

第一章　以直报怨与以德报怨:《论语》与《老子》情绪管理的比较研究

谢清果　陈巧玲

　　"怨"是人际关系中极为特别的一种情绪。聪明的中国人还创造了个词"埋怨"，借以表达"怨"的重要特征是埋藏在心灵深处的，旁人不易察觉。中国人还有个成语叫"怨天尤人"，点出了怨恨的对象，即可以是"人"，还可以是"天"。典出《论语·宪问》:"不怨天，不尤人，下学而上达，知我者其天乎!"[①]孔子本意传达的是正能量，就是乐天知命，学以忘忧，可以说是天人合一的一种体现。其反面正是既怨天，又尤人，而这种负能量不仅无助于问题的解决，而且可能导致自身彻底的失败，不可不慎。西方学者在《道德建构中的怨恨》一文中曾对"怨恨"有过精辟的阐释:"怨恨是一种有明确前因后果的心灵自我毒害。这种自我毒害有一种持久的心态，它是因强抑某种情感波动和情绪激动，使其不得发泄而产生的情态;这种'强抑'的隐忍力通过系统的训练而养成。……这种自我毒害的后果产生出某些持久的情态，形成确定形式的价值错觉和与错觉相应的价值判断。"[②]可见，怨恨的产生与表现方式有其个性因素、心理因素与文化因素。中西在怨恨的理解与处置上各有特点。本章就以老子《道德经》和孔子《论语》文本为核心，管窥中国人的"怨"心理与文化表述。

　　我们先来了解一下，何为"怨"?《说文解字》:"怨，恚也。"可见，怨的词义与怒、恨、愠的含义相近。怨字甲骨文中没有出现，而金文有 (令，呵斥、要求) (心，恨)，所以有人认为该字本义是对苛刻要求表示不满。或许这个字正是当时统治阶层对平民压榨过重，而产生的怨气，甚至发生一系列的抗争事件。根据刘美红老师的专著《先秦儒家对"怨"诊断与治疗》的研究成果，"怨"兼有"委曲""愤恨不平""蓄积"三方面的语义，表现的是主体委曲不伸，愤恨不平，却又

---

① 杨伯峻:《论语译注》，北京:中华书局，2006年。

② 舍勒:《道德建构中的怨恨》，载刘小枫选编:《舍勒选集》(上)，上海:上海三联书店，1999年。

蓄积于心，不得抒发的心理情绪。[①]

作为孔子的老师，老子对"怨"也有其自己的看法。他分别在《道德经》（王弼本）第 63 章和第 79 章中提到"怨"，并对如何处理"怨"提出了自己的主张。而《论语》中有 9 篇 20 处提到"怨"。

第一节　对"怨"产生根源的剖析

"怨"是人际关系中常见的情绪，因此对于修身养性有深刻思考的孔老于其作品中多处对"怨"产生的多种方面进行了探讨。而葆有慈心济世情怀的孔老，其理论诉求自然是以消怨和顺为目标。

一、放利多怨

《论语·里仁》："子曰：'放于利而行，多怨。'"孔子明白以"利"作为行为的出发点与归宿点，即作为评介标准，会产生许多"怨"。毛子水、杨伯峻都解读为行为的主体会招致他人的怨恨。这种理解不全面，因为也可能是行为的利益相关者对行为者的怨恨。道理很简单。如果一个人以自我利益为中心，就很容易处处时时伤害到他人利益，也就成为别人怨恨的对象了。这也是为什么孔子在同篇中一直倡导"君子喻于义，小人喻于利。"义之所在，亦即理之所在，具有公道人心，也就不易滋生怨恨，即便有怨恨也易于消解。

《道德经》第 72 章提出了"夫唯不厌，是以不厌"[②] 的主张，认为统治者只有不厌弃（压迫）百姓，百姓也就不会厌弃统治者。这里的"厌"与"怨"性质类似。显然，老子是希望统治者能够爱民亲民，"无狎其所居，无厌其所生"（第 72 章）。老子告诫统治者不要去排挤人民安宁的居处，不要厌弃人民生存所依靠的一切。就社会治理而言，统治者的行为是"怨"产生与否的关键性因素。统治者无怨于民，民亦无怨于君上。因此，老子为作为统治者的圣人指明了安邦除怨之道："自知，不自见；自爱，不自贵。"（第 72 章）统治者要有自知之明，不四处自我表现，扰乱百姓生活。要有自爱之尊，不到处显摆。诚然，也是要消解自我中心主义对君民关系的干扰，从而从根源上消除了"怨"产生的心理土壤。

二、劳而生怨

《论语·里仁》："子曰：'事父母几谏，见志不从，又敬不违，劳而不怨。'"显然，

---

① 刘美红：《先秦儒家对"怨"诊断与治疗》，广州：中山大学出版社，2010 年。
② 楼宇烈：《老子道德经注》，载《王弼集校释》，北京：中华书局，1980 年。

孔子心里也明白，在三番五次去劝谏父母无果之下，容易产生"怨"的情绪。只不过，孔子提出"劳而不怨"是为了树立一个孝子的形象，作孝子，就应当无论多么劳烦，都不生埋怨，而是极力地克制自己的情绪，作个有涵养的孝子。这是从父母与子女的关系角度确立起子女对待父母应有的伦理规范。结合上文"子曰：'见贤思齐焉，见不贤而内自省也。'"（《论语·里仁》），我们可知，孝子作为常人不可能在"劳"的情况下不生"怨"，而是每每在要生"怨"，或者初生"怨"的时候能够"克己复礼"（《论语·颜渊》），能够以"贤"来规范自己，因为贤者自然是遵礼行礼的。并以违礼的不贤来自鉴，及时调整自己的情绪，复归作为人子应有的姿态。从这个意义上讲，作为父母也应当知道子女的苦心，不要做无谓的固执。爱子女就应当给子女自己选择的权力，担当的责任。从父母的角度讲，也应当从爱的角度出发，对子女多给予理解与关爱。不要轻易地以父母之身份来压制子女，否则关系难以处理。

　　《道德经》第二章中提出"生而不有，为而不恃，功成而弗居"的思想，如果把这句话用于理解父母与子女关系，也是很贴切的。父母生育了子女而不占有，培养了子女而不自恃自己的能力，成就了子女而不去居功。父母如果有这样的心胸，一方面自己怎么可能产生"怨"，另一方面，子女也不可能产生对地父母的"怨"。"怨"所以产生，皆是因为利益，因为以自我为中心来考虑问题，一旦达不到自己的愿望或目的，就会产生"怨"。老子则直接以"为而不争"的品格，从根本上消解了"怨"产生的心理根源。

三、念恶生怨

　　《论语·公冶长》有言："子曰：'伯夷、叔齐，不念旧恶，怨是用希。'"在孔子心目中，伯夷、叔齐两位贤人之所以少为人所怨，是因为"不念旧恶"。在日常生活中，人非圣贤，孰能无过？圣贤与人相处不会轻易产生"怨"，乃在于圣贤也不与人计较，尤其不会念念不忘别人的过失，不会睚眦必报。

　　同样的，《道德经》第49章有言："圣人无常心，以百姓心为心。善者，吾善之；不善者，吾亦善之，德善。信者，吾信之；不信者，吾亦信之，德信。圣人在天下歙歙，为天下浑其心。圣人皆孩之。"行为的主体如果能够"无常心"，即心中没有先入为主之见，而是以他者的心意为心意，这样对待善者与不善者都能够善待他，因为不求回报，只是做自己所当为之事。对信者与不信者都能够以诚信之心待他，因为不存交易之念，而是有成就他人之心，都是行自己所当行的，以"歙歙"的自然心境，心底无私天下宽，葆有一颗慈母之心。

四、远之则怨

人际关系当有合适的距离，距离产生美，超越了距离可能会产生彼此伤害。孔子以女子、小人与主子的关系为例谈了自己的看法，老子则以"冲气以为和"为原则，强调个体应主动在"为人"和"与人"的奉献中构建普遍性的和谐人际关系。两人都认为应当坚持斗而不破的原则，以求和平共处。

《论语·阳货》载曰：

> 子曰："唯女子与小人为难养也。近之则不孙，远之则怨。"

孔子对人性有深入的探究。《论语·阳货》记载孔子所说的"性相近，习相远"的论述就表明孔子深知教育化人的重要性。当然，他也认为"唯上智与下愚不移。"（同上）此处所言的"女子"与"小人"，并不是女性和品德低下的人，而是"专指婢妾仆隶等"。[①]孔子以自己与同时代士人的生活阅历告诉我们，一些当时的下人与贵族之间是有矛盾的，那些地位低的婢女或小妾，以及做家务的下人与主人之间的关系很微妙，他们有时也企图攀龙附凤，不安分守己。主人对他们好点了，他们有时就不知道自己是下人，甚至做出有失身份（无礼）的事情来。相反，如果主人疏远他们了，他们就难免心生怨恨。孔子对此洞若观火。从这个意义上讲，在一些生活情境下，与下人相处，是要把握分寸，注意远近的尺度，避免产生"怨"。

《道德经》第58章发表了类似的观点："正复为奇，善复为妖，人之迷，其日固久。是以圣人方而不割，廉而不刿，直而不肆，光而不耀。"虽然此章老子并不就女子与小人问题来谈论，但是，道理却是共通的。正确转化为奇邪的，良善的转化为妖恶的，是因为人的迷惑很久了。如果用于分析孔子上文的问题，同样是适用的。这里的"人"可以指下人，也可以指主人。也就是说，主人如果没有把握分寸，可能会产生许多"幺蛾子"。下人如果没有注重自己的身份也可能给自己带来灭顶之灾。老子于是建议要像圣人那样有原则，但不过分，有威严，但不伤害；正直，但不放肆；发光，却不耀眼，从而能够自养己身，又可以保下人之身。诚为最善。

第二节　对"怨"的态度

孔子与老子对怨的成因有了深刻的理解，那他们俩又是如何看待"怨"这一问题的呢？亦即对"怨"的态度如何？

[①]　毛子水：《论语今注今译》，重庆：重庆出版社，2011年。

一、"匿怨"为耻

《论语·公冶长》有言："子曰：'巧言令色，足恭，左丘明耻之，丘亦耻之。匿怨而友其人，左丘明耻之，丘亦耻之。'"孔子用"耻"字表达那种心中有怨，而表面上却装出同他人友好的人是可耻的。这种人正是巧言、令色、足恭，这种人言不为心声，表情虚假，装出和善的样子，表现出十足的恭敬，而内心却是另一种想法。没有真性情，是伪善，是德有亏的表现。孔子喜欢率真，而反对虚伪。从这个意义上讲，孔子也肯定人生中处处都可能生怨，有怨不可怕，可怕的是，有怨埋在心里，蓄积起来，会使人扭曲人格，对社会产生更为恶劣的影响。因此，有怨应当面锣、对面鼓地解决。

《道德经》第 54 章明确提出"修之于身，其德乃真"。可见，老子强调一位真正有德性的人，一定是将所学习和信仰的思想观念亲身付诸实践的人。因此，一旦面对"怨"的情况出现，一定也会认真地对待，绝不会当鸵鸟。理由老子早在第 79 章中就明确指出："和大怨，必有余怨，安可以为善？"人与人之间的关系，无论是百姓之间，还是官民之间，都有可能产生"怨"。而这个"怨"的特点在于开始的委曲，个体得不到最舒服或者自身最满意的生活状态，且认为自身的生活受到他人或社会的干扰而导致的，即将自己不理想的生活状况归咎于他人或社会，于是在心中产生了"愤恨"的情绪。而且，这种情绪没有得到疏导，或者没有马上威胁到其生存，因此情绪没有马上爆发出来，于是就蓄积了起来。但是，日积月累，量变会产生质变，即由小怨演变为难以调和的"大怨"。而一旦"大怨"产生了，再去"和"，去解释，去劝服，去补偿，都无法完全平息其内心深处的"怨"。老子作为史官，历记祸福成败得失古今之道，可以说是见得多，识得广，历史的教训告诉他一个善为道的人，绝不是等到"大怨"产生了才用自己的真心真情去感化，那时已经产生了伤害。对于"怨"这种有杀伤力的情绪，应当要培养"为之于未有，治之于未乱"（第 64 章）的先见之明。防患于未然，方是上策。

二、行"怨"为耻

匿"怨"固然可耻，行"怨"就更可耻了。《论语·宪问》就载有原宪与孔子论"耻"的对话：

宪问耻。子曰："邦有道，谷。邦无道，谷，耻也。""克、伐、怨、欲不行焉，可以为仁矣？"子曰："可以为难矣。仁，则吾不知也。"

原宪请教孔子关于"耻"的问题。孔子则旗帜鲜明地以为有道的邦国服务为荣，而以为无道的邦国服务为耻。进而原宪提出，如果做到了"不行"好胜、自夸、怨恨、贪欲这种心理，算不算为"仁"？孔子肯定了克服以上四种反常的心理状态是难能可贵的。但，能不能称得上"仁"，则没有明确表态。虽然孔子没有直接肯定不行"怨"的情况作为"仁"的表现，但是孔子至少肯定了不行"怨"是正人君子的基本要求，因此，虽然不算达到"仁"的境界，但至少是臻至"仁"的基本阶梯。自然，以行"怨"为耻是儒家情绪管理的应有之义。

三、"可以怨"

"怨"的存在有其合理性。

《论语·阳货》载有孔子教导门人当学《诗经》的言论：

> 子曰："小子，何莫学夫诗？诗可以兴，可以观，可以群，可以怨。迩之事父，远之事君。多识于鸟兽草木之名。"

这是因为先秦时期，《诗经》成为士人社会生活中表情达意的一种媒介，当时的社会生活中，常常引《诗》以讽刺时政。当时的知识贵族们习惯于对《诗经》文本用一种断章取义式的引用来说明当下的时事和时政，如《左传·襄公二十八年》所载"赋诗断章，余取所求焉。"①而君主们也习惯于通过《诗经》文本所蕴含的典故来深入理解臣子们断章取义后所要表达的全新含义。用一种来自舆论的话语体系来处理政事，可以说是中国古代的一种古老而令人赞叹的政治智慧。因此，孔子才教育儿子伯鱼说"不学诗，无以言"（《论语·季氏》），不掌握这一套《诗经》的话语体系，是没有办法在先秦时的统治阶级言谈交流中获得话语权的。如此看来，先秦时期表达"怨"，有其合理合法的途径。其实这种方式本身就是管控"怨"的有效手段，"怨"有地方抒发，自然就易于消解。

第三节 化"怨"之法

"怨"既然有其合理性，又有其危害性，就不可不慎，就应当努力去化解，消解为上。孔子二人对此也有其成熟的化解之法。

---

① 李梦生：《左传译注》，上海：上海古籍出版社，1998年。

一、报怨以德

既然"怨"是如此不好的情绪，那么就应当有所防范。而防范的关键是从认识与情感两方面处手。老子在第 63 章中明确提出了解决之道："大小多少，报怨以德。"从理性角度而言，要充分认识到"怨"的巨大危害性。"怨"不仅于内心深处燃烧着愤怒的火焰，这种火焰可能会伤害到自身的身心健康，而且威胁到他人的身心健康。因为当心中有"怨"时，就可能自残，可能发泄在他人身上，从而害人害己。因此，老子提出"大小多少"的四字真言。"怨"刚开始的可能只是火苗，只是不开心，不愉快，只是一句抱怨，然而，千里之堤溃于蚁穴，当谨小慎微，一定要抱着大其小，多其少的态度来看待"怨"，即便是鸡毛蒜皮的小事，也不可大意。都把它当成大事来看待，力争妥善处置。而对长期受压抑有怨气的人而言，一点也不奇怪。老子的"大小多少"之教，意在告诉世人，"怨"不容忽视，要"知常曰明"，对人的脾气性格要有了解，对人要区别对待，善于换位思考，还要"见小曰明"，特别注意事物细小的变化，尽可能在事物还处于萌芽的时候，及时解疑释惑，多做暖人心的工作，化解"怨恨"于无形。

再者，要真正化解"怨恨"，还得有境界，这就是老子提出的"报怨以德"。人要有格局，尤其是那些处于优势地位的人，更当如此。因为任何事业都需要众人协助，而赢得人心，人心归附，依据的正是"德"。一个有好口碑的人，就能得道多助，失道寡助，自然就易于成功。而"德"的内涵是对正义，真理的信奉，走正道，做正事，说真话，与人为善，己所不欲，勿施于人；君子成人之美，不成人之恶；各美其美，美人之美，美美与共，关系和谐。这个德还体现在面对别人的"怨"，尤其是无理取闹的"怨"，怨错对象的"怨"，视小怨为大怨等一切突如其来的不和谐因素，该如何面对，是勇敢地怼回去，还是坚强地承受下来。就是老子所说的"受国之垢，是谓社稷主；受国不祥，是为天下王。"（第 78 章）垢、不祥正是怨的表现形态，圣人正是能够承受住方方面面的"怨"，才能成为天下的共主。从这个意义上讲，"报怨以德"，是一种胸怀，一种格局，一种气魄。也可以理解成德是怨的反面。德与怨如同水与火。德可以报怨，克怨，化怨，如同水可以灭火。

孔子的弟子问起"以德报怨，何如？"时，孔子回答说："何以报德？以直报怨，以德报德。"（《论语·宪问》）值得注意的是孔子的回答偷换了概念。弟子问的是"以德报怨"，即如何面对"报怨"的问题，而孔子回答的侧重点却在于"报德"的问题，把弟子的"以德报怨"置换成"报德"。这或许正是孔子的高明之处，因为他后面的回答既回答了弟子问题，又超出弟子的问题的范围。他说用正直来报怨，这是处理"报怨"的问题。用现在的话说，你有怨，我理解，我就耐心地给你解释，我就以正当的理由，正确的方向直面对方的问题，给予合情合理的处理，从而化解了怨。孔子还说用善行来报答善行，就是"其德交归"的意思，德与德相互交往，如同思想交流，使思想更丰富一样，德性相交往，让德性更丰厚。此外，《礼记·表记》还深入表达了孔子的德怨观："子曰：以德报德，则民有所劝；以怨报怨，则民有所惩。"还说："子曰：以德报怨，则宽身之仁也；以怨报德，则刑戮之民也。"① 就此而言，孔子赞赏"以德报德"和"以德报怨"，同时也不反对"以怨报怨"，因为怨而招来怨，是"怨"主体自己应当知道可能会遭的还报，因此是自己应当承受的。当然对怨的对象而言，则具有以怨报怨的权力，同时也可展现以德报怨的高姿态，高境界。但孔子极力批判"以怨报德"，认为这样做是该受到刑罚的。

不过，显然孔子的"以直报怨"与老子的"以德报怨"还是有区别的。前者有据理力争的豪气，我可以帮助您，我可以理解您，但我必须教化您，您的是与非，我的是与非，我们要论一论，以理报人。当然，这个直，有正直，耿直，爽直等含义，也自然体现出一种高尚的德性，不是走歪门邪道。而老子的"以德报怨"显然更有"慈爱"的德性，你的怨，无论有没有道理，是不是包藏祸心，我不跟你计较。我尽我所能帮助你，既可以摆事实讲道理，又可以舍己为人。圣人的特征就是："圣人不积，既以为人，己愈有，既以与人，己愈多。天之道，利而不害。圣人之道，为而不争。"（第81章）圣人既没有积累财富的爱好，也没有与人争先的习惯。圣人的这种损有余补不足的行为方式，是化解怨恨的利器。因为老子说过，"吾所以有大患者，为吾有身，及吾无身，吾有何患！"（第13章）大怨也就是大患，根本上源于"有身"，即有私。而一旦我"无身"了，忘我了，我对别人的埋怨也好，怨恨也罢，都能够向父母对待犯错误的小孩一样，宽容，理解，以最大的耐心、勇气与智慧来帮助孩子成长。

二、以"仁"化"怨"

《论语·述而》有言：

（子贡）入，曰："伯夷叔齐，何人也？"曰："古之贤人也。"曰："怨乎？"曰："求仁而得仁，又何怨？"

据毛子水研究，这一对话发生的历史语境中，孔子一行人当时居卫国，而卫国又发生了蒯聩与辄两父子争当皇位的事件，弟子先了解孔子的倾向。于是子贡才以伯夷、叔齐的故事来曲折地了解老师的意见。而孔子评价伯夷、叔齐是贤人，且为

---

① 滕一圣：《礼记译注》，北京：商务印书馆，2015年。

逃避皇位而出走他国，是求仁得仁的做法，不会产生"怨"。因此，蒯聩与辄争皇位而大起干戈是不仁，自然会遭到孔子的反对。如此看来，孔子认为可以用仁心仁行来化解"怨"。

《论语·颜渊》亦载有以"怨"释"仁"的段落。

　　仲弓问仁。子曰："出门如见大宾，使民如承大祭，己所不欲，勿施于人，在邦无怨，在家无怨。"仲弓曰："雍虽不敏，请事斯语矣。"

仲弓求教孔子关于"仁"的问题，孔子指出，出门在外，要有像对待贵宾那样恭敬待人，役使民力时，要有如同承办大型祭祀那样严谨细致，小心谨慎。总之，要坚持"己所不欲，勿施于人"的原则，以感同身受的方式，设身处地地为他人着想，自己不欲做的事，就不要强加给他人。这样做，在国家社会层面上不会产生"怨"，在家庭层面上也不会产生"怨"。如此看来，孔子正是以"无怨"来呈现"仁"的应有之义，可谓言简意赅。

老子对"仁"也是很欣赏的，虽然他认为仁的境界并不等于"道""德"的境界，甚至还提出"绝仁弃义"的观点，但是，老子的本义是要去掉"仁"之名，而求"仁"之实。老子批判的是当时礼崩乐坏的时候，徒有"仁"之名而失"仁"之实的现象比比皆是，故而有感而发。他在第8章中提出"与善仁"，其含义是人与人的相交，要本着一颗仁爱的心，以仁爱的心来彼此相待，自然可以长长久久，不会生"怨"，有"怨"也能及时化解。

三、劳而不怨

虽然上文已引用《论语·里仁》中的"劳而不怨"，不过，《论语·尧曰》中所提到的"劳而不怨"是将其当成一种从政的重要品格与素养来看待，两者的语义是有差别的。足见孔子对这一问题的重视，这正是其爱民思想的自然流露。

　　子张曰："何谓五美？"曰："君子惠而不费，劳而不怨，欲而不贪，泰而不骄，威而不猛。"子张曰："何谓惠而不费？"子曰："因民之所利而利之，斯不亦惠而不费乎？择可劳而劳之，又谁怨？欲仁得仁，又焉贪？君子无众寡、无小大、无敢慢，斯不亦泰而不骄乎？君子正其衣冠，尊其瞻视，俨然人望而畏之，斯不亦威而不猛乎？"

此处孔子把"劳而不怨"看成是一种从政必须具有的能力与品德，即施政者能够管理百姓，而百姓心甘情愿。其内在的道理是，施政者有爱民之心，"择可劳而劳之"，能够根据百姓的实际情况加以引导，让百姓得利多，而付出少，因此百姓能够不辞辛劳。

其实《论语·宪问》还有一处表达了类似的思想：

> 问管仲。曰："人也。夺伯氏骈邑三百，饭疏食，没齿，无怨言。"

这句话显然是称赞管仲深谙为官之道，以至于他剥夺了伯氏骈邑三百户的采地，让伯氏吃粗饭食，到老都没有怨恨的话。可见管仲做到了"威而不猛"，当然一定程度上也实现了"劳而不怨"，伯氏还能够有基本生活保障，并没有使其限于绝境，因此，管仲施政还是留有余地的。进而孔子赞叹道："贫而无怨难，富而无骄易。"人在贫困之境易于滋生怨恨，到此贫穷境地能不生怨，是很难的。换句话说，这对施政者与被管治者都是不容易的。施政者行政的分寸，被管治者能反躬自省，而不生怨恨，是很有自知之明的。如此看来，"劳而不怨"诚然是孔子极为推崇的治理原则与能力。

还有《论语·微子》也在政治情境中探讨如何远怨的问题。

> 周公谓鲁公曰："君子不施其亲，不使大臣怨乎不以。故旧无大故，则不弃也。无求备于一人。"

在注重血亲政治的古代，取得自己姻亲家族的支持，是政权稳定的重要基石。因此周公就告诫儿子伯禽要善待亲族之人。"施"，杨伯峻解读为"怠慢"，而毛子水释读为"弛"，意为《坊记注》的"弃忘"之意。意思虽然不同，但是都表达了要善待的意思。因此，下文才接着说不要让大臣因为不被重用而产生"怨"。君臣不和，国之大忌。于是，周公提出了一个原则：如果老臣没有大的过错，就不要弃而不用，不要对他们求全责备。这是一种远怨的政治智慧。

四、躬自厚以远怨

当然，孔子与老子在面对"怨"的时候，都有一个相同的取向。那就是更多地从自身的角度出发来找原因，而不是把事情推给对方，怨恨对方。如果这样，那事情就会恶化，会产生剧烈的冲突，导致两败俱伤。《论语·卫灵公》中有言"躬自厚而薄责于人，则远怨矣"。强调多问己非，而不苛责于他人。而上文已言，老子把给予他人，成就他人当成自己的使命，又怎么会跟人去计较短长高下呢。自然也就远离了怨恨。

其实，解决"怨"的问题，还是从"怨"产生的土壤着手。"怨"既然生于"心"，自然就要从心地做文章。《礼记·礼运》有言："圣王修义之柄，礼之序，以治人情。故人情者，圣王之田也，修礼以耕之，陈义以种之，讲学以耨之，本仁以聚之，播乐以安之。"圣王修治心田的努力，是达到天下大同的根本法宝。而《道德经》中，老子则提出了"圣人执左契，而不责于人"的制度性安排。圣人手中有债权人的凭证，但不依此苛责于债务人，而是给对方以充分的时空去完成自己的承诺。或者我们可以说，要实现"天下大同"既要有人的素质提升，又要有制度性建设，以保证"怨"有疏导的渠道，有化解的机制，从而使社会和谐。

五、不怨天，不尤人

《论语·宪问》有载孔子的感叹：子曰："莫我知也夫！"子贡曰："何为其莫知子也？"子曰："不怨天，不尤人，下学而上达，知我者其天乎！"孔子作为圣贤，也有类似老子在第七十章中的感叹："吾言甚易知，甚易行，天下莫能知，莫能行。言有宗，事有君。夫唯无知，是以不我知。"孔子感叹时下不了解他，没能走进他的心灵世界，唯独"天"是他的知音，这是因为他以天为使命。老子感叹世人追求享受，而对他尊道贵德的保身存身之教充耳不闻，对于他以历史的深刻教训来启迪世人，世人却无法理解，老子视世人的态度为"无知"。孔子何以有"不怨天，不尤人"，大概他知道"人能弘道，非道弘人"。天（道）永远在那里，等待人们去感悟，去实践。《论语·阳货》有载："子曰：'天何言哉？四时行焉，百物生焉。天何言哉？'"因此，不要去埋怨天。那为何不要责备人？因为对他自己而言，《论语·述而》有言："子曰：'默而识之，学而不厌，诲人不倦，何有于我哉？'"这就是说，孔子自己坚持学习，而且把学习所得教授给他人，他是毫不疲倦的，因此，他不苛责于人，而是努力启发他们。

如此看来，孔子与老子对自己的思想学说难为世人所理解和推行有自知之明，他们都不固执，都坚持走自己的路，相信他们所信仰的正道终究会为世人所理解和推行的，一切只是时间问题，这是他们的理论自信与道路自信。

第二章　对话与情理：孔子和苏格拉底的人际传播思想比较

陈元新　谢清果

在新时代的人际交往活动中建立行之有效的交往方式，是关系到个体发展和国家间交流的重要问题。但不同文明的个体间和文化间差异明显，传统的人际交往理论恐难奏效。本章采用文本分析和比较分析法，探讨了孔子及苏格拉底的人际交流思想，并借此上溯二者的思想源流。结果表明，孔子和苏格拉底的人际交流都具有个体之间、面对面的特点，其内容和方式反映了双方个性和地位差异。然而指导孔子和苏格拉底人际交流活动的思想差异明显，前者"信而好古"，以礼作为外在约束；后者自认无知，以知识作为内在约束，而差异的根源在于双方所处的文化环境。此外，本章为如今个体间人际传播和文化间的交流沟通带来新的启发。

第一节　时代与交往：孔子与苏格拉底时代的传播环境

孔子和苏格拉底是轴心时代东西方的代表人物，其思想流传至今分别形塑了两个不同的文明进程，从文化上规范了今天的人际传播活动。因此，理清孔子和苏格拉底人际传播思想的特点，并找到二者的思想源头，是关系到包括跨文化交流在内的人际交往活动的重要方法。本章结合文本分析法和比较分析法，利用《论语》和《斐德罗篇》《会饮篇》的文本内容来分析孔子和苏格拉底的人际传播思想，并借此探究二人思想的源流，探究二者的人际传播思想对当今人际交流活动的影响。

一、时代变迁与交流困境

人际传播作为人与人之间交流沟通的主要方式，在技术日新月异的变迁和观念层出不穷的发展中，一方面起到了建立和谐关系、[①] 满足情感需要 [②] 的作用，帮助人们在迅速变化的时代维持心理稳定；另一方面，旧有的人际传播理论也不可避免地遭遇时代的挑战，随着人与人之间联系的变化而亟待修正。如从以口语为媒介到以网络为媒介，从身体在场且身份在场到身体缺场且身份缺场，人际传播发展出一种新形式即想象的交往；[③] 镜中我理论告诉我们，人们的自我意识，常常是以他人对自己的认识为镜子的。但是，在网络里，当一个人以各种不同的面目出现时，别人对他的认识也就难免失真。反过来，这些来自他人的评价，会使个体对自己的认识更加混沌。[④]

可以说，人际传播理论在今天绝不是如其刚刚诞生时那样富有解释力，而是随着外部环境的变化反映愈发迟滞。历史上，一些人际传播理论也经历了多次修正，如拉扎斯菲尔德等人提出的两级传播理论，经历了信息不对称、伪意见领袖 [⑤] 直至 N 级传播的多次批评而不断丰富其内容。[⑥] 类似的例子还有很多，其势必会影响学科的发展和演变。

在此背景下，修正既有的乃至从新的角度丰富人际传播理论具有重要的意义。子曰："述而不作，信而好古，窃比于我老彭。"（《论语·述而》）述而不作是事实，信而好古是本心，可见先贤如孔子便知从老彭等圣人处寻求知识，何况于今日理论亟待更新的时间，理应回到文化思想的源头去。

二、人际传播的思想源头

人际传播作为一种流传久远的传播模式，数千年来一直是人们彼此沟通乃至互信的重要渠道，也是今天多种传播媒介承载的主要形态。而作为轴心时代东西方两位重要的代表人物，孔子和苏格拉底对东西方人际传播思想影响深远。有鉴于此，对二者人际传播思想的比较会为今天的人际传播思想带来启发。

鉴于孔子和苏格拉底在人类历史中的核心地位，对二者思想的比较可谓层出不穷。无论是从道德哲学的角度比较二者哲学思想的统一性和普遍性、[⑦] 从教育学的角

---

① Perry, P. *Couch Fiction*. 2010. pp. 123–124.

② Miller-Day, M. A. (2004). *Communication among grandmothers, mothers, and adult daughters: A qualitative study of maternal relationships*. Mahwah, NJ: Earlbaum.

③ 王静：《想象的交往——以网络为媒介的人际传播》，《新闻知识》2013 年第 6 期。

④ 彭兰：《网络中的人际传播》，《国际新闻界》2001 年第 3 期。

⑤ 王超慧：《浅论两级传播理论的批评和修正》，《决策与信息》（下旬刊）2011 年第 2 期。

⑥ 李彬：《传播学引论》，北京：新华出版社，2003 年，第 150—154 页

⑦ 赵敦华：《孔子的"仁"和苏格拉底的"德性"》，《北京大学学报（哲学社会科学版）》2003 年第 4 期。

度比较二者的对话教学方式，① 还是从传播学的角度概括梳理二人的传播学思想，② 都为阐明孔子和苏格拉底的思想体系做出了很多贡献。而纵观孔子和苏格拉底思想比较的研究，尚且缺乏人际传播思想的完整探讨和比较，而后者恰恰是从轴心时代迄今的历史时期中都扮演了不可或缺的角色的传播方式。由此，本章将着重比较二者的人际传播思想，探讨思想的异同点，并追根溯源，探寻二者思想根源的文化特征，并以此对今天的人际传播活动展开思考。

三、人际交流与地位差异

英国传播学者哈特利 (Hartley) 认为，人际传播有三个基本的标准，即"一个个体向另一个个体的传播；传播是面对面的；传播的方式与内容反映个体的个性特征、社会角色及其关系。"③ 而在孔子和苏格拉底的时代，口头的传播方式以及有关二人的著作中所体现的交流方式都契合以上人际传播的三个特点，一定程度上说这种关乎人际传播的界定也与苏格拉底时期的希腊文明有着千丝万缕的传承关系。如孔子及其弟子、苏格拉底及与其交谈者，皆是面对面、个体对个体的传播，而从《论语》中表现出的师生关系、《斐德罗篇》中斐德罗对苏格拉底的威胁和乞求，也都表现出双方个性和社会地位的差异。因此在哈特利的人际传播规范下探讨孔子和苏格拉底的交流思想，会对厘清脉络有所助益。

第二节 现实与人心：孔子和苏格拉底人际传播的相同点

朱熹曾说："圣贤施教，各因其材，小以成小，大以成大，无弃人也。"④ 圣人在施以教化的时候，会根据对话者的特点有针对性地采取不同的话语策略。于孔子称之为因材施教，在弟子们问行、问仁、问孝的时候孔子正是践行了这样的教育观；于苏格拉底称之为因势利导，"善战者，因势而利导之"，⑤ 善于用兵作战的人要顺着时势的发展趋势从有利的方面去引导它，这在苏格拉底的对话策略中亦然，他意在寻求普遍知识的产婆术即此一例。对交流个别性的认识使两位圣贤有了共同的交流观基础，双方在巧妙把握交流客体心理活动的同时深刻认识到，对话本身的特性限制

---

① 陈桂生：《孔子"启发"艺术与苏格拉底"产婆术"比较》，《华东师范大学学报（教育科学版）》2001 年第 1 期。

② 李秀：《苏格拉底与孔子的传播学思想比较》，《牡丹江师范学院学报（哲学社会科学版）》2007 年第 3 期。

③ 泰勒等：《人际传播新论》，朱近东等译，南京：南京大学出版社，1992 年，第 16 页

④ 朱熹：《孟子集注》，北京：国家图书馆出版社，2015 年，第 5 册，第 78 页。

⑤ 泷川龟太郎：《史记会注考证》，台北：文史哲出版社，1997 年，第 845 页。

其受众的规模。基于传播"交流"观的人际传播思想，构成了二者与他者展开对话时的前理解 (prior understanding)。这一点在孔子的"述而不作，信而好古"和柏拉图的《斐德罗篇》中可见一斑。

一、因材施教与因势利导

在与弟子或学生的交流当中，孔子和苏格拉底表现出相当的一致性，即与人交流时重视个体之间的差异性，并借此采取不同的话语方式。

孟懿子、孟武伯、子游和子夏都向孔子问孝，孔子分别用"无违""父母，唯其疾之忧""今之孝者，是谓能养。至于犬马，皆能有养。不敬，何以别乎？"和"色难。有事，弟子服其劳；有酒食，先生馔，曾是以为孝乎？"（《论语·为政》）来回答。

孔子告诫孟懿子"不要违背周礼"。孔子随后向樊迟详细解释了"无违"的含义，即"生，事之以礼；死，葬之以礼，祭之以礼"——生养死葬都不违背周礼。《左传·昭公七年》中谈到，"臧孙纥有言曰：'……今其将在孔丘乎？我若获没，必属说与何忌于夫子，使事之，而学礼焉，以定其位。'故孟懿子与南宫敬叔师事仲尼。"孟懿子是因为他父亲临终时的话，才把孔子当作老师，向他问礼。朱熹《论语集注》中也称："是时三家僭礼，故夫子以是警之，然语意浑然，又若不专为三家发者，所以为圣人之言也。"孟懿子违越礼制，孔子用"无违"告诫他，有警示的含义。

而后孟武伯问孝，孔子告诫他："对父母要特别为他们的疾病担忧。"杜道生先生认为："'其疾'是'忧'的宾语提前，用'之'复指，用'唯'领句，起到加强语气的作用，指孔子影射孟懿子违反周礼的行为。"[1] 孟武伯是孟懿子之子，孔子告诫孟武伯要担忧父母的疾病，这种行为是周礼的直接体现。宗主之子需要孔子特别告诫，实则孔子借此暗讽他父亲孟懿子不尊周礼。

轮到子游问孝的时候，孔子认为要想做到孝，首先要做到敬。"子游能养而或失于敬"（朱熹《集注》），孔子也就其弟子的缺点，向他提出建议。最后子夏问孝，孔子说孝最难的是对父母和颜悦色。《集注》程子曰，"……子夏能直义而或少温润之色"，故孔子借此告诫子夏。"与其所失而告知，故不同也"（朱熹《论语集注》），孔子对四个问相同问题的人的答案截然不同，是告诫四人的缺点，针对每个人的独特情况给出建议。

再如颜渊、仲弓和司马牛问仁，孔子分别对之以"克己复礼为仁，一日克己复礼，天下归仁焉。为仁由己，而由乎人哉"；"出门如见大宾，使民如承大祭。己所

---

① 杜道生：《论语新注新译》，北京：中华书局，2011年，第7页。

不欲，勿施于人。在邦无怨，在家无怨"；"仁者，其言也讱"（论语·颜渊）。

颜渊是孔子最得意的弟子之一，因此孔子用对自己的要求来要求颜渊，为他列出了实行仁德的条目，即"非礼勿视，非礼勿听，非礼勿言，非礼勿动"。仲弓不如颜渊，孔子便教导他日常生活的细节准则，以更详细具体的要求约束他。对于多言且脾气暴躁的司马牛，孔子直言说话要慎重。在司马牛不解地问"其言也讱，斯谓之仁矣乎"的时候，孔子立刻反问，做起来很困难，说话能不慎重吗？对资质性格不同的弟子，孔子对他们践行仁的要求也有所不同，这又是孔子因材施教的一例。

在柏拉图的作品《会饮篇》中，苏格拉底在谈论爱慕时也采取了类似的方式。苏格拉底刚进门时，阿伽通因为爱慕他的智慧而主动请求他躺倒自己旁边来。苏格拉底则说："那该多好啊，阿伽通，要是智慧可以这样子的，从我们当中更满的那个流向更空的那个里面……"后来轮到阿尔基比亚德斯谈论爱慕时，他谈到自己以前请求苏格拉底做他的爱慕者时，苏格拉底说："如果你是由于看到了这个（不可抗拒的美）而打算跟我在一起，用美来交换美，那么你倒是占了我不少便宜啊。"阿伽通和阿尔基比亚德斯同样向苏格拉底寻求智慧，得到的回答也截然不同。

苏格拉底用气压的知识回应了阿伽通的请求，用两个杯子里的水通过管子达到相同水平来比喻智慧，直言智慧不能仅通过身体接触就得以传播。与此同时，他还用这一比喻来赞美阿伽通具有非凡的智慧，以退为进通过赞美对方的手段拒绝了阿伽通潜在的求爱（对智慧的追求）。虽然最后他还是躺到了阿伽通身边，但二人的关系也仅限于主客关系，不再含有爱慕的成分。而对于阿尔基比亚德斯公然求爱的话语，苏格拉底则通过用铜来换金子的比喻强调了外形的美好远比不上真相的美好，以此告诫阿尔基比亚德斯他在这场可能的交换中并没有做到公平。于是后者被迫说出"要做在这些事情上以及在其他的事情上对我们两个都最好的事情。"显然这"都最好的事情"并不包括接受后者求爱的行为，于是苏格拉底再一次巧妙拒绝了阿尔基比亚德斯的爱慕。

在《斐德罗篇》中，苏格拉底在听完斐德罗朗诵的吕西阿斯的演讲词后，表现得羞羞答答，欲言还羞。他深知斐德罗热爱精彩的演讲，于是暗示自己懂得另一篇更好的演说辞。面对斐德罗的追问，他借用神灵附体展开自己的演讲，反驳了吕西阿斯的观点。《斐德罗篇》全篇充满了概念的辨析，苏格拉底利用斐德罗对精彩修辞文章的热爱，一步步促使后者从对吕西阿斯的坚信不疑转变为将信将疑，最后彻底推翻原有的看法，转而接受苏格拉底的观点。

以上分析可见，一方面在谈论相同的内容时，孔子和苏格拉底总是根据客体的情况给出不同的回答；另一方面，双方的人际交流思想在共性中可见差异。苏格拉底循循善诱，遵循事态的发展一步步改变客体的既有观点；孔子一针见血，总能针对不同的受众说出最恰当的话语。双方所处的对话场景固然导致了这一差别，但两者各在其所处的时空环境中寻求各自的目的，作为互动式伦理谈话①的结果总服务于特定情境下的观念。教育作为人际传播早期承载的重要功能之一，在孔子和苏格拉底时期可以称为"思想的管子"，作为思想流体流动时的载体而在主客之间形成共识的通道。

二、洞悉人心与传播的"交流"观

在具体的沟通语境下，主体对客体的差别化对待也值得关注。孔子和苏格拉底对与他们沟通者显然非常熟悉，无论是长久伴随在身边的学生抑或是求爱者，二人皆有一种洞察人心的能力。在传统的人际交流活动中，由于缺乏现代交流行为发生场景中科技手段的参与，主体和客体的交流行为几乎全部有赖于对彼此的"察言观色"。而作为这一能力的掌控大师，二人在洞悉人心方面皆有一技之长，善于从语调和举止中发现隐含的内容。如听到弟子转告桀溺的话时说："鸟兽不可与同群，吾非斯人之徒而谁与？"（《论语·微子》）孔子从滔滔江水而知隐士对自己行为的不赞同，而叹息自己的志向没有得到满足，"天下二句，反滔滔二句，见易乱之不可已"。②

在《会饮篇》中，苏格拉底对人心的体察可谓登峰造极。在阿尔基比亚德斯讲述自己向苏格拉底求爱失败的事实时，苏格拉底毫不留情地回击："……说的那么不经意，就好像你讲所有这些，不是为了把我和阿伽通分开。"阿尔基比亚德斯在谈论爱慕的时候说出这样的话，一方面直接通过向苏格拉底等人讲述"真实的事情"以倾吐被苏格拉底拒绝的不快；另一方面也未对苏格拉底完全死心，设法阻止其他潜在的爱慕者接近苏格拉底。作为人际沟通技巧的大师，苏格拉底敏锐地察觉到他心中所想的东西，于是主动邀请阿伽通躺倒自己身边来，以反其道而行之的传播策略使阿尔基比亚德斯的计划破产。

"传播的基本模式是由发送者经由一个特性的管道发出，当然一个信息的发出会伴随产生'噪音'的冗余信息，而后信息被转换成符号存储，接受者通过下行管道接收信息，并再次转换完成整个的传播过程。"③以此作为人际交流过程中的信息流动模型，则苏格拉底便是一台精妙的仪器，高效地剔除符号中存储的信息的冗余成分，并对剩余符号进行精确解读。相对古希腊文化更高语境的中华传统文化对这一过程

---

① 陈桂生：《孔子"启发"艺术与苏格拉底"产婆术"比较》，《华东师范大学学报（教育科学版）》2001年第1期。

② 杜道生：《论语新注新译》，北京：中华书局，2011年，第7页。

③ Shannon，Claude E.A Mathematical Theory of Communication. *Bell System Technical Journal*，1948(3):27. 转引自邵培仁：《传播学》，北京：高等教育出版社，2000年。

显然提出了更高的要求，如孔子在与叶公谈论"直"的时候说："……父为子隐，子为父隐，直在其中矣。"(《论语·子路篇第十三》)孔子列举父子相隐的例子辩驳叶公所认为的正直是父子告发，隐含之义则是正直在于天理人情，如果漠视天理人情而谈论正直，便偏离了正直的本意。类似的例子在《论语》中为数不少，呈现了孔子对语言的精巧运用和对人心的深刻体察。

苏格拉底和孔子对客体心理特征的把握当然要建立在对其长期的了解之上，这也是人际交流中不可缺少的前理解。"毫无疑义，观看作为一种对那里存在的事物的解释性的了解，仿佛把视线从那里存在的许多东西上移开了，以致这些东西对于观看来说不再存在。但同样，观看也被预期引导着看出了根本不存在的东西。……单纯的观看和单纯的闻听都是独断论的抽象，这种抽象人为地贬低了可感对象。感知总是把握意义。"[1]观看如此，人际交流亦然。双方在人际交流行为发生之前总有预先设定好的、对交流对象的特征的看法，这一看法在双方交流的过程中不断得到验证和修正，最终形成对交流对象的新认识。但如果仅凭这一普遍的心理作用，孔子和苏格拉底是不可能成为心理大师的，一定有更深刻的理念作用于二者的思想和行为当中。

"任何一个人想要误导他人而自己并不迷惑，他必须要能够精确地把握事物之间的相似程度和差异。"[2]在苏格拉底看来，对人心的洞察需要有对知识和概念的精确把握，进一步推断，这需要"知道某个既定事物的真理"。[3]苏格拉底在对斐德罗说出这番话的时候也在践行着这一思想，他基于对爱欲、美等关键概念的精妙把握，通过定义的辨析成功让他的听众转变了看法。真理作为苏格拉底思想的核心，在指导思想上和实际的人际交流行为中都扮演了关键角色。

如果说指导苏格拉底的人际交流思想，并帮助他把握人心的工具是真理，对孔子而言便是仁。上文提到，面对相同的问题，孔子对不同弟子的回答截然不同。但这一不同却基于共同的核心理念，即对仁的坚守和践行。长期的接触使孔子了解弟子们的特点，这构成了不同答案的基础，而孔子和弟子们对践行仁的共识则在理念的高度规定了这些不同答案方向上的一致性。

纵观《论语》和柏拉图诸多著作的叙事手法，毫无疑问这是一个交流的动态过程。正如彼得斯在《对空言说》中谈到《斐德罗篇》时所说，"也许，《斐德罗篇》是第一篇传播学论文，它说的是传播过程中丢失的讯息和不合理的交合(conpling)。柏拉图《斐德罗篇》中的苏格拉底是第一位传播理论家———当然也就是说，他论

---

① Hans-Georg Gadamer.Wahrheitund Methode,I,J.C.B.Mohr(PaulSiebeck),*Tuebingen*,1986.p96-97.
② 柏拉图：《柏拉图全集》第二卷，王晓朝译，北京：人民出版社，2003 年，第 179 页。
③ 柏拉图：《柏拉图全集》第二卷，王晓朝译，北京：人民出版社，2003 年，第 179 页。

述的是交流的故障 (breakdown)。"《斐德罗篇》有一个贯穿全文的隐喻，即交流的传播观。相对于吕西阿斯把演讲撒播给普罗大众，苏格拉底用寓言寄托了自己的思考："……一旦写下来，每一段话都会到处滚动，它撞上懂的人，也撞上和它没有关系的人，不加区分……脱离了作者，文字既无法保护自己，也无法支持自己。"在信息转化成符号存储的过程中，苏格拉底敏锐地察觉到这一过程具有的差异性，不同的受众对相同的话语的解读可以千差万别。正因为如此，作为对同一个人在不同场合提出的相同问题的解答，苏格拉底采用的方式也有所不同。在与阿尔基比亚德斯私人相处的时候，苏格拉底会取笑他，但在有其他朋友在场的时候，苏格拉底会寻求他们的支持，利用话语的力量转移话题。倘若这一回答起先便形成了文字（苏格拉底的记录而非柏拉图的），那么在座的人对苏格拉底第二次回答的解读势必会参考本不以他们为受众的第一次回答，其结果注定导致交流的失败。

孔子亦然，自称"述而不作"（《论语·述而》），半生编纂《五经》，"即使在由孔子自己编纂的书中，今天人们耳熟能详的表述方式仍然是'子曰'而不是'子写道'"，[①] 足见孔子对文字著述的谨慎思考，此不详述。

第三节 仁爱与理性：孔子和苏格拉底人际传播的差异

孔子和苏格拉底的人际交流行为都具有目的论的特点，二者交流目的本身的固有差别决定了传播内容和手段的差异。作为孔子思想核心的仁和礼是一种后天建构的外在约束。于孔子而言，"其仁学的实质内涵，就是'爱人'——关爱他人"[②]，因而孔子的思想具有强烈的人文关怀。苏格拉底则以存在论思维将真理视作第一原则。真理恒常，在苏格拉底看来这是源自灵魂深处的内在约束。这一差异直接导致孔子更加注重互动双方的社会关系，而苏格拉底则更强调对真理本身的追求。

一、沟通向度与社会关系

纵使孔子和苏格拉底都会针对客体的情况做出不同的回答，但二者在沟通向度上存在显著差异。从目的论的视角来看，孔子与弟子之间的交流严格恪守周礼，并以实现仁为最终目的；苏格拉底与人交流的目的则是劝导他们学习哲学，追求真正的真理。在《斐德罗篇》中，苏格拉底和斐德罗探讨文字的流动性，从反驳吕西阿斯演讲稿的内容开始，一步步引导斐德罗承认文字的撒播是一种"滥交"；在《会

---

① 约翰·杜翰姆·彼得斯：《对空言说：传播的观念史》，邓建国译，上海：上海译文出版社，2017年，第3页。

② 黄怀信：《〈论语〉中的"仁"与孔子仁学的内涵》，《齐鲁学刊》2007年第1期。

饮篇》中，苏格拉底转述自己与占卜者狄奥提玛的对话，引导在座的朋友们认同爱慕并非与优秀同列，而是因缺乏而追求。完整的对话流程即是一步步从经验导向真理的过程，苏格拉底试图使他人摒弃直觉判断而从经验上进行理论辨析。在《论语》中，孔子同弟子探讨的问题多涉及儒家思想的礼、孝等基本概念，孔子与弟子的对话在严格恪守周礼的同时也表现出一种人文关怀，这一方面契合了儒家思想的实践要求，另一方面也更偏重人际关系和情感表达。

"有些关系被人们认为着重于彼此扮演的角色。关系双方的相互行为既基于本人扮演的角色，也基于对方扮演的角色。"① 孔子与他的弟子结成了明确的师徒关系，内蕴尊师的观念。于是在《论语》中呈现的更多是教义问答，与现代大众传播缺乏受众的特征有相似之处。② 老师和弟子之间存在尊卑关系，于是弟子在同老师对话，回答问题或提出问题时不能逾越规矩；而苏格拉底和与他对话的人之间的社会关系更趋于平等，双方无名义上的尊卑之分，因此在交流中存在诸多双向互动，并基于彼此的反馈来决定对话的发展方向。正如《普罗塔戈拉篇》中苏格拉底与普罗塔戈拉的对话从德性是否可教开始，而后苏格拉底见后者很不耐烦而欲离开，被留下后身份发生了转变，由哲学家变成了智术师一样。如同卡恩所说，"苏格拉底从未明确为德性的统一性辩护，他仅仅反对普罗塔戈拉坚持的多元和多样性主张"。③

指导孔子和苏格拉底人际交流行为的核心思想，仁和真理，也在本质上有所差异。孔子强调通过恪守周礼以实现仁，所谓"周礼"，其特征确是将以祭神（祖先）为核心的原始礼仪加以改造制作予以系统化、扩展化，成为一整套早期奴隶制的习惯统治法规。④ 而孔子作为周礼的卫道士，他明白周礼本身的后天建构属性，并在此基础上将其作为实现仁的手段。因此，孔子的人际交流活动以礼为工具，为的是人人都实现仁。借用社会化过程的思想，孔子希望作为社会外在约束的周礼将仁的思想内化到个体心中，这一由外而内、由浅入深的过程就是实现仁的路径。对苏格拉底而言，蕴含在灵魂中的真理是运动的第一原则。"作为第一原则的这个事物不可能是产生出来的，……因此它一定是不朽的。"⑤ 因此，苏格拉底践行人际交流实践的指导思想源自永恒存在的真理。对真理的追求是苏格拉底内在的最终目的（extrinsic finality），为了完善自己而追求智慧，为了获得智慧而热爱哲学。

"人总是生活在具体的文化氛围中的，因而人际传播中会有一种无形的'文化契

① 罗洛夫：《人际传播社会交换论》，上海：上海译文出版社，1997年，第22页。
② 李秀：《苏格拉底与孔子的传播学思想比较》，《牡丹江师范学院学报（哲学社会科学版）》2007年第3期。
③ 刘小枫、甘阳：《谁来教育老师》，北京：华夏出版社，2015年，第16页。
④ 李泽厚：《孔子再评价》，《中国社会科学》1980年第2期。
⑤ 柏拉图：《柏拉图全集》第二卷，王晓朝译，北京：人民出版社，2003年，第246页。

约'，决定着人际关系，并影响传播的内容、情感的表露，尽管传播双方或多方并没有实际签订什么契约，规则却是潜在的。"① 从文化契约的角度探讨人际传播，本质上文化特征决定了社会关系，进而影响了沟通行为。文化作为形塑社会化的人的力量，对人际沟通的影响不受时空因素的限制。子曰："居处恭，执事敬，与人忠。虽之夷狄，不可弃也。"（《论语·子路》）不同的文化背景对人际沟通起到不同的塑造作用，成为人际传播源头上的影响因素。无论是孔子的仁还是苏格拉底的真理，都源自其所处的文化环境。春秋时期礼崩乐坏的社会环境要求孔子担起为周礼正名的重担，诸侯混战的格局也让孔子被迫担起追求大同的历史使命——"天下有道，丘不与易也"（《论语·微子》）。苏格拉底生于一个智者派饱受怀疑的时代，于是自觉地承担了追求真理的使命。独特的战争经历也赋予他勇气、热烈等值得尊敬的品行，在古希腊众神喧哗的环境里将他塑造成神灵附身的哲学家。

二、周礼与知识的内外约束

孔子和苏格拉底在践行人际传播行为时势必受到既有历史、文化因素的影响，孔子作为周公礼乐制度的继承者，以周礼作为外在约束；苏格拉底批判地继承自普罗塔戈拉为代表的智者派学说，以知识作为内在约束。

传播是"一个现实被生产、维持、修复和改变的象征性过程"，② 这一论断在孔子身上表现得极为明显。作为周礼矢志不渝的拥护者，孔子身上有时间的继承性。"《论语》中'传'字两见，皆为时间倾向。"③ 在《论语》中多处提及周礼，涉及包括忠、孝在内的各个方面，呈现了孔子与周礼的时间一体性。"周监于二代，郁郁乎文哉，吾从周"（《史记·卷四十七》），所谓周尚文，孔子以复兴周礼为己任，在与弟子的对话中时刻要求弟子以周礼约束自己，周礼于是作为外在约束影响了人际沟通行为。这既包括以"仁"替天护"礼"，④ 在人际传播的内容、形式和情感上恪守规矩、有所节制，同时将礼上升到指导一切人际传播活动的理论高度，在群体的思维方式上也要恪守周礼，从根本上以礼定义人际传播活动。由是孔子"述而不作"的"述"字应解读为"遵循"，原因是"信而好古"，一个经学诠释学导向的命题。⑤

---

①　陈力丹：《试论人际关系与人际传播》，《国际新闻界》2005 年第 3 期。

②　Carey，J. W.(1998) 'Marshall McLuan: genealogy and legacy'，*Canadian Journal of Communication*, 23: 293-306

③　黄星民：《略论中西方传播观念的异同——从"Communication"与"传"词义比较》，《厦门大学学报（哲学社会科学版）》2000 年第 3 期。

④　何靖、潘天波：《政治传播的口头倚重：从孔子到苏格拉底》，《社会科学论坛》2017 年第 4 期。

⑤　杨乃乔：《中国经学诠释学及其释经的自解原则——论孔子"述而不作，信而好古"的独断论诠释学思想》，《中国比较文学》2015 年第 2 期。

在指导人际传播的观念问题上，苏格拉底的表现与孔子大不相同。他强调定义的重要性，并用此动摇了智者派的相对主义。无论理念论的创立者是苏格拉底还是柏拉图，"这些概念化的思想都是最实在的存在者"。[①] 既然真正的知识以理念的形式存在，有形的东西只是知识的投射，那么对苏格拉底或柏拉图而言外在的一切都等同于幻影，如洞穴隐喻一样，追逐内在的知识才是生命的终点。此种认识论在人际传播活动中表现为对逻辑的追逐和对定义的阐发，是纯粹的精神活动。在《斐德罗篇》中，苏格拉底直言我们的真理便是前世天上灵魂所见的回忆，"因此，只有哲学家的灵魂可以恢复羽翼，……因为哲学家的灵魂经常专注于对这些事情的回忆"[②]。真理本身既然是客观存在的，就无需通过追求真理而达到别的什么目的。真理作为动力提供者的"第一原则"，追逐真理这一行为也不需要其他外部动力推动，只靠内在约束即可让灵魂重新回到天上。

由此可见，约束苏格拉底和孔子人际交流行为核心思想的差别是导致外化的行为方式差异的原因，一个事事守礼，一个不拘小节；在传播活动上一个是单向问答，一个是双向辩驳。孔子追求将仁内化到心里，以周礼的外在约束形塑仁的内在约束，通过由外而内的过程将人塑造成材。苏格拉底认为不存在外在约束，学习哲学的推动力本身就来自内蕴的真理，而学习过程就是对前世回忆的过程。双方的差异既是行为方式上的区分，更是文化背景的差别。

孔子和苏格拉底的人际传播活动，分别体现了二者背后的文化环境要素，在东西方复杂的社会关系中脱颖而出，确立并传承了周礼的知识导向的人际传播思维。对二者人际传播思想的比较并非简单的诠释学解经模式，而是从教育观、传播手段和观念出发的系统性建构比较，是传授双方互动过程中的话外之音。

时代社会情境在孔子和苏格拉底人际传播思想的形成过程中起到了观念上的塑造作用，是一种前人智慧集中于一身的复杂动态过程。在人际传播活动当中，二者的文化观念分别从内部和外部约束并规范了传播活动的程序和尺度，通过具体行为的直接体现调控整个传播流程。

对孔子和苏格拉底人际传播思想的分析表明，人际传播思想在轴心时代已经初步生发。在现代社会技术与理论脱节现象明显的历史时期，通过对二者人际传播思想的考察和比较分析，今天的传播活动或可得到借鉴。

---

① 斯通普夫、菲泽：《西方哲学史》，匡宏、邓晓芒等译，北京：世界图书出版公司，2009年，第34页。

② 柏拉图：《柏拉图全集》第二卷，王晓朝译，北京：人民出版社，2003年，第163页。

第三章　继承与超越:《论语》人际传播思想的古今之变

陈力丹　袁鹏亚

2013 年下半年，新一届研究生推免的选拔工作在中国人民大学新闻学院展开。全国各高校的研究生推免生有近 200 人报名人大新闻学院的传播学方向研究生，这 200 人中除了个别其他专业的学生，绝大多数都是新闻传播专业的学生。我们根据学生填表反映的情况，反复衡量比较，从各高校百里挑一里再百里挑一，通知了其中 15 位同学来学校面试。再加上本校的推免生，共 21 人参加面试。面试题共十组，每组两道。其中被抽中概率最高的一组题，有 6 人抽中。这组题之一如下：

问题：请从人际传播与社会关系角度，评价一下孔子在交往中的表现：

"孔子于乡党，恂（xún）恂如也，似不能言者。其在宗庙、朝廷，便便言，唯谨尔。朝，与下大夫言，侃侃如也；与上大夫言，訚（yín）訚如也。君在，踧踖（cùjí）如也，与与如也。君召使摈（bìn），色勃如也；足躩（jué）如也。揖所与立，左右手，衣前后，襜（chān）如也。趋进，翼如也。宾退，必复命曰：'宾不顾矣。'"（《论语·乡党》）

该题不要求学生对每个字做解释，而且还提供了生僻字的拼音。然而，选中该题的 6 人中，没有一个学生能够批评性地评价孔子在人际交往中的表现，有的甚至不理解《论语》中的这段话是什么意思。《论语》是中国古代基本经典"四书"之首，仅 1 万字，高校文科生应该必读，而且要养成一定的批判意识。看来，现在连我们最优秀的学生都不知道自己的文化传统了。

有鉴于此，本章以《论语》中记载的关于孔子的言行开始，从传播学角度批判地考察一下孔子的传播思想。

第一节　从《乡党》篇窥探人际交往中孔子对礼制的遵从

西周初年，周公制礼作乐，中国进入了礼乐文明时代。孔子少即习礼，以通礼而名于世。在朝代变更的历史背景下，他固守旧的礼制，认为春秋时代的乱局，在于礼坏乐崩，因此提倡"克己复礼"，力图恢复西周的礼仪制度。[①]鉴于这一历史背景，孔子的传播思想是向后看的、保守的，因此他在这方面对后人的影响，我们应该持一定的批判立场。

《论语·乡党》记载了孔子在不同场合与人交往的表现，翻译成现代文字大体如下：

孔子在乡里遇到长老，恭敬得好像不善言谈。在朝廷宗庙，说话明白流畅，只是比较谨慎。在朝堂上，和下大夫说话，温和快乐，侃侃而谈；和上大夫说话，正直恭敬。国君在时，敬畏不安，小心翼翼。国君召见他接待外宾，他的面色变得庄重起来，脚步也快起来。他向两旁的人作揖，衣服前后摆动，却整齐不乱。宾客走后，必定向君主回报说："客人已经不回头张望了。"[②]

人际传播中双方或各方显示或暗示的身份和地位，相当程度上决定了人际传播的内容和方向。美国传播学者迈克尔·罗洛夫指出，人际传播的"第一个特征是，人际传播发生于有关系存在的环境里……我们知道某人所以与他人发生关系，是因为他们极有可能彼此交流。而他们进行交流的方式是由关系的约束所决定的……关系还受到彼此怎样看待对方的约束。有些关系被人们认为着重于彼此扮演的角色，关系双方的相互行为既基于本人扮演的角色，也基于对方扮演的角色"。[③]当代犹太哲学家马丁·布伯（Martin Buber，1878-1965）则写道："人生存的基本事实是彼此关联着的人。人无法逃避与他人发生关系。我与你相遇，我和你彼此关联，即使我们的交往是一场相互斗争。即使在彼此的关联中，我已不完全是我，你也不完全是你。但只有在生动的关联中，才能直接认识人所特有的本性。"[④]

基于以上对人际传播和社会关系的分析，不难理解孔子在"乡党篇"中的言语和行动。在不同的人际传播语境中，在和不同的人交往中，他都谨记自己在其中特定的社会角色——在乡里恭敬地对待长老，在朝廷说话谨慎，和下大夫侃侃而谈，

---

①　强光中：《全球史观下的孔子学说》，海口：南方出版社，2011年，第55—56页。

②　安德义：《论语解读》，北京：中华书局，2007年，第281—282页。

③　迈克尔·罗洛夫：《人际传播：社会交换论》，王江龙译，上海：上海译文出版社，1997年，第22页。

④　马丁·布伯：《对人的问题的展望》，摘自《存在主义哲学资料选辑（上卷）》，北京：商务印书馆，1997年，第183—185页。

国君在时则表现出应有的敬畏。这反映了孔子谨记礼制、等级和尊卑，很有分寸地进行交流活动。正如吴予敏所言：孔子是一位杰出的演员，他的才能就是在每个社交场合，都能明确自己的名分，进入角色。所以他"从心所欲而不逾矩"，处处显得那么得体。他对于任何非礼逾矩的言行都是厌恶的、恐惧的。[①] 这段话恰如其分地描述了孔子竭力维护礼制和等级的形象。

孔子这样做，虽然是为了遵守"礼"的规范，但是也有很强的实用性。于是，后世的人们便以孔子为榜样，交际中如何"做人"成为必修课。"礼"体现的是一种不平等的人际社会关系，并在无形中化为不平等的文化符号和传播符号，渗透到人们的潜意识中和现实生活中。

批判孔子过分地遵循礼仪，不是完全否定社会角色要与人际传播相适应。正如王怡红所言，当一个人以学生、教师、领导、顾客等角色出现在传播关系中时，他并非是完整意义上的人，只不过是在进行某种社会角色的交换。比如，你要是一个学生，就要遵守学校的纪律，不逾学习的规范……以这种社会要求定位的关系，人无可逃遁地被固定在角色的框架中。除了角色，在个性化的人际交往中，这个人是找不到自己的。社会可以理所当然地将这个人囚禁在各种角色里面……一言以蔽之，角色的社会关系所造成的传播活动，与真正人的自我及其个性的表现关系不大。[②] 但孔子的表现，等级意识过分强烈，显然不该是我们这个时代所倡导的。

第二节　从《论语》中与传播有关的词句和段落看孔子的传播思想

《论语·乡党》描述了孔子在人际传播中身体力行，竭力履行自己在不同场合的社会角色，这也多少折射出了他的一些传播思想。实际上，《论语》的各篇中，使用了"言""视""听""学""思""闻""见""知"等很多与信息传播相关的字词，这些字词少则出现过 50 多次，多则出现过 100 多次。以下对含这些字词的篇章做一简单梳理，探析其中蕴含的传播内容、传播方式和传播思想。

《论语》中的"学而时习之，不亦说乎"耳熟能详。其实，《论语》涉及"学"的地方很多，如"行有余力，则以学文""学而不思则罔，思而不学则殆""敏而好学，不耻下问""学而不厌，诲人不倦""笃信好学""下学而上达""博学于文，约之以礼""不学《礼》，无以立"等等。在儒家文化中，"学"有两层含义：一是品德的修养，即仁、义、礼、信、孝、悌等；二是六艺的学习，《诗》《书》《礼》《乐》《易》《春秋》。可见，孔子要求"学"的，是符合礼的信息和内容。"学"本来是个

---

① 吴予敏：《无形的网络》，北京：国际文化出版公司，1988 年，第 154 页。
② 王怡红：《人与人的相遇》，北京：人民出版社，2003 年，第 35—37 页。

体接收信息的方式之一，孔子把它作为提升内在道德和修养的手段，使得"学"有了很强的伦理功能。

此外，孔子对作为动词的"言"这种人际传播方式小心翼翼。"君子欲讷于言""仁者，其言也讱""敏于事而慎于言""慎言其余，慎行其余""邦无道，危行言孙""先行其言而后从之"等等，都是要求说话要谨慎，要谨言慎行；"古者言之不出，耻躬之不逮也"，不要轻易把话说出口；"群居终日，言不及义"，言谈要符合道义。孔子很少谈论利益，赞许仁爱；"法语之言，改之为贵"，要按合乎礼法规则的正言来规劝，来检查改正自身行为；涉及怎么言的有"故君子名之必可言也，言之必可行也。君子于其言，无所苟而已矣"，说出来的话，要可行，对待说过的话，要认真；"言必信，行必果"，说话要可信，行动要果断；"言忠信，行笃敬"，说话忠诚，行为敦厚。

孔子要求在人际交往中言语行为和谈话内容要谨慎，要符合伦理，不能违背礼法规则。这有些苛刻，一定程度上束缚了人们的思想和眼界。不过，他要求言论诚实可信，至今也是应该遵循的。

除了"言"之外，"闻""见"等传播行为，也在《论语》中反复出现。子张求教加官进禄的方法，孔子说"多闻阙疑，多见阙殆。言寡尤，行寡悔，禄在其中矣"，他要求"多闻，多见"，但是对有疑惑和危险的方面要有所回避。"多闻，择其善者而从之，多见而识之，知之次也"，讲的是多闻、多见对自己有利的好的内容，以"善者"作为衡量标准。此外，还有"闻道""闻义""闻一知十"等。不同的人际传播情形中，孔子对"闻"严加限制，仍然以伦理为限。他要求懂得"闻"的技巧，闻道、闻义、闻善，懂得趋利避害。这种带有强烈功利目的的趋利避害，一定情形下是传播活动中的一种本能反应，但在孔子那里已经形成了一种人为的主观标准，这就将传播的这种本能变成了一种抑制行为。

至于与人际传播相关的"知""视""听"等词，在孔子看来，必须做到"非礼勿视，非礼勿听"，对信息要有所取舍，不要去看去听"非礼"的内容；"听其言，观其行"，与人交往中，不仅要听他说什么，还要观察他的行动是否言行一致，正所谓"察言观色"。"视其所以，观其所由，察其所安"，要了解一个人，应先考察他言行的动机，观察他所走的道路。知则是"温故而知新"，"新"从"故"中来；知什么呢？"知礼、知乐、知仁、知德、知天命"等。显然，孔子坚持以"礼"来维持传播秩序，在他那里完全找不到思想自由的踪影。

"思"是一种自我传播，关于如何"思"，孔子提出君子要有九思："视思明，听思聪，色思温，貌思恭，言思忠，事思敬，疑思问，忿思难，见得思义。"孔子的思，尚不是现在的思，含义更广而深，即修身，也见于"三思而后行""吾尝终日不食，终夜不寝，以思"。思的标准，仍然离不开恭、忠、敬、义等伦理要求。

由以上分析可知，以孔子为代表的儒家人际传播思想，主要是利用伦理规范教化社会人心，这种观念一直统驭着中国人的人际传播和交往行为，导致人际传播带有浓重的社会伦理旨趣。正如人际传播的研究者王怡红指出的：古代社会利用人际传播建立和表达伦理规范，用伦理规范的交往取代人际交往。[①]

第三节 《论语》中的"礼"和"孝"对人们思想的束缚

孔子传播思想中关于人际关系的论述，均要求言者及听者对传播内容按照伦理规范的固定程序进行。这样一来，交往者首先面临的不是发出和接收的讯息，而是伦理规范的问题。传播者必须考虑"说什么"和"怎么说"，听者亦然。伦理规范就是要使交往者总是处于是否应该和是否被允许的限定之中，或干脆完全支配人与人的交往。"非礼勿视，非礼勿听，非礼勿言，非礼勿动"这几句话，典型地显现出孔子将人的交往封闭在社会伦理的戒律之中。

在社会学家费孝通看来："礼并不是靠一个外在的权力来推行的，而是从教化中养成了个人的敬畏之感，使人服膺。人服礼是主动的。孔子很重视服礼的主动性。礼是个人习惯所维持的，即使在没有人的地方也会不能自已。礼是合式的路子，是经过教化过程而成为主动性的服膺于传统的习惯。"[②]

与其说孔子要求在人际传播中主动地顺从和倡导传统，倒不如说这是他的无意识行为。因为在漫长的无声无息地教化和浸润过程中，对礼的恪守，已经潜移默化，成为深入脑海的一种不自觉的意识，并通过言语和行动在人际传播中悄无声息地流露出来。

作为一种关系规范，"礼"要求人们把注重外表的礼仪改为发自内心的尊敬之义，教人注重终生修其身，使自己无论内心活动还是外在行为都合乎礼。"礼"指明了一个人生活在社会之中处于传播关系的某种交叉点上，担任着某种具体的社会角色；没有"礼"，人在社会中就不能自立。这种人际传播规范，最终将道德教条地提升为社会法则，凝固成人们交往传播的行为模式和内在要求，形成了中国古代思想文化的一大特色。[③]然而，正是这种所谓的思想文化，使得"礼"内化为人们交往中无形的行为规则，并在人们的言行中得以展现。由此，"礼"对人们思想的统治和言行的约束可见一斑。

---

① 王怡红：《论中国社会人际传播的价值选择》，《现代传播》1996 年第 6 期，第 50 页。
② 费孝通：《乡土中国 生育制度 乡土重建》，北京：商务印书馆，2011 年，第 55 页。
③ 胡河宁等：《中国古代人际传播思想中的关系假设》，《安徽史学》2006 年第 3 期，第 9 页。

以上考察的是社会层面、个人修养层面孔子关于人际传播的思想。在家族系统的传播中，他看重父权，关于传播的内容，带有强烈的孝悌观念和浓厚的尊卑长幼意识。

"弟子入则孝，出则弟。"（《论语·学而》）在家要孝顺父母，在外要顺从师长。对顺从的强调，是维护宗法和父权的需要。"父在，观其志；父没，观其行；三年无改于父之道，可谓孝矣。"（《论语·学而》）这是维护宗法家族制度的重要纲常名教。对此，鲁迅先生曾指出，只要思想稍微开明的家长，都会希望子女长大成人之后能更聪明更强大更幸福，在日后的工作和生活中，能比自己这一辈人取得更大的进步和成就；事实上，按理说做父母的总是希望孩子能超越自己，超越过去。"超越便需改变，所以子孙对于祖先的事，应该改变，'三年无改于父之道，可谓孝矣'当然是曲说，是退婴的病根。"[1]

从某种意义上来讲，孔子主张的这种家族内部的人际传播秩序，目的在于明晰父子、长幼、贵贱之序，确立长辈的权威。而在今天，多数青年人则勇敢奋力地呼唤着、追求着并践行着社会民主和自由平等，若从这个角度看，孔子的这种传播思想是相当守旧的，是不符合现代社会精神的。鲁迅先生一再呼吁思想觉醒略微开明的父母们，勇敢地去清算过往束缚人们思想和自由的不合时宜的陈旧想法和传统道德。唯有如此，子女们才能在未来开辟出属于自己的新路子和新天地；也唯有如此，父母们才能真正去解放自己的孩子，使他们成为有独立思想和独立人格的人。为此，鲁迅先生规劝父母们："自己背着因袭的重担，肩住了黑暗的闸门，放他们到宽阔光明的地方去；此后幸福的度日，合理的做人。"[2]无限期延长父对子的观念影响，进而形成亲子间信息传达的秩序，造就了永恒的上下尊卑关系。孔子的孝悌观，为后来父权扩展为治权、治权带有父权色彩做了理论准备。由于有了高度理论化的伦理范畴，就可以依傍孝悌，以及忠、义等来规范社会各分子间的关系……在"国"的圈层里，信息的传播是一种放大了的"家"的圈层，因而人际关系被规定为孔子说的"君君，臣臣，父父，子子"这八个字。这种以父权为基础的治权高高在上的思想和做派，今天仍然随处可以看到。与当代社会的自由平等、以人为本等观念比较，这种守旧思想显然是不合时宜的，应以理性的批判对待。

---

① 鲁迅：《坟》，北京：人民文学出版社，1980年，第128页。
② 鲁迅：《坟》，北京：人民文学出版社，1980年，第133页。

第四章　人本与礼制：孔子人际交往的制度设计

林　凯　谢清果

孔子所处的春秋战国时期是一个从奴隶社会转向封建社会的过渡期，在这个过程中发生了激烈的社会变革。其一，从政治上说，阶级之间以及奴隶主统治阶级内部矛盾激化，统治阶级日渐衰落，而诸侯国不断崛起，社会征战不断，原来由分封、宗法制建立起来的奴隶制等级统治结构不断解体，社会等级秩序不断失序。[1] 这个时期，破落贵族（当然也包括知识分子在内）一方面对现实表现出强烈不满，另一方面也开始对天命神权观念产生怀疑并进行认真反思。[2] 对此，史书上多有记载，如随国季梁说："夫民，神之主也。是以圣王先成民而后致力于神。"[3] 季氏认为，民是先于神存在的；再如，虢国史嚣说"国将兴，听于民；将亡，听于神"（《春秋左传》），也即国家的兴盛发展应该听从于民众。[4] 这些言论记载无不显示人的主体意识。而进一步来说，这是各社会阶层的民众在推动社会变革过程中所体现出来的主体意识和主导角色的作用。其二，从经济发展方面来看，奴隶制度的瓦解以及封建制度的确立，社会生产力得到提高，社会生产出现了更多的分工，正如《左传·宣公十二年》所记载："商、农、工、贾不败其业。"（《春秋左传》）在封建制度下，这些劳动者有了自己的职业，生产则用以满足自我和家庭的需求，而满足这种需求则需要人的能动性和创造力。从这个意义上说，人有了较大的自主性，人作为社会个体的地位和主导性在较大程度得到了提升。其三，从文化上看，春秋战国时期可以说是"百家争鸣"，各家各派学说思想碰撞激烈。如管仲的"以人为本"、孔子的"仁者爱人"、墨子的"兼爱"、孟子的"民为贵"、老子的"以百姓心为心"、荀子的"节用裕民"

---

①　周金华：《从"百家争鸣"看春秋战国时期知识分子的个性解放》，《北京大学学报》2004 年 S1 期。

②　周金华：《从"百家争鸣"看春秋战国时期知识分子的个性解放》，《北京大学学报》2004 年 S1 期。

③　杨伯峻编著：《春秋左传注》（第 3 版），北京：中华书局，2009 年，第 111 页。下文《春秋左传》的引文均用此版本，并改为文后夹注。

④　张良才：《春秋战国时期人性之辨的缘起及历史意义》，《管子学刊》1998 年第 1 期。

等思想，形成了一股强大的以人为本思潮。[①]从百家争鸣的思想中，这些士人（或者说知识分子）开始向社会传达民众的地位力量，使人们获得了思想上的自由，而更重要的则是激活了人的主体意识，激发了人们的创造精神。[②]可以说，政治、经济、文化的变革，其主要的推动力在于人。

我们知道，春秋战国时期人口有了一定的增长，如"庶矣哉！"[③]"土地小狭，民人众"[④]等记载都说明人口的增长给社会带来的影响。人是奠定春秋战国社会变革的基础动力。实际上，关于人的意识觉醒，以民为本的思想在西周时期已经逐渐显现，这在《尚书》中有大量记载，体现了传统"天命观"向"人道观"的转变。人的地位提升和主体意识觉醒带来的是社会各个层面的变革，从传播学的角度来看，原始的天人交往逐渐向人人交往的方向转变，在孔子看来，人与人之间的交往和传播能够增进德性，重建人们的社会关系，是维系社会秩序的一个重要切入口。

第一节　"外礼内仁"：孔子社会交往的规范意识

在人本意识觉醒之后，面对春秋社会"礼崩乐坏"的社会现状，为了维护周礼，重建社会秩序，儒家逐渐从对天命的绝对崇拜中转向对人道的重视，并从中认识到需要对人进行礼的灌输和学习，对人的德性培育，使之具有社会交往属性，从而引导民众遵循一套礼为核心的崭新社会秩序。

一、教化：作为社会规范的礼的灌输与习得

子适卫，冉有仆。子曰："庶矣哉！"冉有曰："既庶矣，又何加焉？"曰："富之。"曰："既富矣，又何加焉？"曰："教之。"（《论语·子路》）这是孔子"庶、富、教"的思想，一方面体现的是人口的增长，生产力的提高，人力资源在社会生产中起到越来越重要的作用，孔子提出让民众富有并教育他们。

子以四教：文，行，忠，信。要学习历代文献，要有社会生活的实践，对待别人的忠心，与人交际的信实。（《论语·述而》）这四个方面的学习目的都是成为君子，成为有德性的"仁人"，是人际交往中的重要品格。当然，这里的教育是用礼制进行

---

①　乔长路：《一个值得民族自豪的伟大思潮——春秋战国以人为本思潮的兴起及其历史意义》，《哲学研究》1989 年第 12 期。

②　周金华：《从"百家争鸣"看春秋战国时期知识分子的个性解放》，《北京大学学报》2004 年 S1 期。

③　杨伯峻译注：《论语译注》，北京：中华书局，1980 年，第 136 页。下文《论语》中的引文均用此版本，并改为文后夹注。

④　司马迁撰：《史记》，北京：中华书局，1959 年，第 3263 页。

教化和规范的，换句话说，礼是学习的内容，同时也是始终贯穿于人际交往行为之中，起到引导和调整作用的准则。具体来说，在学习"文"上，"质胜文则野；文胜质则史。文质彬彬；然后君子。"（《论语·雍也》）君子是具有文采和朴实相适当的有礼貌之人，这是人际交往中的人的基本素养。在行动方面，"恭而无礼则劳，慎而无礼则葸，勇而无礼则乱，直而无礼则绞。"（《论语·泰伯》）也就是说，君子在具体行动中应该要知道礼才能引导百姓走向仁德。在与他人的交往中，"约之以礼"具有重要的作用，它能对人们的交往行为进行调整和规范。在"忠"方面，它是一种尽己为人的思想。子曰："参乎！吾道一以贯之。"曾子曰："唯。"子出，门人问曰："何谓也？"曾子曰："夫子之道，忠恕而已矣。"在这里的"忠"，可以表示"己欲立而立人，己欲达而达人。"（《论语·里仁》）"忠恕"思想是体现礼的一种道德规范，是儒家处理人际关系的一条重要原则。而关于"信"，子张问仁于孔子。孔子曰："能行五者于天下为仁矣。""请问之。"曰："恭、宽、信、敏、惠。恭则不侮，宽则得众，信则人任焉，敏则有功，惠则足以使人。"（《论语·阳货》）人与人之间的交往应该有诚信，才能得到信任。诚如《周易·系辞上》所言："天之所助者，顺也；人之所助者，信也。"[1]

从根本上说，礼的灌输和习得是要让人成为"仁人"。从个体的学习和内向传播来说，应该做到"克己复礼为仁"（《论语·颜渊》），从个人与社会交往层面来看，通过礼的实践和交往，以"仁爱"之情来对待他者。正如"郊社之义，所以仁鬼神也；尝禘之礼，所以仁昭穆也；馈奠之礼，所以仁死丧也；射乡之礼，所以仁乡党也；食飨之礼，所以仁宾客也。"[2]从个体到他者的道德教化，提升了人的主体价值，也从实践上对人的社会交往进行规范，子曰："德之不修，学之不讲，闻义不能徙，不善不能改，是吾忧也。"（《论语·述而》）总的来说，孔子认为对人的教化是需要在理论和实践上提高道德修养的，[3]在社会交往中实现德性的培育。

二、仁爱：以人为本的德性培育与交往出发点

《说文解字》曰："人，天地之性最贵者也。此籀文，象臂胫之形。凡人之属，皆从人。"[4]清人段玉裁在《说文解字注》中提道：人者，天地之心也。按禽兽草木皆天地所生。而不得为天地之心，惟人为天地之心。故天地之生此为极贵。[5]人是天地之

---

① 黄寿祺、张善文撰：《周易译注》（新修订本），上海：上海古籍出版社，2018年，第726页。
② 孙希旦：《礼记集解》，北京：中华书局，1989年，第1268页。
③ 匡亚明：《孔子评传》，济南：齐鲁书社，1985年，第219页。
④ 许慎撰：《说文解字》，北京：中华书局，1963年，第161页。
⑤ 段玉裁注：《说文解字注》（第2版），上海：上海古籍出版社，2017年，第365页。

间最为尊贵的，相区别于其他物，这说明了人的尊贵和重要性。生活在春秋战国这个特殊的历史时期中，孔子本人也强调对人的重视，并且将这种思想贯穿于其"言传身教"中，从一个侧面反映出先秦儒家以人为本的传播思想。

先秦中国古代社会以血缘关系为根基的宗法制度逐步形成和稳定，神灵宗教的地位下降。[①]而血缘关系的宗法制度的根本在于人的主体性的确立，也即以对人的教育、感化甚至控制，以及人与人、人与社会之间的关系的建立成为社会治理的核心所在。在先秦儒家观念中，人是处在社会的中心地位，是社会、天下和谐太平的主要推动者和实践者，具体来说，在孔子看来，因为人具有与动物所区别的道德理性和情感，这些共同的特征和本质将人聚集在一起，形成社会。[②]诚如《论语》中所说："鸟兽不可与同群，吾非斯人之徒而谁与？"（《论语·微子》）除此之外，虽然传统儒家倡导天命观，天、神是人类所共同崇仰的存在，但我们从孔子的言论中发现，在人和天、神之间，孔子逐渐重视"人事"而"敬鬼神而远之"。（《论语·雍也》）这是对鬼神、天命的回避而趋向对"人事"重视的一种倾向。正如《论语》记载：季路问事鬼神。子曰："未能事人，焉能事鬼？"曰："敢问死。"曰："未知生，焉知死？"（《论语·先进》）也就是说，在孔子看来应该先注重当下"人事"而不是鬼神。又如："厩焚，子退朝，曰'伤人乎？'不问马。"（《论语·乡党》）这体现出孔子以人为本，对人的价值的重视，有如《礼记·礼运》曰："人者，天地之德，阴阳之交，鬼神之会，五行之秀气也。"[③]可以说，在孔子思想中，人在社会发展过程中具有重要的作用和价值，比如对于礼的运用，只有人能制礼和用礼："是故圣人作礼以教人，使人以有礼，知自别于禽兽。"[④]这种由人制定的具有外在强制性和约束力的"礼"，是使人区别于动物（动物也有群体生活）的社会性标志之所在。[⑤]再者，也只有人才能践行"仁爱"，所谓"仁也者，人也。"[⑥]更进一步说，对社会的管理统治，孔子是注重和强调人力，以德、礼为掌握政权的枢机。[⑦]这些都凸显了人的主体性和在社会发展中的重要作用。

虽然说，在孔子的观念中，礼是维护宗法制度的准则，具有严密的等级性，但是孔子的礼却又是诉诸人的德性情感，是渗透于日常生活之中的。宰我问："三年之

① 陈力丹：《论孔子的传播思想——读吴予敏〈无形的网络——从传播学角度看中国传统文化〉》，《新闻与传播研究》1995 年第 1 期。

② 乔根锁：《论中国先秦儒家哲学中的人文主义思想——道德人本主义和民本主义》，《西藏民族学院学报（社会科学版）》1998 年第 Z1 期。

③ 陈澔注：《礼记》，上海：上海古籍出版社，1987 年，第 126 页。

④ 陈澔注：《礼记》，上海：上海古籍出版社，1987 年，第 2 页。

⑤ 李泽厚：《中国古代思想史论》，北京：人民出版社，1985 年，第 39 页。

⑥ 杨伯峻、杨逢彬注释：《孟子》，长沙：岳麓书社，2000 年，第 251 页。

⑦ 钟肇鹏：《孔子研究》，北京：中国社会科学出版社，1983 年，第 69 页。

丧，期已久矣。君子三年不为礼，礼必坏；三年不为乐，乐必崩。旧谷既没，新谷既升，钻燧改火，期可已矣。"子曰："食夫稻，衣夫锦，于女安乎？"曰："安。""女安，则为之！夫君子之居丧，食旨不甘，闻乐不乐，居处不安，故不为也。今女安，则为之！"宰我出。子曰："予之不仁也！子生三年，然后免于父母之怀。夫三年之丧，天下之通丧也。予也有三年之爱于其父母乎！"（《论语·阳货》）这是宰我与孔子关于"三年之丧"之礼的争论，孔子在这里要强调"守孝三年"是在当时的生活方式下人们对父母之"爱"或"仁"的情感、对父母之丧的"不乐"和"不安"情感的表达方式，是人们真情实感的流露。[1]孔子对礼的处理是把具有等级性和强制性的规定融于生活之中，把宗教性神秘的东西变为人情日用之常，诉诸人的心理，在日常社会交往中培育人的德性，体现了人性意识和人道主义。[2]这种以人的心理或者说以人的情感为诉求的道德实践，形成了整个社会的德性交往特征。根据姚锦云考察，"德"最初是一种政治观念，到了春秋时期才逐渐发展为伦理观念，两者都体现为一种交往观念。[3]人是有德性的人，社会是一张由德性交织而成的关系网络。"道之以政，齐之以刑，民免而无耻；道之以德，齐之以礼，有耻且格。"（《论语·为政》）"有耻且格"是德性培育、教化，社会德性交往所带来的效果。

第二节　传播仁道：孔子主体间性的交往行为理性

孔子主张"习礼""体仁""育人"等都实现教化和德性的培育应该通过多闻、多见、多问、多学、多思等途径才能实现，才能从感性的感知提升到理性的认识。[4]这不仅需要个体的内在反省"吾日三省吾身"，更需要人与人之间的相互学习和交往，诚如《礼记·学记》所说："君子如欲化民成俗，其必由学乎。"[5]在孔子注重人本的思想中，人作为一种社会性存在，强调的是主体之间的相互学习和交往，体现出一定的交往理性和实践理性，注重在礼织就的社会关系中交往，进而向"仁人"的转变。

一、问答互动：孔子人际交往的主要方式
从传播学的角度来看，孔子传播和交流仁爱思想的路径是通过"周游传道"以

① 黄玉顺：《前主体性对话：对话与人的解放问题——评哈贝马斯"对话伦理学"》，《江苏行政学院学报》2014年第5期。
② 李泽厚：《孔子再评价》，《中国社会科学》1980年第2期。
③ 姚锦云：《沟通的演化：春秋释〈易〉与德性交往观的形成》，浙江大学博士学位论文，2016年，第46页。
④ 徐长安：《理性思潮的结晶 无神理论的基石——孔子人本思想述评》，《齐鲁学刊》1986年第2期。
⑤ 孙希旦：《礼记集解》，北京：中华书局，1989年，第956页。

及向朋友等他者学习和交流来完成的。其一，孔子为了推行政治主张，带着弟子离开鲁国而"周游列国"。每到一个国家，孔子觐见君王，拜访贤达讲述他的政治主张，推行仁政思想。卫灵公问陈于孔子。孔子对曰："俎豆之事，则尝闻之矣；军旅之事，未之学也。"明日遂行。（《论语·卫灵公》）孔子是强调用礼制来治理国家，推行的是仁政主张而拒绝军事和武力。这也反映出其以人为本的社会治理思想。这个过程是通过问答的人际交流方式来进行，孔子在这个过程中是一种"演员"的角色，能够通过自身去传播仁道，传播文化，这里可以将孔子看成是一种媒介，君王通过孔子阐述了解政治主张，弟子通过孔子学习仁和礼的内涵，可以说，孔子的"游说"让道业弘扬，学术传播，声名彰显，德风流传，①具有很强的传播和示范效应。此外，在《论语》记载了很多孔子和弟子之间的对话，孔子正是通过这种方式来传达他的思想。如《论语·为政》篇记载了弟子问孝的观点。孟懿子问孝，子曰："无违。"樊迟御，子告之曰："孟孙问孝于我，我对曰，无违。"樊迟曰："何谓也？"子曰："生，事之以礼；死，葬之以礼，祭之以礼。"子游问孝。子曰："今之孝者，是谓能养。至于犬马，皆能有养；不敬，何以别乎？"子夏问孝。子曰："色难。有事，弟子服其劳；有酒食，先生馔，曾是以为孝乎？"通过对话问答，孔子回答和阐释了有关礼和孝悌等的思想内涵，以此传播他的仁政思想。当然，此时孔子是老师的角色，起到"传道授业解惑"的作用，具有解释、引导、教育、强化的传播功能。

其二，在孔子看来，"有朋自远方来，不亦乐乎。"与朋友交流是件很快乐的事情。其实这也是孔子认为他者可以成为我们学习的对象，在交流中能够启发我们。正所谓"三人行，必有我师焉：择其善者而从之，其不善者而改之。"（《论语·述而》）在选择交友中，孔子说："益者三友……友直，友谅，友多闻，益矣。"（《论语·季氏》）与这些朋友交往大有裨益。而且在朋友交流中要"朋友切切偲偲"（《论语·子路》）在批评中增进学问，甚至到有道之人那里去求得匡正，②正所谓"就有道而正焉"（《论语·学而》）。因此，人的品德应在学习和交流中得到提升，"好仁不好学，其蔽也愚；好知不好学，其蔽也荡；好信不好学，其蔽也贼；好直不好学，其蔽也绞；好勇不好学，其蔽也乱；好刚不好学，其蔽也狂。"（《论语·阳货》）在孔子看来，与他者（善的人）的人际交往能够塑造和引导人的良好品德，因此，人的交往是德性的培育也是德性的交往，这源于孔子相信人的主体力量，通过人的内在德性能够克服人性缺陷，能够理性地化解社会冲突，重建秩序。

---

① 张丽、于师号：《论孔子"游"的文化范式意义》，《江苏师范大学学报》（哲学社会科学版）2018 年第 1 期。

② 匡亚明：《孔子评传》，济南：齐鲁书社，1985 年，第 246 页。

二、克己复礼：孔子主体间性的理性交往

目的（策略）行为、规范行为、戏剧行为和交往行为是哈贝马斯在《交往行为理论》中对人的行为划分。① 哈贝马斯是从语言媒介的角度对人的行为进行理解，也就是说在人际交往中人们是通过语言来进行沟通和交流，是一种平等、真实、可理解的一种交流，进而达到人们相互沟通和协调。交往行为体现交往理性，是人在交往中实现价值、情感和思想的交流沟通，是一种道德——实践行为，其具有可领会性、真实性、真诚性、正确性。也就是说在具体的交往中应该能够富有诚信的表达思想，双方能够相互理解，并能够符合社会规范。② 首先，哈贝马斯批评讲求功利、利益驱使的目的性行为，他主张通过语言的沟通，实现主体双方情感、思想以及价值观念的交流等，这种德性交往行为是与其所批评目的性行为有所区别的。其次，哈贝马斯所提出的这种交往形式是强调交流双方通过语言达到相互理解和沟通的，交流双方是互为主体性的，也就是说，他考虑的是主体双方具有互动，是相对平等的交流形式，而不是单一主体对客体的控制。③ 孔子与弟子之间的平等对话以及朋友之间的交流是主体之间通过语言进行对话，相对来说是互相平等，交往双方在互动中阐释、理解和践行仁道。从这个意义上来看，孔子倡导的人际交流方式是一种主体间性的德性交往，也只有这样才能实现有效的交流，实现教化。

在哈贝马斯的交往行为中，主体双方通过语言来表达情感、传播思想，体现价值观念。实际上在孔子的人际交往中同样存在这种交流形式，不过，孔子是通过礼来进行约束和规范的。颜渊死，子哭之恸。从者曰："子恸矣！"曰："有恸乎？非夫人之为恸而谁为？"（《论语·先进》）又如：颜渊死，门人欲厚葬之。子曰："不可。"门人厚葬之。子曰："回也视予犹父也，予不得视犹子也。非我也，夫二三子也。"（《论语·先进》）孔子对自己的弟子颜渊的死去感到很悲痛，但在埋葬颜渊的时候却是遵守礼制的，不用厚葬。这是"克己复礼"的一种表现，也是仁的思想的体现。人的情感、意志、内在的审美需要充分展示，但需要用礼来进行规约，李泽厚认为这是儒家实践理性的特点。这种"实践理性"是用理智来引导、满足、节制情欲，是注重行动和实践而不是思辨，④ 正如孔子倡导的"君子欲讷于言，而敏于行"（《论语·里仁》），强调的是在礼的实践中去化解个体和社会问题。

总的来说，孔子注重从礼诉诸人的心理出发，甚至以人为媒介，在人际交流中

① 哈贝马斯：《交往行为理论》（第 1 卷），曹卫东译，上海：上海人民出版社，2004 年，第 74-94 页。

② 曾仲权：《论孔子交往行为美学的独特性及其历史传统和重要意义》，《云南社会科学》2014 年第 4 期。

③ 李佃来：《哈贝马斯与交往理性》，《湖北行政学院学报》2002 年第 5 期。

④ 李泽厚：《孔子再评价》，《中国社会科学》1980 年第 2 期。

互动实现学习礼，培育仁德品性，传播仁道。这种人际传播智慧，正是以人为核心，在交流实践中化解人与社会的问题，这与传播的实质是相契合的，也就是说传播的问题最终还是人的问题，包括传播的目的、方式以及效果等都是以人为目标，解决相应的人的社会交往问题。因此，可以说，孔子的这种人际交往观念，或者说儒家的交往实践理性是具有恒久生命力的，是能够化解社会冲突和矛盾的有效方案。

第三节　遵礼而行：孔子建构礼治社会的人际交往意义

《周易·系辞上》："知崇礼卑，崇效天，卑法地。"[1] 智慧要崇高，仿效天，而礼则要谦卑，取法于地，也就是说礼要落实在现实中，或者说行动应该要扎实，礼具有与天一样的地位和作用。春秋战国时期"礼崩乐坏"，孔子希望恢复周礼而实现社会制度和秩序的重建，实现天下太平。在孔子的观念中社会的治理和运作是需要礼来参与和规范的，这是孔子的礼制思想，一般说来，礼制是包括礼仪中的礼和乐等形式的。孔子将仁爱等道德思想寄托于礼和乐之中，通过礼乐相互协作，创造共通的意义空间，让人际交流双方在礼乐中能够感悟礼乐中所蕴含的仁爱思想和其中的道德情感。与此同时，在礼乐能够传递仁爱思想的同时，礼或乐也作为一种外在的规范对人的行为和内心进行规范和约束，让人遵礼而行，在此过程中形成一个完善的自我，实现"成人"的教化理想，正如："兴于诗，立于礼，成于乐。"（《论语·泰伯》）当然，更为重要的是礼制在整个人际交往中是对话的基础，是个人乃至国家处理社会关系的核心策略，是在社会交往中取得尊严的内在依据。

一、礼乐典章：一套作为创造共通意义空间的符号

《说文解字》中："禮，履也，所以事神致福也，从示从豊，豊亦声。"[2] 从字源上说，"禮""豊"具有相通之处，都与先民的仪式活动有关。[3] 周礼所制作的礼具有普适性和多样性，《周礼·大宗伯》将礼分为五种：吉礼、凶礼、宾礼、军礼、嘉礼。[4] 在不同的时间和空间中采用不同的礼，而且这些礼具有不同的规范和表现。譬如，礼的要素包含有礼法、礼义、礼器、辞令、礼容、等差等几项。[5] 这其中包括礼仪的规则和程序的固定安排；对礼仪包含的内涵和精神的阐释；礼仪所用器皿的选择和分布；引导和推进礼仪所配置的交流言语；礼仪过程中所展现的仪容仪表以及

---

① 黄寿祺、张善文撰：《周易译注》（新修订本），上海：上海古籍出版社，2018年，第704页。

② 许慎撰：《说文解字》，北京：中华书局，1963年，第7页。

③ 杨志刚：《中国礼仪制度研究》，上海：华东师范大学出版社，2000年，第10页。

④ 黄公渚选注：《周礼》，北京：商务印书馆，1936年，第55页。

⑤ 彭林编著：《中国古代礼仪文明》，北京：中华书局，2004年，第34页。

社会各阶层遵守有等级差别的礼仪。同时，这些元素之间相互衔接，在一定的秩序中表现特殊的意义。实际上可以将礼看成是一套表征符号，具有交流和沟通的功能，或者更进一步说，礼本身就是一套文化表意系统和沟通模式，[①] 它具有一定的规范性，可以提供一套行为符码，同时又具有开放性，能够让参与者、传播受体进行解读，从而形成一个交流系统。[②] 一般说来，礼的演示中需要有乐的配合。礼乐中的乐，不仅只是音乐，还包括诗歌、舞蹈等艺术形式。礼的举行离不开乐，乐是礼的重要组成部分，所以合称"礼乐"。[③] 应该看到乐的演奏和表演需要一定的乐器、表演服饰、表演程序等，其中也反映出一定的等级要求。可以说，乐也是一套能够配合礼，传达思想内涵，沟通传者与受者的符号，是符合中国文化表达路径的形式。[④]

礼乐作为一套符号系统，在具体的运用中能够有效地传播仁爱、孝悌、尊敬等道德情感，受众在礼乐中感同身受能够对这些情感给予认同，也就是说，礼乐作为一套符号系统为受众创造了共通的意义空间。这套符号系统与日常传播的媒介系统不同，它有更为凝固、更合逻辑的特质。孔子将其提升到人的道德情感高度，让受众从精神上和内心上得到感悟。[⑤]Eric W. Rothenbuhler 认为，仪式（包括礼仪）是一种强有力的传播效果的形式，它通常是关于原始事物，利用我们的符号和意义系统中最深刻编码的逻辑，建立在最基本的信仰和价值观基础之上，这些仪式（包括礼仪）的特征使它比任何其他传播形式都有效。[⑥]人际沟通是一种意义创建的过程。一个没有意义共享的沟通过程不能算是有效的人际沟通。[⑦]礼和乐的配合营造了特殊的传播情境，传递了人类所认同的道德情感和价值观念。这是人际交流进而实现互动的意义共享点，也是情感的触发点。孔子在人际传播中有效利用礼乐符号系统，积极倡导礼乐制度，甚至提高到"礼治"的高度，使之融合于社会的各个方面，使其思想得到有效灌输，这种方法应该说对于增进人与人之间的感情，化解社会矛盾是有积极意义的。

① 陈国明主编：《中华传播理论与原则》，台北：五南图书出版有限公司，2004 年，第 381 页。
② 陈国明主编：《中华传播理论与原则》，台北：五南图书出版有限公司，2004 年，第 383 页。
③ 黄星民：《礼乐传播初探》，《新闻与传播研究》2000 年第 1 期。
④ 谢清果、林凯：《礼乐协同：华夏文明传播的范式及其功能展演》，《新闻与传播评论》2018 年第 6 期。
⑤ 余也鲁、郑学檬主编：《从零开始：首届海峡两岸中国传统文化中传的探索座谈会论文集》，厦门：厦门大学出版社，1994 年，第 53 页。
⑥ Eric W. Rothenbuhler.*Ritual communication:From everyday conversation to mediated ceremony* , Thousand Oaks:Sage Publications,Inc.,1998,pp58-59
⑦ 秦琍琍、李佩雯、蔡鸿滨：《口语传播》，上海：复旦大学出版社，2011 年，第 62 页。

二、礼乐相示：人际传播的外在规范

《礼记·仲尼燕居》中记载："两君相见，揖让而入门，入门而悬兴，揖让而升堂，升堂而乐阕。下管象、武、夏龠序兴，陈其荐、俎，序其礼乐，备其百官，如此而后，君子知仁焉。行中规，还中矩，和、鸾中'采齐'，客出以'雍'，撤以'振羽'，是故君子无物而不在礼矣。入门而金作，示情也。升歌'清庙'，示德也。下而管象，示事也。是故古之君子，不必亲而相与言也，以礼乐相示而已。"① 这段话说明在君子相见的过程中需要有礼乐的协调配合和有序引导，以示君子之间的"礼数"，也借此传达情、德、仁等思想内涵。礼乐成为君子交流沟通中的超越言语的一套符号系统。②当然孔子所倡导的礼乐是广泛运用于日常人际交往，也包括国家治理以及国家之间的交往。

礼也者，犹体也，体不备，君子谓之不成人。③郑玄注曰："礼者，体也，履也。统之于心曰体，践而行之曰礼。"④"体也""履也"为汉代声训，都是试图表示与"礼"相关内涵的主观表达。所以，从这里来看，"礼"与"身体"二者有一定的关联性，二者互为承载，意味着礼的本质在于人的内心，包含有仁爱道德等，并需要由身体来向外展示和践行，同时也对身体有着特定的规束。正如，"非礼勿视，非礼勿听，非礼勿言，非礼勿动。"（《论语·颜渊》）"恭而无礼则劳，慎而无礼则葸，勇而无礼则乱，直而无礼则绞。君子笃于亲，则民兴于仁；故旧不遗，则民不偷。"（《论语·泰伯》）笔者以为，在孔子的礼治思想中，礼乐对人际传播行为的规范，不仅是对身体外在行为的约束和引导，而且也对人内在品行和情感进行调整。子曰："居上不宽，为礼不敬，临丧不哀，吾何以观之哉？"也就是说，在丧礼的时候应该有哀戚的情感才是符合规范的。人的情感抒发只有在礼乐的规范下才能得到正确的引导，正如钱穆所言，人有酝郁恳挚之感情，乃以礼乐为象征，以导达而发舒之，使其感情畅遂，得有相当之满足也。⑤在此引导下个体实现对自身的调整而逐步走向"成人"，人际间的关系得到协调，社会秩序得到和谐稳固。

三、依礼而治：社会运作与国家交往的共同规约

孔子曰："不知礼，无以立也"（《论语·尧曰》），懂礼是立足社会的基础，孔子

---

① 孙希旦：《礼记集解》，北京：中华书局，1989 年，第 1269—1270 页。

② 谢清果、林凯：《礼乐协同：华夏文明传播的范式及其功能展演》，《新闻与传播评论》2018 年第 6 期。

③ 孙希旦：《礼记集解》，北京：中华书局，1989 年，第 651 页。

④ 郑玄注、孔颖达疏：《礼记正义》（十三经注疏整理本），北京：北京大学出版社，2000 年，第 8 页。

⑤ 钱穆：《四书释义》，北京：九州出版社，2010 年，第 76—77 页。

所设定的礼制是人的一切社会交往行动的基础和准则，甚至如子贡所说："夫礼，死生存亡之体也。"① 是否遵照礼制是关系个体甚至国家生死存亡，是获得尊严的保障。历史上，齐鲁两国之间著名的"夹谷会盟"深刻地揭示了这一内涵：

　　定公十年。十年春，及齐平。夏，公会齐侯于祝其，实夹谷。孔丘相。犁弥言于齐侯曰："孔丘知礼而无勇，若使莱人以兵劫鲁侯，必得志焉。"齐侯从之。孔丘以公退，曰："士兵之！两君和好，而裔夷之俘以兵乱之，非齐君所以命诸侯也。裔不谋夏，夷不乱华，俘不干盟，兵不偪好。于神为不祥，于德为愆义，于人为失礼，君必不然。"齐侯闻之，遽辟之。

　　将盟，齐人加于载书曰："齐师出竟而不以甲车三百乘从我者，有如此盟！"孔丘使兹无还揖，对曰："而不反我汶阳之田、吾以共命者，亦如之！"

　　齐侯将享公。孔丘谓梁丘据曰："齐、鲁之故，吾之何不闻焉？事即成矣，而又享之，是勤执事也。且牺、象不出门，嘉乐不野合。飨而既具，是弃礼也；若其不具，用秕稗也。用秕稗，君辱；弃礼，名恶。子盍图之！夫享，所以昭得也。不昭，不如其已也。"乃不果享。齐人来归郓、讙、龟阴之田。（《春秋左传》）

　　这是孔子知礼有勇的体现，从齐鲁两国的夹谷会盟来看，双方都要遵守礼制，没有礼制则活动无法开展，无法对话，孔子始终将对方看成是一个平等的对话主体，在与盟的过程中讲求双方条件相互平等，结盟才能成立。这正是在礼制规范下主体间性交往的一种体现，能够充分尊重交往双方各自合法的地位以及在交往中能够获得尊严和权益。子曰："道不同，不相为谋。"（《论语·卫灵公》）政治主张不同，不相互商议。孔子主张的仁政思想是需要遵从礼制的，与此相违则不能共同对话，是不能共同生活的。从这里看来，礼制为社会构织了一张共同生活的关系之网，在礼的层面，社会主体是可以进行互相交流和对话的，也能够为自身立足社会提供保障，可以说，礼制为社会秩序的统一提供了内在的依据。

　　法国著名汉学家汪德迈 (Lion Vander meersch) 曾说过："礼治是治理社会的一种很特别的方法。除了中国以外，从来没有其他的国家使用过类似礼治的办法来调整社会关系，从而维持社会秩序……只有在中国传统中各种各样的礼仪被组织得异常严密完整，而成为社会活动中人与人关系的规范系统。"② 从这里我们可以看到，中国

---

　　① 孙希旦：《礼记集解》，北京：中华书局，1989 年，第 1601 页。
　　② 汪德迈：《礼治与法治——中国传统的礼仪制度与西方传统的 JUS(法权) 制度之比较研究》，《儒学国际学术讨论会文集》，济南：齐鲁书社，1989 年；吴静：《二程礼论与社会整合》，《重庆师范大学学报 (哲学社会科学版)》2004 年第 2 期。

儒家是极其重视礼的社会性作用。美国社会学家兰德尔·柯林斯认为，"历史上，最早关于仪式的社会学思考是由中国思想家做出的。孔子和他的追随者强调，礼仪表现对社会秩序至关重要"。① 诚然，礼制更深层次的社会功能在于通过礼乐等形式传播来维系社会秩序的稳定，实现天下治理。正如《礼记·效特牲》中提到，"礼之所尊，尊其义也。失其义，陈其数，祝、史之事也。故其数可陈也，其义难知也。知其义而敬守之，天子之所以治天下也。"② 这就是说，知"礼义"就可以"治天下"，这是因为礼义就是社会等级秩序。③ 礼之本质是"序"，即等级、秩序；乐的本质是"和"，即和合、和谐。④ 余英时先生曾说："中国的'道'源于古代的礼乐传统，这基本上是一个安排人间秩序的文化传统。"⑤ 孔子的礼制思想贯穿于人际传播过程中，而且是一套复杂的符号系统，它既能够表达儒家思想又能够以外在的标准调整人际关系，因此，在孔子的人际传播活动中这套规则是伴随始终的。

《礼记·哀公问》："丘闻之，民之所由生，礼为大。非礼无以节事天地之神也；非礼无以辨君臣上下长幼之位也；非礼无以别男女、父子、兄弟之亲，昏姻、疏数之交也。君子以此之为尊敬然。"⑥ 在孔子看来，礼渗透于上至天地下至家庭婚姻的社会生活的方方面面，不管是法敬天地鬼神，还是家族亲人之间的相处都是依礼进行交往和互动，人们在礼规范中体会其中"仁"的内涵，譬如，有人们对天地鬼神和君王的敬畏的情感，有家庭中亲人之间的情感，这些都是"仁"这种德性情感的一种体现。这是将人的心理或情感视为主要诉求对象，体现对人性的关注，也是孔子"以礼释仁"思想的一种阐释。进一步来看，"仁"的内涵具有主体间性的含义，是需要人与人之间以互相吸引的，以遵礼的方式进行道德情感上的交流和互动，许慎在《说文解字》中对"仁"的解释是："仁，亲也，从人从二。"⑦ 关于"二"字，郑玄注云："人也，读如'相人偶'之人，以人意相存问之言。"⑧ 而所谓"相人偶"的含义，就是主体之间相互尊重对方的意思，以诚相待，能够彼此的互相沟通和理解。而这种相人偶的形式正好体现在遵礼的社会交往中，我们认为，在儒家的礼制规范下，这种主体间性的交往是充分体现人的主体性，人与人相互之间可以成为思想和

① 柯林斯：《互动仪式链》，林聚任、王鹏、宋丽君译，北京：商务印书馆，2012年，中译版序言，xvi 页。
② 陈澔注：《礼记》，上海：上海古籍出版社，1987年，第149页。
③ 刘丰：《先秦礼学思想与社会整合》，北京：中国人民大学出版社，2003年，第232页。
④ 丁鼎：《儒家礼乐文化的价值取向与中华民族精神》，《山东师范大学学报（人文社会科学版）》2014年第6期。
⑤ 余英时：《士与中国文化》，上海：上海人民出版社，1987年，第107页。
⑥ 孙希旦：《礼记集解》，北京：中华书局，1989年，第1258页。
⑦ 许慎撰：《说文解字》，北京：中华书局，1963年，第161页。
⑧ 郑玄注：《礼记》（影印本），北京：北京图书馆出版社，2003年，第7页。

情感（道德情感）传输的媒介，具有传递信息和吸附效应。正如"为政以德，譬如北辰居其所而众星共之。"（《论语·为政》）总的说来，遵礼而行，体仁践德的人际交往是源于孔子注重"人事"，是对以人为本的传播思路的很好诠释，也是儒家处理人际关系的一项智慧。

第五章 身体与情感：孔子人际交往观念新探

林　凯　谢清果

彼得斯在《对空言说》中谈到，我们和他人在一起的生活常常既是对话，又是仪式行为。在人这个"会说话的动物"所掌握的工具箱中，"对话"当然是一个宝贵的工具，但是它不能被拔高到唯一的、至高无上的地位。[①]也就是说，口语传播之外的诸如身体形象和动作等非口语传播也是人际传播中重要的表现形式。实际上，孔子十分注重身体的在场与展演在人际传播中的作用，《论语》中记载很多相关的言论。例如，"夫达也者，质直而好义，察言而观色，虑以下人。"[②]（《论语·颜渊》）"孔子于乡党，恂恂如也，似不能言者。其在宗庙朝廷，便便言，唯谨尔。"（《论语·乡党》）面部表情、身体动作等都是传递信息的重要形式。在这里，身体是充满交往实践意味的，是重要的天人之间，人与人之间沟通的媒介和载体。这里的身体应是身心融合一体的，我们知道，人的心理包括知、情、意等一系列心智活动，而且情感尤其是道德情感在儒家文化中具有重要地位，在李泽厚看来其本质是"情本体"，是以"情"作为人性和人生的基础、实体和本源，儒家强调培植人性情感[③]的教育，以之作为社会根本。[④]蒙培元也谈到，儒学从根本上说是人学，而人学就是仁学，仁是一种情感，而且是道德情感。[⑤]因此，我们将儒家的这种身体看作是身体与情感交融的身体，而且情感是人的行为的重要导向，是社会交往的基础动力。在孔子思想中，包含仁的德性情感的身体是最理想和完美的身体，是能够展示和传播"道"的一种身体。在人际交往中，孔子在口语传播的基础上，充分利用身体这种非"口语传播"

---

① 约翰·杜翰姆·彼得斯：《对空言说：传播的观念史》，邓建国译，上海：上海译文出版社，2017年，第50页。

② 杨伯峻译注：《论语译注》，北京：中华书局，1980年，第130页。下文《论语》中的引文均用此版本，并改为文后夹注。

③ 在本章中，人的"性情"具有两个方面的内涵："性"是一种内在的道德品质，或者说是一种道德情感，如仁爱、义气、孝敬等，而"情"则是"性"的外在情绪表现，诸如喜、怒、哀、乐等。

④ 李泽厚：《论语今读》，北京：生活·读书·新知三联书店，2004年，第16页。

⑤ 蒙培元：《情感与理性》，北京：中国人民大学出版社，2009年，第7页。

媒介进行示范与传播，在人际交往中强化教化功能，正所谓"人能弘道，非道弘人"（《论语·卫灵公》）因此，孔子希望通过对人的性情的培育和规范，从而引导人的行为（身体形象和动作）符合社会规范，达到一种等级分明，遵礼而行的"和"的社会景象。

第一节　仁载于身：孔子修身取向的自我传播意蕴

春秋以来，人的社会主体意识逐渐增强，孔子在"礼崩乐坏"的社会情境中将社会秩序的重建寄托在人的伦理道德建设上，也就是说通过对人的德性情感的培育来引导人们的社会行为，使人内外兼修，形成一个和合的社会。而这首先应该通过内在修身来反思和感悟，这是进行人际交流和互动的起点。

一、作为媒介的身体：孔子修身的意义缘起

首先，"身"在《说文解字》中释为："躬也。象人之身。从人厂声。凡身之属皆从身。"[①] 段玉裁注："身，躬也。躬谓身之伛。主于脊骨也。从人。"[②] 可以看出，"身"的本义应是人的躯干。"躯"在《说文解字》中解释为："躯，體也，从身区声。"[③] 而"体"在《说文解字》中解释为：总十二属也，从骨豊声。[④] 段玉裁对此注释说："體，总十二属，许未详言。今以人体及许书核之。首之属有三：曰顶，曰面，曰颐；身之属有三：曰肩，曰脊，曰尻；手之属有三：曰肱，曰臂，曰手；足之属有三：曰股，曰胫，曰足。"[⑤] 从这里来看，"身"和"体"首先指向人的生理意义上的躯体。格明福、徐蕾在此基础上对先秦儒家经典文献中"身"和"体"的意义进行概括，认为"身"主要有以下意义：名词：（1）人的身体；（2）人的颈以下股以上的部分；（3）自身、本人；（4）生命。动词：（5）亲身体验、实践。而"体"则有如下几种意义：名词：（1）身体或形体；（2）四肢；（3）兼指身心。动词：（4）体现；（5）体恤；（6）践履、体验。由此作者认为，儒家提到"身体"时，既有现代意义上的"身体"，也即更多的生理和外在形象的"身体"的意义，也包括体验、实践等意义。[⑥] 我们以为，这是身体的一个层面的内涵，也就是身体本身的生理躯体作为一种外在的表征符号，能够展示一定的形象，传达相应的信息，即作为生理性身体的传播功能；同

---

① 许慎撰：《说文解字》，北京：中华书局，1963年，第170页。
② 段玉裁注：《说文解字注》（第2版），上海：上海古籍出版社，2017年，第388页。
③ 许慎撰：《说文解字》，北京：中华书局，1963年，第170页。
④ 许慎撰：《说文解字》，北京：中华书局，1963年，第86页。
⑤ 段玉裁注：《说文解字注》（第2版），上海：上海古籍出版社，2017年，第166页。
⑥ 格明福、徐蕾：《儒家"身体"正名》，《中州学刊》2011年第6期。

时身体能够参与体验和实践，这凸显了人的主体能动性，是践行仁道的重要主体，从而展现了作为文化性身体的传播功能，即以身载道，以身传道。

身体的另一个层面的内涵体现在它是"仁"的德性情感的承载体。郭店楚简《五行》把"仁"写为"悬"，是儒家身心一体思想的典型体现。① 心作为一个人的主体心理活动，包括有知、情、意等几个层面。在中国古代传统中，心的这三大功能从宽泛意义上讲，是与孔子所称的智、仁、勇三个美德相对应，也即"仁者不忧，智者不惑，勇者不惧。"② 情是一种情感，仁与情相对应，正如上文提到，仁是一种内在的道德情感。③ 这种道德情感需要通过人的身体，诸如人的表情（如喜怒哀乐等）、动作等外在行为表现出来。孔子是侧重于经验理性，相信人的感受能力和观察能力的，④ 他认为身体具有较好的传播功能，因此，孔子也就要求"吾日三省吾身"（《论语·学而》），应该及时反省以及按照礼仪规范对自身的行为进行调整。总的来说，在孔子眼中的"身体"是一种能动性，承载"仁"的德性情感等丰富内涵并具有实践能力的生命体，正如梅洛-庞蒂所认为，"我们的身体是活生生的意义的纽结"。⑤ 因此在儒家的语境中，身体是闪耀着德性光辉的能够，传递着丰富信息的交流载体，它是我们可以把握的最直接的存在，是人与世界联系的出发点。⑥ 这种具有丰富内涵的"身体"在传播媒介不够发达的古代社会来讲是最容易获得也是比较有效的传播载体之一，它是沟通现实世界的载体和媒介，因此，孔子是十分注重修身，而修身本质上就是一种自我传播，是身体展演和向外交流和传播的起点和基础。

二、克己复礼：孔子修身的自我传播表述

我们认为，根据儒家身体的内涵，修身的根本在于修德，是从内心出发的自我反思。《说文解字》曰："心，人心，土藏，在身之中，象形。"⑦ 以心配土，土为中

---

① 韩星：《论儒家的身体观及其修身之道》，《哲学研究》2013年第3期。

② 叶浩生主编：《具身认知的原理与应用》，北京：商务印书馆，2017年，第155页。

③ 这里的仁爱等内在道德情感是一种内在的本体，石超在《"仁"之古义：勇壮强力有威仪》一文中认为，"仁"字在《说文解字》中有"尸""忈""仁"三种构形，分别对应外在威仪、身心互摄、主体间性三种意象，说明仁的概念是有外在的形象向内在德性，由直观向抽象转化的过程。这是一个漫长的过程。具体可参见，石超：《"仁"之古义：勇壮强力有威仪》发表于《学术交流》2016年第10期。

④ 李玉琪：《回到思想：从苏格拉底和孔子说起》，贵阳：贵州人民出版社，2008年，第160—164页。

⑤ 梅洛·庞蒂：《知觉现象学》，姜志辉译，北京：商务印书馆2001年，第200页。

⑥ 张再林、张慧敏：《即身而道在：中国古代身体哲学与马克思主义哲学的对话》，《青海社会科学》2018年第2期。

⑦ 许慎撰：《说文解字》，北京：中华书局，1963年，第217页。

央，表示人心不仅是身体五脏四肢的主宰，而且是人的精神活动的中枢。① 在孔子看来，人的心重要的是要有仁爱之心，也就是拥有仁爱这种德性情感，孔子注重人的反求诸己的自我修身是一种内在的传自我播过程。所谓自我传播，简单地说，就是人对外界信息的一种内在意识的反应，并根据外界信息调整自己行为的反思过程。美国社会心理学家，象征互动理论的创始人 G. H. 米德（George H. Mead）将自我分为"主我"和"客我"："主我"是有机体对他人态度的反应，"客我"是有机体自己采取的一系列他人的态度或评价。他人的态度或评价构成了有组织的"客我"，然后个人作为"主我"对其作出反应。② 首先，修身是由自己出发发起的，颜渊问仁。子曰："克己复礼为仁。一日克己复礼，天下归仁焉。为仁由己，而由人乎哉？"（《论语·颜渊》）朱熹注释说："为仁由己而非他人所能预，又见其机之在我而无难也。"③ 正如《孟子·公孙丑上》中也提道："仁者如射，射者正己而后发。发而不中，不怨胜己者，反求诸己而已。"④ 这说明在先秦儒家的观念中，"仁"的修行或成就在于自身而非他人，这强调了"仁"的修行的"主我"角色的基础性作用。⑤ 其次，人的行为会引起社会的评价。在孔子看来，人的社会行为应该符合一定礼仪的规范，而暴露于社会交往中的身体展演诸如人的服饰、容貌以及身体动作等都会进入一定的社会评价体系中，逐渐形成"客我"的形象，而"主我"则根据这个"客我"的反馈信息来进一步调整自己的行为，向外展示符合礼的身体形象。诚如《坤卦·文言传》说道："君子黄中通理，正位居体，美在其中，而畅于四支，发于事业：美之至也！"⑥ 这是孔子所追求的通过修身所达到的具有儒家德性内涵的理想"身体"形象。

　　孔子的这种修身一方面强调对仁的德性情感的追求，是因为这种具有德性情感内涵的身体能够实现与天的沟通，得到天的庇佑，当然，这是延续周人"以德配天"的思想；另一方面，这种修身也是一种用于规范君子乃至天下百姓的行为准则。⑦ 从上承天命的内在德性要求到具体身体行为的自我调整和规范，让身体成为天人之间和人与人之间交流传播的媒介，让修身成为向外传播交流的重要起点。

---

① 张立文主编：《中国哲学范畴精粹丛书——心》，北京：中国人民大学出版社，1993 年，第 25 页。

② 米德：《心灵、自我与社会》，赵月瑟译，上海：上海译文出版社，2018 年，第 198—199 页。

③ 朱熹撰：《四书章句集注》，北京：中华书局，2011 年，第 131 页。

④ 杨伯峻、杨逢彬注译：《孟子》，长沙：岳麓书社，2000 年，第 57—58 页。

⑤ 谢清果、林凯：《先秦儒家"仁"观念的内向传播功能阐释》，赖永海主编：《宏德学刊》（第 9 辑），北京：商务印书馆，2018 年，第 6 页。

⑥ 黄寿祺、张善文撰：《周易译注》（新修订本），上海：上海古籍出版社，2018 年，第 110 页。

⑦ 朱慧芸：《〈尚书〉中的"身"与"德"》，《宝鸡文理学院学报（社会科学版）》2017 年第 4 期。

第二节 以情动人：孔子仁道思想传播的情感动力

发生传播的原因是多样的，从心理学角度来讲，情感是一个基础动力。一般说来，情感（affect）是人对客观与现实的态度的体验。[1]这里的情感是具有明显社会属性的，譬如道德情感、宗教情感、审美情感等（笔者在文中将此类情感看作是人的"性情"，参见上文注释），当然这种"性情"是可以通过人的生理情绪如喜怒哀乐等表现出来。在以情为本体的儒家文化中，情感是一个推进儒家人际传播，引导人们行为的元动力。因此，孔子希望人能够具有仁的德性情感，将之渗透于日常社会交往中，正如《乾卦·文言传》曰："君子以成德为行，日可见之行也""君子学以聚之，问以辩之，宽以居之，仁以行之。"[2]君子的德性应该展现在日常生活中，落实在具体的行动中，而且这些具体的行动是以"仁"的德性情感为引导的，并在人与人之间的交际中以情感化人，引发双方对情感的互动和共鸣。

一、为仁由己：孔子道德情感交往活动的驱动源

在孔子的言传身教的传播活动中，他往往诉诸人的情感，尤其是仁的道德情感，以此激发人们之间情感的互动和共鸣。在孔子的思想中，"仁"是其倡导的核心道德情感，只有培养出"仁"的道德情感，不断修身，成为"仁者"，以此作为个体立足社会的根本品德，凝聚社会群体，从而规范和维持人与人、人与社会的稳定和谐的秩序。正如"性相近也，习相远也。"（《论语·阳货》）这是孔子在论语中直接谈及人性的一句话。朱注曰：此所谓性，兼气质而言者也。气质之性，固有美恶之不同矣。然以其初而言，则皆不甚相远也。[3]这里的气质可以说是人的基本性情，或者说是人类拥有相同的道德情感，也即对一个事物的好坏有基本相同的价值判断，由此人类才可以共同进行交流从而汇聚在一起，只是后来有人"习"善或"习"恶才有人群的分离。可以说，情感尤其是道德情感是人际交流的一个重要的基本动力，是促进交流的一种催化剂，也是人类社会形成的一个重要核心枢纽。

此外，"仁"还可以有主体间性方面的解读。《说文解字》："仁，亲也，从人从二。臣铉等曰：仁者兼爱，故从二。"[4]关于"二"有学者对此进行过注释，郑玄注云："人也，读如'相人偶'之人，以人意相存问之言。"[5]所谓"相人偶"即互相以人意尊偶之，所有人都以富于良知的情意相互尊重、相互对待，可以简单地理解为

---

① 卢家楣等主编：《心理学》，上海：上海人民出版社，1998年，第286页。
② 黄寿祺、张善文撰：《周易译注》（新修订本），上海：上海古籍出版社，2018年，第89—90页。
③ 朱熹撰：《四书章句集注》，北京：中华书局，2011年，第164页。
④ 许慎撰：《说文解字》，北京：中华书局，1963年，第161页。
⑤ 郑玄注：《礼记·中庸》（影印本），北京：北京图书馆出版社，2003年，第7页。

"相亲相爱"的意思，即"谐和耦俱、彼此亲密之辞也"。① 而清代学者阮元（1764—1849）认为，"相人偶者，谓人之偶之也。凡仁必于身之所行者验之而始见，亦必有二人而仁乃见，若一人闭户斋居，瞑目静坐，虽有德理在心，终不得指为圣门所谓之仁矣……必人与相偶而仁乃见也。"② 这说明"仁"的修养要有两个人或者多个人在一起相互学习、相互参照的人际互动才能不断提高，最终形成对待别人跟对待自己一样的境界。因此"仁"的道德情感只有在人际互动中，或者说是在社会交际中才能得到感悟和培育。如在治国理念中，孔子认为应该以道德和礼仪来治理国家，正如"道之以政，齐之以刑，民免而无耻，道之以德，齐之以礼，有耻且格。"（《论语·为政》）应该说，从人的情感出发，诉诸人的道德情感是从根本上对人进行管理和约束的，是能够从根本上让人心归附的。而关于"仁"的内容，孔子认为，"能行五者于天下为仁矣。"孔子说："恭、宽、信、敏、惠。恭则不侮，宽则得众，信则人任焉，敏则有功，惠则足以使人。"（《论语·阳货》）庄重，宽厚，诚实，勤敏和慈惠实际上都是人的基本道德情感，这些情感是我们"成人"的重要基础和品行。当然，除此之外，在日常生活中孔子也倡导孝敬、敬重等其他情感。譬如，对父母应该有孝敬之情，如"父在，观其志。父没，观其行。三年无改于父之道，可谓孝矣"。（《论语·学而》）"事父母几谏，见志不从，又敬不违，劳而不怨。"（《论语·里仁》）孔子认为，孝悌应该是仁的根本，正如，"君子务本，本立而道生。孝弟也者，其为仁之本与。"（《论语·学而》）

总之，在孔子看来，"唯仁者能好人，能恶人。"（《论语·里仁》）仁者能够正确抒发表露情感，有真正喜爱人和厌恶人的表情和行为。从传播角度来看，这是生理情绪信息的表达，是一种信息传播行为，而其内生动力是人的基本道德情感，在孔子教化思想中，人与人之间的交流和互动也可以说是一种情感交流和传播的过程，双方在对情感进行接收和解读过程中调整自身的交往行为，实现社会行为相互协调。

二、忠恕之道：孔子人际互动的情感调控器

以情动人往往是我们日常交往中的策略，其中情感是作为一种动力推动人们的交往行为，感化对方，形成人际互动。在儒家文化语境中，人际互动和交流从基础层面来说是一种情感交往，因为没有基本的情感认知与情感实践，人际的互动就无法进行。所谓情感交往是指在一定情境中，人们生发出某种情感，从而导致身体行为的改变。具体来说，为了达到良好的沟通目的，传播主体通过身体、媒介以及仪

---

① 滕新才、曾超、曾毅：《仁》，傅永聚主编：《中华伦理范畴丛书》（第 1 函），北京：中国社会科学出版社，2006 年，第 6 页。

② 阮元：《揅经室集（一）》（卷八），北京：商务印书馆，1937 年，第 157 页。

式活动等刺激人的自然情感（情绪）、强化宗教/道德情感，引发传受双方的省悟、认同和共鸣，进而产生相应的交往和传播行为。其核心原理在于认知科学在心理学上对情感的功能和意义进行了重新阐释："情感能够协调主体与环境之间的互动，具备告知、评价和意动的功能。也就是说，情感不仅告知主体发生了什么，还通过在刺激事件的主观意义上的反映（如，对主体来说是好的还是坏的？是应该接近它还是回避它？）来驱动主体作出反应。"[①] 同时，情感交往需要双方互动，是双向性过程。诺尔曼·丹森指出情感互动指的就是"从一个人到另一个人、又从另一个人回到这个人自身的情感性光线的反射式绕结。"[②] 也就是说，情感就像"光线"一样，在穿透他人的情感经验领域的同时，也接受了他人反射而来的情感光线。[③] 这就需要人与人之间在情感外化之中实现对情感的相互解读，进行信息的交换和传播，更需要二者在情感上相互吸引内化，也就是说，在人际传播中，传播要求双方都有"情"的"移入"，即情感的相互融通，才好将心比心。[④] 在中国儒家文化语境中，人际传播的运转处处关"情"。孙旭培将中国人际传播的特点归纳为九点：强调观人；强调伦常；强调缘；强调君子之交；强调知心；强调人情；强调面子；强调防人之心；强调谦逊忍让。[⑤] 诚然，这些特点的内在共性便在于人与人之间情感的互动，人与人之间应注意消除情感上的抵触与隔阂，善于表达和解读情感，能与他者在情感上相互接近，建立情感关系。[⑥]

我们认为，孔子所倡导的"推己及人"就是在仁的德性情感推动下的一种人际互动和交流模式。"推己及人"应该有两层含义，一是它含有"己所不欲，勿施于人"（《论语·颜渊》）的内涵，这是"恕"的一种表现，是自我约束和规制的情感控制；二是它表示，"己欲立而立人，己欲达而达人"（《论语·雍也》），这是"忠"的一种表现，实现自己经验和情感积极外推和与他者互动，合起来称为"忠恕之道"，也就是"为仁之方"，[⑦] 由此树立了儒家式的交往传播模式。孔颖达《礼记·正义》云："忠者，内尽于心。恕者，外不欺物。恕者，忖也；忖度其义于人。违，去也。"[⑧] 何晏集解，皇侃义疏的《论语集解义疏》云："忠，谓尽中心也；恕，谓忖我以度于人也。"[⑨]

① 纪莉、董薇：《从情感研究的起点出发：去情绪化的情感与媒介效果研究》，《南京社会科学》2018 年第 5 期。
② 诺尔曼·丹森：《情感论》，魏中军等译，沈阳：辽宁人民出版社，1989 年，第 203 页。
③ 郭景萍：《情感社会学：理论·历史·现实》，上海：上海三联书店，2008 年，第 157 页。
④ 王怡红：《人与人的相遇——人际传播论》，北京：人民出版社，2003 年，第 273 页。
⑤ 孙旭培主编：《华夏传播论：中国传统文化中的传播》，北京：人民出版社，1997 年，第 330 页。
⑥ 单波、肖劲草：《〈论语〉的传播智慧：一种比较视野》，《国际新闻界》2014 年第 6 期。
⑦ 冯友兰：《论孔子关于"仁"的思想》，《哲学研究》1961 年第 5 期。
⑧ 孔颖达撰：《礼记正义》（影印本），北京：北京图书馆出版社，2003 年。
⑨ 何晏、皇侃撰：《论语集解义疏》，北京：中华书局，1958 年，第 50 页。

也就是说每个人应该从自己内心出发，在仁的情感推动下恭敬尽心的对待他者，也即强调在尽己（情）的基础上外推，达到忖我度人，推己及物。① 同时，在推及他者的时候又充分考虑他者的接受和反应，这种相互敬重和理解正是思想情感的交流和互动，以此对自身行为进行重新调整和规定。换句话说，交流互动双方把他者富有仁道的行为形成对自己情感的刺激和强化，引起自我思考，进而转化为外在的交流行动。从具体的传播行为来看，人际传播者之间应该"察言而观色"（《论语·颜渊》）"听其言而观其行"（《论语·公冶长》）在相互了解情感表征的基础上做出相对应的行为，以期达到较好的传播效果。在孔子看来，只有能够情感上互相融通，产生互动就能够不断感悟和领会，当然，孔子并不去强求每个人都必须实现这样的传播效果。正如"人不知而不愠，不亦君子乎？"（《论语·学而》）这种传播思想与彼得斯在《对空言说》一书中所描述的"撒播"的观念是一致的，孔子的这种传播思想实际上正好体现了传播的正常状态，也从一个侧面展示了中国儒家传播思想上的"和而不同"特征。

总的来说，"仁人"根本上是主体间性的，是根据其社群来定义的。② 社会个体是在人际互动中实现个体从修身向成人的转化。通过德性情感的交往，社会群体的情感在互动中感悟和升华，为实践人与人之间遵礼的社会互动行为提供基础动力。

第三节　即身而道在（以身示道）：孔子人际交往情感的具身展演

所谓"即身而道在"，③ 即意为："道体现在人自身的身体之中，该身体本身就是道。"④ 这里的身体是含有德性情感的身体，道的体现和传播需要身体去实践和展现。这是儒家的身体哲学观念，正如有学者概括说，它呈现出即身而道在、即身而仁在、即身显礼、即身显性、即身显情的特点。⑤ 孔子在传播思想、教育感化的过程中是用一种杜维明所说的"'能近取譬'、以体验为基础的'体知'"⑥ 的方式。这种方式不仅是思想的认知、情感的感悟更是身体的具体参与实践，在体知的过程中去展示"道"和传播"道"。应该说孔子的"道"包括与天沟通、顺承天命的天道以及治理社会、实现大同的人道等，其核心和根本还在于以仁来体道，正所谓："志士仁人，无求生以害仁，有杀身以成仁。"（《论语·卫灵公》）孔子的"仁"道的形成和落实需要身体

---

① 王汉苗、傅永聚：《"夫子之道，忠恕而已矣"辨析》，《齐鲁学刊》2012年第1期。
② 郝大维、安乐哲：《通过孔子而思》，何金俐译，北京：北京大学出版社，2005年，第223页。
③ 王夫之：《尚书引义》，北京：中华书局，1976年，第116页。
④ 张再林：《作为身体哲学的中国古代哲学》，北京：中国社会科学出版社，2008年，第3—4页。
⑤ 格明福、徐蕾：《儒家"身体"正名》，《中州学刊》2011年第6期。
⑥ 郭齐勇、郑文龙编：《杜维明文集》，武汉：武汉出版社，2002年，第340页。

的亲身参与，这种亲身"体知"既要知又要行，而且必须身体力行，是一种极为艰苦的反思。① 通过这些具体的身体实践的经验来认识自我，在与他者的交往中能够反思和调整自身的交往行为，这是一种强调身体主体能动性，以身体作为交往媒介的体验式"具身"实践。②

一、仁道的生成和落实：孔子交往情感外露的具身实践

具身的实践的含义有两方面，其一是身体形象作为表征符号，其二是需要亲身参与实践。首先，身体作为一种直观的形象，是一种最为亲切体己的存在，是人能最直接把握的对象。③ 通过身体的容貌和服饰等外在非语言符号能够传达一个君子的精神气质和内在德性修养。这是由内而外传播"道"的一种方式，也即由身体的外在形式来表现和传达。西周春秋时期这种形象是一种理想的"威仪"形象。关于"威仪"《左传·襄公三十一年》中有详细描述："故君子在位可畏，施舍可爱，进退可度，周旋可则，容止可观，作事可法，德行可象，声气可乐，动作有文，言语有章，以临其下，谓之有威仪也。"④ 北宫文子所描述的君子容貌、言行举止、内在品行就是一种威仪，应该说，"威仪为精神气质与动容举止、言谈瞻视的集合，是内在之德的外在体现，显示出风范、仪度。"⑤ 我们以为，威仪体现的是人的外在形象和人的言语行为，其根本在于礼的规范或者说是在德性情感下形成和展现的一种美德的形象。从威仪的容貌形象含义来看，容貌形象是传递内在情感的一种符号表征，能够在交流互动中让人产生威严、敬畏的情感，实际上这其中是预设了君王的威仪具有统领、引导和教诲的作用。这种非语言的身体形象的传播具有直观性，能够直接对身体信息进行把握，是交流互动的有效传播符号，进而引发人们内心对君子和权威的崇敬。在孔子看来，威仪与君子从政是紧密相关的，他强调政事与威仪之间互为表里的关系⑥，孔子认为："政者，正也。"（《论语·颜渊》）"其身正，不令而行；其身不正，虽令不从"（《论语·子路》），这里的"身正"就是有端正身体形象的意味，更有遵从仁道行事，才让政令畅通，体现君王统治天下的合法性的内涵。在政教一体的儒家文

---

① 郭齐勇、郑文龙编：《杜维明文集》，武汉：武汉出版社，2002 年，第 341 页。

② 叶浩生主编：《具身认知的原理与应用》，北京：商务印书馆，2017 年，第 49 页。

③ 张再林：《作为身体哲学的中国古代哲学》，北京：中国社会科学出版社，2008 年，第 4 页。

④ 杨伯峻编著：《春秋左传注》（第 2 版），北京：中华书局，2000 年，第 1195 页。

⑤ 罗新慧：《周代威仪辨析》，《北京师范大学学报（社会科学版）》2017 年第 6 期。罗新慧在这篇文章中对"威仪"的含义进行考证，认为：西周时期，"威仪"与德意义接近，指则、准绳，那时的"威仪"尚不能单纯地理解为容貌举止。春秋时期，威仪开始与言语、动作、风貌等有较多的联系，威仪外在化的特征比较明显。但即便如此，威仪所具有的规则、礼法之义仍时有所见。在春秋时人的心目中，内有德操而外显威仪，是理想人格的体现。

⑥ 石超：《儒家"容礼之学"探析》，《学术交流》2015 年第 4 期。

化中，身体的形象或者说君子的这种威仪本身就蕴含着社会政治权力关系，而身体的外在形象在这其中构织了传递仁道的意义之网，触发和勾连着互动双方的情感。

其次，具身意味着需要亲身参与实践体验，一方面是身体在场的重要性，能够获得与天和人的沟通，此时身体亲身在场是作为媒介的呈现；另一方面，亲身参与实践体验能够获得一种情感的需求。这里亲身参与体现了孔子对与身体实践的重视，譬如，祭如在，祭神如神在。子曰："吾不与祭，如不祭。"（《论语·八佾》）在祭祀仪式中能够用身体作为媒介与参与祭祀的人和神灵交流。同时，在祭祀仪式中能够体现自己对神灵对祖先的敬畏的情感，人们对这种心理、情感和素质的需要显然超出了祭祀的仪文和形式。[1] 具身的实践强调亲身体验，在体验中认识自我调整自己的行为以此来践行和体知仁道。可以说，在一定程度上，我们的身体是作为交流、交往、体验创造而存在的，[2] 换句话说，身体在实践和交流中，在主体双方的相互参照中得到呈现，也在此实践和交流中不断丰富着身体内涵。

二、仁道的撒播：孔子情感交往因遵礼而流沔

孔子的仁道是渗透于社会生活的各个方面，因此对道的教化和传扬需要身体遵照礼的交往规范来示范和传播，所谓"非礼勿视，非礼勿听，非礼勿言，非礼勿动"（《论语·颜渊》），其中的"视、听、言、动"都是人际交往的身体行为，是一种体道、传道的实践，这些都需要在礼的规范下进行。

《周易·系辞上传》记载："言行，君子之枢机也。"[3] 语言和行动对是成为君子或者是君子行事的重要品行。在人际传播中，语言能够传播信息，但毕竟声音具有局限性，而身体行为则能够很好地起到协调和补充作用，传达更完整和丰富的意义。正如，《礼记·乐记》："说之，故言之；言之不足，故长言之；长言之不足，故嗟叹之；嗟叹之不足，不如手之舞之，足之蹈之。"[4] 彼得斯也曾说道：思想的意义，必须从"身体的历史"中去获得；思想需要孕育的温床；没有身体，思想只能是流产/误传（miscarriages）。[5] 人直接使用自己的身体来交流、交往和传播，就意味着身体是人类交流、交往和传播的物质基础，而传播则一直被身体所规定、所指引、所限定与制约。[6] 身体的示范与传播在孔子试图恢复周礼，实行社会秩序重构的思想中具有

---

① 李泽厚：《论语今读》，北京：生活·读书·新知三联书店，2004年，第90页。
② 赵建国：《身体传播》，北京：社会科学文献出版社，2018年，第38页。
③ 黄寿祺、张善文：《周易译注》（最新增订版），北京：中华书局，2016年，第487页。
④ 孙希旦：《礼记集解》，北京：中华书局，1989年，第1038页。
⑤ 约翰·杜翰姆·彼得斯：《对空言说：传播的观念史》，邓建国译，上海：上海译文出版社，2017年，第268页。
⑥ 赵建国：《身体传播》，北京：社会科学文献出版社，2018年，第41页。

重要的甚至起主导作用。身体的示范与传播贯穿于孔子的教育和游说等一系列活动中：宰予昼寝。子曰："朽木不可雕也，粪土之墙不可圬也；于予与何诛？"子曰："始吾于人也，听其言而信其行；今吾于人也，听其言而观其行。于予与改是。"（《论语·公冶长》）从孔子的言论中我们看到，言论在一定程度上具有不可靠性，所以观察一个人既要听其言论，又要观其行为，孔子对人的信任越来越倚重对行动的考察。

实际上，上文中我们提到中国哲学的方法是涉身性的方法，一定意义上说，人的行为要比言行更为重要，这种传统也造就了儒家传播中传受兼顾的主体性极为突出。[1] 也就是说，孔子的这种思想观念再次凸显了人的主体性，需要人与人之间的具有主体性认知的身体的去交流和传播。但是这需要遵照礼仪规范进行交往。《论语》的乡党篇记载了很多关于孔子在不同场合言行举止，这是他根据礼仪规范和伦理道德进行的身体示范，是孔子的交往观念的体现，再如《礼记·仲尼燕居》中记载："两君相见，揖让而入门，入门而悬兴，揖让而升堂，升堂而乐阙。下管象、武，夏龠序兴，陈其荐、俎，序其礼乐，备其百官，如此而后，君子知仁焉。"[2] 君子之间的人际交往需要有礼乐作为引导，以此见仁，体现和传播仁道。正如吴予敏所说："孔子是一位杰出的演员，他的才能就在于每个社交场合，都能明确自己的名分，进入角色。所以他'从心所欲而不逾矩'，处处显得那么得体。"[3] 身体在人际传播中具有传递信息的重要功能，是一个直接可见的、显示度最高、传递信息最真切的一种载体，尤其是儒家富含内涵的"身体"更具交流和传播意义。当然，这就需要身体必须在场，才能有示范和传播作用，也就是说，身体的展现到哪里，空间的意义也就到了哪里，一种人文化、意义化的世界于焉形成。[4] 赵建国认为，身体在场是一种存在状态，是身体与身体、身体与周围"场"的一种关系：身体能够引起其他身体或者社会环境的互动进而实现相互影响。[5] 显然，这种社会情境下，身体在场的互动显然能够增进意义的交流，它是一种交往性身体，[6] 对于注重倡导社会伦理道德规范的孔子而言，选择"身教"的方式，通过身体进行交流和示范是最为有效的传播方式，由此能在社会人际互动中，推动修身向"成人"的转变，实现生命意义的完成和仁道的传播。[7] 这也是孔子推行和落实礼义和仁道的高明之处。

① 邵培仁、姚锦云：《传播模式论：〈论语〉的核心传播模式与儒家传播思维》，《浙江大学学报（人文社会科学版）》2014 年第 4 期。

② 孙希旦：《礼记集解》，北京：中华书局，1989 年，第 1269—1270 页。

③ 吴予敏：《无形的网络》，北京：国际文化出版公司，1988 年，第 154 页。

④ 杨儒宾：《儒家身体观》，台北："中研院"文哲所，1996 年，第 18 页。

⑤ 赵建国：《身体传播》，北京：社会科学文献出版社，2018 年，第 101 页。

⑥ 奥尼尔：《身体形态——现代社会的五种身体》，张旭春译，沈阳：春风文艺出版社，1999 年，第 4 页。

⑦ 李宪堂：《由成身到成人：论儒家身体观的宗教性》，《人文杂志》2011 年第 3 期。

　　总的来说，孔子以"言传身教"进行传播交流，注重身体在场的示范和传播效应，在社会互动中丰富身体的内涵，也促成身体完成儒家赋予的使命与意义，逐步实现"修身"而展现完整的人格。诚然，人际传播中，身体在场能够促进许多信息的交流，而其中最为本质的是内在情感的交流、互动和体悟，进而推动人们的交往，而从身体的生理表现——情绪（情感外化的一种表现，如喜怒哀乐等）的外在视角来看，这些情绪可以其作为一个精神性媒介 ① 连接于孔子的传播活动中，与内在的德性情感共同形成儒家文化的情感特质。

　　儒家历来重视人（仁）的引导和培养，情感则是人立足于社会的重要内在性情，因为情感，且只有情感才是人的最首要最基本的存在方式。② 孔子最了不起的贡献就是从人的基本情感出发，发展出一套关于价值的知识，这是儒家思想能够传承两千年的内在原因。③ 吴予敏归纳了中国传统文化模式，其中同心圆之"生命（生活）传播结构"在文化上能够表现出强大的内聚力，而这种内聚力正是通过丰富多样的信息交流活动来维持的，其中包括礼仪活动，更为重要的是，通过这种活动而产生一系列心理情感的特征：自尊心、自信心、自豪感、家国中心主义和乡土中心主义、深度的人际相互参与感、心理和行为的分享欲等等。④ 这是儒家文化中维系社会发展最核心的本质所在。这其中蕴含着深刻的传播思想，也即从人出发，以情感为诉求并以情感为行为基础动力，整合个体与其他社会主体之间的关系，将人的情感传递、社会教化以及社会关系的构建都渗透于日常生活中，获取"润物细无声"的传播效果。而这种情感的诉求需要落实到反求诸己的修身，正如《中庸》所言："修身以道，修身以仁。"⑤ 修身的目的在于体道、成就仁，或者说孔子通过修身去实现仁道，我们看到孔子的这种修身是放置在社会交往情境中，贯通于日常生活和政治活动的人际互动中的。在人际互动中，修身形成两个传播系统，一个是外在的身体展演，一个是内在的德性情感的感悟和反思，这是一体两面的关系，修身以修德为本，而德性情感的修养必然反映到形躯上，二者交养互进。⑥ 在孔子看来，仁的德性情感是推动身体在礼的规范下进行人际交往和互动的根本动力，孔子的仁礼合一的思想实际上就是身体与情感交融的一种传播观。

　　① 张广生：《媒介与文明：伊尼斯传播理论的政治视野》，《中国人民大学学报》2007 年第 3 期。
　　② 蒙培元：《情感与理性》，北京：中国人民大学出版社，2009 年，第 3 页。
　　③ 邵培仁、姚锦云：《传播模式论：〈论语〉的核心传播模式与儒家传播思维》，《浙江大学学报（人文社会科学版）》2014 年第 4 期。
　　④ 吴予敏：《无形的网络》，北京：国际文化出版公司，1988 年，第 214 页。
　　⑤ 朱熹撰：《四书章句集注》，北京：中华书局，2011 年，第 29 页。
　　⑥ 周与沉：《身体：思想与修行》，北京：中国社会科学出版社，2005 年，第 308 页。

专题三 《论语》的身心传播观念研究

　　《论语》一书所以产生重大影响，一个重要的原因正在于该书用平实的语言表达了处理好人际关系这一重大的社会问题。当然，还包括孔子继续了中国传统的"慎言"观念，一方面肯定了"言以足志"，另一方面也对言可兴邦可丧邦的敬畏，体现了孔子语言这一基本媒介的传播价值有着深刻的洞察，尤其注意到语言背后的人心与人情，认为处理好情感问题，语言才能更好地发挥传递信息，沟通思想的作用。以此来看，孔子的语言观隐藏具身传播智慧。

　　彼得斯对西方传播观念的研究，已在中国传播学界刮起旋风，中西传播观念比较研究，随之兴起。孔子与彼得斯虽分处不同时代，然而人类对"心灵交通"的追问从未停竭。彼得斯研究西方的灵异现象，也体现了西方对心灵沟通的探讨。而"子不语怪力乱神"既不表明孔子否定人神沟通，相反，与神沟通当是圣贤的能事，又没终止后人对心灵沟通的追求。民国时期，西方"灵学"的传入也引发了时人对传统心性之学的再思考。

　　回到本专题的身心传播来，其中《论语》开篇"学而时习之"便透露出孔子对个体心智的养成非常注重实践，讲究学以致用。而这个"用"其实正是体现在提升自己认知，落实在自己的道德修养上。孔子讲究学习场境中的言传身教的互动性，共同建构了一个信息传播系统，而这一系统反复作用于自我身心，从而起到端正心智，引导举止。可见，孔子始终在自身的在场与嵌入社会实践当成一种自然而然，不言自明的情境，从而将"学"与"习"当成自我社会化的基本路径。

第一章　慎言与雅言：孔子情感传播观念的语言表征

林　凯　谢清果

《论语·季氏篇》曰："天下有道，则礼乐征伐自天子出；天下无道，则礼乐征伐自诸侯出。自诸侯出，盖十世希不失矣；自大夫出，五世希不失矣；陪臣执国命，三世希不失矣。天下有道，则政不在大夫。天下有道，则庶人不议。"① 作为继承周公思想，延续周礼制度的孔子面对这种"礼崩乐坏"，僭越社会规矩的行为是厌恶和抵制的："八佾舞于庭，是可忍也，孰不可忍也？"（《论语·八佾》）《论语·雍也》又言：子曰："不有祝鮀之佞，而有宋朝之美，难乎免于今之世矣。"面对社会失序行为，孔子试图用其仁政思想来扭转这一局面，建构新的符合周礼的社会秩序。从语言方面上看，"祝鮀之佞"就是巧言，而"宋朝之美"就是令色。那么祝鮀之佞与宋朝之美便很少有仁的品质，却可以大红大紫，十分显赫。② 这是违背社会礼的规范的，也就是损德缺仁的表现，正如孔子所言"巧言令色，鲜矣仁。"（《论语·学而》）。

语言作为日常交往的符号，是天人之间和人与人之间交流传播的重要媒介，它能够表达人的思想和观念，也能够传递人的情感和态度，由此改变对世界的认知、提升人改造世界的能力和水平。我们通过孔子周游列国及其对弟子教诲的历史实践来看，语言成为其游说君王、教化弟子、传播仁政思想的主要媒介，由此体现了语言强大的说服和教化的社会功能，这种功能主要是通过言语的内容、言语传播的方式技巧等来完成的。这种渗透于日常交往的语言传播功能对人的思想和品德的塑造往往具有"润物细无声"的效果，常常具有看似细微而殊难抗拒的影响，③ 正如孔子所言："浸润之谮，肤受之愬，不行焉，可谓明也已矣。浸润之谮，肤受之愬，不行焉，可谓远也已矣。"（《论语·颜渊》）因此，他在交往中是极其注重语言的表达和运

---

① 杨伯峻：《论语译注》，北京：中华书局，1980 年，第 174 页。下文《论语》的引文均用此版本，并改为文后夹注。

② 毕宝魁：《〈论语〉"不有祝鮀之佞"章本义辨析》，《北京大学学报（哲学社会科学版）》2009 年第 2 期。

③ 沈立岩著：《先秦语言活动之形态 观念及其文学意义》，北京：人民出版社，2005 年，第 431 页。

用的，整体上看是一种"慎言"观念。从表面上看，孔子所倡导的"慎言"观念是对语言传播功能的认知和重视，实际上更深层次的原因在于孔子对于社会等级制度的维护，也就是说，语言传播不能对社会秩序造成破坏，它应该成为恢复周礼，构建新的社会秩序的有力工具。进一步看，"慎言"观是孔子顺应天道、修行人道的德性情感的体现。我们从"巧言令色，鲜矣仁。"这句话可以看出，语言和仁这种德性情感是联系在一起的，语言的表达是一种情感的一种体现，在笔者看来，孔子的"慎言"观背后是德性情感的促动，德性情感成为语言传播和人际交往行为的基础动力。基于先秦儒家这种思想背景，本章也将从语言和情感传播的视角入手来考察孔子"慎言"观对语言运用的背后所体现出来的情感传播（交往）的内在理路，从更本质上探讨孔子仁政思想的传播内涵。

第一节　语言作为媒介的传播效应

语言作为人类沟通的媒介符号，是人生存于社会和构建社会关系网络的重要工具，是人与人，人与社会相互勾连的重要纽带，其具有明显的媒介功能和社会传播效应，这种认识在孔子的思想中也多有体现。

一、语言传播的社会效应

仲尼曰："《志》有之：'言以足志，文以足言。'"不言，谁知其志？言之无文，行而不远。晋为伯，郑入陈，非文辞不为功。慎辞哉！① 这是孔子对言语的媒介性质、传播功能以及孔子对于言语传播的谨慎的态度。孔子历来重视言语的社会传播功能。《论语》中"言"一共出现了126次，其中，作为"言语"的名词有59次。② 可以说，"言"也是一个高频词汇，凸显了孔子对于"言"的重视。其一，孔子能够认识到语言的重要性，并充分利用语言进行信息传播。换句话说，孔子是认识到了语言传播信息的工具性及其重要的表意功能。诚如《论语·尧曰》中提到，"不知命，无以为君子也；不知礼，无以立也；不知言，无以知人也。"这一段话揭示了孔子对语言的工具性的认识。③ 也就是说只有通过语言才能去了解他者，这不仅是语言表达自我，同时也是与他者进行交流的重要媒介。而且语言具传播具有强大的社会效果，《系辞上传》子曰："君子居其室，出其言善，则千里之外应之，况其迩者乎？居其室，出其言不善，则千里之外违之，况其迩者乎？言出乎身，加乎民；行发乎迩，见乎远；

① 杨伯峻编著：《春秋左传注》（4版），北京：中华书局，2016年，第1220页。
② 杨伯峻译注：《论语译注》，北京：中华书局，1980年，第246页。
③ 仝冠军：《孔子传播思想研究》，《山东理工大学学报（社会科学版）》2012年第2期。

言行，君子之枢机，枢机之发，荣辱之主也。"①言论能够引起社会的响应。《论语·子路》载："一言而可以兴邦，有诸？孔子对曰：言不可以若是其几也。……曰：一言而丧邦，有诸？孔子对曰：言不可以若是其几也。……"如果说，言语能够像上文所说的引起强烈的社会反响，则有可能产生"一言兴邦""一言丧邦"的传播效果。

《系辞上传》："言行，君子之所以动天地也，可不慎乎？"②面对语言强大的社会传播效应，孔子一直都主张慎重对待语言的传播。《艮》卦六五爻辞曰："艮其辅，言有序，悔亡。"③语言传播应该遵循一定的规则才能消除悔恨，取得较好的社会效果，正如《周易折中》引龚焕云："艮其辅，非不言也；言而有序，所以为'艮'也。"④也就是说，这里体现的是不是不言，也不是妄言，而是要根据一定规则慎重对待语言传播。《说苑·敬慎》曾记载孔子关于慎言的故事："孔子之周，观于太庙右陛之前，有金人焉，三缄其口，而铭其背曰：古人慎言人也。戒之哉，戒之哉。无多言，多言必败。无多事，多事多患。……孔子顾与弟子曰：记之。此言虽鄙，而中事情。诗曰：战战兢兢，如临深渊，如履薄冰，行身如此，岂以口遇祸哉。"这告诫人们慎重对待言语，反映春秋时人际关系中传播的复杂性。⑤《论语》也中记载了大量孔子关于"慎言"的言论，譬如"君子食无求饱，居无求安，敏于事而慎于言，就有道而正焉，可谓好学而已。"（《论语·学而》）"君子一言以为知，一言以为不知，言不可不慎也"（《论语·子张》）、"君子于其言，无所苟而已"（《论语·子路》）、"君子欲讷于言而敏于行"（《论语·里仁》）、"仁者其言也讱"（《论语·颜渊》）从根本上说，这是矜慎内敛、克制自省的精神的体现，更是先秦儒家维护周礼，践行严格的等级制度和礼乐制度中的德性情感反映。⑥

二、语言作为情感沟通的媒介

"人之所以为人者，言也。人而不能言，何以为人。"⑦也就是说，人能够运用语言符号是人之为人的本质特征，人能够传播接收语言符号进行有意义的交流。从口语传播的角度来看，语言它依靠声音的表达，承载人的思想和价值观，而声音的高低起伏则是人的内心情感的反映。通过语言的传播，人与人之间实现互动和交流，

① 黄寿祺、张善文：《周易译注》（新修订本），上海：上海古籍出版社，2018年，第705页。
② 黄寿祺、张善文：《周易译注》（新修订本），上海：上海古籍出版社，2018年，第705页。
③ 黄寿祺、张善文：《周易译注》（新修订本），上海：上海古籍出版社，2018年，第579页。
④ 黄寿祺、张善文：《周易译注》（新修订本），上海：上海古籍出版社，2018年，第579页。
⑤ 郑学檬编著：《传在史中：中国传统社会传播史料选辑》，北京：文化艺术出版社，2001年，第31页。
⑥ 沈立岩：《先秦语言活动之形态 观念及其文学意义》，北京：人民出版社，2005年，第157页。
⑦ 范宁集解：《春秋谷梁传》，北京：中华书局，1985年，第134页。

形成具有文化意义的社会网络，而语言这种承载文化意义的符号成为人与人沟通的载体。正如卡西尔说道："我们应当把人定义为符号的动物（animal symbolicum）来取代把人定义为理性的动物。只有这样，我们才能指明人的独特之处，也才能理解对人开放的新路——通向文化之路。"①在孔子所处的春秋末期，语言是社会交往尤其是在政治生活中发挥了重要的作用，在功能上，沈立岩认为，"它可以以经验或神秘的方式影响言者个人和国家的命运，而旁观者也可以从中窥见这一命运的征兆；它是人格修养和思想情感的不可缺少的表现方式，也是鉴别一人之德行高下和智能贤愚的重要依据。"②笔者以为，在遵从周礼、修己体仁的春秋时期，语言的情感功能是尤其明显的，这是由于春秋社会人际交往的双方是在严密的等级制度下，以相应的社会身份进行交流，语言传播活动都须遵守一定的规范和约束，而这种遵循实际上是一种内心情感的体现，或者说是内在情感的约束促进语言规范化传播和表达。而春秋时期这种内在德性情感的外在表现就是孔子所倡导的"慎言"，也就是说它体现了一种慎重的态度，正所谓："有德者，必有言；有言者，不必有德。"（《论语·宪问》）由此看来，情感可以渗透到整个语言系统，语言系统的几乎任何可变的方面都是表达情感的渠道和载体。③

其实，按照卡西尔的说法，"语言最初并不表达思想或观念，而是表达情感和爱慕的。"④"言语有不同层次，最初和最基本的层次显然是情感语言。人的全部话语中的很大一部分仍属于这一层。"⑤也就是说，语言承载情感的信息要先于语言表达思想和意义，诚然如斯，语言尤其是口语表达，语言的声音、词汇、句子等都是情感表达的有效形式，交流双方通过识别语言中携带的情感信息进而协调自己的行为，从而进行顺畅的交流。"人情不同，其辞各异"，饱含情感的语言能够在不同场合、时间和对象上进行入情、合情的传播，提高语言的传播效果，实现交流目的。⑥可以说，语言是人际交流的媒介，更是人类情感沟通的桥梁。

在孔子看来，语言对个体的社会化过程——"成人"的实现以及社会礼的秩序的建构都具有推动作用，孔子也正是通过人际传播过程中使用语言媒介，让传播对象能够透过语言而实现对儒家伦理道德的认知和感化，达到教化的目的，使之成为君子甚至圣人，实现孔子教育、治国理政的理想。语言作为人类情感沟通传播的符号，在孔子看来具有重要的社会功能，不过我们也看到，孔子也曾表达过"无言"

① 卡西尔：《人论：人类文化哲学导引》，甘阳译，上海：上海译文出版社，2013年，第45页。
② 沈立岩：《先秦语言活动之形态观念及其文学意义》，人民出版社2005年，第398—399页。
③ Elinor Ochs and Bambi Schieffelin .1989.*Language has a heart*. Text 9（1）: 7-25.
④ 卡西尔：《人论：人类文化哲学导引》，甘阳译，上海：上海译文出版社，2013年，第44页。
⑤ 卡西尔：《人论：人类文化哲学导引》，甘阳译，上海：上海译文出版社，2013年，第49页。
⑥ 尚爱雪：《语言的情感化和情感化的语言》，《南都学坛（人文社会科学学刊）》2002年第1期。

的传播观念，子曰："予欲无言。"子贡曰："子如不言，则小子何述焉？"子曰："天何言哉？四时行焉，百物生焉，天何言哉？"（《论语·阳货》），孔子用四季更替、万物生长这种"无言"现象来阐释天道运转的规律。语言是桥也是墙。"言"可以传情达意，也会阻碍交流。[①]这也许可以解释"太上有立德、其次有立功、其次有立言"（《左传》襄公二十四年）中语言的重要性在于立德、立功之后。笔者以为，对于其中的原因我们可以这样思考，孔子对于道的认识更多的在于"体认"，而思想和情感的表达更需要语言作为重要的媒介和载体，语言传播成为体道、悟道的一个阶段，对于孔子所倡导的顺承天道、仁爱人道的理解和感悟需要具身的沉浸式体悟。

第二节 "慎言"人际传播中的情感

情感可以作为社会行动的触发因素。[②]孔子主张"慎言"就是在一定情感的支配下形成的社会行为。张景云认为"慎言"作为儒家传播的一条重要原则受到"五常"的约束，其中，"仁"对言论要求：隐恶扬善、谦逊忍让，主张木讷、反对巧辩；"义"对言论要求：传播者内心和谐中正，言谈的内容、程度、方式以及时机要根据具体情况而定，将"义"作为选择传播对象的依据；"礼"对言论要求：恪守禁忌、符合社会角色的要求、言谈态度谦恭、反映"仁"的内在的要求；"智"对言论要求：传播者的条件、传播内容的准确性、传播时机的确定、传播效果；"信"对言论要求：真实、恰当，"言"与"行"相匹配。"慎言"的实质是通过"五常"伦理制约传播，维护社会秩序。[③]这是张景云从"五常"的德性情感这个角度进行归纳总结。笔者以为，"五常"是从人道或者说社会伦理道德层面推动人与人之间的"慎言"行为。在本章中，我们结合孔子承延周公礼制思想以及孔子倡导的仁政理念，将孔子"慎言"行为背后的情感推动力归纳为天道之情和人道之情，从与天沟通和与人交流两个层面揭示"慎言"的语言传播活动及其背后的情感动力。

一、天道之情：敬与孚

这里的天道之情指的是孔子对上天和对君王的敬畏的德性情感。这里的"敬"应该要追溯到西周初期周人敬畏上天的思想，这种思想在《尚书》中多有记载，譬

---

① 邵培仁著：《传媒的魅力：邵培仁谈传播的未来》，北京：首都经济贸易大学出版社，2014 年，第 24 页。

② Du Bois, John W. and Elise Karkkainen .2012. *Taking a stance on emotion: affect, sequence, and intersubjectivity in dialogic interaction*. Text and Talk 32(4):433-451.

③ 张景云：《"五常"与儒家"慎言"传播思想》，《国际新闻界》2007 年第 2 期。

如"在后之侗，敬迓天威"，"以敬忌天威"，[①]"尔尚敬逆天命。"[②]等。徐复观指出，"敬"是始终贯穿在周初人的一切生活之中的，这是直承忧患意识的警惕性而来的精神敛抑、集中，及对事的谨慎、认真的心理状态。这是主动的、反省的，因而是内发的心理状态。……周人建立了一个由'敬'所贯注的'敬德'、'明德'的观念世界，来察照、指导自己的行为，对自己的行为负责，这正是中国人文精神最早的出现；而此种人文精神，是以'敬'为其动力的。[③]"敬"成为推动周初人与上天沟通的情感推动力，也只有这种敬畏的德性情感才能承受天命。当然，这个"敬"也是由单纯地对未知事物的"畏"[如"不语乱力怪神"（《论语·述而》）]转变而来，也就是说，周初统治者民本意识逐渐凸显，这里的"敬"逐渐体现在君子的具有德性的社会行为中，譬如"敬天保民""明德慎罚"等，以此来体现与上天对接，承应天命。而孔子也承延了西周这种对上天的敬畏之情，如《论语·季氏》中有言："君子有三畏：畏天命，畏大人，畏圣人之言。"这种对天的敬畏之情可以说是人与上天的互相确认："上天的意志最终在人的行为和成就中实现自己，但它不是一种确然无疑的恩命；人通过时刻敬畏、戒惧的自我反思、自我校准去接近它、领会它——天命其实是关于自己道德能力和人类崇高价值的信念，它是由人的道德行为去显明和成就的。"[④]除此之外，这里的"敬"也体现在孔子在等级分明的阶级中，也就是说，社会成员应该遵守等级中的礼制，对社会这种等级制度抱有敬畏之情，不能逾越和破坏，诸如始终恪守君臣之礼等。这种对上天对等级礼制的敬畏之情使得在与上天和人际交往中慎重运用"语言"。正可谓《大雅·抑》有言："慎尔出话，敬尔威仪，无不柔嘉。白圭之玷，尚可磨也；斯言之玷，不可为也。"应该注意的是，这些敬畏的情感应该来自内心的真诚，也就是说不管是与上天相互确认的敬德保民的行为还是遵守等级制度的遵礼行为，这些都是发自内心地去实践，也就是应该始终如一的遵守天道和人道，因此是一种真诚的情感，笔者以为这就是"孚"的内涵。

孚在《周易》中在25个卦中都有出现，其以"孚""有孚"等形式出现，其主要意思是"孚"是一个君子的内在德性，是一种美德。《周易·观卦》"有孚颙若"，马融释曰："孚，信；颙，敬也。"[⑤]《说文》"信，诚也""诚，信也"。[⑥]所以"孚"具有"诚信"的意思，但是这里的"诚信"在笔者看来是一种心中始终秉持的德性情

———————

① 孔颖达：《尚书》，北京：中华书局，1998年，第103页。
② 孔颖达：《尚书》，北京：中华书局，1998年，第113页。
③ 徐复观：《中国人性论史》（先秦篇），北京：九州出版社，2013年，第22—23页。
④ 李宪堂：《"天命"的寻证与"人道"的坚守：孔子天命观新解——兼论孔子思想体系的内在结构》，《文史哲》2017年第6期。
⑤ 黄寿祺、张善文：《周易译注》（新修订本），上海：上海古籍出版社，2018年，第270—271页。
⑥ 许慎撰：《说文解字》，北京：中华书局，1963年，第52页。

感，是至真至诚的情感，而不仅仅是人与人之间的诚信、信任情感（这种含义将在下文探讨），朱熹曾经辨析"孚"字与"信"字意义的区别说："伊川云曰：'存于中为"孚"，见于事为'信'。"① 也就是说"孚"更强调内心真诚的情感，而如果体现于外则是一种"信"的情感。《中孚》卦的《象》传可以解释这一点，《象》曰：中孚，柔在内而刚得中；说而巽，孚乃化邦也。也就是说，中心诚信，譬如柔顺处内能够谦虚至诚而刚健居外又能中实有信；于是下者欣悦而上者和顺，诚信之德被化万邦。②"君子进德修业。忠信，所以进德也；修辞立其诚，所以居其业。"③ 言辞的传播要出于诚挚的情感，这是积累功业的一种体现，"敬"和"孚"是君子承应天道、积累功业所应秉持的情感，更是在与天人沟通中慎重使用语言的内在德性情感。

二、人道之情：仁与信

"仁"与"信"就是仁爱和信任（也包含诚信的含义）的情感，这是人道之情的主要体现，在本章中人道之情是从人际交往层面去重新划定的。从"仁"的角度来看，"仁"是孔子治国理政的核心，在本章中"仁"是一种仁爱情感，它是人最基本的伦理道德情感，是德性情感的一种。《说文解字》："仁，亲也，从人从二。臣铉等曰：仁者兼爱，故从二。"④ 这也就是所谓的"仁者爱人"，也就是说"仁"需要体现在人与人相互交流之中，相互关爱之中才能体现这种情感，而且在孔子看来，"唯仁者能好人，能恶人。"（《论语·里仁》）基于这样的爱憎分明的情感，在语言传播上应慎重表达意见和看法。可以说，"仁"是人性固有的一种温情和暖意，这种温情和暖意只有施之于他人才获得实现，……在孔子这里，仁不是孤立的个人行为，而是一种相互敞开、相互成就的群体行为，这种群体行为共同构成了人类整体存在的超越性。⑤ 仁爱情感是贯穿于孔子一切社会交往行为中的，这是推动人际交往和传播的核心情感。而关于"仁"的内容，孔子认为，"能行五者于天下为仁矣。"孔子说："恭、宽、信、敏、惠。恭则不侮，宽则得众，信则人任焉，敏则有功，惠则足以使人。"（《论语·阳货》）其中，"信"的情感也是属于仁爱情感的范畴，但是因为"信"与语言传播有更直接的联系，"言之所以为言者，信也。言而不信，何以为言？"⑥ 语言与人的诚信和信任之情是紧密相关的，它能体现一个人的内在德性情感。因此，本章

---

①　黎靖德编：《朱子语类》（第3版），日本：中文出版社，1984年，第2969页。
②　黄寿祺、张善文：《周易译注》（新修订本），上海：上海古籍出版社，2018年，第652页。
③　黄寿祺、张善文：《周易译注》（新修订本），上海：上海古籍出版社，2018年，第83页。
④　许慎撰：《说文解字》，北京：中华书局，1963年，第161页。
⑤　李宪堂：《"天命"的寻证与"人道"的坚守：孔子天命观新解——兼论孔子思想体系的内在结构》，《文史哲》2017年第6期。
⑥　范宁集解：《春秋谷梁传》，北京：中华书局，1985年，第134页。

单独将这种情感作一个阐释。

晁福林从《诗论》的简文中分析过孔子诚信的语言观念——言所当言。上博简《诗论》第二十八简中记载:"《牆(墙)又(有)茅(茨)》,慎密而不智(知)言。"晁福林认为《墙有茨》反映了夫妻之间应该慎言,但同时也应该"知言",也就是说夫妻之间的言语交流也要有诚信。对此晁福林引用郭店楚简《六德》第37号简加以论证,第37号简的简文讲道:"君子言信言尔,言炀(诚)言尔,设外内皆得也。其反。夫不夫,妇不妇,父不父,子不子,君不君,臣不臣。"①这里强调了君子应当讲诚信之言,这样对人对己皆好。如果不讲诚信之言,那就会出现君臣、父子、夫妻关系不协调的违礼局面。夫妻的枕席之言虽然还不能说就是"慎独"之言,但却与之是接近的。孔子认为就是夫妻之间也应当讲诚信之言,而不可以随意胡说。……但是孔子认为怕泄露于外而慎言,并非达到了"知言"的标准。君子应当做到的操守之一,就是慎独,就是言所当言——即诚信之言。②笔者以为,夫妻之间的交流害怕泄露而慎言,但是语言传播终会泄露,所以孔子认为,最根本的还是应该讲求诚信。应该说,"慎言"是诚信交往的一种体现,诚信和相互信任之情更加要求交流双方应该"慎言"而不是用"巧言"进行传播交流。

可见,在人际交往中"知言"——诚信地运用语言交流是至关重要的,孔子强调的"信"是建立人际信任的一个至关重要的因素。人际信任对孔子来说是人之为人的先决条件。③诸如《论语·学而》:"与朋友交言而有信。"同时也是决定人在社会生存的重要条件,如子曰:"人而无信,不知其可也。大车无輗,小车无軏,其何以行之哉?"(《论语·为政》)"信"意味着,"自我"与"自我"之间通过对共同信用机制的维护,减少人际间的摩擦和内耗,最终建立起一种人生道义上的相互承诺关系。故而孔子说"信则人任焉"(《论语·阳货》)。④因此,人的诚信之情也是推进人际交往中的"慎言"的重要内在德性情感之一。

第三节 孔子情感传播的语言路径

孔子曰:"侍于君子有三愆:言未及之而言谓之躁,言及之而不言谓之隐,未见颜色而言谓之瞽。"(《论语·季氏》)在与君子交往中应该注意时机、察言观色、要充分表达等,当然可能还需要规范语言表达的内容,这些都是语言的表达和传播技巧。

---

① 荆门市博物馆编:《郭店楚墓竹简》,北京:文物出版社,1998年,第188页。
② 晁福林:《上博简〈诗论〉研究》,北京:商务印书馆,2013年,第1043页。
③ 郝大维、安乐哲:《通过孔子而思》,何金俐译,北京:北京大学出版社,2005年,第67页。
④ 李宪堂:《"天命"的寻证与"人道"的坚守:孔子天命观新解——兼论孔子思想体系的内在结构》,《文史哲》2017年第6期。

在孔子遵从周礼，以德性情感为基础的人际交往中，德性情感作为一种内在动力规范着语言的表达和传播，在这种规约下，语言作为一种修辞符号自然形成了外在的表达路径和传播方式。这种语言的传播方式和内容在于能够引起双方的情感共鸣，促成交流。

一、"譬喻"：情感传播的语言表达方式

当然，孔子除了认识语言的重要性，也善于运用语言进行交流传播。我们知道，语言是一个复杂的符号系统，具有意义模糊性和解释性等特征，它总能在具体的语境中被使用并且产生直接意义（denotative）和隐含意义（connotative）。[1] 这说明了语言的传播功能，它能够直接表达一个事物，也能够以一种暗指或比喻[2]的方式来表达，也就是说为了能够更好地传达思想，扩展语言的传播功能，就必须采用修辞。[3]比如，在《论语》中我们看到了孔子在使用语言时候经常运用譬喻的手法，譬喻的交流乃是孔子教育的主要方式。《论语》子罕篇中记载，子曰："譬如微山，未成一篑，止，吾止也。譬如平地，虽覆一篑，进，吾往也。"为政篇载，子曰："为政以德，譬如北辰，居其所而众星共之。"等，孔子以此来比喻为学要持之以恒；君王要用德治才能人心归附等。除此之外，还有一些对比的修辞手法，如子游问孝。子曰："今之孝者，是谓能养。至于犬马，皆能有养；不敬，何以别乎？"（《论语·为政》）我们通过《论语》发现，孔子大量通过比喻、对比等譬喻的形式来传递他的思想，这不仅扩展语言的表意空间，更有利于受众进行联想和解读。

这类句子体现了孔子引譬连类的话语风格。一方面以自身作为类例推己及人，把"譬"提升到"仁之方"的高度（郝大维与芬格莱特等认为这种"推己及人"的譬的方式，含有一种推己及人的"恕"的情感，是一种敬意的行为。[4]）；另一方面从"德"的视角视察自然，将温润缜密的美玉对应君子"仁""智""义""礼""忠""信"的美德，对应"天""地"与"道""德"的本性。这样，"譬"就不再是一种以类相喻的普通表达手段，而是一种充满象征意味的言说方式，由此形成"君子比德"的话语传统。[5]这种话语传播方式其主要的目的在于通过话语隐喻的方式来表达对上天、君王的参照学习，以及对上天和君王的美德颂扬，以此为参照不断提升自身的德性水平，从而达到教化的目的。孔子试图在沟通行为中通过敬意行为再现历史或当下

---

① 胡春阳编著：《人际传播学：理论与能力》，北京：北京师范大学出版社，2016年，第168页。
② 郝大维、安乐哲：《孔子哲学思微》，南京：江苏人民出版社，1996年，第229页。
③ 钟肇鹏：《孔子研究》，北京：中国社会科学出版社，1983年，第143页。
④ 郝大维、安乐哲：《通过孔子而思》，何金俐译，北京：北京大学出版社，2005年，第354—355页。
⑤ 崔炼农：《孔子思想的传播学诠释》，长沙：湖南大学出版社，2007年，第145—147页。

美德。这一再现不是借教义和信条，而更多依靠的是经验的古老资源——即行动及其情感氛围。[①] 在榜样或参照对象的激发下，传受双方建立一种呼应和共鸣，这也揭示了譬喻的另一种含义，也即隐喻的形式，这种隐喻语言的暗示性用于这样的沟通行为，也就是它会唤起交流者独特的情感体验。

这种隐喻表达情感体验的"真"体现在沟通者之间："让有耳能听者自己倾听。"[②] 这种"真"一方面能够在现实中可以参照的榜样，另一方面这种参照榜样用譬喻的方式能够让每个人都能够理解和接受，能够打动受众，能够将上天或圣贤的德性真实的落实到倾听者的身上，可以说，这种譬喻的话语传播方式能够实现撒播的效应，这一点与耶稣有的布道有相似之处。耶稣在三篇对观福音（《马太福音》13、《马可福音》4 和《路加福音》8）中则都以布道者的形象出现，并以"播种者的寓言"进行布道。耶稣认为，播种者开始播种，种子四处撒播，落在各种各样的土地上。其中大多数种子都不会结果；有些虽然很快发了芽（如同前文中提到的"阿多尼斯花园"中的植物一样），但却被太阳晒死，或被杂草淹没；还没有一些种子发芽后被鸟儿吃掉，或被旅人践踏。只有很少一部分落在欢迎它们的土壤里，生根并结出丰硕的果实，分别产出其原来数量一百倍、六十倍或三十倍的果实。在雄辩地展现出"撒播"这种具有自我反思能力的传播方式后，耶稣说：凡有耳者，皆可听，让他们听吧！[③] 这里的撒播显然需要传播受众发挥主体性去接收和解读其中的含义，发挥主体的能动性与传播者实现互动。因此，在孔子的譬喻语言传播方式上，能够将德性情感撒播在话语交流中引起受传者的互动，而且隐喻式的将社会等级思想融入其中，在无形中起到规范和引导社会秩序的作用，但其中最根本的在于能够引导和激发传受双方关于德性情感的共鸣，从而调整他们的社会交往行为。

二、雅言：情感传播的语言材料

《礼记·王制》载："五方之民，言语不通"，[④] 诸侯国之间语言是不相通的，因此，孔子主张应该学习雅言："子所雅言，《诗》《书》，执礼，皆雅言也。"（《论语·述而》）郑玄注："读先王典法，必正言其音，然后义全，故不可有所讳。"[⑤] 雅言，就是为了克服语言不相通而制定的标准的语言、语音、语义等，当然对孔子来说，这是为了传播他的仁政思想，推广礼乐制度。雅言，除了正音、义，还有正名。孔子说"名不

---

① 郝大维、安乐哲：《通过孔子而思》，何金俐译，北京：北京大学出版社，2005 年，第 373 页。

② 郝大维、安乐哲：《通过孔子而思》，何金俐译，北京：北京大学出版社，2005 年，第 366 页。

③ 约翰·杜翰姆·彼得斯：《对空言说：传播的观念史》，邓建国译，上海：上海译文出版社，2017 年，第 75 页。

④ 孙希旦：《礼记集解》（全三册），沈啸寰、王星贤点校，北京：中华书局，1989 年，第 360 页。

⑤ 何晏集解，皇侃义疏：《论语集解义疏》，北京：中华书局，1958 年，第 93 页。

正，则言不顺……故君子名之，必可言也；言之，必可行也"（《论语·子路》），并明确提出了"君子于其言，无所苟而已矣。"（《论语·子路》）的语言运用原则。①

在具体的实践中，孔子鼓励弟子们学诗："诗可以兴，可以观，可以群，可以怨。迩字事父，远之事君。多识于鸟兽草木之名。"（《论语·阳货》）而且如果不学诗，则无以言。（《论语·季氏》）一方面，孔子在教习诗、书、礼仪和执行礼仪的过程中采用雅言；另一方面，孔子传承了西周雅言赋诵的方法，不仅诵读，而且弦歌。②

在这些学《诗》的诸多功能中，我们主要考察学习《诗》这种雅言材料对于情感的激发和传播的意义。诚如上文所言，诵读和弦歌的方法能够将《诗》这种雅言的情感功能发挥出来。《诗》可以兴，也就是《诗》能够激发人的内在激情和心志，这是情感表达和传播的起点。《诗》可以群，也就是诵读和传播可以众人一起参与诗歌的创作和诵读。孔子主张"泛爱众而亲仁"（《论语·述而》），也即教育的普遍化和仁爱的广泛施与，《诗》为百科知识的渊薮、人生经验的教科书，对于知识的增进、性情的陶冶、意志的引导具有极大益处，能在一个"无辞不相接，无礼不相见"③的社会环境里产生和群亲众的效果。而且作为艺术的诗歌，还特具一种情绪的感染和共鸣机制，沉吟涵咏之间，足以令人心动神驰、潜移默运以臻于思想、情感的同化与调谐之境。④这里的"群"不仅是表明《诗》的学习和传播对象具有广泛性，而且最重要的是能群体的学习中引起情感共鸣，而《诗》中的内涵以及所蕴含的德性情感得意传播和内化。

与此同时，《诗》可以"怨"，可以抒发不满的情绪，是人的情感抒发的一个渠道，"怨"作为一种消极的情绪，《说文》："怨，恚也。"⑤孔子虽以"在邦无怨，在家无怨"（《论语·颜渊》）、"求仁得仁，又何怨乎"（《论语·述而》）自励，但并不主张掩饰个人的真实情感，曰："巧言、令色、足恭，左丘明耻之；匿怨而友其人，左丘明耻之，丘亦耻之"（《论语·公冶长》）。在他看来，情感只宜善加引导和调节，而不能强行去压抑，所以礼"因人之情而为之节文"⑥，诗歌则为情绪的泄导提供了理想渠道。⑦通过诗的语言抒发和传播情感，能够让情感在礼的规范下得到有效传播和抒发，实际上也是能够达到合情合理的抒发，这对于稳定社会秩序是有积极意义的。

①　杨柏岭：《孔子的文化传播实践及现代意义——兼论"媒介，人的延伸"》，《学术界》2016 年第 12 期。
②　崔炼农：《孔子思想的传播学诠释》，长沙：湖南大学出版社，2007 年，第 142—143 页。
③　孙希旦：《礼记集解》（全三册），沈啸寰、王星贤点校，北京：中华书局，1989 年，第 1299 页。
④　沈立岩：《先秦语言活动之形态 观念及其文学意义》，北京：人民出版社，2005 年，第 454 页。
⑤　许慎撰：《说文解字》，北京：中华书局，1963 年，第 221 页。
⑥　孙希旦：《礼记集解》（全三册），沈啸寰、王星贤点校，北京：中华书局，1989 年，第 1281 页。
⑦　沈立岩：《先秦语言活动之形态 观念及其文学意义》，北京：人民出版社，2005 年，第 455 页。

总的说来，雅言的运用能够体现君子的等级身份，能够让其在社会交往中应付自如，实现有效交际。按照孔子的雅言传播对象来看，其中涉及周游列国的君王和群臣以及各类弟子，应该说，雅言的运用能够拓宽阶层之间的交流，有利于传播和推广礼乐和他的仁政思想，这为阶层之间的交往扩大意义空间。

孔子"言传身教"并且"述而不作"，可以看出，言说式的口语传播是孔子所倚重的一种传播形式。在当时书写媒介不发达的情况下，语言对于信息传播来说是至关重要的。在语言传播方面，孔子主张"慎言"的传播观念，这是孔子对于语言传播的深刻认识。语言作为一种符号系统在先秦时期担负着特殊社会整合沟通功能，在孔子遵循的尊王忠君的先秦社会背景下，面对礼崩乐坏的社会变革，"慎言"需要对社会秩序的反思：语言传播不应对礼制造成冲击，不能造成社会失序，换句话说，慎言的目的在于通过口语传播系统在一定程度上维护社会秩序。在孔子的观念中，言始终是与德联系在一起的，而且德是处于基础性的地位或者说首要的地位，德引领着语言的传播方式和语言内容的选择，当然语言尤其是雅言（譬如学《诗》）不仅可以运用于日常会话，而且可以学会外交辞令，从而能够掌握"专对"的技巧，担当起从政与出使的重任。[①] 在雅言的运用传播中能够传播礼乐制度和仁政思想，以及在交流中达到交流双方德性情感的互动和交流。从传播学的角度来看，孔子的慎言观是对语言运用的规范化制约，或者说是在一定礼制下的语言传播规范。而更进一步来看，慎言观是孔子关注语言的社会传播效果及其作为人际交往媒介的重要意义，在语言的媒介作用下促成传受双方德性情感的交互传播，从而塑造具有言行合一、具有圣贤人格和德性情感的君子或圣人，以此通过语言传播来维持甚至建构社会秩序。

---

① 蔡育曙：《孔子语言观概论（上）》，《云南民族学院学报（哲学社会科学版）》1993 年第 2 期。

第二章　子不语怪力乱神：彼得斯交流观的招魂术视角与中国的"心灵交通"研究之比较

杜恺健

彼得斯在谈及中国时曾言："中华文明中有如此之多的智慧，然而西方世界却一直对它那么地一无所知！"[①]为此彼得斯在为中译版作序时特意提及了孔子以及他的《论语》，并认为孔子与苏格拉底以及耶稣一样，都不是以他们自己的话或声音流传下来的。他们各自通过一种奇怪的，而且是强大得让人觉得奇怪的交流方式跟他们的后辈交流。[②]有趣的是，在论及他们三者思想的共通之处时，他认为三者都是口传身授的代表，然而让他们名垂青史的确实书写这一媒介，彼得斯将此归结为正是因为它们的交流"失败"，才使得这三个文本在其所代表的三个传统中回音不绝，产生了巨大而深远的影响。在他们进行撒播的同时，这种交流的矛盾实际上一直存在于孔子交流的各个方面，例如孔子在讨论神鬼时曾言："子不语怪力乱神。"但后世在通过《中庸》来阐释它的思想时却也提及了"鬼神之为德"，正是孔子在与后人的交流时放弃了对其身后人如何解读其学说的控制权，[③]才使得孔子的思想在这之后更加焕发了活力。

这种焕发活力的方式不仅存在于孔子之中，实际上在西方也同样如此。这也正是邓建国所认为的彼得斯的交乐观与中华交流观之间的"暗合"，[④]如果我们要对此进一步进行探索的话，彼得斯所言："重新发掘我们的先人，重新与他们建立联系，重

---

① 约翰·杜翰姆·彼得斯：《对空言说：传播的观念史》，邓建国译，上海：上海译文出版社，2017年，中文版序第 1 页。
② 约翰·杜翰姆·彼得斯：《对空言说：传播的观念史》，邓建国译，上海：上海译文出版社，2017年，中文版序第 1 页。
③ 约翰·杜翰姆·彼得斯：《对空言说：传播的观念史》，邓建国译，上海：上海译文出版社，2017年，中文版序第 4 页。
④ 邓建国：《传播学的反思与重建——再读 J.D. 彼得斯的〈对空言说：传播的观念史〉》，《国际新闻界》2017 年第 2 期，第 151—173 页。

新肯定逝者的贡献。"并且展开所谓"拯救性批评"的工作是一种可取的做法。① 本章所考察的领域实际上正是这种先辈的思想与后辈交流的另一种显现，也就是彼得斯《对空言说》书中常出现的另外一种情况——招魂术与詹姆斯的灵异研究。

第一节 《对空言说》中的灵异研究与传播研究

谈起灵异现象，从其本质而言实际上也是一种交流现象。学者们在对灵学下定义时认为它是指探讨灵魂、心灵沟通、特异功能、死后世界的学问。② 其中就有一门学派即英国的"灵学研究会"专门研究心灵感通或灵魂之间的沟通，他们认为人在死后灵魂继续存在，而且可以透过各种方式降临人世。③ 由此可见，灵学在某种程度上而言不仅仅只是科学或是信仰的问题，它同时也是一个社会问题，是一个沟通与交流的问题。

对于心理交通问题的讨论，最早可以追溯到奥地利人梅斯梅尔，梅斯梅尔认为人类是由肉体、精神和灵魂组成，肉体与灵魂不相属，要靠精神来做媒介，而精神与灵魂可和肉体分开。④ 由此一来，精神与灵魂自然可以脱离肉体而存在，但依然具有肉身的人类要想同其交流，必然需要通过精神作为媒介，重新搭建起精神的桥梁，来实现与没有肉身的灵魂交流的愿望，美士马将这种中介的媒介称之为动物磁力，彼得斯指出"动物"一词在其拉丁语词源上又有"精神"的含义，故"动物磁力"又可以翻译为"精神磁力"。这种追求人类心灵相互交通的情况在 19 世纪非常普遍，正如爱默生与叔本华在他们的著作之中都曾提及"箭猪为了相互取暖而不得相互靠近，而又因为硬刺不得不离开对方"一样。⑤ 交流或是心意相通成了彼时时时不忘的念想，彼得斯认为究其原因是在于浪漫主义的影响之下，物质世界和心灵世界现在开始靠近，混合并为之扩散，而希望能像天使那样交流或与亡者对话的想法迅速蔓延⑥。

---

① 约翰·杜翰姆·彼得斯：《对空言说：传播的观念史》，邓建国译，上海：上海译文出版社，2017年，中文版序第 5 页。

② 黄克武：《民初知识分子对科学、宗教与迷信的思考》，载张寿安主编：《晚清民初的知识转型与知识传播》，北京：北京师范大学出版社，2018 年，第 41 页。

③ 黄克武：《民初知识分子对科学、宗教与迷信的思考》，载张寿安主编：《晚清民初的知识转型与知识传播》，北京：北京师范大学出版社，2018 年，第 41 页。

④ 黄克武：《民初知识分子对科学、宗教与迷信的思考》，载张寿安主编：《晚清民初的知识转型与知识传播》，北京：北京师范大学出版社，2018 年，第 43 页。

⑤ 约翰·杜翰姆·彼得斯：《对空言说：传播观念史》，邓建国译，上海：上海译文出版社，2017年，第 227 页；叔本华：《叔本华美学随笔》，上海：上海人民出版社，2004 年，第 169 页。

⑥ 约翰·杜翰姆·彼得斯：《对空言说：传播观念史》，邓建国译，上海：上海译文出版社，2017年，第 130 页。

之所以出现这样的情况，彼得斯认为其中的关键在于媒介，随着新技术的普及，人类的"精神"表达可以从时间和空间上与承载这一精神的身体分离开来，如照片、电报、唱片等，[①]而在这之中就有很多项新技术如照片就被用于灵学的考察之中，这些媒介所承载的正是这种交流的"准物理性"的梦想，梅斯梅尔经常引用"en rapport"一词意味"在交流之中"（in communication），而这也是他从电学之中借来的一个词。[②]正是物质性上的新发展促使了人们的精神向着这些新生事物展开，彼得斯更是进一步指出电报这个新媒介使大众产生了招魂术的联想，从根本上塑造了大众对这个新技术的接受，而招魂术这种和亡灵交流的艺术，后来则又明显模仿了电报远距离接收信息的能力。[③]彼得斯认为正是随着当时新媒介的诞生，作为有组织活动的招魂术才开始出现，他以福克斯姐妹以电报式的编码作为招魂"语言"为例，将其招魂术视作一种"系统性的电报模式"，并进一步指出这种精神和技术领域的杂交，在造就传播学的现代词汇和视野的过程中，发挥了决定性的作用。[④]灵异研究实际上是在物理学和形而上学之间搭建了桥梁，招魂术是传播思想的重要场域之一，各种新型传播媒介的文化含义和形而上学，都在其中演绎。[⑤]

由此一来灵异、技术与媒介和传播这四者就联系在了一起，当物质世界的技术与媒介准备好时，灵异研究则为这些技术提供了形而上的思想基础，当然也有可能是这些思想的基础催发了接下来的科学实验。在这之中的关键在于这一类的接触，从结构上来说，和图灵测试几乎一模一样：他与另一个人的交流只能通过媒介来进行，[⑥]因此当出现了一种新的媒介之时，这一类形而上的思想就会重新在这一系列的新媒介之中诞生。如此一来，我们就会有了接下来的问题，那就是在中国，关于灵异研究之中是否存在着类似的关于交流、传播与媒介的思想，而当新兴的媒介进入中国时，它是否会与这些传统的交流思想擦出新的火花，则是我们接下来需要去进行思考的问题。

---

① 约翰·杜翰姆·彼得斯：《对空言说：传播观念史》，邓建国译，上海：上海译文出版社，2017年，第172页。

② 约翰·杜翰姆·彼得斯：《对空言说：传播观念史》，邓建国译，上海：上海译文出版社，2017年，第133页。

③ 约翰·杜翰姆·彼得斯：《对空言说：传播观念史》，邓建国译，上海：上海译文出版社，2017年，第138页。

④ 约翰·杜翰姆·彼得斯：《对空言说：传播观念史》，邓建国译，上海：上海译文出版社，2017年，第138—140页。

⑤ 约翰·杜翰姆·彼得斯：《对空言说：传播观念史》，邓建国译，上海：上海译文出版社，2017年，第146页。

⑥ 约翰·杜翰姆·彼得斯：《对空言说：传播观念史》，邓建国译，上海：上海译文出版社，2017年，第283页。

第二节 《论语》中的心灵交流问题

在《论语》之中，如果要说对于心灵交流现象的讨论，那么我们必须要提到的必然是出自《论语·述而》之中的那句"子不语怪、力、乱、神"了，按照王肃的理解，"怪"指的是怪异的事情，"力"则指的是鸟获举千钧之属也，"乱"则指的是臣弑君、子弑父之事，"神"就是鬼神之事。① 皇侃对此的解释也是差不太多，不过他在解释"怪"时则将怪异引申为"妖孽之事"。② 这一类的事情在孔子看来皆是"无益于教化"之事，因此孔子不言及于此。③ 在《四书通》另外一种断句方式则是将"怪力"与"乱神"解为二事，认为"力不由理，斯怪力也。神不由正，斯乱神也"，这种说法认为"怪力"不根据道理来运行，"乱神"则不正，因此它们都是"有兴于邪"，皆是不利于教化之事，因此孔子都不去探讨。④ 总的来说，它们都认为"怪力乱神"之事孔子皆不言。

而彼得斯所言之"心灵交通"在某种程度上而言，应当属"怪、神"之事，如果是这样的话，以上两种说法不论如何断句，应当都属于孔子不言的范畴。从另一个侧面来说，对于此类现象，儒家的观点一般是不去对它进行探讨，这里从某种程度上而言就是对于这类现象的一种否定。又《四书或问》有一种说法则认为"谓不诵答耳，非云不言也"，也就是说孔子只是不去回答或是解释它，但并不意味着不能去说它。对此我们可以用《论语·先进》之中的"季路问事鬼神。子曰，未能使人，焉能事鬼。"来进一步对它进行解释，陈群对此解释"鬼神及死事难明，语之无益，故不答也"⑤ 因此儒家认为的是鬼神这类事情是很难弄清楚的事情，讨论它对于我们而言并没有多大用处，因此不答，与此同时孔子也给出了对此的另外一个方向，那就是"事人"。陈炎、孟庆雷指出当孔子被人询问到此类荒诞的现象时，总是能以符合事实经验的逻辑加以解释，并且以理性来把握事实经验，因此这句话也是孔子排斥神秘主义，秉持理性精神的重要依据。⑥

但从另一个方面来说，孔子对于神灵祭祀活动倒也没有到完全排斥参与，完全拒绝的情况。《论语·述而》云"子疾病，子路请祷，子曰：'有诸？'子路对曰：'有之，诔曰：祷尔于上下神祇'子曰：'丘之祷久矣。'"这句话说的是在孔子生病的时

① 王云五编著：《论语集解义疏》，上海：商务印书馆，1926年，第94页。
② 王云五编著：《论语集解义疏》，上海：商务印书馆，1926年，第94页。
③ 王云五编著：《论语集解义疏》，上海：商务印书馆，1926年，第94页。
④ 王云五编著：《论语集解义疏》，上海：商务印书馆，1926年，第94页。
⑤ 王云五编著：《论语集解义疏》，上海：商务印书馆，1926年，第149页。
⑥ 陈炎、孟庆雷：《从不语怪力乱神到奢谈天道性命——从认识论角度对儒家发展史的反思》，《复旦学报（社会科学版）》2014年第6期，第1—10页。

候，子路为他向神明祈祷，当孔子询问他是否有此事时，子路回答有并向他解释时，孔子自己也说自己也有祷告的行为并且时间也很久，刘茜对此解释认为孔子劝阻子路是因为己之行已合于神明，无需子路再祈神祷福。故而孔子此语并非否定子路祷神之意，恰是表明自己素有信神之意。①

若是如此，孔子既是信神又同时不语"怪力乱神"的情况之下，看似矛盾重重，但是实则不然，我们可以参看《论语·八佾》之中言"祭如在，祭神如神在，子曰：'吾不与祭，如不祭'"，可见孔子对于祭祀神明的态度在于必须要亲自在场，如果自己不是在现场进行祭祀的话，那就如同没有祭祀一样。《中庸》言"子曰：'鬼神之为德，其盛矣乎！视之而弗见，听之而弗闻，体物而不可遗。使天下之人，齐明盛服，以承祭祀。洋洋乎！如在其上，如在其左右。'"说的也是这个道理。在场的祭祀在孔子看来就是一场"与神明的交流"，因此只有保持自己在场的情况之下，人们才可以在这种交流之中感受到"神明"，因此《中庸》的下一部分才会是"夫微之显，诚之不可掩如此夫！"这里孔子想要说的是《中庸》所言"道不可须臾离也"的道理，这种与"神"交流的状态也同样如此。孔子想要的是"夫子为教，不道无益之事"。②张清江指出孔子所谓的不语实际上是想告诉大众"仁德礼义相比怪力乱神，更应作为政治秩序的基础"，③这也就是所谓的"王者崇礼施德，上仁义而贱怪力，故圣人绝而不言"。④在这里语与不语，交流与不交流，实际上都出于对现实理想秩序的关心，"不语怪力乱神"代表着日常生活之中恰当的规范，同时"祭神"本身作为礼仪的重要组成部分，对祭礼本身具有着重要意义，而在祭祀之中最重要的恰是这种"祭神"的交流意义，换句话说，就是一种用来表述主客的中间状态或是主体间性之状态的话语，这一话语必须涉及交流或是传播，也就是斯蒂格勒所说的"不可传播的总体知识之真谛就是各类知识切实的传播"。⑤

这里的"总体知识"正如斯蒂格勒所说，是一种必须原本就存在，已经存在的知识，它正是形而上学和现实之间的桥梁。这也意味"怪力乱神"本质上的不可传播性，作为一种基础知识，它是不可传递的，事实上各种不可传播的总体知识已经是各类知识切实的传播，只有通过传播，知识才成其为知识。⑥因此在"祭神"的过程之中，其目的就在于将这种不可传播的知识传递出去，这种知识的交流可以是两

---

①　刘茜：《〈论子〉不语怪力乱神新解》，《孔子研究》，2008年第3期，第33—39页。

②　朱汉民编：《论语注疏》，北京：北京大学出版社，1999年，第92页。

③　张清江：《"子不语"的解释世界——在经学与理学之间》，《人文杂志》2018年第8期，第26—32页。

④　王利器校注：《盐铁论校注》，北京：中华书局，1992年，第437页。

⑤　贝尔纳·斯蒂格勒：《技术与时间：迷失方向》，北京：译林出版社，2016年，第155页。

⑥　贝尔纳·斯蒂格勒：《技术与时间：迷失方向》，北京：译林出版社，2016年，第154—155页。

方面的"交流"，一方面通过与"神"的交流可以让自身获得合法性的地位，也就是交通神鬼，表达人意，沟通天人。进而它可以形成一套为人处世的价值标准，乃至一种集中化的力量，《尚书·洪范》中所说"建用皇极"，也就是孔颖达所言"凡立事当用大中之道"，①所谓"皇极居中者，总包上下"，其中"上下"也就是世俗与神圣的区别，王室之所以能为王室，主要原因在于他们"王者所行皆是，无得过与不及，常用大中之道也"。这些群体操持着与神进行交流的权利，进而获得了他们统治的合法性，这种合法性进一步能为"教化"服务，而这也构成了政治秩序的基础，正所谓"大立有其中，谓行九畴之义也"。②这里的"中"它既是指一种"大道"，它同时也暗示了如何达到这种大道的方法，即"九畴"。这种"显圣物"的状态，正如黑格尔所说"具备一种介乎物质和思想之间的中间地位，处于直接的感性和纯粹的思想的中间"。③它既是精神的，也是肉体的，因而它才有了上下通达的能力。《诗》云"莫匪尔极"、《周礼》的"以民为极"，乃至《尚书·大禹谟》中的"人心惟危，道心惟微，允执厥中"，再到《尚书·酒诰》中的"尔克永观省，作稽中德；尔尚克羞馈祀，尔乃自介用逸"，④他们莫不体现了古代祭祀之中这种承接鬼神，实施教化的中间只能；它们既是现实，也是理想；既是政治的，又是道德的；既是德行规范，也是思想方法。

在这里，所谓的"神"其实分为成了三种意向，即"鬼神"的"神"，"神化"的神以及"精神"的神，⑤这三种意向各自扮演着不同的作用，首先"鬼神"的"神"提供了祭祀前期人与不可言说的"神"之间的纽带，使得这些"子不语"的事物具象化，而成为可以与之交流的对象，同时"神化"的神则提供了一个标准，一种尺度，也就是"不可传播的总体知识"，它是一种想象，一种规训，也就是一套价值标准。最后，这一套标准则通过"精神"的"神"进行传递，也就是孔子所言的"教化"，《礼记》言"神灵者，品物之本也，而礼乐仁义之祖也，而善否治乱所由兴作也。"指的正是"神"所具有的"教化"之作用，"神"在这里已经不再是单纯的"神圣化"的意向，在中国的语境之下，它同时还必须具备在人与人之间传递的"教化"之作用，它才能以为"神"。

综上所述，孔子虽言"子不语怪力乱神。"但孔子本身其实并没有反对鬼神的存在，他认为祭祀乃至鬼神都有它们存在的意义所在，而其重点则在于"教化"，讨论

---

① 李学勤主编：《十三经注疏·尚书正义》，北京：北京大学出版社，1999年，第299页。
② 李学勤主编：《十三经注疏·尚书正义》，北京：北京大学出版社，1999年，第300页。
③ 雷吉斯·德布雷：《图像的生与死——西方观图史》，上海：华东师范大学出版社，2014年，第67页。
④ 李学勤主编：《十三经注疏·尚书正义》，北京：北京大学出版社，1999年，第376页。
⑤ 瞿奎凤：《先秦"神"观念演变的三个阶段》，《社会科学研究》2014年第2期，第129—135页。

"鬼神"的意义只要是有利于"教化"就会有存在的意义，因此如《中庸》的"鬼神之为德"正是建立在"教化"的意义之上，通过与"鬼神"的交流进而完成"教化"的交流，孔子的"心灵交流"问题与其说是与"鬼神"的交流，倒不如说是其为争取其学说合法性的交流，通过与"鬼神"的交流而为现实之中的"交流"争取空间。

第三节　西学东渐下的"灵学"交流观
——民国时期的"心灵交通"与儒学

20 世纪初期，西方的"灵学"研究经由日本开始传入我国，其中最著名的著作当属后来担任北京大学校长的蔡元培所翻译的日本哲学家井上圆了所著《妖怪学讲义录（总论）》，该书被认为是"中国之有西洋哲学"第一个时代的代表，同时也"代表那个时候中国人对于哲学的态度"，[①] 当然彼时的思想家翻译这类灵学书籍之目的，却并不是为了传播灵学，正如彭春凌所指出的那样，儒家理性主义的大传统本能地拒绝怪力乱神，他们对于井上圆了的接受显示了清末思想家对于科学理性分析性话语的推崇，正如《妖怪学讲义》之中所说的那样"身心内外所生种种变态异常之现象"，谓之"妖怪的现象"，而"讲究其理者，谓之变式之心理学"，[②] 他们翻译此类书籍并非为了解释"怪力乱神"此类灵异现象，更多的是借助井上圆了书中对于此类现象的哲学、心理学、生物学的理性分析来传递的科学思想，启蒙民智。同一时期，类似的著作还有章太炎翻译柿崎正治的《宗教学概论》以及陶成章所演义的《催眠学讲义》等。

从上看来其实早期灵学在进入中国时也并没有逃脱彼得斯所谓的"精神和技术领域的杂交"，他们所承担的作用依然是搭建科学和形而上学之间的桥梁，但因为儒家理性主义的作用，他们在此时更加注重的是如何通过此类书籍来促进科学的启蒙，而这些研究者也自认为他们的研究乃正宗的"科学"，或较为狭义的"心理学"。[③]

到了第一次世界大战之后，欧战的发生引起了国人高度的文化自觉，战后访问过中国的罗素曾提到，访华期间有不少人对他说，1914 年前自己对于西方文化不甚

---

① 张东荪：《〈文哲月刊〉发刊词》，载左玉河编：《中国近代思想家文库·张东荪卷》，北京：中国人民大学出版社，2015 年，第 389 页。

② 井上圆了：《妖怪学讲义录（总论）》，载高平叔编《蔡元培全集》第一卷，北京：中华书局，1984 年，第 346 页。

③ 黄克武：《民初知识分子对科学、宗教与迷信的思考》，载张寿安主编：《晚清民初的知识转型与知识传播》，北京：北京师范大学出版社，2018 年，第 45 页。

怀疑，但及欧战起，却不能不相信它必有自己的缺陷。^①梁启超也在他的《欧游心影录》中提及此次旅欧的最大收获就是对中国文化的悲观情绪一扫而光，相信他可以开出新境并助益西方文化，因此在思想上变被动为主动。^②中国人开始关注到物质的过度发展所带来的悲惨后果（战争），另一方面则开始恢复了对自身的文化信心，国人对于中国文化的态度已经开始发生变化，而希望中国文化能够重新振作，乃至为中华复兴，世界大同贡献一分力量的观念正逐渐在国人心中滋长。

同样的道理，自此以后一些新兴的宗教与慈善团体除了以扶毡和慈善事业为主体以外，同样也从事"灵学"研究，而他们从事灵学研究与西方的"灵学"团体即有所不同，即他们开始以中华文化之中原有的某些理论来试图去阐释这些灵学现象，例如成立于1921年的万国道德会，其主旨就是弘扬孔孟学说、研究"三界五行"，并宣传天命与感应，挽救道德沦丧。^③这些灵学的支持者都认为灵学不但配合传统中的一些观念与行为，而且还能得到科学性的证据与解释，因此它们不是"迷信"，而是最先进的"科学"，是现有科学的新兴领域。^④

因此在这一拨灵学人士之中，他们对于"心灵沟通"的观点不仅有别于西方或是日本灵学研究的观点，而开始试图加入中国关于"心灵沟通"的理解，而在这背后所隐含的恰是中国人自己对于交流的观点，其中的代表人士包括曾翻译《天演论》的严复、《佛学大词典》的编撰者丁福保、著名的律师与外交家伍廷芳等人，下面笔者将以严复为例，来探讨当时的人们在"心灵沟通"的背后究竟隐藏着怎么样的交流观念。

1918年，严复在阅读上海灵学会所刊发之《灵学丛志》之后，分别向俞复与候毅写了两封信，这两封信分别刊发于《灵学丛志》第1卷第2期及第3期，后又同时收录于王栻所编的《严复集》之中，从这两封信的内容我们可以大致看出严复自身是如何融汇传统与西学来会通灵学，并理解传统文化在其理解类似"心灵交通"时的意义。

在严复的观点之中，他认为"世间之大，现象之多，实有发生非科学公例所能作解者。何得以不合吾例，懵然遂指为虚？此数十年来神秘所以渐成专科"，严复首

---

①　罗素：《中国之问题》，北京：中华书局，1924年，190页。转引自郑师渠：《论欧战后中国社会文化思潮的变动》，《近代史研究》，1997年第3期，第207—234页。

②　郑师渠：《论欧战后中国社会文化思潮的变动》，《近代史研究》，1997年第3期，第207—234页。

③　黄克武：《民初知识分子对科学、宗教与迷信的思考》，载张寿安主编：《晚清民初的知识转型与知识传播》，北京：北京师范大学出版社，2018年，第46—47页。

④　黄克武：《民初知识分子对科学、宗教与迷信的思考》，载张寿安主编：《晚清民初的知识转型与知识传播》，北京：北京师范大学出版社，2018年，第48页。

先肯定了灵学的价值，并且他以陈宝琛 1887 年从事扶乩并且十分灵验的事实作为证据，说明"孰谓冥冥中无鬼神哉？"[①] 由此我们可以发现严复对于灵学之事所持态度十分肯定，但从中我们可以发现，严复对于此类事情的认知其实并非出自自身的西学功底，虽说在其书信之中，严复也曾提及 1882 年英国的灵学研究会并且详细介绍了该会的研究成果，但当其阐释灵学内容并言其最终目的时却言"终言一大事，正名人生灵明，必不与形体同尽，又人生大用，存乎感通，无孤立之境"，在此严复认为"其言乃与《大易》'精气为魂，感而遂通'，及《老子》'知常'，佛氏'性海'诸说悉合"。[②] 可见严复之观点实际上即出自中国的典籍之中。《易经·系辞》言"原始反终，故知死生之说。精气为物，游魂为变，是故知鬼神之情状。"又言"易无思也，无为也，寂然不动，感而遂通天下之故。"所谓的感通实际上就是以精气为媒介，进而感通神鬼，达到通天下通万物之理念。当然这一说法实际上自古已有之，正所谓精气之极，通于神明，在《管子》之中，它认为"精气"是生物的根本，也是鬼神的本质，人精气充沛就会耳聪目明，身体健康，智力发达，甚至通于神明。[③] 《管子·心术上篇》言"世人之所职者精也，去欲则宣，宣则静矣，静则精，精则独立矣。独则明，明则神矣。"实际上说的正是"精气"之作用，刘宗周曾经说过："圣学之要只在慎独。"[④] 实际上指的正是这种"精气则独立"感通天人之经过，而这本身也是儒家实现"天下大同"的目标的起点与路径。[⑤] "慎独"不是追求对自我的迷恋，而是一种追求"天人合一"的过程，而只有"天人合一"才可以"沟通天地"以至"政通人和"。

当然严复的观点实际上在当时是十分普遍的，清末举人余觉在其书信中也曾提及："灵学者，实为凡百科学之冠，可以浚智慧，增道德，养精神，通天人。《易》言鬼神之情状，其惟圣人乎！则灵学者，即可谓圣学也。"[⑥] 另一位研究"灵学"之人卢可封则将此类现象与《中庸》之中的"至诚"联系起来，他提出"至诚之道，可以前知。又曰：至诚如神；又曰：与天地合其德。与日月合其明，与四时合其序，与鬼神合其吉凶；此其修养之至，一触即发，随时皆可以得催眠之效。"[⑦] 以上所言，实

① 王栻编：《严复集》，北京：中华书局，1986 年，第 725—727 页。

② 王栻编：《严复集》，北京：中华书局，1986 年，第 721 页。

③ 瞿奎凤：《先秦"神"观念演变的三个阶段》，《社会科学研究》2014 年第 2 期，第 129—135 页。

④ 戴连、吴光主编：《刘宗周全集》（第 2 册），台北："中央研究院"中国文哲研究所筹备处，1997 年，第 424 页。

⑤ 谢清果：《作为儒家内向传播观念的"慎独"》，《暨南大学学报（哲学社会科学版）》2016 年第十期，第 54—64 页。

⑥ 余觉：《余冰臣先生书》，载《灵学丛志》第一卷第 3 期，第 8 页。

⑦ 卢可封：《中国催眠术》，载东方杂志社编：《催眠术与心灵现象》，上海：商务印书馆，1924 年，第 17 页。

际上我们可以发现中国人的"心灵交流"背后实际上预设着自己的一套逻辑，在他们的视角之中与，单纯的"灵学现象"或是"心灵交流"本身实际上是毫无意义的，此类现象在他们看来符合或是不符合科学解释实际上毫无必要，他们需求的乃是在这些现象背后所具有的意义，当然西方所传来的此类"灵学"在他们看来或许依然还是"器用之学"，因此它们需要的是由格物致知而正心诚意修身，[①] 与此相应的，所谓的交流，乃至心灵交流就都而可以转换为"格致修身"的问题，这一过程也就变换为一个"冶炼心能""变其心习"的问题。[②]

当然如果我们谈论到"修身"我们必然会转向后面的齐家、治国、平天下，严复所言："求才为学二者，皆必以有用为宗。而有用之效，证之富强；富强之基，本诸格致。"[③] 不论这些思想家们对于"心灵交流"的现象如何熟悉，当他们去解释这些现象时最终都会落到现实这一最实在的层面中来，一如章太炎聚焦于宗教理论最终也落实到革命群体如何建立自身的道德修养和行为逻辑一样，[④] "天人合一"的境界以及"修身、齐家、治国、平天下"早已成为渗入中国人日常生活，成为他们日常生活之中的重要概念，而此类光怪陆离的"心理交通"行为也至此打上了儒家理性主义的烙印。

结　语

彼得斯后来在讨论招魂术的交流观时曾提及了黑格尔，并认为他对我们思考这一视角非常有助益。[⑤] 在这一视角之中，彼得斯首先认为黑格尔的交流观认为："交流不是为了使一个主体和另一个主体融合，而是要建立一个一系列历史关系，在这种关系中，主体在客体上变得可能。"依此他进一步提出"交流"常常不仅仅是精神内容在人与人之间的穿梭，它是一个世界存在的基础。[⑥] 循着这样的理论，我们发现实际上彼得斯甚至是西方对于"交流"的考察，更多不是从其目的入手，而是从其事物本身入手，正如彼得斯自己所言："我们必须依循经验的论净，对产生该哲学原理的各种条件和背景有着感同身受的理解，才能把握它。哲学是一种上下求索的历史

---

① 史华慈：《寻求富强：严复与西方》，南京：江苏人民出版社，1996 年，第 31 页，

② 王栻编：《严复集》，北京：中华书局，1986 年，第 280—282 页。

③ 王栻编：《严复集》，北京：中华书局，1986 年，第 43 页。

④ 彭春凌：《章太炎与井上圆了——一种思想关联的发现》，《杭州师范大学学报（社会科学版）》2018 年第 2 期，第 24—33 页。

⑤ 约翰·杜翰姆·彼得斯：《对空言说——传播观念史》，邓建国译，上海：上海译文出版社，2017 年，第 163 页。

⑥ 约翰·杜翰姆·彼得斯：《对空言说——传播观念史》，邓建国译，上海：上海译文出版社，2017 年，第 164—165 页。

追问；这种追问不会将各种周边细节仅仅视为偶然事件。"[1]

也正因为如此，实际上在这种"交流观"研究的主导之下，彼得斯所追问的"完美的交流"并不是彼得斯所力图研究的问题，实际上他们更多在做的正是这种追问"交流"本身。然而这种观念本身也有不足之处，即他们很容易在这种追问之中变得琐碎，同时也容易在这种迷失，即他们在追问的同时，却忘了自身追问的目的。

在这种情况之下，实际上中国对于"心灵交通"研究的目标却有它值得与之相互借鉴，通过民国时期这些对于"心理交通"的研究我们可以发现，实际上他们研究的背后都有非常强大的驱动力在驱使着他们进行此类研究，一则是为中华文化之崛起而奋笔直书的情怀，另外则依然是中国传统儒家所坚持的"修齐治平"之道，当然在通往这条道路上，自然也免不了有的牵强附会的情况出现，但总的来说，他们始终朝着这一目标不停地在前进。

由此我们发现，实际上中西对于"心灵交通"现象之研究，实际上有很大程度可以相互借鉴，一者给我们提供了研究之时该如何思考，如何追问的方法，而与此同时，我们也应不忘初心，坚持研究的目标，二者缺一不可。

---

[1]　约翰·彼得斯：《对空言说——传播观念史》，上海：上海译文出版社，2017年，第164页。

第三章　言传与身教:《论语》学习观的
身体传播考察

赵　晟

　　孔子被后世称圣，推崇为万世师表，是源于他对于教育的重视，更源自其对"学习"这一修身方式的深刻思考与阐释。《论语》开头的一句"子曰:'学而时习之，不亦说乎？'"①早已浸入中国人的文化骨髓之中。对学习的极端看重使得中华民族成为世界上最重视教育的民族之一，还由此诞生了独特的"学区房"文化。但即使是在这样的全民运动式搞教育的大背景下，我们的社会依然不乏对于教育体系的种种批评，将填鸭教育、负担过重、压制创新、与社会脱节等等罪名归咎其上。这样的批评如此泛滥，以至于让人不得不去思考其中究竟出了什么问题。于是本章试图回归到至圣先师的孔子那里，重新审视《论语》之中建构的"学习"与"言传身教"系统。

第一节　吾十有五而志于学：学习的目的论

　　孔子在《论语·为政》中说:"吾十有五，而志于学。三十而立。四十而不惑。五十而知天命。六十而耳顺。七十而从心所欲，不逾矩。"其描述了一个个体完成社会化的过程。从"志于学"到"不逾矩"，完成了从动物性向社会性的转变。用费孝通先生的话来说就是一种"社会性的抚育"即一种对生理性抚育的延续，因为"一个没有学得这一套行为方式的人，和生理上有欠缺一般，不能得到健全的生活。"②越是在一个高度分工化、组织化的社会之中，"学习"对于一个人融入社会的必要性就越是凸显，许多时候"成材"与"成人"几乎是同义词，换句话说如果不能在社会

---

　　①　朱熹:《四书章句集注》，北京:中华书局，2011年，第49页。后文所引《论语》《中庸》原文皆出自此版本，不再注出。

　　②　费孝通:《生育制度》，北京:北京联合出版公司，2018年，第58页。

之中寻找到一个属于自己的位置，加入社会的分工协作体系，那么人是几乎不能称之为人的，或者说不是一个完整的人。换用孔子的话来说，加入社会的分工协作体系就是"立"，孔子曰："兴于诗，立于礼，成于乐。"（《论语·泰伯》）而所谓的"礼"用《礼记》之中的话来说就是"夫礼者，所以定亲疏、决嫌疑、别同异、明是非也。"（《礼记·曲礼》）① 可以看出"礼"可以理解为一种社会化的能力，是与社会中的他者进行交往时的凭依。孔子还说："不学礼，无以立。"（《论语·季氏》）换言之，当人能"知礼"时也就获得了一种与他人协调关系、分工合作进而真正嵌入社会的能力，完成了"社会性的抚育"能够"自立"了。

有了这样的认知后，再回顾"三十而立"的逻辑前提，自然而然地更能感受到"志于学"的重要性。无怪乎《学而篇》被定为整部《论语》开篇的一章，因为"学"是人一切社会化的开端，且需要一种主动性的参与。不同于生理性的抚育有着血肉身体之天性欲望的驱使辅助，社会性抚育的"学习"需要个体精神身体的积极参与。用"学而立"的逻辑进路可以知道，学习这样一种社会化的过程毋庸置疑的正是一种信息传播的身体交往过程。潘光旦先生也分析认同说："我们的心理是团体的、社会的……没有群居生活的交相感应，则根本就不会有我们所了解的心理生活。"② 我们之所以需要一个"学习"的社会性抚育过程来融入社会，正是因为人是社会群居的人，是集体聚合与分工合作才诞生了人类文明的今天，只有被接纳进群体与分工之中，人方成人。换句话说人需要传承文化传统，先人的经验、知识与认同是今人能够共同合作生活的基础，无怪乎横渠四句说要"为往圣继绝学，为万世开太平"，人类的延续不仅仅在于生物基因的继承繁衍，更在于文化基因的复制传播。薪尽火传的文明之意义正在于此。这样一种知识、经验、文化、文明或者说"礼"的承继，因为"中国的'礼'乃是一个独特的概念。其他民族之'礼'，一般不出礼俗、礼仪、礼貌的范围，而中国之'礼'，则与政治、法律、宗教、思想、哲学、习俗、文学、艺术，乃至于经济、军事，无不结为一个整体，为中国物质文化和精神文化之总名"。③ 正是一种人类代与代之间的信息传播，在受传者的一方是"学习"，是"志于学""立于礼"；而在传者的一方则是"教化"，是"礼教"。而"礼教是关于'礼'的意义传递、思想交流、情感互动的行为规范。其不仅包含教育观念、政治观念、文化观念，也体现出'传播的仪式观'"。④ 传受双方在这样一场旨在进行"社会性抚

---

① 王文锦：《礼记译解》，北京：中华书局，2001年，第2页。后文所引《礼记》原文皆出自此版本，不再注出。

② 费孝通：《生育制度》，北京：北京联合出版公司，2018年，潘光旦序言第12页。

③ 邹昌林：《中国礼文化》，北京：社会科学文献出版社，2000年，第14页。

④ 张兵娟、刘佳静：《中国礼的教化传播思想及当代价值》，《郑州大学学报（哲学社会科学版）》2019年5月期，第113—118页。

育"的传播活动中形成了一个互动的闭环，每一个个体在这场跨越代际的信息传播中不断地变换着位置，从"兴于诗"以《诗经》启蒙开始了学习的人生，到"立于礼"得以在社会中寻得一片自己的位置，再到"成于乐"个体自己也成为一名传者开始"利用礼乐来广教化，移风俗，淳民心"，[①]正是从"习礼"到"演礼"的人之成人的全过程。

信息的传者与受者共同构成了信息传播过程中的两极，两者之间相互依存、相互矛盾而又相互转化，而从懵懂的学童向行教化之士人的转变正是依此而行。但正如辩证思想所说的要抓住矛盾的主要方面一样，在受者之"学习"与传者之"教化"间也应该寻出一逻辑起点，而这起点正是"学习"。不仅是《论语》以《学而篇》作为第一篇章，当代教学的课堂也强调以学生为主角，绝大部分传播学的理论也都强调受传者的主体性，毕竟外因要通过内因起作用。"学习"贯穿了个人整个社会化的过程，是人一切社会行为的逻辑起点，是人与人传播交往活动的基础准备，整个儒家思想中"教化天下"的愿景也是依托于"学习"之上的。不由得让人细细分析学习的奥妙。

第二节　学而时习之："与人学"的言传身教系统

在《论语》里，"学习"是其整个思想体系得以运转的根基与发端，每一个从心所欲而不逾矩的圣人君子都起始于立志向学的蒙童。而蒙童的启蒙需要师长的某种介入与引导，这正是一种外部的信息输入与身体交往过程。

一、学与习共构了信息传播系统

子曰："学而时习之，不亦说乎？"（《论语·学而》）《论语》的开篇一句即点明了学习当"学"与"习"分论之精要所在。用传播学的视角来看，人学习的交往过程可以说是言传与身教。朱熹将"学"字注为："学之为言效也。人性皆善，而觉有先后，后觉着必效先觉之所为，乃可以明善而复其初也。"又将"习"字注为："鸟数飞也。学之不已，如鸟数飞也。"[②]所谓"学之为言效"讲的正是让人效法言语中说的内容、方式方法去做，"学"是一种"后觉效先觉"的模仿与效法，是一种"言传"式的信息传递与复制过程。在这样一个过程中，强调的是一种对于信息不假思索的接受与复制，用詹姆斯·凯瑞的观点说就是一种"传播的传递观"下的信息直线

---

① 黄星民：《礼乐传播初探》，《新闻与传播研究》2000 年，第 28—35 页。
② 朱熹：《四书章句集注》，北京：中华书局，2011 年，第 49 页。

传递。① 而"习"则是一种对于"学"的反思与补足，就像鸟儿学习飞翔，对"先觉"母亲扑腾翅膀的模仿是决然不够的，还需要自己跃出窝去尝试着飞翔，才会有自身之所得，才能获真知。这样的"习"就是一种"身教"的过程，俗话说"纸上得来终觉浅，绝知此事要躬行"，躬行即亲身经历、身体力行，是一种身体的内省与自我教化，是一种"明德自新"的力量，是"学习"这一传播活动中真正具有创造力的一面。用詹姆斯·凯瑞的观点说"习"就是一种"传播的分享观"，要有自身之自得方能与人分享，强调的是一种对信息的过滤与印证，从"有所得"到"有不足"再到"又有所得"，"学"与"习"一共构建了人的"否定之否定"螺旋上升式的进步发展模式。就如同染布，"学"是对染料的饱和汲取，而"习"则将多余的水分挤掉只留下五彩的斑斓。

二、言传身教的传播学意蕴

言传身教一词原本来源于《后汉书》中记载的第五伦上疏中曰："其身不正，虽令不从。以身教者从，以言教者讼。"② 用以劝诫帝王要立身正，以身作则式地促进君臣同心同德。也可以看出是从教者、传者的一面阐述了"学"与"习"的区分，只学不习无异于第五伦所说的"以言教者讼"，只会引起不解和争讼。而只有"习"有所得，方能修身立正，如詹姆斯·凯瑞所言之"分享式传播"，将自身之所得"身教"而出，以感染人、使从者众。所以说，"学"可以对应"言传"，"习"可以对应"身教"，学习本一体，言传身教亦然，它们共同构成了前文述及的人之社会化过程，即从"习礼"到"演礼"的过程。为了全面地分析这一传播过程，模仿传播学中经典的奥斯古德和施拉姆的循环模式画图如下：

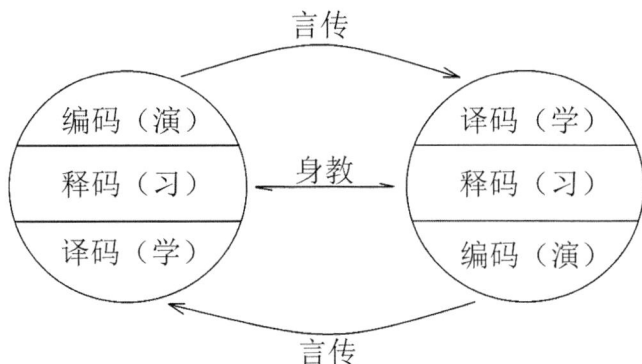

图一："与人学"的言传身教系统

① 詹姆斯·凯瑞：《作为文化的传播》，丁未译，北京：华夏出版社，2005 年，第 4—7 页。
② 张惠康、易孟醇主编：《后汉书今注今译》，长沙：岳麓书社，1998 年，第 1114 页。

如图一所示，两个球体分别代表了人内传播的过程，它们之间的互动则代表了人与人之间的社会化交往活动。在左边球体内部自下而上，人首先对他者的"言传"亦即信息的传递进行接收，是"学"的译码过程，亦是将语言符号能指与所指进行翻译的过程。而后到了中间的"习"的释码过程，其起到的是一种传播活动中的"把关"作用，结合自身实践而得的真知和内心明德的感召，所有可知可感的体会一起，将他者之所传创造性地化为自身之所得，使符号和信息化为了自身之意义与情感。最后则是"演"的编码过程，取的是"演礼"的意思，将内心的所得所想通过一套符合"礼"即社会期待的方式表达出来，重新形成一种"言传"的信息传递给他者。但"演"还有另一层含义，即"表演"。借用戈夫曼对表演的定义是："指代个体持续面对一组特定观察者时所表现的，并对那些观察者产生了某种影响的全部行为。"① 通俗来说就是"见人说人话，见鬼说鬼话"，这样的现象在日常生活之中其实屡见不鲜。由于人对于社会的融入是得以成人、保证生存的根本需要，在面对社会这样一组最广泛的"观察者"时，势必需要保持一种能够被社会接纳的基础"仪礼"行为的表演，构成社会最基本的道德基础或者说法律基础。然而在面对社会之中其他不同的"特定观察者"时，面对不同标准的期许和自我标榜欲望时，则太容易出现一种言语上的表演也即"撒谎"了。所以在《论语》的记载中，孔子曾因弟子宰予在言语上的欺骗，作出了"始吾于人也，听其言而信其行；今吾于人也，听其言而观其行。"（《论语·公冶长》）的感慨。当然了，撒谎欺骗是一种主动寻求自身目的的言语表演，但是也需要注意到有很多时候其实"言传"信息本身便会造成误会，如在克尔凯郭尔看来交流就"既是一种揭示方式，又是一种掩饰方式，而不是为了信息交换。……交流与其说是一个'如何更好地理解'的问题，不如说是个'如何策略性地进行误解'的问题。"②

三、言传与身教的协同彰显身体在场

"言传"的弊端已经揭示了不少，正如第五伦所说的一样"以言教者讼"，如止步于"言传"止步于不加辩证思考的"学"，只会引发种种误解与无端争讼。由此更加凸显出了具备创造力的"习"过程的重要性。因为"习"其实是对于麦克卢汉笔下身体"整体的场知觉"回归的一种手段，不同于"学"对于言语的听觉或文字图像的视觉的技术性依赖。因为"任何发明或技术都是人体的延伸或自我截除。……

---

① 欧文·戈夫曼：《日常生活中的自我呈现》，冯钢译，北京：北京大学出版社，2008 年，第 19 页。
② 约翰·杜翰姆·彼得斯：《对空言说：传播的观念史》，邓建国译，上海：上海译文出版社，2017 年，第 82 页。

人在正常使用技术的情况下，总是永远不断受到技术的修改。"①不论是听讲还是读书，止步于"言传"信息的"学"始终是一种单向度的延伸与依赖，始终都逃脱不了克尔凯郭尔看来的交流即误解的宿命。而身体"整体的场知觉"式的"习"则首先让人觉知"技术是自己身体的延伸"，因为只有知道自己受困其中方才能逃脱其外。《论语》记载："子曰：'由，诲汝知之乎！知之为知之，不知为不知，是知也。'"（《论语·为政》）孔子对子路说的话里讲述了"习"能给人带来的第一个"真知"，就是知道自己的无知，知道自己受困于语言符号构成的藩篱之中。如鸟数飞，雏鸟只有跃出树窝才能知道光懂得扑扇翅膀并非真正学会了飞翔，明白了这一点是"习"的第一步。"习"的第二步是让人"有意识知觉和秩序的任务就迁移到人的物质生活里去了。"②换句话说就是一种跳出言语符号的樊篱，对于活生生的生活世界的回归。将所指到能指提炼的语言符号重新放归来处，获得一种独属于个人的体验与意义，用梅洛·庞蒂的话说："我所知道的是根据我对世界的看法或体验才被我了解的，如果没有（身体）体验，科学符号就无任何意义。"③《论语》记载："子曰'学而不思则罔，思而不学则殆'"（《论语·为政》）；又记载曾子一日三省包括"传不习乎？"（《论语·学而》）其实就是在提醒人要用一种"习"的身体体验去反刍"学得"的信息，将之内化为"习得"的意义，方才是一种真正的知识获得。"习得"的个人体验与意义还起到一种信息传播中的把关作用对"学得"的信息进行过滤和筛选，"学而不思则罔"没有过滤的接受正是我们当代语境中批判的"本本主义"，有道是尽信书不如无书，"罢黜百家独尊儒术"后崇尚"学习"的儒家思想反而成为对人们思想的一种桎梏大概正是源自于此吧。反过来说，"学得"的信息也为"习得"式思考与体验提供了养料，"思而不学则殆"的思想其实可以用内向传播的视角加以解读，米德在阐述自我意识形成时提出了"主客我互动论"，认为："人的自我可以分解成互动的两个方面，一方是作为医院和行为主体的主我（I），另一方是作为他人的社会评价和社会期待之代表的客我（me），人的自我正是这种互动关系的体现。"④换言之，人自我的形成与认识的成长是需要从外部获取一种帮助形成客我（me）的信息的，而这正是"学"的价值所在，对榜样的模仿，对社会仪礼交往的观察，都是出于这样的目的。对个体来说"学"和"习"是从理论到实践再到新理论的出现，是否定之否定式的螺旋上升的认识进步，逐渐将信息消化为意义，正是"学习"之于成长的意义。

① 马歇尔·麦克卢汉：《理解媒介：论人的延伸》，何道宽译，南京：译林出版社，2019年，第64、66页。
② 马歇尔·麦克卢汉：《理解媒介：论人的延伸》，何道宽译，南京：译林出版社，2019年，第67页。
③ 莫里斯·梅洛庞蒂：《知觉现象学》，姜志辉译，北京：商务印书馆，2001年，第3页。
④ 参见郭庆光：《传播学教程》，北京：中国人民大学出版社，2011年，第65页。

第三节　见贤思齐内自省："自省而学"的身体嵌入

但就"学习"的社会价值，也即儒家对"兼济天下"之教化的期许来说，个人"习得"的新体验与新理论是否能完整的进入"言传"所能承载的信息之中呢？这是值得怀疑的，不仅仅是语言符号的限制，还有面对"一组特定观察者"时可能造成的外部压力的扭曲。

一、初级群体中的人际传播式"与人学"

幸好在人类的知识传播系统之中还有着一种"身教"的身体交往途径。如图一所示，在两个代表了人内传播的学习球体中"习"的部分是被一条"身教"的双向线联接起来的，这其实反映的是一种"身体间性"的体知能力。用梅洛庞蒂的话来解释："是我的身体在感知他人的身体，在他人的身体中看到了自己的意向的奇妙延伸，看到一种看待世界的熟悉方式……人直接用自己的身体去知觉他人的身体，并同时理解了他人的意识。"[①] 是一种相对于"言传"来说更加直抒胸臆的意义默会方式，能将自得之体悟与感动绕过语言文字的蒙蔽来与他者共鸣。《论语》记载："子曰：'弟子入则孝，出则弟，谨而信，泛爱众而亲仁。行有余力，则以学文'"又载"子夏曰：'贤贤易色，事父母能竭其力，事君能致其身，与朋友交言而有信。虽曰未学，吾必谓之学矣。'"（《论语·学而》）其实可以看出孔子与其弟子早已注意到人际交往中这样"身教"式的知识默会能力。孔子与子夏的这两句话，逻辑起点都发自与家庭父母子女间的孝悌关系，而家庭正是人所归属的第一个初级群体，也是总能亲身在场体验"身教"式身体交往互动的传播情境。其中对于家庭教育的希冀其实很容易理解，父母能在"孝"上竭其力，那么子女自然能够在这样一种"身教"环境中见贤思齐地"贤贤易色"。

另外，孔子和子夏其实也在这里将"学"字划分了两种明确的意义指向，一种是"学文"自然是指书本知识与理论知识的学习，是在"行有余力"下才适合进行的学习；另一种姑且命名为"学礼"，因为孔子说过："不学礼，无以立。"（《论语·季氏》）但反观孔子与子夏的两句话中都包含有一种"未学文而立"的可能。所以可以总结：在儒家思想中，学习系统其实可以分为对活生生的形而下世界的"学礼"与对抽象复杂的形而上世界的"学文"。所以与之相适应的，"习"也能大致分为两种，一种是针对"学文"验证式的身体力行，让理论联系实际，从信息中获得属于自身的价值与意义的过程较为曲折；而另一种是针对"学礼"，模仿式地让他者身体的意

---

① 莫里斯·梅洛庞蒂：《知觉现象学》，姜志辉译，北京：商务印书馆，2001年，第443、445页。

义与情景在自身上复现，如索科罗斯基所说的人作为主体"经验到另一个自我是基于另一个与我一样的身体经验"，[1] 是一种更为直接的知识与经验的获得方式。

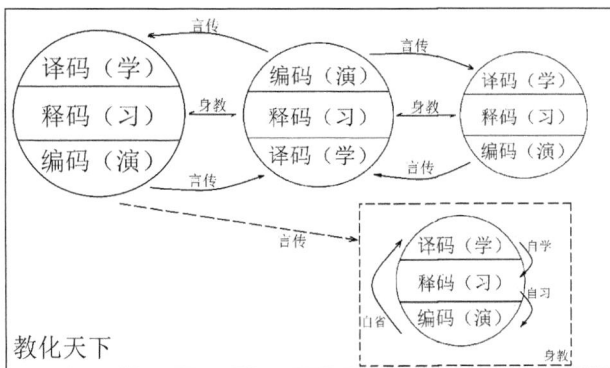

图二：从师而学与自省而学的对比

如图二所示，将图中左上的一个学习球体代表着圣人君子的学习典范时，图中上半部分展示的就是一种师徒之间、老师与学生之间、家中长辈与子女之间的完整言传身教系统下的知识传播、身体交往过程。带着一种耳提面命式的谆谆教诲，是理论知识与生活世界的合一，在一种活生生的亲身交往情景之中先贤、前辈将所学所思所得化作最有益于受传者消化的口语信息传达给后学者。这样的一种口语传播不仅仅包括言语信息还包括亲身在场时能传达出的一切身体语言与默会的信息，是传受双方都在同一情景下，具有同样的交流学习之目的才能实现高语境互动。对这样一种亲身在场，将言传身教合一的传播情境很像苏格拉底所思考的"人与人、灵魂与灵魂、身体与身体之间的连接"。他认为："交流的问题不仅是心灵间的匹配，而是欲望间的配对（coupling）。交流的主要原则是爱欲（Eros），而不是传输。"他还进一步解释说："哲学就是爱（爱智之爱），哲学只能够与自己爱慕的另一人一道去追求。哲学思考需要两个人一起才能进行。"[2] 换言之苏格拉底强调的正是这样一种亲身在场下亲密互动的传播情境，以及由此所唤起的一种对于知识、对于学习的强烈渴求式情感的迸发，传受双方都要像"学如不及，犹恐失之"（《论语·泰伯》），甚至"朝闻道，夕死可矣"（《论语·里仁》）一般才能够真正实现一种意义与价值的爱智共鸣，而非是说教式的单向传输。在孔子与子夏看来，只要能够在家庭等初级群体之中与长辈即学习对象间形成了这样一种连接与共鸣，即是最好的教化方式——"虽曰未

---

① 罗伯特·索科罗斯基：《现象学十四讲》，李维伦译，台北：心灵工坊文化事业股份有限公司，2004年，第224页。

② 约翰·杜翰姆·彼得斯：《对空言说：传播的观念史》，邓建国译，上海：上海译文出版社，2017年，第53、62页。

学，吾必谓之学矣"，因为学习本身的目的就是一种社会性的抚育使之融入长辈们已经塑造的社会。

二、以自身为媒介的内向传播式"与己学"

但在此层次之上还有着"学文"的需求，因为并非每个人都生长在圣人君子的家庭中，也并非每个人都能拜入孔夫子的门下亦步亦趋如七十二贤般成长，就如《论语》中所记载的颜渊的感叹："夫子循循然善诱人，博我以文，约我以礼。"（《论语·子罕》）如图二中下半部分虚线标注的"言传"一般，远离圣人君子的言传身教圈，却又有向学之心的后学末进只能通过书本与文字的符号自学、自习、自省。失去了相互讨论与言传身教的老师亲自"博文约礼"的中介，总是难免偏离圣人君子的原文原意。这也就难怪《中庸》里记载子曰："道之不行也，我知之矣，知者过之，愚者不及也。"言传身教的教化系统失却了一条腿，受传者们又哪里还能够持中而行呢？这大概也是为什么子曰"君子欲讷于言而敏于行"（《论语·里仁》），因言语和文字的符号太容易产生误会而导致"言教者讼"，先贤总欲多留下文字之外的一些能让后学者亦步亦趋仿效的，约之以礼的行为更以帮助其有所体会、有所"习得"。一如奥古斯丁在其《论教师》中谈到的："无论在什么情况下，学生从老师那里学来的东西最终都不是通过各种符号。教育不是通过语词实现的，而是通过'上帝让各种事物自己在学生的灵魂里显示出来'。"①这也是为什么孔子总是强调学习的主动性，强调"自习"的能力，子曰："见贤思齐焉，见不贤而内自省也。"（《论语·里仁》）这"内自省"其实正是一种脱离了老师与长辈的耳提面命情境之后，自学、自习和自省的自我"身教"的创造性过程，用传播学的话说就是一种以自我身体为媒介的"涵化效果"，通过对自身的约束与规训，获得一种身体的记忆与默会的知识，帮助自己不断进步。学习的本质在于自身成长以修身、循礼、达道，这一切都需要在社会情境下的言传身教系统来实现，言传与身教对应着学习的两个方面，当初级群体提供的师徒式人际交流缺位时，就愈发要强调个人身体内向传播式的"习得"所能提供的创造性"自新"能力。在自我学习的内向传播中，"要根据自身所处的情景和道的旨趣来选择、检查、中止、重组符号，并改变意义，以指导自己的思想与言行"。②依靠的正是"自省"的创造能力，源源不断地为自学和自习提供新的养料，才使其不断地向着圣人君子的学习目标前进。

不论哪种模式其实都是"学习"的过程。站在一种宏观的角度看，全民学习的

① 参见约翰·杜翰姆·彼得斯：《对空言说：传播的观念史》，邓建国译，上海：上海译文出版社，2017年，第99页。

② 谢清果：《内向传播的视阈下老子的自我观探析》，《国际新闻界》2011年第6期，第58—63页。

过程也正是"教化天下"的过程，从个人成长的阶段性上看也是"修身"的过程，是"齐家治国平天下"的发端。之所以儒家思想如此强调"修身"，强调"身教"在学习体系中的地位，当如彼得斯所云："身体及其痛苦已经成为真实性的'最后的边疆'，成了预防作假的根基，也成了个人私密的源泉。肉体是终极的道德载体。"[①] 当语言符号构成的世界已经形成一种对真实世界的蒙蔽，对活生生的生活实践的割裂时，先贤只能将希望寄托于身体，寄托于亲身在场的"身教"或身体力行的"自习"。子夏曰："君子有三变：望之俨然，即之也温，听其言也厉。"（《论语·子张》）记载了孔夫子在弟子心目中刻下的严厉又温和的整全身体形象，也许孔夫子正是希望用借言语与身体感受之间的矛盾构筑一种真实性，为在抽象的符号世界里游离太远的道德圣人，提示一份体验式的意义分享。身体本身就是一承载无数信息的媒介，时时刻刻都处于向外界学习的内向传播中，也同时向外界输出着言传身教式的讯息。言语符号是即刻消逝的，文字符号是等候误读的，而人的认识本身是处于恒常的变化中的。换句话说，言语和文字承载的都是有限的信息，而运动的身体承载的是无限的信息。

所以古先贤们才都首先推崇一种亲身在场的师徒关系，推崇以身为媒的教化思想。然后为了适应教化天下的规模化传播不得已地退而求其次地推崇一种"撒播"式教化。所谓的"撒播"一词来源于西方基督教《圣经》中的"播种者寓言"其"赞扬撒播是一种公平公正的交流形式，它将意义的收获交给接受者的意愿和能力"。[②] 换言之就是如图二下半部分所示一样，让受"撒播"的学习者只接收言传的种子，通过身体之"内自省"的自我学习方式开出自己的花朵，用自身之身教代替师长之身教。

三、以身为媒的《论语》学习观

这也正是《论语》中所构建的知识学习系统的完善之表现。学习是一体而两面的，其中的"学"既可以通过对他者"言传"之语言符号的接收与"身教"之身体间性不断的感知中获取信息养料，还可以通过自学的方式从自己身体的"内自省"中揣摩情感和意义；而"习"则是一贯的，不论从何处"学"来的信息都一视同仁地进入内修身的过程。如孔子所说："三人行，必有我师焉。择其善者而从之，其不善者而改之。"（《论语·述而篇》）而这里说的"从之""改之"就是学习中的"习"

①　约翰·杜翰姆·彼得斯：《对空言说：传播的观念史》，邓建国译，上海：上海译文出版社，2017年，第320页。

②　约翰·杜翰姆·彼得斯：《对空言说：传播的观念史》，邓建国译，上海：上海译文出版社，2017年，第75页。

字的含义，学的"体知"之后还要习的"体会"，就是要通过身体力行地去施行、习作才能将"知"化为"德（得）"。子曰："德之不修，学之不讲，闻义不能徙，不善不能改，是吾忧也。"（《论语·述而篇》）讲的就是"学"之后还要"习"，"教"之后更重要的是"化"的道理。而且这种"习"是具有创造性的动态过程，因为即使是实习实践中的身体也同样是交往中的能动身体。人虽然并不能时时刻刻聆听老师的教诲，亦步亦趋模仿老师的行动，但在身体力行的过程中身体是能够"温故而知新"的，"善而从不善而改"里善与不善的确定强调的就是"学而时习"的重要性，方能由不善而善地收获的成长，这就是修身的过程，是即便脱离了老师亲身之言传身教后依旧能够"慎独"的自省自新过程。所以孔子曰："温故而知新，可以为师矣。"（《论语·为政篇》）有了自学自习自省的能力之后，其实已足以克服学习道路上艰难险阻，已经是一"立于礼"的社会性成人了，可以"演礼"教化他人了。在《论语》的建构中"习"是与"学"同等重要的过程，学习是合一的不可须臾离的。"习"是思考，如"学而不思则罔"（《论语·为政篇》）；"习"是行动，如"见贤思齐焉"（《论语·里仁篇》）；"习"是学以致用，如"学而优则仕"（《论语·子路篇》）。学习正是一身体交往之过程，也即修身的过程，可以说"学习""修身"乃至"教化"都是身体交往的一种表述方式，只是侧重点和视角略有不同。学习然后能行言传身教之教化，从纵向的时间上看是人成长中自然而然的变化，从横向的社会交往上看则是一以贯之的身体交往中的两极，是身体传播这一事物的两个方面，也是如螺旋般循环往复上升的修身过程。子曰："有朋自远方来，不亦乐乎？人不知而不愠，不亦君子乎？"（《论语·学而》）学习与教化的目的是进入社会生活，学习与教化的过程又都需要人的参与在人际交往中完成，哪怕是"学文"式的"自学者"也同样期待着能够将"自省"所得如子贡般拿出来"如切如磋，如琢如磨"（《论语·学而》）一番，所以当朋友自远方到来的时候，正是可以相互学习和印证的时候，何乐而不为？《论语》为世人建构的学习之道正是这样的悦人亦悦己，助己亦助人。而开卷总是有益，学习总在路上，那么一时之不知道又有什么可怪罪的呢？"人不知而不愠"正是一种反求诸己式的自省自新倾向，被撒播下的种子已经发芽，已成君子"可以为师矣"。

第四节 小结：也谈"停课不停学"的合理性

前述虽然将学习掰开碾碎来分析探讨，但必须强调的是在先贤那里学习是一以贯之的整体，学与习总是相辅相成的，从师而学就应当包含着自省式思考的要求，而自省而学也应当总在主动地寻达者为己师的路上。学习其实是一种人与外界包括自然与社会的信息交往活动，而自其中浮现的是起着媒介作用的身体，甚或说学习就是人身体的学习——修身。子曰："君子食无求饱，居无求安，敏于事而慎于言，就有道而正焉，可谓好学也已。"（《论语·学而》）可以看出作为媒介的身体意象不断浮现，"无求饱，无求安"是对于物质身体的规训，"敏于事而慎于言"是对于精神身体的教导，换言之正是"君子博学于文，约之以礼"（《论语·雍也》）的修身工夫，修身是正道，修身即好学。

　　而用这样的认识来反观今天人们的学习时，也会诞生许多有益的思考。2020 年开年的一场新冠肺炎疫情导致了全国的停学停课，在此背景下教育部发出倡议：利用网络平台，"停课不停学"。这样的倡议其实是非常符合前文图二下半部分中"自省而学"所描述的场景的。原有的学习模式是"从师而学"，有老师的当面教导符合了言传与身教的合一自然是十分理想的状态。但当疫情所限导致的停课破坏了原有的教学情境后，学生是可以也应当自然而然地过渡到"自省而学"地不停学状态的。同时，借助互联网技术的线上直播教学是能够一定程度上模拟"从师而学"情境的：用视觉、听觉的复现和即时通信模拟了一种身体的在场。但也受限于在线教学技术本身以及师生的接受认可程度，有了老师无法出镜的音频直播，或是非即时式的录像复播，还有部分因学生无法出镜、消极互动导致的反馈缺失。这都破坏了直播教学对"从师而学"情境的模拟意图，也使得人际间的"身教"传播链条断裂。于是"不停学"的美好愿景更多地被寄托于学生学习的能动性，亦即在"自省而学"情景下的能行"自我身教"的能动身体。

　　学习本应是一个主动内省、主动思考、主动进行自我身体涵化的过程，是人之为人的社会性抚育需要，更是人经验与知识成长的唯一途径。"停课不停学"本是不言而喻的理所应当，却在提出之初引发了广泛的网络争论。争论各方各有道理，现行的在线教学模式也绝非完美，这些且不多言，只说学生不应暂停学习一事，一定是合情合理的。子曰："古之学者为己，今之学者为人。"（《论语·宪问》）孔子千百年前的感叹放在今时今日依然适用，"古之学者为己"其学习是为了融入社会获得生存与延续的能力，那么他们的身体会自然而然地参与学习，从师而学亦步亦趋，独处之时谨慎内省。"今之学者为人"，程子注曰"为人，欲见知于人也"，[①] 也就是为了向他人表演自己的"智慧"和"知道"，这样的一种"伪学"不需要"习"的加入，不需要身体的参与。因为人云亦云不需要自己亲身体会去加以验证，母鸟扑扇翅膀，它亦扑扇翅膀"见知"于众雏鸟即可，不需要"数飞"的习练，只要它不飞终归摔死的不是自己。有鉴于此，《论语》建构的学习系统对今天的启示有二，其一是唤回

---

　　① 朱熹：《四书章句集注》，北京：中华书局，2011 年，第 146 页。

一种"学为己"的精神。今日之中国人已不为基本的温饱操心，某种程度上失却了向学的迫切动力，但人生在世当不止于吃饱穿暖还应该有更为高尚的精神追求与自我价值实现之需要，"学为己"的传播动力需要重塑。其二是树立以身体为核心的学习观。学习是一种信息传播的过程，于人是人际传播的过程，于己则是内向传播的过程。在这样的传播学视域下，身体正是学习的媒介，言传的"学入"靠身体的感官，知识的"习得"靠身体的实践，意义的"演化"靠身体的能动，而这一整个过程即为"身教"，因着身体依情境与道旨进行的符号重组而诞生有新事物。"身教"可以教己亦可教人，这新事物可以重复"内自省"的内向传播过程，一而再地习练，"如鸟数飞""温故而又知新"；而后"可以为师矣"，借由身体媒介言传身教，将新事物或通过言语信息、或通过身体间性的整体场知觉分享给他人，就是进入人际传播成为"教化"。

在《论语》智慧的启示下，对"停课不停学"的争论或能减少一些，学问本为自己所求，即便不能与老师当面，言传身教的工夫依旧能够反求诸己。学习本就是"不亦说乎"之事，生命不息，传播不停、学习不止。

下篇　孔子传播思想专题研究

专题四　孔子人际交往观研究

穆　毅

交往即传播，人际交往是传播活动的主要形式。孔子人际交往思想内涵丰富、影响深远，对现代社会具有重要启示作用和现实意义。本专题从传播学视角入手，通过对文献与文本的整理分析，分别从人际交往活动的历史背景、形式、目的三个方面阐释孔子思想产生的基础，划分出两种不同类型的人际传播关系，即以血缘维系的父子、夫妇、兄弟等家庭关系，以非血缘凝聚的君臣、师生、朋友关系，并总结出人际交往的实质关系。以此为基础，本专题对孔子人际交往的传播思想进行剖析，认为人际传播活动是依据"正其名""主忠信""推己及人""过犹不及"的交往原则进行，以"内仁外义""礼自外作""和而不同"作为人际交往的内在行为理念和外在行为规范，在交往中实现自我与他者的统一，并运用语言和情景传播艺术构建"共通的意义空间"。最后，本专题将孔子人际交往的传播思想置于解决现代人的交往困惑、缓解人际冲突之中，将传统文化现代化转变，以"各安其位"建立和谐人际关系，以"仁者爱人"培养现代人际交往理念，以"礼"相待改善人际传播行为。

第一章　华夏传播学视角下的孔子交往观研究

第一节　人际交往异化彰显孔子学说的价值

一、现代社会人际交往异化现象凸显

从人类出世伊始，社会就随之诞生，而传播与人类、社会一起产生和发展。人际关系伴随着人的交往而产生，传播是人本能的交往需要，人的生产和生活实践离不开它。人、人际关系、信息传播是交往过程中的关键环节，任何环节稍有偏差都会给人际交往带来传播障碍和传播隔阂。中国是有着悠久历史文化的泱泱大国，随着经济体制改革和现代化推进，社会转型期带来了各种交往矛盾和冲突，市场经济条件下人们面对金钱和利益，稍有不慎便会在物欲纵横中迷失自我，人们的伦理观念受到破坏，传统民族文化日渐式微。近年来发生的"电信诈骗""杭州保姆纵火案"等事件，背后折射出的人情冷漠，利益至上，信仰缺失，无不表现出当前社会个人主义、拜金主义思潮盛行，功利主义流行，人际交往价值观念扭曲，人与人之间交往异化。在互联网浪潮席卷整个人类社会的大背景下，传播媒介日新月异，现代传媒对人际交往观念形成巨大冲击，交往的合理性更多地被工具理性所主导。价值迷失、道德失范、诚信缺失、传统断裂等各种问题接踵而来，触动着社会神经，导致人们关于善与恶、好与坏、真与假的价值观变得畸形，社会文化主旋律受到扭曲，人际交往异化现象日益凸显。打造和谐的人际关系、正确的交往观念、恰当的交往方式和健康的交往空间刻不容缓。

二、增强文化自信的现实需要

"文化兴国运兴，文化强民族强。"[①] 中国由文化大国迈向文化强国需要建立起文化自信，它的内在提升力是实现"四个自信"和中国梦的精神支柱。我们的文化自信源自中华民族上下五千多年的历史文明所孕育的优秀传统文化，而以孔子为代表的儒家文化自古被认为是传统文化的主干，奠定了中国文化根基，塑造中华民族个

---

① 《坚定文化自信 推进社会主义文化繁荣兴盛》，新华网，2017 年 11 月 18 日，http://news.xinhuanet.com/politics/19cpcnc/2017-10/18/c_1121820800.htm。

性和基本精神价值，是激发社会发展的活力和内在驱动力。2017 年《关于实施中华优秀传统文化传承发展工程的意见》提出"到 2025 年推进中华优秀传统文化传承发展体系的基本形成"，①孔子形成的思想和学说推进这一体系形成的重要内容。它已长期融入中国两千多年的历史长河和现代社会之中，表现在社会的习俗、人们的行为意识和心理习惯当中，其中许多思想精华形成我们民族精神的核心、文化的灵魂。从全世界望去，各国在政治、经济、文化等方面的交往越来越密切，经济发达的国家不再通过政治或军队手段直接侵略不发达国家，而是通过文化产品或信息产品的输出进行间接控制。为防范文化帝国主义和霸权主义的横行，凝聚国民共识和国民力量，提高身份认同感，挖掘和传承传统文化的优秀成分，培育弘扬新时代中国特色社会主义的核心价值观具有时代的紧迫性。对孔子传播思想等优秀传统文化的现代化传承和创新性发展，是增强文化自觉、建设文化强国和推进文化繁荣的现实需要，具有极强现实意义。

三、"华夏传播学"的提出与发展

当前，传播学的"中国化""本土化"提出成为学界研究的热点，相关方面的学术成果呈增长趋势。传播学在 20 世纪初由西方学者提出，自 20 世纪七八十年代传入我国，但西方情境下的传播原理、传播方法未能够准确有效地解析中国现实，并未成功地进行本土化转型。为适应世界经济全球化趋势，防范文化霸权主义的侵扰，提升我国文化软实力，发展本土化传播学势在必行。而华夏传播学在传播学本土化过程应运而生。华夏历史文明源远流长，蕴藏丰富的传播智慧和传播观点。我国最早提出对中国传统文化中的传播问题进行研究的是香港中文大学余也鲁教授和台北政治大学徐佳士教授等学者，20 世纪 90 年代学者们相继展开"中国传统文化中传的探索"等相关学术会，聚焦于传统文化中"传"的问题研究。黄星民教授于 2002 年将"华夏传播研究"界定为"是对中国传统社会中的传播活动和传播观念的发展、整理、研究和扬弃"，②提出研究对象是"华夏文化"，研究目标是形成"传播学中华学派"。2014 年，谢清果教授首次将黄星民教授的"华夏传播研究"明确表述为"华夏传播学"。至此，"华夏传播学"正式提出。现今国内越来越多传播学者将目光聚焦于传统文化，笔者对孔子传播思想研究符合这一趋势。华夏传播学的提出与发展为本课题的研究思路和研究方法提供重要指导和借鉴作用，是该课题研究的重要契机。

---

① 《关于实施关于实施中华优秀传统文化传承发展工程的意见》，中国政府网，2017 年 1 月 25 日，http://www.gov.cn/zhengce/2017-01/25/content_5163472.htm。

② 谢清果：《2011—2016：华夏传播研究的使命、进展及其展望》，《国际新闻界》2017 年第 1 期，第 102 页。

第二节　社会价值体系建构呼唤孔子学说

社会进入加速发展的关键时期，在物质和精神文明齐头并进的情势下，人们进入一个物质和欲望比以往更加丰盛的时代，但也是一个缺乏终极关怀和是非标准的时代，诚信危机、道德沦丧等社会问题在无意识中被扩大，人际关系和交往被异化，如何解决这些问题是我们面临的重大难题。而单纯依靠政府和法律来解决是难以实现的，人们更多依靠的是传承千年的内在道德来约束和规范自己行为，将中国古典智慧进行创造性的现代转化成为本课题研究的重要意义。

一、完善现代社会交往价值体系

价值观是社会交往的方向盘，指引时代健康发展。而现代社会人们之间的交往感情互动发生异化，其背后是因为社会价值体系遭到破坏，人们失去了价值信念的引导，信仰缺失，单向度的人因而变得自私、冷漠、狂妄，指使、伤害他者的同时也丧失了自身的纯粹本真。价值体系是人们思想观念的集中体现，是时代发展的核心与灵魂。伴随微博、微信、网络论坛等自媒体的迅猛发展，社会群体性事件不断，网络舆情发酵时间快，阵势大，波及范围广，许多网民变成"吃瓜群众"进行"网络围观"，甚至被别有用心的键盘侠利用，成为盲目、从众、无批判能力的非理性公民。亚里士多德曾说"人生最终的价值在于觉醒和思考的能力，而不只在于生存"。[1]网络生态环境复杂，现代人除了关注自我生存外，更重要的是学会自我反省、辩证思考，而孔子传播思想中的"慎思""慎行"等观点教会我们如何思考、做事。此外，孔子传播思想中厚德载物的包容精神、阳刚进取的自强不息精神、"民为帮本"的思想、重视道德的精神等等，都反映在我们民族特有的精神特征和社会气象中，为我国现代社会的发展提供自尊、自立、自强的主体意识，为经济、科技和实现现代化提供民族凝聚力和自信力。孔子的传播思想是完善现代社会交往价值体系的良药，有利于矫正人们正确的价值观，从内在的文化基因改善文化——心理结构，呼吁现代人的价值回归，从事健康的社会交往行为。

二、建构人际交往伦理准则和规范

孔子是春秋战国时期诸子百家中对我国社会影响最深远的人物，塑造了以血缘家庭关系为基础的中国传统社会以及几千年来中国社会所特有社会结构——以人伦为本位的伦理世界，中国社会交往尤其注重以人伦关系为前提的情理沟通，极大影

---

[1]　陈岸涛、王京跃主编：《思想道德修养与法律基础》，北京：人民出版社，2005年1月，第52页。

响了社会交往行为。现如今人情在政治、经济、教育、法治等社会诸多领域的泛滥异化，造成了数不胜数的弊端和社会危机，践踏了社会道德和正义，削弱了社会交往的公正性和平等性，成为束缚、制约人和压迫人的控制力量。人情是中国社会的典型特征，但这种情感一旦异化会成为社会发展的阻碍力量。如何在社会交往中保持平衡状态，掌握一定的"度"对人际关系至关重要。孔子的传播思想注重人际间的伦理关系和交往秩序，奉行中庸之道。在人际交往中，孔子强调有序规范的传播，首先划分人际关系，前提对交往主体身份"正名"以认同；其次对交往主体提出具体交往原则，比如"言而有信""来而礼往""和而不同"等，应注意的礼仪规范：穿着、神态、姿势等。他强调社会和谐和人际关系和合中庸，提出恭、宽、信、敏、惠的交往处世态度，内省修身、言行一致、过犹不及等交往原则，以仁释礼，以礼辅仁。以孔子社会交往观中的人际传播思想重新审视现代社会，有助于人人"各安其位，各司其职"，为现代人提升个人修养，规范并改善人际关系，跨越人际沟通障碍提供一套交往伦理准则和规范。

三、推进本土化传播学研究

传播学引入我国时间不长，是一门年轻态和亟待发展的学科。随着我国综合国力提升，由文化大国走向文化强国，势必要传播好国家形象，提升文化话语权与文化软实力，因而学界对建构中国的传播学理论体系呼声和愿望越来越强烈。近年来国内传播学者立足本国历史与国情，探索中华文化的传播机制，概括其传播规律与思想方法，比如由孙旭培负责主编的《华夏传播论》，集聚两岸众多学者，开启研究传统文化的热潮，相继出版了《华夏传播研究丛书》，为后续研究奠定基础。进入21世纪以来，陈力丹教授发表《孔子具有怎样的传播思想——从传播学角度解读〈论语〉》，邵培仁教授发表《传播模式论：〈论语〉的核心传播模式与儒家传播思维》，谢清果教授《2011—2016：华夏传播研究的使命、进展及其展望》等论文著作，在众多专家教授和青年学者的共同努力下，推进传播学本土化研究的步伐不断加快。但从发表论文数量看，截至2017年12月1日，在中国知网以"孔子思想"为篇名搜索词检索，结果显示哲学方面有2115篇，而新闻与传播学科只有18篇，数据表明在传播学领域对中国传统思想的本土化研究仍较少，对传统文化的重视度不够。孔子是中国文化传播的先驱，作为中国最早传播者，由于时代限制，虽未能提出具体的传播理论，形成完善的理论体系，但其思想影响中国两千多年，在塑造人际交往观念和指导交往行为中起着不可比拟的作用。因此，笔者以自身学科背景为基础，从传播学视角入手，通过研究孔子人际交往观为解决现代社会人际交往的冲突和矛盾提供建议，且符合当前学术界对本土化传播学研究的重视，对构建该理论体系起着推进作用。

第三节　孔子传播思想研究的学术回顾

一、孔子传播思想的相关研究

国内学者对孔子思想研究大多集中于文学、哲学、历史学、教育学等领域，并有大量的文献及学术成果，比如朱熹《四书章句》、冯友兰《中国哲学史》、李泽厚《中国古代思想史》、杨伯峻《论语译注》，匡亚明《孔子评传》等对孔子生平经历、哲学思想、天命观、人道主义等观点有详细论述。在传播学领域，研究成果虽不是很多，但每年呈增长趋势，也涌现出不少优秀成果，比如孔健《孔子与大众传播学》、崔炼农《孔子思想的传播学诠释》等著作，王秋生在《孔子：古代传播学创始人》中提出孔子开展中国文化传播的先驱。这些研究主要集中两个方面：一是解读孔子传播思想和实践活动，二是分析他传播思想的影响与当代价值。

一是解读孔子传播思想和传播活动。从孔子传播思想看，对于内在修养的"仁"，王秋生在《孔子：古代传播学创始人》中讲述他"重视人际传播，提出'仁者爱人'思想和人际交往的基本原则——'己所不欲，勿施于人'"。[①]余志鸿在《中国传播思想史》的古代上卷中通过描述孔子一系列的传播活动梳理出"学而""正名"等传播观点。对于外在约束力的"礼"，吴予敏《无形的网络—从传播学的角度看中国的传统文化》中提出"礼"的规范性与约束性，孔子试图通过"礼"来规范和约束人们的交往行为。邵培仁教授对孔子思维模式深入解析，在《传播模式论：〈论语〉的核心传播模式与儒家传播思维》中提出儒家思维蕴含的四种传播模式："价值传播的'内化'模式、道德传播的'情感'模式、人际传播的'外推'模式、知识传播的'情境'模式"。[②]陈力丹教授在《孔子具有怎样的传播思想——从传播学角度解读〈论语〉》中提出辩证看待孔子思想，它"以伦理、宗法、礼制和等级来约束传播行为，压抑了人们的思想和个性"，[③]应正视其交往思想保守性和压抑性的消极影响。从孔子传播实践活动看，毛仁兴《从〈论语〉看孔子的传播思想》论述了孔子传播实践形式的多样性，"积极游说诸侯，为人际传播；办学授徒，为教育传播；著书立说，为

① 王秋生：《孔子：古代传播学创始人》，《新东方》2006 年第 8 期，第 53 页。
② 邵培仁、姚锦云：《传播模式论：〈论语〉的核心传播模式与儒家传播思维》，《浙江大学学报》2014 年第 4 期，第 56 页。
③ 陈力丹、袁鹏亚：《孔子具有怎样的传播思想——从传播学角度解读〈论语〉》，《新闻与传播研究》2017 年第 4 期，第 31—34 页。

大众传播"。① 杨尚鸿，唐晓红《在传播学视野下的孔子》论述了孔子游说、编撰史籍、广招门徒等传播活动，提出孔子运用人际传播优势实施"多媒体"教学，正确认识出传播功能，自觉开展传播实践活动。崔炼农《孔子思想的传播学诠释》从孔子当"委吏""司空"的从政经历研究孔子"仁者"的政治传播思想，通过讨论语言问题，思考文化传播现象研究孔子"智者"的使用宣传术以及"君子"的社会交换论等思想观点。

二是分析孔子传播思想的影响与当代价值。首先，针对当前社会发展现状，学者们开始探索孔子传播思想来指导社会现实。学者谢清果在《作为儒家内向传播观念的"慎独"》中提出儒家内向传播形态的"慎独"观，它能很好督促主我，处理成人与成己之间的矛盾。王明伟《儒家"慎言"传播思想及其当代意义》认为孔子"慎言"传播智慧能帮助国人做到内外兼修，指导开展有效的传播活动。郑博斐在《论孔子的传播思想及其当代价值》中提出孔子思想有助于指导现代人重新审视"传者本位"、彼此尊重、跨越交流隔阂，坚持平等、包容的传播精神。其次，对孔子传播思想研究有助于推进我国传播学研究本土化进程，构建中国特色的传播理论体系。谢清果《"风草论"：建构中国本土化传播理论的尝试》提出"风草论"，与20世纪30年代西方子弹论相区别，揭示了"中国对传播主体德性的关注以及以民为本所生成的一定程度上的受众主体性"，② 它是具有"华夏视维"的本土化尝试。马宏艳《〈论语〉中孔子的传播思想研究》一文提出孔子传播思想的现实价值，它"有助于加强传播者自身道德文化上的修养、挖掘并借鉴我国古代文化中的传播艺术和推进我国传播学本土化进程"。③

二、人际传播的相关研究

传播学上对人际交往研究主要聚焦于人际传播领域。20世纪60年代人际传播在国外逐渐形成，70年代走上科学化道路并得到迅速发展。我国学者从80年开始关注人际传播，先后出版《实用交际技法》《人际传播学》《交际学基础》等专著和教材，论文也逐年呈增长趋势。截至2017年12月31日，在中国知网以"人际传播"为主题检索词，三十多年间论文数量达8126篇，对人际传播研究包括人际传播的基本问题和过程、心理和文化差异、情景礼仪和技巧、网络中的人际传播等内容，笔者将其分为几个角度进行概括：

---

① 毛杏仁：《从〈论语〉看孔子的传播思想》，《今传媒》2013年第6期，第142页。
② 谢清果：《"风草论"：建构中国本土化传播理论的尝试》，《现代传播》2015年第9期，第59页。
③ 马红艳：《〈论语〉中孔子的传播思想研究》（硕士学位论文），延边大学文学系，2010年，第26—28页。

关于人际传播的定义，从符号学角度讲，李彬认为人际传播"是人们相互之间面对面的亲身传播，是经由符号而结成的一种关系"。①从意义角度看，美国传播学家麦克罗斯基、里奇蒙和斯图尔特在20世纪80年代将它定义为"一个人运用语言与非语言讯息在另一个人心中引发意义的过程"。②从传播角度讲，国内学者段京肃、罗锐在90年代提出它是"指个体与个体之间的信息传播活动，其中包括了面对面的交流和非面对面的交流，是建立在人际关系和其他社会关系的必要手段和过程"③。根据以上的解释，笔者认为人际传播可理解为两个或两个以上的个体系统通过面对面的形式、以符号为互动媒介，进行各种意义交流的交往行为过程。

关于人际传播的过程，美国社会学家戈夫曼戏剧理论认为是人类运用符号"自我"展示的行为过程，把人际关系比作"演戏"，把社会比作舞台，有"台前""台后"之分。美国传播学家罗洛夫认为这一过程形成的"第一个特征是人际传播发生于有关系存在的环境里，他们进行交流的方式是由关系的约束所决定，关系双方的相互行为既基于本人扮演的角色，也基于对方扮演的角色"。④从传播礼仪看，布朗和莱文森创立的礼貌理论认为它"是基本的社会原则，描述了我们所使用的各种语言形式，以及与这些语言形式的使用和解释相关的社会条件，是一种'面子'——每个成员想为他自己确立的公共形象"。⑤人际传播过程中顺应行为，霍华德·贾尔斯提出顺应理论，认为顺应在传播情景中能够"提高人与人的相似性减少关于他人的不确定性，从而达到减少交流差异的目的"。⑥

关于人际传播的动机，首先是传授者的个体认知，1909年美国社会学家库利提出的"镜中我"认为"他人对自己的评价、态度等，是反映自我的一面'镜子'，个人通过这面'镜子'认识和把握自己"。⑦其次传递和获取信息。美国学者卢夫特和英汉姆在1955年提出"johari window"理论(约哈瑞窗口)，用四个方格"开放区""盲区""封闭区""无知区"分析传播中信息传播的状况和流动地带。最后建立作用于现实世界的人际关系。美国学者罗杰斯提出关系传播论，认为"关系是通过关系成员间的传播过程而产生和确立的，如此产生出来的关系的本质就是对成员正

---

① 李彬：《传播学引论》，北京：新华出版社，2003年8月，第147页。
② 王怡红：《西方人际传播定义辨析》，《新闻与传播研究》1996年第4期，第72—73页。
③ 段京肃、罗锐：《基础传播学》，甘肃：兰州大学出版社，1996年，第91页。
④ 迈克尔·E.罗洛夫：《人际传播：社会交换论》，王江龙译，上海：上海译文出版社，1997年8月，第22页。
⑤ 莱斯利·巴克斯特、唐·O.布雷思韦特：《人际传播：多元视角之下》，殷晓蓉、赵高辉、刘蒙之译，上海：上海译文出版社，2010年12月，第257页。
⑥ 莱斯利·巴克斯特、唐·O.布雷思韦特：《人际传播：多元视角之下》，殷晓蓉、赵高辉、刘蒙之译，上海：上海译文出版社，2010年12月，第208页。
⑦ 郭庆光：《传播学教程》，北京：中国人民大学出版社，2011年4月，第72页。

在进行的传播行为施以影响"。① 此外，我国学者彭兰对新媒体时代网络中的人际传播进行研究，提出网络已成为人际传播的全新工具和手段，提供了崭新的人际传播体验，对现实世界如个人社会化产生巨大影响。现今，国内外学者们对人际传播的研究发展从时间与空间、现实和网络多个维度着手，内容越来越丰富，视角多样化，范围扩大化，对人际关系和交往行为分析与阐释将会更加全面、详细。

综上所述，西方学者的人际传播研究由于偏向于实证主义，对研究中国社会的人际传播现象有借鉴作用但并不能做到准确剖析，研究本土的传播思想须从自身的历史和现实出发。

三、交往的概念界定及研究

西方学者们德文或英文著作中"Kommunikation""Verkehr""intercourse"等单词常用来描述人类的社会活动，它们既含有物质的交换，如交通运输、电报书信传递、交易等活动，也包含精神的传通，比如信念传达，强调个人互动关系。中国学者曹卫东将哈贝马斯著作中的"Kommunikation"翻译为"交往""沟通"，陈力丹教授说"马克思和恩格斯在强调交往更广泛的社会意义时，大量使用了现代传播学上Communication 一词"，② "交往"与"传播"在西方学者理论中共享一单词。由此得出，"交往"在一定意义上可以称之为"传播"。对交往进行详尽阐释的是马克思和哈贝马斯的观点和理论。

一是马克思的精神交往观。在《精神交往论——马克思恩格斯的传播观》一书中陈力丹教授系统梳理并概括了马克思的交往观，认为关于"交往"概念是"指个人、社会团体、民族、国家间的物质交往和精神传通"；③ 交往有"物质交往"和"精神交往"，两者皆来自生产和以生产为基础的物质活动，精神交往是人更高层次的交往形式，人的自身需要是交往的动力，需要决定人类精神交往的形式、内容、程度、心理，整个社会的交往是由"力的平行四边"形成的体系。赵丹《网络交往对马克思交往观的发展》一文探讨马克思交往观对现代社会网络交往的意义，认为网络交往是对马克思交往观的进一步发展和延伸，它有助于科学认识网络交往，从而推动人的各方面发展，但它最终仍将走向现实交往。

二是哈贝马斯交往行为理论。哈贝马斯依据波普尔的第三世界理论划分出三种

---

① 莱斯利·巴克斯特、唐·O.布雷思韦特：《人际传播：多元视角之下》，殷晓蓉、赵高辉、刘蒙之译，上海：上海译文出版社，2010 年 12 月，第 440 页。

② 陈力丹：《精神交往论——马克思恩格斯的传播观》，北京：中国人民大学出版社，2016 年 5 月，第 3 页。

③ 陈力丹：《精神交往论——马克思恩格斯的传播观》，北京：中国人民大学出版社，2016 年 5 月，第 2 页。

世界，即客观世界、社会世界、主观世界；并依据行为者与世界的关联以及合理性层面划分出人的四种社会行为，即目的（策略）行为、规范行为、戏剧行为、交往行为，认为交往行为"具有独立行为（行为·身体活动·操作活动）的特征，是行为者在交往过程中与世界之间的反思关系"，[①] 是唯一一种能综合关联三个世界、全方位的行动，是社会世界和个人主观世界连接的桥梁，交往理性是参与者之间通过语言符号的互动与理解达成的合理性共识，以批判检验行为有效性的要求。傅永军指出"交往行为是一种以语言为媒介借助符号协调并通过行为者相互间对话协商以达成人与人之间相互理解的行为"，[②] 认为交往理性是交往双方相互达成的理性共识，从而促进主观世界和客观世界的合理化。

第四节　孔子交往观的研究思路与方法

一、研究思路

在社会越来越媒介化，媒介越来越个性化的今天，人与人的沟通百分之九十以上通过手中电子屏幕进行，交流已变成"不能拥抱的遥远"，这个社会成为"丧失亲密能力的社会"。在这一现象中，传播障碍引起的人际关系和人际交往异化危机频现，笔者试图通过塑造现代人文化基因的儒家思想寻起，通过研究孔子人际交往观中的传播思想，用古典智慧的道德理念重新审视现代社会。

社会存在决定社会意识，历史人物的思想要放在当时的历史背景下研究，本章从孔子思想产生的时代背景分析孔子的社会交往活动，这是他传播思想产生的基础。社会交往是由交往双方、交往原则、交往媒介、交往目的构成，因此，首先要对孔子社会交往活动中的人际关系进行分类整理，总结不同人物之间的人际传播关系和传播行为，梳理重要观点。在此基础上，进一步解剖孔子人际传播的具体交往原则，核心传播思想以及传播艺术，以此借鉴他处理人际关系的态度，"仁爱""礼让""和而不同""和为贵""己不欲，勿施人"等人际交往理念，从而呼吁现代人与人之间"仁爱"为本的价值观回归，更好维护人际关系，提升人际传播能力，改善人际交往方式，以"以仁辅礼"构建和谐人际关系，促进健康有序的交往空间。

---

① 尤尔根·哈贝马斯：《交往行为理论》，曹卫东译，上海：上海译文出版社，2004年8月，第98页。

② 傅永军：《交往行为的意义及其解释》，《武汉大学学报》2011年第2期，第61页。

二、研究方法

本章主要采用文献法和文本分析法。"文献最早是指历史典籍，后又泛指社会中记载信息的一切书面材料。文献法又称历史文献法，是收集和分析研究各种现存的有关文献资料，从中选取信息，已达到某种调查目的的方法。"[①] 笔者通过网络、图书馆和数据库等渠道尽可能全方位搜集相关文献资料，汲取精华，总结前人研究成果、观点，进行归类，形成科学认知，分析孔子思想产生的时代背景。文本分析法是一种质性研究，"文本是一种平面化、语言化和物质化了的经验，人们所经历的社会事实可能由以记录、讲述等不同形式转化为由语言组织起来的文本。文本分析通常特指一种资料分析方法和策略，对与研究对象相关的文本资料加以解读、分析和反思"。[②] 《论语》是孔子及其弟子的言行录，是学界公认的研究孔子思想的权威文本，具有真实性、可靠性、代表性。笔者以《论语》为研究孔子人际交往观的主要文本，由浅入深，从日常传播活动和传播实践中分析其传播思想，在历史与现实的纵横交错中将传统文化与现代社会相结合，解决现代人的精神困惑，更好地指导人际交往。

---

① 李红艳：《传播学研究方法》，北京：中国传媒大学出版社，2008 年 2 月，第 202 页。

② 陆益龙：《定性社会研究方法》，北京：商务印书馆，2011 年 11 月，第 201 页。

第二章 孔子人际交往观形成的基础

第一节 孔子人际交往观形成的历史背景

"知人"须"论世",是马克思主义唯物史观"社会存在决定社会意识"的本质所在。孔子(公元前551年—公元前479年),名丘,字仲尼,生在春秋时期没落的贵族家庭,他很大程度继承和发展了西周的文化传统和思想观念,其思想的形成与鲁国特定的政治、经济、文化环境有很大联系。解读孔子的传播思想须回归他所处的时代背景,从历史的传播情景中理解他从事的传播活动和传播实践。

一、政治上,诸侯纷争,政局混乱

孔子处于中国由奴隶社会向封建社会的过渡历史阶段,这一时期经历着剧烈的社会动荡,"社稷无常奉,君臣无常位",(《左传·昭公三十二年》)诸侯争霸、政权动荡,社会关系破裂。"天下之无道也久矣"。(《论语·八佾》)由于东周以后王室衰微,在政治上最显著的变化是大国争霸,政权下移,形成"礼乐征伐自诸侯出","陪臣执国命"混乱的政治形势,周天子已失去"天下共主"权力,诸侯、家臣取而代之,并日益权盛,以血缘关系为纽带维系的天子——诸侯宗法制社会关系惨遭破坏。鲁国三大家族(孟孙、季孙、叔孙)在祭礼结束时用雍诗吟唱,在自己的庭院表演八佾之舞,登泰山祭祀,而雍诗、八佾之舞、祭祀泰山是天子才能享用的,这一现象说明当时社会陪臣逾越君权,传统礼仪制度已遭破坏。齐国大夫陈成子杀了自己国君,另立简公弟弟为君主,独揽朝政大权。臣弑君、君礼臣用,"违礼"现象愈演愈烈,使得天子、诸侯、卿大夫、士层层相压的社会关系动摇,君臣关系破裂,礼崩乐坏。面对这一形势,孔子迫切想重建社会秩序,恢复君臣父子名义。在当时,想要实现抱负必须从政,孔子三十岁当上鲁国大司寇,由于他"尚礼"政治主张在以"尚武"的历史背景下根本行不通,只能处处碰壁。政治上无法改变局面,只能从礼乐教化上下功夫。孔子开始聚徒讲学,整理文献典籍,这时他的交往理念和对象发生了转变。政治上诸侯纷争、家臣猖獗导致礼制破坏、社会关系破裂是孔子人际交往观形成的政治背景。

二、经济上，井田制瓦解，土地侵占

经济基础决定上层建筑。春秋时期，生产力的进步加速井田制的瓦解带来巨大社会变革。小的方面，有实力的领主间争夺土地，"郑伯伐许，取锄任，泠敦田"，（《左传·成公四年》）公田转为私田，土地兼并严重，经济结构处于由领主制向地主制的过渡；大的方面，诸侯国间相互吞并，依靠战争扩大领地，"齐桓公并国三十，启地三千里"。（《韩非子·有度》）诸侯国主和领主们通过侵占土地壮大自身经济实力以在政治上夺权，导致原来沿袭的天子—诸侯—大夫氏族联盟体系的解体，瓦解了承袭的公社共同体的社会结构，压迫剥削肆意横行。而孔子身处这样一个动荡变革的年代，反对剥削压榨，反对侵占土地聚敛财富去损害君臣父子兄弟关系和人格尊严。土地兼并带来的剥削、氏族体系的破坏成为孔子社会交往观的经济条件。另一方面，各诸侯国吞并侵占的土地扩大了领地带来交通领域的扩展。交通条件是制约或者促进传播活动开展的重要条件，影响交往活动的范围。周朝有专门的管理道路建设和维护的官员"司空"，"周道如砥，其直如矢"。（《诗·小雅·大东》）到了春秋战国之际，各国间的会盟、征战增多，游士说客奔走于诸侯国之间，交往日益频繁。这一举动促进信息交流和传播以及交通区域的扩大，成为孔子人际交往观形成的另一经济背景。

三、文化上，世风日下，礼崩乐坏

春秋时期许多传统文化被破坏和遗弃，混乱的社会秩序造成礼崩乐坏、世风日下，孔子提出复"周礼"并创办私学试图改变社会现状。周礼是西周以来关于政治、伦理、道德的总称，[①]而鲁国是西周初年周公的封地，据《左传·昭公二年》记载："周礼尽在鲁也"，因此，鲁国成为保存周朝文化传统和礼数最完整的国家，拥有周朝大量典章文物，营造出文化富有的社会氛围。孔子从小耳濡目染，爱习周礼，不像一般小朋友的嬉戏玩闹，而是"为儿嬉戏，常设俎豆，设礼容"。（《史记·孔子世家》）周人引进"以德配天"的观念，是孔子"略与天道，详于人道"思想的反映。鲁国继承了西周的文化传统，富有的传统文化环境为孔子个人成长、思想和传播活动奠定了文化基础。另外，随着春秋争霸、周王朝的没落，许多士大夫、知识分子沦落为平民，只能靠自身知识谋生，成为教书的私塾先生，这也使得平民子弟有机会学到文化知识，打通了精英文化与民间文化的壁垒。文人没落带来文化的下移和社会教育的普及，私学兴办打破"学在官府"社会局面，为孔子后来从事治学施教开了先河，孔子成为大规模创办私学的第一人。礼崩乐坏背景下提出的复"周礼"

① 匡亚明：《孔子评传》，南京：南京大学出版社，1990年12月，第146页。

以改变世风日下的社会状况是孔子人际交往思想产生的文化背景。

第二节 孔子人际交往的活动形式

孔子"三十而立"，在三十岁时已通晓"六艺"，掌握古今各种文献古籍，达到"一以贯之"的境界，并结合当时社会现实，逐渐形成自己立身处世的思想原则，这些思想原则无不体现在他一生的人际交往活动之中。人际交往是孔子传播事业的重要组成部分，按活动类型分为三个方面：入仕为官，游说列国，创办私学。此外，整理文献也是孔子重要传播活动，但它更多是传承文化，是交往思想的沉淀和留给世人的文化财富，因此，笔者从三个方面分别阐述。

一、入仕为官

孔子年轻时曾做过"委吏""乘田"，但那是很小的管理员，算不上真正的官员。据相关文献资料记载，孔子一生做过三次不同的官，都是在五十岁之后，这个年龄段的孔子已达到"知天命"的地步。一次是鲁定公九年，时年五十一岁，他被任命为中都宰，相当于现在的县长，其政绩被司马迁评价为"孔子为中都宰，一年，四方皆则之"。(《孔子家语·相鲁》)之后，他被提拔为司空，虽任职时间很短，但使"物各得其所生之宜，咸得厥所"。(《孔子家语·相鲁》)不久，于鲁定公十年孔子被提升为与三卿并列的大司寇，官职相当于现在公安司法局局长，任职期间"断狱讼"做到从众议、夹谷会盟要求礼相往来等，突显他民主、人道的传播思想和办事原则。大多数情况下孔子是通过施教传递自己的思想观念，而为官经历使孔子直接参与到政治交往之中，传递为君、为官、为民之道，促进君臣间有规则交往，社会安泰、百姓富足。孔子虽做官时间不长，但提出"德政"思想播撒在君臣政治交往过程中，试图改变他们的交往行为，调节社会关系，稳定社会局面。入仕为官是孔子进入朝堂，践行自己政治主张和传播思想的主要渠道，是人际交往的传播活动之一。

二、游说列国

孔子"堕三都"失败以后，在鲁国朝政开始受到排挤，再无受重用的机会，因此，开始游说列国，希望在别国施展政治抱负。他携带弟子离鲁去卫，"所仕惟卫陈两国，所过惟曹宋郑蔡"，[①] 先后到达六个国家。在卫国时，国君卫灵公向孔子请教军队部署的事情，孔子说"关于礼仪的问题我还能说上一二，军队的事情我从没学过"，

---

① 钱穆:《先秦诸子系年考辨》，上海：上海书店，1992年1月，第46页。

于是第二天就离开了卫国。孔子反对战争和侵略，提倡"仁爱"的思想贯穿交往过程的始终。他与人交往特别注重交往对象的性格、品质，卫国国君好战，不关心百姓疾苦、战争的劳民伤财，违背"爱民""教民""使民以时"之理念，所以孔子选择离开也不愿与之交。晋国家臣佛肸以中牟叛变召孔子前去，孔子急于实现政治抱负而欲往，但"君子不亲不善者"，佛肸是叛变者，名声及其行为都不符合"君子之道"，孔子最终没有过去辅佐他。"君子"是孔子心中的理想型人格标准，既能享受"一箪食，一瓢饮"的乐趣，又能在艰辛困苦之时坚守自我，不失气节。当孔子一行人被困于陈国，断粮饿饭之时，子路生气说："君子难道也有穷困的时候？"孔子回答"君子在穷困时能安贫乐道，而小人会胡作非为"，仍继续着讲诵、弦歌。孔子的回答和行为传达着"不穷于志"的思想。游说列国十四年中，孔子人际交往范围和交往对象不断扩展，其思想传播也更远、更广，对人际关系的建立与维系影响深远。因此，游说列国是孔子人际交往活动重要形式。

三、创办私学

公元前509年，鲁昭公薨，儿子定公继位；卿大夫季平子去世，由季恒子接权；家臣阳虎、公山不狃等叛变，朝政动荡，家臣兴旺。面对混乱的朝政格局，42岁的孔子转变方向，开始潜下心来从事教育事业。孔子是一位伟大的教育家，一生招收弟子三千，培养出七十二位贤人，较出名的有颜渊、子路、子贡等。他本着诲人不倦的精神，因材施教的方法，有教无类的态度建立起民主平等的师生关系，在当时社会的历史背景下是难能可贵的。孔子喜欢与学生促膝交谈，教学方法灵活，课堂气氛活跃，大部分都是问答形式，现场互动性强，通过语言、神态、动作等方式交流，充分利用人际传播的"多媒体"优势。他让学生不要因为自己年长而有所顾忌，要畅所欲言，各言其志，于是子路说"我愿意将自己用的、穿的与朋友分享，即使用坏了，也不会有怨言"，接着颜渊说"我愿既不去夸耀自身优点，也不去显摆自己功劳"，孔子说："我的志向是能够使老年人能安享晚年，朋友间彼此信任，少年一代得到足够关怀。"子路回答显示出义气，颜渊表现出谦虚谨慎，孔子十分注重群体关系的和谐。他要求学生先从内在提高自我素养，一方面广泛学习文化知识，另一方面用合乎社会的礼法约束自己。在提高主体修养的基础上，他指导学生选择与什么样的人交往，指出人们所交朋友分两种：有益的和有害的，前者是性情直率、信实、见闻识广的朋友，后者是轻浮、圆滑、华而不实的朋友。孔子依据交往对象的性格、性情、个性等人格特点分类，传授给我们正确的交友之道。创办私学，聚徒讲学，传道解惑是孔子人际交往的另一种重要传播活动。

第三节 孔子人际交往的目的

孔子从事人际交往活动目的有二：一是为了复最为严密的周礼，建构合乎社会的礼法制度；二是为了传道授业，通过培养人才、修撰整理文献典籍，延续传统文化的文脉。

一、"复礼" —— 合乎行为的规范

无规矩不成方圆，孔子所述之"礼"不仅指婚、丧、祭祀等礼仪，也指当时的社会规矩，即礼法。"动之不以礼，未善也"，（《论语·卫灵公》）礼是规范交往互动参与者的行为准则和开展一切活动的依据。"非礼，无以节事天地之神也；非礼，无以辨君臣上下长幼之位也；非礼，无以辨男女父子兄弟之亲，婚姻疏数之交也"，（《礼记·哀公问》）礼在尊卑长幼有序的社会关系中扮演着重要角色，对社会生活意义重大。孔子时而会梦见周公，因为他十分敬佩制作礼乐的周公，尤其崇尚周礼，认为周积累总结了夏、殷二代的经验成果，使周礼成为当时社会最为完整严密的礼仪制度。周礼以氏族血缘关系为纽带，是"周朝在长期社会实践中形成的传统典章、制度、仪节、习俗的总称"，[①]具有严密性和可操作性，因而孔子认为变春秋天下大乱的局面唯有恢复周礼，使人人能各尽其职，各安其位，紧张的人际关系得到缓解，重塑人们的交往心理和价值观念。所以他以仁辅礼，把礼建立在人格自觉自省基础之上，从内在自觉改变外在行为，内外联动，以柔克刚。上文提到孔子入仕为官、周游列国，其真正意图在于"求仕"与"行道"，"求仕"是"行道"的途径，"行道"是"求仕"的最终目的。"行道"是施行仁爱之道，以帮助建构合乎社会的礼法制度。孔子在人际交往中努力实现人生抱负，"仁"无意间成为他思想的重要成果和"复礼"的重要工具，但最终目的是建立一套合乎历史社会的行为规范，以恢复社会秩序，建构和谐的人际关系。

二、"传道授业" —— 思想文脉的延续

传播是文化的存在形式，"传道授业"包含三个方面：传播知识、教授课业、整理文献典籍。孔子四十二岁开始招收门徒，毕生都在进行传播知识、教授课业的工作。他不在乎上课时间、地点是否合适，条件是否艰辛，无时无刻传授着道理与经验。一次，孔子和弟子刚到达卫宋交界处一个叫仪（现在为兰考的地名）的地方，见到一棵大树，便下马车聚集弟子坐在大树下授课，不受外界当时局势混乱的影响，

---

① 匡亚明:《孔子评传》，南京：南京大学出版社，1990 年 12 月，第 193 页。

不担心一行人住宿落脚的地方，像平时一样传道授业和解惑。他心胸豁达，教学中不偏私，也从不隐瞒自己的思想、道德和学问。孔子传播的道理很多，比如"仁之本""礼之用""学思结合""言行合一"等观点，并以启发式教会弟子举一反三，自主思考、吸收和运用。孔子教授的课业有《诗经》《乐经》《周易》《尚书》《仪礼》等，它们涵盖文学、政治、艺术、哲学、道德、历史多门学科领域，集中国传统文化的智慧精髓。他评价《诗经》"思无邪"，（《论语·为政》）具有兴、观、群、怨的功能；《乐经》可以培养人的情操，达到天人合一的境界，说"不学《诗》，就不会说话；不学礼制，就无法立身于世"。他通过教授课业为社会培养了大批贤人智者和仁人志士，让经典文献深刻在他们脑海里，以至于在秦国"焚书坑儒"后，仍有大批后继学者继续传播儒家文化，经过回忆、整理后，使得文献资料得以保存。孔子晚年在此回到鲁国，编写《春秋》和整理《乐经》，通过整理和编撰文献典籍让大批文献资料得以流传后世，中国传统文化得以传承，思想文脉延续下去。

第三章　孔子人际交往中的传播关系研究

　　格奥尔格·齐美尔认为"所有的交际都以关系效应为基础"，[①] 人际关系是人际交往的前提。马克思说："我不能成为别人的什么，我也就不能而且不能成为自己的什么"。[②] 人的自我认知是在与他人的关系中形成的，贯穿于人际交往的全过程，人在无形中既受制于这种关系，又积极作用于这种关系。在传播学领域，人际关系表现为传者与授者的传播关系，一方传递信息，另一方接收信息并做出反馈，两者通过对信息编码、解码、释码处于你与我的互动关系之中。美国学者迈克尔·罗洛夫认为人际交往"由关系的约束所决定，有些关系被人们认为着重于彼此扮演的角色，关系双方的相互行为既基于本人扮演的角色，也基于对方扮演的角色。"[③] 孔子立足"三纲"，讲求社会关系中的"差序格局"，将人际关系划分为君臣、父子、兄弟、夫妻关系。笔者认为人际交往中"情本体"的传播心理是孔子人际传播关系的本源，在此基础上形成了以血缘维系的家庭关系、以非血缘凝聚的社会关系以及人际交往的实质关系。

第一节　以血缘维系的家庭关系

　　血缘关系是整个社会关系的基础，由父母、子女、夫妻、兄弟姐妹等家庭角色构成。以血缘维系的家庭关系是一种情感性人际关系，以人的内在情感为根本，其人际交往具有稳定性和长久性。它为一定范围内的群体传播，视传播对象不同，行

---

　　① 彼得·M.布劳：《社会生活中的交换和权力》，李国武译，北京：商务印书馆，2012年5月，第21页。

　　② 马克思、恩格斯：《马克思恩格斯全集》第1卷，中央编译局译，北京：人民出版社，1960年12月，第90页。

　　③ 迈克尔·罗洛夫：《人际传播——社会交换论》，王江龙译，上海：上海译文出版社，1997年8月，第22页。

为主体对待长辈、平辈、晚辈分别有不同的传播态度和原则。家庭关系分为父子、夫妻和兄弟间的传播关系三种类型：

一、父子间的传播关系

父母与孩子既有生物学意义上的血缘关系，也有作为成员个体的家庭关系，交往形式表现为代际传播。父子间的代际传播指时间和年龄上隔代人的交往，消除代际隔阂须做到"父慈子孝"，它指父对子的关怀、子对父的报答，既是一种传播行为，也是一种交往态度，更是一种内在情感。

（一）慈——父对子的关怀

"慈"字以"心"字为底，代表父母对孩子来自心灵的原始之爱，充满慈爱和关怀。《论语》中父母对子女的行为论述并不多，大都是子女对父母的行为。何为"慈"？孔子认为是"父为子隐"。当叶公对孔子说"我们这坦白直率的人，他父亲去偷羊儿子当面揭发了他"，孔子回答说"我们那里的和你们不同，父亲会替儿子隐瞒，儿子会替父亲隐瞒，坦白直率就在其中了"，所述的隐瞒是父亲对孩子的包容之爱。父母在家庭关系中扮演儿女的父亲角色和母亲角色，作为长辈即使子女犯了错，也会以爱子之心无条件包庇。这是孔子强调的"本心""本性"，是天经地义、自然而然的内在情感。然而当下社会，父母对孩子的这种"本心"之爱在逐渐流失，把孩子当成自己人生的筹码。比如在某些事件中父母没有担起家庭角色，给孩子从小带来心理上的创伤和一辈子抹不去的成长阴影。社会上的"弃婴"事件之多原因正在于此，父母对孩子未承担起相应责任，丢失人类传统文化中最原始的亲子之爱。"慈"增强父母交往行为的有效性，建立其生活世界中主观与客观世界的联系，规范了父母的行为方式，促使父母在与子女的交往中担起相应的角色和责任，以抚爱与关怀找回亲子之情和自我"本心"。

（二）孝——子对父的报答

"孝"字以"子"字为根基，代表子女是父母的依靠，子女对父母照顾和赡养义务。"身体发肤受之父母"，（《孝经·开宗明义》）孩子身体上的一切都是父母给予的，子女应珍爱自己、对父母充满感激和报答父母恩情。孔子说孝是仁的根本，"入则孝"，（《论语·学而》）在家要孝顺父母，尽子女孝道。孝顺不仅在物质上奉养父母，也能精神上敬爱父母。第一要能养，使父母老有所养，满足他们生活上的物质需求。子女奉养父母能"生，事之以礼；死，葬之以礼"。（《论语·为政》）第二要知年，父母年龄和身体情况做儿女的及时了解，一方面要"喜其寿"，一方面要"惧其衰"。第三要能敬,孔子说"今天所谓的孝道如果只讲能养活父母,而我们同样能养活狗、马,不予父母尊敬,那有什么区别?"给父母提建议,如果不听从,子女也不能给父母脸色看,应从内心敬爱父母。第四要顺志,父母在世时,作为子女要待在身边尽心照顾,"不远游,游必有方";(《论语·里仁》)父母去世时,子承父业,尽力打理父亲的事业,能有所作为。当一向勇猛的孟武子问孔子如何尽孝道,孔子回答:"使父母不担心儿女的身体健康",照顾好自己减少父母的担心也是一种尽孝的方式。孔子思想中亲子之情的"孝"是人道之始,是以亲子情为基础的人际情感关系。现代社会老龄化人口日渐增多,"空巢老人"比比皆是,父母与子女的关系日益冷淡,被物质化和金钱化,子女们殊不知常回家看看、拿出时间陪伴父母、在外随时保持联系以消解父母担忧是父母之所愿。"孝"是对子女的言与行、内与外的综合要求,以报答之心建立与父母的交往联系中。

二、夫妻间的传播关系

夫妻是以婚姻为纽带,由处于不同生活环境、性格、职业、爱好等两个个体组合而成,现代解释为"男女两性合乎法律规定结合为夫妻而建立家庭的关系"。① 夫妻关系可延伸为男女关系,孔子讲交往中"夫妇顺""夫妇别",(《礼记·哀公问》)强调夫妻或男女双方的行为认知,既能和顺相处,又尊重彼此间的差异。

(一)顺——夫妻间的相处

《说文解字》释"顺"为"理也",据《易·说卦》记载"和顺於道德,而理於义"。顺有两种释义,一是指顺应,不违背;二是指人的性情,有仁爱之心,温和柔顺。对夫妻关系来讲,首先是情义。孔子提出"夫不义则妇不顺",(《颜氏家训·治家第五》)如果丈夫对妻子不仁义,妻子对丈夫也不会温顺,夫妻关系将会面临破裂危机。建构和谐的夫妻关系离不开双方的共同努力,夫妻各自扮演好自己的角色,做到"夫义""妇顺",举案齐眉。其次是家庭。"有夫有妇,然后为家",(《周礼·小司徒》)一个家庭是由丈夫和夫人共同组建,这样才称之为家。夫妻是家庭的基础单元,保持良好的夫妻相处模式是家庭关系和谐的重要基础。当下,随着男女平等观念的流行、女性地位的提升,古代男女间"夫为妻纲"的相处准则不再完全适应于现代社会,而"顺"不能简单理解为绝对的服从,夫妻关系更多的是互相迁就,和睦相处,夫妻间的交往是丈夫尊敬和爱护妻子,妻子遵守妇道,顺从对方心意和满足对方要求,举案齐眉。孔子喜爱《诗经》,在他看来,"夫妻好合,如鼓琴瑟"(《诗

---

① 杨丹:《人际关系学》,湖北:武汉大学出版社,2010年11月,第15页。

经·小雅·常棣》）是夫妻关系的最佳状态，像弹奏琴瑟一样和谐美好。"顺"调节交往参与者的心理状态和行为方式，达到夫妻或男女关系相敬如宾、和谐美好。

（二）别——男女间的差异

据《礼记·哀公问》记载，鲁哀公问孔子："治人之道最重要的是什么？"孔子回答："夫妇别，父子亲，君臣严"。（《礼记·哀公问》）孔子在此处提出"夫妇别"，并将夫妻关系放在父子与君臣关系之前作为管理人的方法来讲，意在告诉我们要特别重视男女间的差异性。俗话说"男女有别"，"别"字主要指男女间的不同，比如性别、外貌、个性等多个方面，包括生理的和心理的。孔子讲在男女相处中注重把握尺寸，因为"唯女子与小人难养也，近之则不逊，远之则怨"。（《论语·阳货》）关于"女子"与"小人"的解释，北师大于丹教授在《论语心得》中释"女子"为女人，"小人"为小孩子，把女人比作像小孩子一样最难教养；李泽厚在《论语今读》中释"女子"为妻、妾，"小人"为下人、仆人，把妻妾讲成像仆人一样最难应付。不管是小孩子或是仆人，孔子将女子与小人放在一起，一方面指出女子性格的多变性，另一方面暗指夫妻或男女关系的微妙。女性一般比较敏感、脾性任性，男性过于靠近为不谦虚，过于远离又遭埋怨。"别"是认识男女间的差异性，获得正确的行为认知，合理把握男女间恰当距离感和亲密度的首要交往前提。

三、兄弟间的传播关系

"兄弟者，父母左提右携，前襟后裾，食则同案，衣则传服，学则连业，游则共方，虽有悖乱之人，不能不相爱也"。（《颜氏家训·兄弟》）兄弟同父母、同衣食，有着基于血缘的亲亲之爱。相比较父子关系而言，孔子对兄弟关系论述并不多，原因之一可能是古代兄与父经常连在一起，"长兄如父""父兄"，兄弟关系被蕴藏在父子交往之中。兄与弟是同辈人的亲如手足关系，"兄弟怡怡"、（《论语·子路》）兄友弟恭，包括兄对弟的爱护、弟对兄的恭敬。

（一）友——兄对弟的爱护

"友"在《新华字典》释为友爱、友善，包含着人际间的亲切温暖之意。孔子讲"孝乎惟孝，友于兄弟，施于有政"，（《论语·为政》）孝不是只有孝顺，还要兄弟间相亲相爱，它能够作用于政治，由家到国带来齐家平天下的影响。由此看来，兄弟关系对家庭关系的和睦、甚至国家政治有着举足轻重的作用。据《史记》记载，商末孤竹国的孤竹君有两儿子伯夷和叔齐，伯夷为长子，叔齐为次子，当时社会实行嫡长子世袭制，而年迈的孤竹君更器重谦逊有礼的次子叔齐，并临终授命他为国君，伯夷念手足之情，深夜收拾行李不告而别，而叔齐知道后执意寻哥哥而去。历史上兄弟手足相残的故事比比皆是，尤其是帝王宗室，而伯夷与叔齐兄弟间的"以礼让国"成为中国代代相传的一段佳话，兄弟关系的典范。兄长对幼弟友爱，幼弟也会对长兄友善，这是情感关系相互性的典型特征。人际交往困境主要来自家庭内部的人际关系冲突，而兄弟关系冲突是重要因素之一。"友"使得行为参与者哥哥调整自身行为，去爱护、迁让幼小的弟弟，以自己丰富的生活阅历、知识教导年幼者，并作以表率，主动营造和睦的兄弟关系。

（二）悌——弟对兄的恭敬

孝悌是"仁"的根本。孝是子对父的交往态度与行为，悌是弟对兄的恭敬态度与行为。孔子说"出则悌"（《论语·学而》）"入则事父兄"，（《论语·子罕》）作为年轻人，在外面要敬爱兄长，在家要尽力照顾父母兄长，谦逊有礼。当有事的时候，弟弟要主动"服其劳"，做自己力所能及之事；有酒食的时候，先让年长的人动筷吃，基本礼数不能丢。这类人喜欢冒犯上级的少有，喜欢造反作乱的从来没有，这是因为他们从内在已培养了自己的德行来约束行为举止。叔齐是因为极其贤能才不接受父亲遗愿做国王让位于哥哥，既充满了对兄长的尊敬，又凸显兄弟间的友爱，达到兄弟相亲相爱的最佳状态。从古至今，兄弟关系在社会结构中不单单是一种纯天然的血缘关系，会被金钱、名誉、欲望所沾染，导致兄弟间的交往发生异化。而"悌"以亲情中最原始的亲亲之爱，促使兄弟在交往中修身礼让，年幼者对年长者恭敬有礼，构建和睦的兄弟关系。

第二节　以非血缘凝聚的社会关系

"人的关系是社会关系的基础，又高于其它形式的社会关系，其实质是由血缘、经济、政治、文化等形式上的内容掩盖的"，[①]家庭关系多被血缘因素影响，而社会关系往往受经济、政治、文化、利益影响。社会关系中的人际交往有非个人化、普适性的交往法则，虽带有情感成分但也十分有限，更多的是一种工具性关系。孔子首先肯定关系里情感性因素的积极作用，同时也强调关系的工具性，相互糅合，不失彼此。以非血缘凝聚的社会关系包括君臣、朋友、师生间的传播关系。

---

① 陈力丹：《精神交往论：马克思恩格斯的传播观》，北京：中国人民大学出版社，2016年5月，第39页。

一、君臣间的传播关系

马克思认为"人的本质不是单个人所固有的抽象物，在其现实性上，它是一切社会关系的总和"，[①]在物质交往中生产关系是最基本的社会关系，在阶级社会里它反映了阶级关系，所以一切社会关系可归为阶级关系，人性具有了阶级性的特征，人际交往是社会各阶级的交往。君臣关系是以一定的身份地位为社会属性进行的领导者与被领导者间的上下级交往关系，交往形式为自上而下或自下而上的传播模式，比如政府部门各级、官员与民众、公司老板与员工等。孔子认为关系的阶级能够维护社会秩序的稳定，使上级领导者和被领导者从事有序的社会交往活动。君臣关系是孔子治理乱世、实现抱负极其关注的问题，他认为正确把握君臣间的上下级关系，做好信息的上传下达，在交往过程中上级须尊重并以礼相待下级，下级对上级应忠心尽责，以表诚意。

（一）仁——君对臣的尊重

仁是孔子仁礼观的核心内容，是上级下达正确指令、命令，并顺利传播的关键支点，包含两个方面：内在的和外在的。首先，从内在上讲，上级对待下级要仁义。仁者爱人，领导者身上有仁者的德行修养，才能从根本上约束自己的行为，提升自我涵养，自发爱护下属，达到"众星拱之"的传播效果；其次，从外在讲，上级对待下级要讲"礼"。礼能够从外在表现出一个人内在的仁义，孔子在鲁国时，定公问："国君使用臣子，臣子侍奉国君应该是怎样的？"，他回答说："君使臣以礼，臣事君以忠"（《论语·八佾》）。从古代延续下来的"君为臣纲"思想是汉儒受法家影响形成的，而孔子是氏族制度的承袭拥护者，其思想含有原始民主和人道主义遗风，反对国君对臣民暴力专横、残忍欺凌，将伦理与政治结合在一起，强调上级领导者对被领导者的交往过程也要合"礼"。"君若无礼，则臣亦不忠"《皇疏》，领导者的品德像风，被领导者的臣子或百姓的品德像草，草随风动，因此，在机关、单位、部门上级要仁爱、仁慈、仁人以身作则，不以权压人、以公行私，礼待下级，营造融洽的上下级关系和文化氛围，以德治国。

（二）忠——臣对君的诚意

"忠"由中和心组成，"中"有正直，公正之意，"心"指人的真心、诚心。孔子认为臣子对国君要忠心耿耿，不无二心以表诚意，但忠不是人身依附的愚忠，不是

① 马克思、恩格斯：《马克思恩格斯选集》2版第1卷，中央编译局译，北京：人民出版社，1995年6月，第60页。

情感上下级对上级的盲目服从和崇拜。领导者一言能兴邦，一言能丧邦，需要下级人员的敢于几谏，克服财与权的诱惑，"士而怀居，不足以为士矣"（《论语·宪问》）。作为臣子，孔子说："事君尽礼，人以为谄也"。（《论语·八佾》）按照合乎社会礼节和礼仪的规定去侍奉国君，为什么大家都以为是在谄媚呢？臣子遵守礼制侍奉国君，并不是阿谀奉承，背后足以说明当时君臣关系的破裂，和官场或职场为人处世的复杂性。君臣关系的复杂性在小细节都可以看到，孔子面对国君时屏气趋步，大气不敢喘一口，面对同级或下级官员时侃侃而谈，是因为身份、地位不同带来的君臣尊卑有别。"忠"调节行为主体自主意识中的主观世界，表现出人格精神的魅力，下级对上级的诚意。与上级交往中，下级在明确和做好本职工作的前提下，更重要的是展现出能经得起时间考验的人格真诚度，建立君臣交往的信任桥梁。

二、朋友间的传播关系

同党为朋，同志为友，朋友是知己，亦是兄弟。由地缘、志相、爱好相投，两个或多个人通过社交满足彼此精神需求而结成的人际关系，包括同事、同乡、同学等社会角色，构成一个个复杂程度深浅的朋友交际圈。朋友关系既不以情感关系为基础，也不含较多工具性关系，由交往双方的相互来往维系。交往双方即传播主体和传播对象，传播内容是趣缘，传播渠道是社交。孔子认为朋友分两种："益者三友，损者三友"（《论语·季氏》），应选择有益的朋友交往，经营好朋友关系一是讲信义，二是以镜照我，有过则改。

（一）信——为人处事的輗軏

《说文解字》释"信"为"诚也，从人从言"，古多为言必有衷，人与人发自内心坦诚、诚信之意。朋友通常是由两个陌生的个体组成，一开始虽在某方面因志趣相投相互认知，但人是多面体，是否继续并长久交往会由交往对象的性情、品行多方面决定。"信"是行为者从事人际交往的一把关键钥匙，用于打开对象心门。孔子说"人而无信，不知其可也。大车无輗，小车无軏，其何以行之哉？"（《论语·为政》）古代马车是主要的出行工具，輗軏是车辕和衡轭连接处插的销子以驾牛马。人的诚信就像马车上的輗軏，失去它们，马车怎样行驶？人们之间怎样交往呢？信的重要性同马车上的輗軏般关键，是朋友交往的基石。孔子认为，朋友之间首先应真诚相待，当对方犯错误或出问题时，能讲真话"忠告而善道之"（《论语·颜渊》）；当对方颠沛流离、居无定所、老无所依时，能站出来承担"朋友死，无所归，曰，与我病"（《论语·乡党》）。人一生会交无数个朋友，但我们真正需要的不是餐桌上的酒肉朋友，而是真正的朋友，他们称为知己，在交往中敬而无失、恭而有礼，可以像亲兄弟般亲密、情深义重，同患难，共甘苦，虽有争执也不会远去，远不是地理位置的远近，而是心灵的距离。因此，"信"是维系朋友关系和传播行为有效性的輗軏，打造稳定而长久的交往基础。

（二）师——善则从，过则改

朋友像一面镜子，行为主体在交往中能更好认识自我和交往对象。美国社会学家库利的"镜中我"理论认为"人的行为在很大程度上取决于对自我的认识，而这种认知主要是通过与他的社会互动形成，他人对自己的评价、态度等，是反映自我的一面'镜子'，个人通过这面'镜子'认识和把握自己"。[1]朋友之中"必有我师"，他们身上的优点、对自己的评价和态度是自我学习、反省、克服和改正的地方，使行为参与者"择善而从，不善而改"，所以孔子说"乐多贤友"，多交品行端正、博学多闻之人。在交往方式上，朋友间多"以文会友，以友辅仁"（《论语·颜渊》），通过文章学问结识朋友，通过切磋交流促进彼此道德完善。据《庄子》记载，孔子学生原宪家境比颜渊还惨，每到下大雨时，屋内就下起小雨，门无门闩，过得挺自在。身穿名牌衣服、乘坐高头大马的子贡去拜访他，看到此景问："兄弟，你怎么落魄到如此境地？"原宪脸色一沉说："我现在是穷困而不是落魄，真正落魄的是读书人有志而不能实践！"子贡一脸羞愧，立马改正自己态度和语言行为，有着"过无惮改"的精神。子贡和原宪是同窗、朋友、兄弟，承袭着老师"君子固穷，难穷于志"的思想精髓。朋友间"切切偲偲"（《论语·子路》），既能相互敬重，又能相互学习、切磋勉励、共同进步。"师"使行为参与者的"主我"得到改善，促进"客我"不断完善，在交往中建构健康、友好、充满正能量的朋友关系。

三、师生间的传播关系

师生关系指老师与学生在教与学的交流活动中形成的相互关系，是人际关系中少与金钱利益挂钩的一种特殊社会关系，包括教育关系、情缘关系和伦理关系。在人际传播关系中前者是传授知识的传播主体，后者是学习知识的传播对象，以知识交流与传递为主要传播内容处于你来我往之中。师生间的传播关系核心是平等与尊敬，包括老师对学生的有教无类和学生对老师的尊师重道，是保证良好师生关系的关键。

---

① 郭庆光：《传播学教程》，北京：中国人民大学出版社，2011年4月，第72页。

（一）有教无类——老师对学生的责任

"有教无类"表现在老师对学生的交往态度和传播行为中，包含两层意思：一是任何人都可以接受教育；二是通过教育来消除人与人之间的差别，比如聪明与愚蠢、孝与逆等。孔子突破历史局限性，在当时情景下提出对学生实施有教无类具有时代的进步性。孔子说："自行束脩以上，吾未尝无诲焉。"（《论语·述而》）大多数学者对"束脩"解释为十条肉脯，李泽厚译从汉代经师为十五岁以上。无论学生是以十条肉脯为学费，或是年龄到了十五岁及以上，孔子都会教收为门中弟子，表现出广施教学的传播行为。孔子认为老师为人师表要有师德，自己的道德、知识、学问都可以向学生传授，自己的思想、言行都可以向学生公开，尽身以教，他对学生说"二三子以我为隐乎？吾无隐乎尔。吾无行而不与二三子也，是丘也。"（《论语·述而》）此外，孔子认为作为老师应不偏私，无秘传。孔子学生陈亢问孔鲤（孔子的儿子）："你在父亲那听到什么特别的东西了吗？"孔鲤说："没有。有一次父亲站在庭院，我轻声走过，他问我'学《诗》《礼》了吗？'我说'没有'。他说'不学《诗》就不会说话，不学礼就无法立足社会'，之后我便开始学习，就这两件事。"陈亢听完很高兴，了解到原来老师对儿子和学生的态度和行为并无差别。"有教无类"是老师对学生主动承担起诲人不倦传播知识、无差别对待传播对象的责任，有助于建立平等的师生关系。随着社会发展，新型的师生关系面临挑战，坚守优良传统并在复杂的社会环境中永保初心是促进良好师生关系的重要保障，孔子认为老师是传道授业解惑者，为社会培育优秀人才的传播者，应以有教无类的交往态度传播知识和对待学生。

（二）尊师重道——学生对老师的敬仰

尊师重道表现与学生对老师的交往态度和传播行为中，是古今师生关系的优良传统，分两个方面：一是敬爱老师；二是重视学业、事业。颜渊是孔子得意门生，亦是知己，他说"老师的思想、道行高深莫测，'仰之弥高，钻之弥坚。瞻之在前，忽焉在后'，（《论语·先进》）老师善于一步步作引导，传授丰富的知识滋养我，用严肃的礼制约束我，充分挖掘我的潜能，让我有所建树"。颜渊的话对老师充满不可企及的崇尚感和敬仰之情，肯定了孔子的学识、能力和水平以及对自己的教诲。尊师不只在学业上，生活中也是如此。据《史记·孔子世家》记载，在郑国孔子与弟子走散，如丧家之犬在城东门发呆，后被子贡找到；在匡地孔子一行人被围困，颜渊让老师先走，自己最后逃出来；在陈国孔子及弟子被困断了粮，颜渊主管粮食，因粮食紧张他安排弟子们一天吃一顿，但首先确保供应年纪大的老师，但孔子不愿搞特殊，与学生一起共患难。孔子与学生在交往过程中发生的事件还有很多，每件事背后既有老师对学生无私的关怀与教导，也有学生对老师的尊敬和爱戴，体现出传播的交互性和感染力。而当今社会师生关系日益紧张，师生关系淡漠，利益化、无责任化日趋流行，重拾"尊师重道"优良传统能够帮助学生树立正确价值观，规范自我行为，建立和善的师生关系。

第三节　人际交往关系的实质

交往和传播具有双向性。以血缘维系的家庭关系和以非血缘凝聚的社会关系都属于人际交往的具体关系或现实关系，在这些关系中交往双方是依据特定的社会角色从事人际活动，但在每一种关系中的交往主体并不是不加选择的，在孔子传播思想中交往主体是有选择性的，表现为"亲君子而远小人"，行为上依据仁与礼的统一实现自律与他律的理性交往活动。

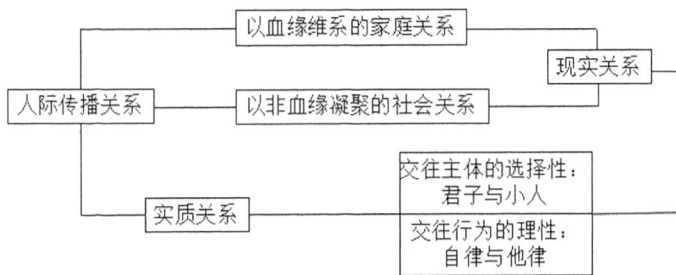

图三　人际传播关系示意图

一、交往主体的选择性：君子与小人

交往是传授主体的双向互动行为，也是一种选择性行为。传播学者沃纳·塞弗林研究发现"受众的选择过程可以分为四道围墙的防御，最外层的防御是选择性接触，之后是选择性注意和选择性新理解，最里层是选择性记忆"。[①]选择性接触是受众交往过程中的首要环节。在人际交往活动中，面对人本身多样性和差异化的特点，交往主体对交往对象的接触并不是不加选择的，他们更愿意选择与自己品行、职业、性格、爱好、需求等相一致或相适合的人物交往，形成不同层次的朋友圈。

孔子认为在人际交往中分为君子与小人两种不同的人格类型，交往主体具有选择性，应结交"君子儒"远"小人儒"。这是因为，首先在道德修养上"君子求诸人，小人求诸己"（《论语·卫灵公》），君子在任何情况下都会严于律己，宽以待人，要

---

① 沃纳·塞弗林、小詹姆斯·坦卡德：《传播理论的起源、方法与应用》，郭镇之等译，北京：华夏出版社，2000年，第112—115页。

求自己做到一位不忧、不惑、不惧的仁者、知者和勇者，而小人总是要求别人去做。其次，在言行举止上"君子和而不同，小人同而不和"（《论语·子路》），君子既会允许不同声音的存在并尊重多人观点，又能坚持自己的观点，而小人面上和谐，其实各怀鬼胎；君子与人交往矜持不相争利做到"群而不党"，而小人喜欢群居终日，拿些小恩小惠。最后，在价值观上"君子喻于义，小人喻于利"（《论语·里仁》），君子在谋求个人利益时合乎社会伦理，而小人通过各种手段谋求个人利益最大化。君子是孔子思想中的理想型人格，有德、有才、有位，在人际交往中有崇高的理想和道德修养，表里如一；小人目光浅显、胸无抱负、着眼于当前利益，表里不一。孔子提出交往双方要善于透过表象看本质，认清交往对象真面目，"亲君子，远小人"，选择品行端正、性格豁达、有理想抱负的君子人格型对象交往，形成健康的人际关系圈。

二、交往行为的理性：自律与他律

"交往理性是一种通过语言实现的、具有主体间性、符合一定社会规范、在对话中完成、能在交往者之间达成协议一致与相互理解的程序性理智能力。"[1] 交往理性是交往在生活世界中表现出的行为的合理化，渗透于人际交往行为之中。交往行为是交往理性的外在表现，使自然人变成社会人，满足人们获取知识和信息、社交、娱乐等需要。理性交往行为是行为个体获得有效认知、理解的交往能力，能更好实现交往中的"需求与满足"。

孔子认为实现理性交往行为需要自律与他律起作用，在人际交往中，自律依靠行为主体"仁"的修养与实践，他律依靠"礼"的外在约束力，"仁"与"礼"的相辅相成是实现理性交往行为的重要途径。自律与他律是影响理性交往行为的内外两因素：一方面是理性的内化，以"仁"加强自律。孔子曰："克己复礼为仁。一日克己复礼，天下归仁焉。"（《论语·颜渊》）仁可以帮助交往双方克制内心私欲、物欲、贪欲，从内在建构人的心理结构，培育德性，塑造人性。另一方面是理性的外延，以"礼"加强他律。人与人的交往行为是"以符号为媒介的相互作用，相互作用是按照必须遵守的规范进行的，而必须遵守的规范规定着相互的行为期待，并且必须得到至少两个行动个体的人的理解和承认"。[2] 规范是交往双方认同的互动规则，是一种共识系统，包含了行为参与者认可的行为有效性，与孔子所诉的"礼"有异曲同工之妙。"礼"是群体的社会性道德，是社会成员共同遵守、达成一致的具有强制

---

① 傅永军：《法兰克福学派的现代性理论》，北京：社会科学文献出版社，2007年，第268页。

② 尤尔根·哈贝马斯：《交往行动理论》，洪佩郁、蔺青译，重庆：重庆出版社，1994年，第121页。

约束力的社会规范，是管辖行为的一套外在控制机制，能从外部加强行为主体的交往理性。以"仁"自律、以"礼"他律分别从内外使得交往主体在客观世界和生活世界的行为合理化，理性交往，促进人际关系和谐。

第四章　孔子人际交往观的传播思想探析

从对孔子人际交往中各种不同传播关系的详细解剖发现，孔子的传播思想与西方传播学的传播理念、方法、技巧等基调不同，他更强调以"仁""礼"建构交往秩序，以"情本体"为源头的传播的伦理性，从日常活动的细节到人的内心价值观导向处处体现出他人际交往的核心传播理念、原则及传播艺术，本章将从这三方面对孔子传播思想展开详细分析。

第一节　孔子人际交往的具体传播原则

交往原则是传播有序的重要依据和行动指南。传播无时不在，无时不有，是社会信息的流动和社会信息系统的运行，而交往原则是一套具体、具有实践性和可操作性的行为操作系统，为人际关系、信息传递和社会大系统正常运行提供了重要保障。孔子认为，在交往过程中应秉承"正其名""主忠信""推己及人""过犹不及"的传播原则，畅通传播渠道，消除传播隔阂，确保人际交往活动有章可循、秩序井然。

一、"正名"——交往中的身份建构

交往主体和交往对象各自的身份与地位在某种程度上决定人际传播的方向和内容。孔子提出"正名"原则，是为交往双方建构身份，确立社会角色和关系系统，实现身份认同以从事与身份相适合的传播活动。

"名"是礼制的传播载体和人类社会的传播秩序。首先，它有名义、名分之意，对社会发展和传播秩序而言，孔子认为"正名"是社会走上正轨，传播活动井然有序的首要之举。据《子路篇》记载，学生子路问于孔子："假如卫君让您去整治国家，您首先干什么？"，孔子回答："必先正名。"当时社会处在诸侯争霸、礼崩乐坏的年

代，传播制度破坏，传播环境动荡不安，人心惶惶，是他提出正名传播原则的现实背景，是实施"名"的迫切性要求。其次，对人际关系而言，"名"是"君君，臣臣，父父，子子"（《论语·颜渊》）有序的关系状态，能够令每个人明确自身社会地位和职责，确保社会群体中的人际关系井然有序和正常交往，维护传统伦常。李泽厚认为"'名'是规范，是义务，是活动，谨守不失，即可无为而治"。① "正名"是一种规范调节手段，促进君礼臣忠、父慈子孝、夫义妇顺的交往行为，如果传播主体严格遵守它，社会将在"无为"中达到传播有序。

"名"使传播符号与它所代表的事物联系在一起，名实一致。"名"与"实"是传播学关注的基本问题，是名称与内涵、表面与实质的关系，在人类传播活动中扮演重要角色。它不仅仅是客观现实的指称系统，更是人与人之间传播关系的体现，但"名"与"实"的错位会带来严重社会影响，孔子指出"名不正，则言不顺；言不顺，则事不成"（《论语·子路》），它能够妨碍一切传播活动的顺利进行。首先是"名"与"实"的错位带来人际关系的混乱，孔子感慨世态"觚不觚，觚哉！觚哉！"（《论语·雍也》）觚指古代一种上圆下方的盛酒器具，腹部和足部都有棱角，后变成上下是圆的，实指今日事物的名实不符，有其名，无其实，暗指出当时君臣、父子、兄弟等人际关系的混乱、越位情形，子弑父，臣弑君，人际关系遭到强烈破坏。其次，"名"与"实"的统一带来人们"在其位，谋其政"的最佳状态。人在不同的传播情景中扮演不同的角色，在家是父亲要孝顺父母、关爱妻儿，在政府单位是官员要为人们服务，每一个名称都对应一定的社会责任和义务，任何人有其名都要担任相应社会责任，真正实现名副其实。

孔子的"正名"传播原则更侧重于政治和伦理上的名分，是人际关系建立和人际交往的前提，是"名"与"实"统一性的表现，有助于明确交往双方的主体地位和社会责任，各司其职，各安其位，稳定社会秩序，为人际交往创造有序的传播环境。

二、"忠信"——交往中的立身之本

交往过程中传播者的素养是个人道德品行和行为举止的表现，决定传播者的交往层次和对象。物以聚类，人以群分，"一个人的发展取决于和他直接或间接进行交往的其他一切人的发展"，② 孔子对交往双方中的传播者提出很高的道德要求，忠信原则是传播者开展人际交往的重要基石。

---

① 李泽厚：《论语今读》，北京：中华书局，2017 年，第 229 页、第 241 页。

② 马克思、恩格斯：《马克思恩格斯全集》第三卷，中央编译局译，北京：人民出版社，1956 年，第 515 页。

孔子"忠信"原则来自内心的道德责任感，蕴藏在父母、兄弟姐妹、上级、朋友等不同的人际关系之中。他要求"与人忠""言而有信"，首先对人要"竭其力，尽其身"，真诚实意交往。当时社会君臣有明确的社会等级之分以及君臣的不平等关系，但孔子说"侍奉国君要尽一切礼数"，臣子可以为国君拼命甚至牺牲，这是作为臣子的责任感；对待父母，即使父母有错，作为子女也不能公然顶撞，要耐心说明事由。其次在交往中"勿欺之，而犯之"（《论语·宪问》），对他人真诚相待，不要有所欺瞒，但可以犯言直说。孔子说"君子喻于义，小人喻于利"（《论语·里仁》），当面对任何事情和诱惑时，君子可以为了道义直言不讳，而小人会为了利益缄口莫言。在交往中孔子提倡以君子的品行要求自己，实现真正的交往。此外，对人要"言必信"，对事要"敬事而信"。一个有诚信品德的人，所说的话才能让他人信服，让大多数人主动愿意交往，达到"信则人任焉"（《论语·阳货》）良好的传播效果。孔子说："执政者诚信无私，才会使人民都讲诚信"。传播者把握着交往的主动权，是信息的传达者，传播的内容体现着个人价值取向，其素养能够影响受传者的素养并得到广泛扩散。

孔子提出的忠信原则具有普适性，不仅适用普通人，也是政府官员与人民间的交往之道，是行为主体在错综复杂的人际关系中的立身之本。它来自内心的道德责任感，强调对人对事忠心无私，更体现着传播双方的素质修养和交往的真诚度，是人际交往过程中的重要传播原则之一。

三、"推己及人"——交往中的换位思考

"推己及人"是人际交往的根本传播原则，是指传播主体设身处地为传播对象考虑，将心比心，用自己的心意去揣测别人的心意，以适时调整传播行为。互动调试理论认为，人际传播"互动中的调试形成了双方彼此关系的基础，调试具有传播意义，它向互动者和旁观者表明传播者关系的本质"。[①]"推己及人"传播原则决定了传播形式和揭示出传播者关系本质。

孔子仁学体系以"爱人"为基础，而爱人的起点为"推己及人"，即交往中传授者的换位思考。推己及人传播原则要求传授双方在交往中"己所不欲，勿施于人"（《论语·卫灵公》），包含两层意思：一是自己不想要或不喜欢的事物，不会再施舍给他人，出于尊重交往对象的表现；二是他人对自己做的不好事情，自己不会再向交往对象做类似的事，是换位思考带来的积极影响。由于每个人在社会中的身份、地位、年龄、职业等处境不同，当传播者站在受传者的角度去切身体会对方的心理和

---

① 莱斯利·A.巴克斯特、唐·O.布雷思韦特：《人际传播：多元视角之下》，殷晓蓉等译，上海：上海译文出版社，2010年12月，第249—250页。

处境，会产生较为深刻传播认知。当今社会如果医生站在患者的角度、患者站在医生的角度去思考问题，医患关系是否还会像现在这样紧张？如果商场销售员站在消费者的角度去看问题，是否会减少纠纷投诉事件？"推己及人"使得传授双方的社会角色得到互换，如医生与患者、销售员和消费者的关系等，反映出传播关系的本质，这一原则能够帮助行为主体克服将自己不愿接受的事物强加于人的主观行为，从而避免交往过程中可能产生的对立与冲突。推己及人是孔子传播思想中的重要交往原则。据《论语·卫灵公》记载：子贡问孔子："是否有一言可以终身奉行？"孔子回答："那就是恕道吧。"推己及人是恕道的核心内容，是人际交往中普遍遵守的社会道德准则。

在交往中学会以仁爱之心宽几待人，尊重、体谅交往对象有助于良好传播关系的形成和发展。换位思考是一种体验式思考过程，能够深入全面了解传授双方的生活背景和交往心理，减少传播误差和人际冲突，共同构筑你中有我、我中有你和谐的人际传播关系。

四、"过犹不及"——交往中的中庸之道

"过犹不及"是相对于"仁""礼"的标准而言，包含传播的两种状态"过"与"不及"，它们各取两端相反而立，而中间状态才是最佳状态，也是孔子思想的中庸之道。人际交往中既有"过"的因素，也有"不及"的因素，找到二者间的联结点和分界点——"中"，才能在交往中张弛有度。

"过犹不及"传播原则揭示了传播中质变和量变、内容与形式的辩证关系。首先，量变与质变相伴而生，在一定条件下可以相互转化，"过"则质变，"不及"则量变，"过"与"不及"都会改变事物的性质。"欲速则不达"（《论语·子路》），过度强调速度是达不到理想目标的，因此孔子提出"泰而不骄""和而不流""惠而不费""哀而不伤"的传播观点，找寻人际交往中平衡状态。其次，内容是形式的基础，形式是内容的表现，太过于关注任一方面，就会顾此失彼。一个人的文章若内容高于形式就会显得粗野，没有才华；若形式高于内容就会显得肤浅，只注重表面工程，所以孔子说"质胜文则野，文胜质则史"（《论语·雍也》）。"过犹不及"要求传播主体坚持传播中的适度把控，掌握分寸，谨言慎行。据《说苑·辨物》记载，学生子贡问孔子："人死后是有直觉能力还是没有知觉能力呢？"孔子回答："如果我说人死后有的话，恐怕孝顺的子孙们不再赡养老人而让他们早死；如果我说人死后没有的话，恐怕不孝子孙们会抛弃老人弃尸不葬。其实人死后有无知觉并不重要，等你自己老了自然就知道了。"孔子回答弟子的问题张弛有度恰到好处，坚持了"中"的原则，既解决了弟子的疑问，也表现出言语的严谨性和存而不论的传播技巧。孔子的学生子游说"侍君数，斯辱矣，朋友数，斯疏矣"（《论语·里仁》），人际交往要懂得适可而止，保持人际关系的舒适度，防止事物物极必反的严重后果。

孔子的"过犹不及"传播原则核心在于坚持"中"，寻求和把握人际交往的最佳尺度，因此，传播双方应以"仁""礼"为行为标准，在人际交往中既反对过，也反对不及，掌握最佳舒适"度"，创造舒适的交往空间。

第二节　孔子人际交往观的核心传播思想

孔子人际交往观的内核是"仁""礼"两大思想体系，"内仁外礼""和而不同"是孔子传播思想的核心，是行为参与者发自仁心、待人以礼开展一切传播活动的内在行为准则和外在行为规范，是跨越沟通隔阂，达成共识的重要交往理念。

一、"修仁行义"——人际交往的内在行为理念

"仁"在《论语》文本中讲有 109 次，是孔子核心传播思想之一，尤其强调人际关系的仁爱、关怀与容忍，具有强烈的人道主义精神。"义"是指道义、适宜，强调传播行为的正确性和合理性。李泽厚认为构成孔子思想体系有四种因素："血缘基础、心理原则、人道主义、个体人格，其整体特征为实践理性"。[①]孔子"仁义观"注重培养人性感情，以"爱人"为出发点，情理相容，通过德行知识建构和价值内化塑造行为主体的自主意识中的主观世界，以及与客观世界和社会世界的关联，成为人际交往行为的内在价值理念，由内而外培养交往双方德行，从而开展符合道义的传播活动。

首先，它是内在的、个体的，是传播主体的德行修养与品质塑造。修仁行义对人际交往的要求是内在的。一是通过内省方式反思自我。《学而篇》记载，孔子弟子曾子每天都会多次内省，检讨自我"为人谋划是否竭心尽力，和朋友交往是否忠信可靠，传授给别人的知识是否自己亲身实践过"。在内省、反思中行为主体在不断调整自己的主观世界，以减少犯错误的机会，提高"主我"意识。二是培养恭、宽、信、敏、惠的德行品质。孔子说："恭则不侮，宽则得众，信则人任焉，敏则有功，惠则足以使人。"（《论语·阳货》）在传播过程中与人恭敬、宽厚、诚信、勤敏、恩惠，不断调整自我状态和加强自我修养，增加行为的有效性和共同认可，得到大家的拥护和信任，使交往达到个体与群体、个人与社会关系的和谐的理想效果。三是追求实事求是的传播精神。"知之为知之，不知不为不知，是知也"（《论语·为政》），

---

① 李泽厚：《中国古代思想史》，北京：生活·读书·新知三联书店，2016 年，第 11 页。

传播者在德行知识的建构上要注重实际和信息来源的可信度，秉承实事求是态度从事传播活动。孔子与人交往从来不谈怪异、暴力、生死、天道等内容，对无法验证的事物往往存而不论，并常常将其化解到人伦情理之中，既是对自己传播内容的负责，也对交往双方的传播行为起着指导作用。

其次，它是心理的，通过价值内化的传播过程形成了以"仁"为核心的道德价值体系作用于人际交往行为。孔子"仁义观"在"建构一种价值，并通过传播为社会所共享，从而成为一种共同的文化，即实现文化重建和社会整合"，[①]形成一种价值共识系统。孔子从以孝悌为"仁"的根本，将亲子之爱延伸到五种人伦关系中诠释人际交往行为，据《论语·阳货》记载，学生宰我说三年守孝期太长，认为君子如果三年不参加礼仪相关活动或练习音乐，对礼必会生疏，音乐也会忘记，守孝期一年足矣。孔子听后评价他"不仁"，原因是"子生三年，然后免于父母之怀。夫三年之丧，天下之通丧也"（《论语·阳货》）。"仁"始于人性中以孝慈为核心的原始之爱，使参与者的交往行为内化为心理情感，通过共同的文化心理建构人际关系网。传播之于个体本心，"仁义观"的价值内化成为传播者一切传播活动的道德标准和价值判断。

二、"礼自外作"——人际交往的外在行为规范

"礼"在《论语》文本里出现75次，是孔子传播事业中仅次于"仁"的核心思想。"礼自外作"是对交往双方的一种规范协调行为，从外部规范传播主体行动，使个体的本能性得到一定程度上的抑制从而更好地建立社会联系。它是传授双方共同遵守的一套制度、规范、仪式、风俗和礼节，具有约束性和强制性。在人际交往中，交往主体要尊礼、行礼、守礼，"礼"对人际交往的要求是外在的、形式的、群体的、客观的，是一切传播活动的外在行为规范。

首先，"礼"对人际交往的要求是客观的，要尊礼。礼是客观存在的，从微生物界到植物界再到动物界都有一套独有的交往法则，人类社会也是如此，有属于自己的一套交往体系，这一交往体系统摄于礼。礼能反映一定历史条件社会交往的程度并做出预测，孔子弟子子张问他"今后的十代可以获知吗？"他回答"殷因于夏礼，所损益，可知也；周因于殷礼，所损益，可知也；其或继周者，虽百世可知也"（《论语·为政》）。"礼"在社会发展中是客观存在的，帮助行为主体立足社会，正是孔子所讲的"不知礼，无以立也"（《论语·尧曰》）。社会学家费孝通认为，"礼并不是靠一个外在的权力来推行的，而是从教化中养成了个人的敬畏之感，使人服膺，礼是

① 邵培仁、姚锦云：《传播模式论：〈论语〉的核心传播模式与儒家传播思维》，《浙江大学学报》2014年第4期，第60页。

个人习惯所维持的，是合式的路子"，① 他强调"礼"的客观性，是人际交往中一种未成文的习惯法。"礼"调节了交往参与者与客观世界的关系和行为，因此交往中传播者应知礼、懂礼、尊礼，它人际交往的前提条件。

其次，"礼"对人际交往的要求是外在的，要行礼。礼维系着社会系统的运行，确立了人与人之间的关系、身份、等级、地位、职位等，不同的人依据不同的礼节从事不同的交往活动，比如君臣礼、父子礼、夫妻礼、兄弟礼、师生礼等，它对人们传播行为起着规范和制约作用，所以人际交往行为应"非礼勿视，非礼勿听，非礼勿言，非礼勿动"（《论语·颜渊》），一切依礼行事。礼是交往的行为共识，达成行为参与者双方相互认知与理解。当鲁国季康子给病中的孔子送药，孔子虽然不吃，但出于礼貌拜谢并接受；让别人给远方的朋友捎信儿，出于感激之情要再拜谢而相送。行礼是人际交往的基本礼仪，有助于传播活动规范性和传播行为的合理化。

最后，"礼"对人际交往的要求是群体的，要守礼。礼是社会发展中约定成俗的习惯性法规，是集体共同遵守的制度礼仪。不论时代如何发展，礼是不能丢弃的。当孔子的弟子子贡想免去每月初一要祭祀宰杀的羔羊，以仁爱思想为中心的孔子却不同意，说"赐也，尔爱其羊，吾爱其礼"（《论语·八佾》），更偏向于维护当时社会的礼制。在维护礼的基础上要遵守礼，不守礼会导致人际关系混乱和人际传播活动的无序进行。礼的"规范表达了在一种社会集团中所存在的相互意见一致的状况"，② 使社会成员在传播活动中获得理性的内化和理性的凝聚。守礼是一种仪式，在某种程度上达成一定价值共识和社会共识，建立规范的交往互动关系，各安其位，各尽其职，促进群体传播有序进行。

三、"和而不同"——在交往中追求自我与他者的统一

"和而不同"是个人与个人、个人与社会的和谐状态，既体现了交往理念和行为的和合中庸，也体现了交往过程中行为个体的差异性与平等性。它是孔子传播思想的更高层次，具体表现为交往中"仁""礼"的统一，自我与他者的统一。"和"是孔子的中庸思想，不偏不倚、和谐友善的传播观；"不同"是尊重交往双方主体差异性、包容性、平等性的传播观。

首先，"和而不同"承认并允许行为主体彼此有差异，坚持包容、平等的人际交往观。世间万物皆具有多样性，包括人类社会，由于每个人所处的生活环境、文化背景、成长经历各不相同，传播的价值观念和交往行为可能会产生很大差别，但正

---

① 费孝通：《乡土中国》，上海：上海人民出版社，2007年，第51页。

② 尤尔根·哈贝马斯：《交往行动理论》，洪佩郁、蔺青译，重庆：重庆出版社，1994年，第121页。

是因为传播个体的独立性和特殊性才会有人际的和谐。孔子以"有教无类"传播思想处理师生关系，打破当时"学在官府"的教育状态，坚持平等的传播观。我国由56个民族构成，其思想观念、风俗习惯、礼乐文化等各方面地方差异性甚大，但中华拥有上下五千年的文明历史并延续至今，依靠的是人与人、地方与地方之间的包容性。"和"是人际交往过程中内在与外在的统一状态，"君子心同，然其所见各异，故曰不同。小人所嗜好者同，然各争利，故曰不和"，① 品德的人交往虽然眼前的风景各不相同，但内心所见略同，而无品德的人交往虽然所喜欢的事物雷同，但内心却不一致，各有所争，这是因为具有相同品质的个体也存在有差异。承认交往双方彼此间的差异性，坚持包容、平等的人际关系是"和而不同"的前提。

其次，"和而不同"强调行为参与者不偏不倚、和谐友善、互尊互爱，和合中庸的人际交往观。孔子认为在尊重彼此差异的基础上人与人的交往应以"和"为贵，讲求"中庸"的思考方法，以达"和合"的交往目的。"中也者，天下之大本也；和也者，天下之达道也"。(《礼记·中庸》)"和"是行为主体思想修养和人际交往的最高境界，是把握交往规律的重要理念。但从另一层面讲"和"不是盲目附和、无原则调和，令传播者失去理性批判和自我独立思考能力，而是能兼容传播者意见和观点的多样性统一。"意见的自由市场"会在大众各种意见的摩擦碰撞下得到不断修正，最终形成一致的观点。"和"是多元化与多样性的统一，"不同"是统一中多元化与多样性，是对传播的一种自由追求。"和而不同"是国与国、地区与地区、人与人交往的重要传播理念，帮助传播者实现对自我的超越和对他人的尊重，突破行为参与者的差异带来的局限性，构建和谐人际交往空间，追求更高的交往境界，在这一过程中实现自我与他者的统一。

第三节　孔子人际交往中的传播艺术

一、交往中的语言传播

交往是"建立在言语有效性基础上的理性潜能的体现"。② 语言是一种交往媒介，用于人与人的沟通。人际交往的语言传播包括有声语言和无声语言，口头语言与体态语言等类型，古代人际传播方式"最常见的是人与人之间的谈话以及丰富多彩的

---

① 何晏注、刑昺疏：《十三经注疏·论语注疏》，朱汉民整理，北京：北京大学出版社，1999 年，第 179 页。

② 尤尔根·哈贝马斯：《现代性的哲学话语》，曹卫东译，江苏：译林出版社，2005 年，第 367 页。

表情、手势、声音、语气、语调等"。^①孔子传播思想具有很强的实践理性，在交往媒介稀缺的年代充分利用了"言"的传播功能和传播技巧。

（一）有声语言传播

有声语言传播是人际交往中最常用的传播形式，指传播者通过口腔发声向受传者传递信息，多用于两个人或多个人以上的面对面交流，其中声音的高低、远近、节奏、韵律、语气等是影响语言传播的主要因素。由于信息内容一经传出直接送到至受传者，无任何修改机会，所以古代常有"祸从口出""隔墙有耳"之说。所以孔子认为有声语言传播应注意以下几个方面：

其一是慎言慎行，注重语言的多义性和模糊性。子张请教孔子怎样求官得俸禄，孔子回答："多闻阙疑，慎言其馀，则寡尤。多见阙殆，慎行其馀，则寡悔。言寡尤，行寡悔，禄在其中矣"（《论语·为政》），提出在政治交往中要多听、多看，有怀疑的地方多加思考，谨慎说出自己自信的话语和信息内容，以减少错误和懊悔，保证信息准确，传之有效，对自己和他人负责。言语的谨慎不代表个人的迟钝，孔子说"君子欲讷于言而敏于行"（《论语·里仁》），有品德的人说话虽谨慎迟钝，但行动敏捷有效。慎言慎行是确保口头信息准确性和真实性的保障。

其二是言必有中，注重传播的针对性。传播者传达的信息内容"不是泛指一切信息，而是特指人类社会所能接受和使用的信息，尤其是通过媒介传递给受众的信息"。^②西周时期鲁国执政大臣准备翻修长府金库，但孔子学生闵子骞认为此举劳民伤财又带来动乱，因而对上级领导说"使用之前的就可以，为什么一定要翻修呢？"所以有了孔子"夫子不言，言必有中"（《论语·阳货》）的赞许。言必有中要求传播者通过语言媒介传递有用的信息，信息内容中肯有针对性，不是泛泛而谈，言不及义。

其三是言及之言，注重传播的契机。人际交往中传播者与他人交谈要讲究时间、地点、场合。孔子说"言未及之而言，谓之躁；言及之而不言，谓之隐；未见颜色而言，谓之瞽"（《论语·季氏》），应该说的时候不说，不该说的时候说，尤其抢他人未说完的话，是失礼失智的行为。孔子的朋友公叔文子尤其讲究传播的契机，与人交往"时然后言，人不厌其言；乐然后笑，人不厌其笑；义然后取，人不厌其取"（《论语·宪问》），到了该说话、颜笑、取的时候才去做，能使传播对象更容易接受和理解。因此，在有声语言传播中行为参与者应把握好传播契机再言，做一个"不失

---

① 杨尚鸿、唐晓红：《在传播学视野下的孔子》，《临沂师范学院学报》2007年第5期，第125页。
② 胡正荣、段鹏、张磊：《传播学总论》，北京：清华大学出版社，2008年，第162页。

人，亦不失言"的"知者"。

（二）无声语言传播

无声语言传播指传播者运用除口腔发声之外的其他语言进行信息交流的传播活动，又称体态语言和行为语言，包括动作、表情、神态、姿势、手势等形成的一套语言符号与非语言符号系统，它具有象征性和表意性。孔子认为使用无声语言传播时要善于透过现象看本质，辨认出传播者真正要传达的信息内容。

首先，体态语言传播对传播者信息表达起重要辅助作用。动作、表情、神态、姿势、手势等体态语言能够补充口头语言的不足，据《论语·乡党》记载，孔子在邻里乡亲面前"恂恂如也"，恭敬温顺，表现对本乡人的尊敬；进朝廷大门时，"鞠躬如也"，表示对国君的敬畏、对礼的遵守；在宗庙朝堂之上"色勃""足躩"，显示出伴君如伴虎的小心与紧张；下朝之后，"翼如也"，表现出工作结束的放松状态；接待外国贵宾，面色矜持庄重，"揖所与立，左右手，衣前后"，表示对来访者和国家的尊重等等。在人际交往中，很多时候传播者使用口语传播并不能表达所有信息内容，而动作、表情、姿势等体态语言传播利用自己本身的意义补充信息内容，增强信息内容的丰富性和传播的生动性，使参与者的个人形象和传播行为更加立体化。

其次，行为语言传播具有象征性和遮蔽性。行为语言传播的象征性是某一传播行为动作本身所代表的寓意，比如天子祭拜泰山，演奏八佾之舞，象征天子身份和地位。行为语言传播的遮蔽性指当有声语言传播不能直接表达传播者的想法时，传播者会对语言符号包装修饰，通过转换或添加其他语言形式达到自己预期传播效果。孔子说"有德者必有言，有言者不必有德"（《论语·宪问》）仅仅语言媒介是不能判断一个人的品质德行。孔子以与人交往花言巧语、见风使舵为耻，憎恶"匿怨而友其人"（《论语·先进》）的里外不一，致使外表假象掩盖住传播者内心想法，带来无声语言传播的理解误差。孔子认为在人际交往中受传者观察传播者的言行是否一致是解决体态语言遮蔽性的最佳方法，通过"视其以，观其由，察其安"等各方面综合判断，才能透过现象看本质，不被传播者的表象所迷惑。

二、交往中的情景传播

人际交往中有传播者编码的意义、受传者解码的意义和传播情景形成的意义。英国学者罗曼·雅各布森指出，"语言符号不提供也不可能提供传播活动的全部意义，交流所得的有相当一部分来自于语境"，[①]语境是传播情景所形成的意义。传播的情景

---

① 特伦斯·霍克斯：《结构主义与符号学》，瞿铁鹏译，上海：上海译文出版社，1997年，第83页。

由传授双方的形象外貌、服饰、食物、仪态等构成，有助于建构行为参与者"共通的意义空间"，建构共识系统使参与者相互获得理解和认同。哈贝马斯将其"称之为知识储存，当交往参与者相互对一个世界上的某种事物获得理解时，他们就按照知识储存来加以解释"，①笔者分别从生活、外交、丧祭情景中达成的交往行为共识加以阐释。

生活情景传播中的衣食起居之礼。孔子是一位十分讲究、注意细节、遵礼的人，据《论语·乡党》记载，他与人交往时，如果座席摆放不合规矩或不端正就不坐；一起吃饭的时不交谈；吃东西不挑剔食物的粗糙精细；喝酒能控制好量不至于喝醉；睡觉的时候不说话打扰别人；不用近乎黑色和赤色作平时居家服饰；外出时一定要穿罩衣，即使是暑天；上车时要扶着手柄，坐在车中不用手指随便比画；等等。生活场景是人际交往的主要活动场所，其中交往双方的衣食住行展现出个人生活背景、习惯、文化程度和基本礼仪决定人际交往的第一印象，因此，在生活世界中行为主体应注重细节，培养良好的生活仪态与仪表，讲究衣着、服饰、饮食、起居的礼节。

外交情景传播中的宾客之礼。外交中由于语言、风俗、文化等地方差异性，在人际沟通中最容易出现传播障碍，要克服这一障碍需要交往双方充分了解各国礼节，依礼举办外交活动。外交情景包含两种：一是本国对外国使臣的宾客之礼。当鲁国国君命孔子招待外国宾客时，他去的时候面色严肃庄重，脚步飞快，见到对方以左拱手或右拱手向两边人作揖行礼，衣服虽一前一后但不随便摆动，等贵宾走后一定去给国君复命；二是本国使臣对外国的宾客之礼。当孔子作为鲁国使臣出使外国参加典礼时，面色矜庄，恭敬而谨慎地拿着礼器玉圭，向上举像作揖，下拿像要交给别人，献礼时满脸友好，以私人身份会见外国君臣时轻松愉快。不同外交情景中所形成的传播意义要被不同国家的人们所理解和认同，需要一种共识行为系统的宾客之礼推进国与国间的交往活动。

丧祭情景传播中的丧礼、祭礼。丧祭情景是人们缅怀祖先父母、祭拜天地、祭祀神灵的场景，它建构的意义空间传达着人类最原始、本真的情感，带来人性的共鸣。丧祭情景是严肃敬畏的，讲究祭品、服饰款式、颜色、造型等，它们各自象征不同的寓意。吊丧时，不戴紫羔，不戴黑帽；服丧时比佩戴任何首饰；看到穿孝服的人，平日虽亲密友好也要改变容色；遇到穿丧服的人，即便坐在车中也要表敬意；等等，这些行为是对逝者的尊敬与哀悼，对逝者家人的关心与抚慰。祭拜神灵时，不是自己应该祭拜的鬼神不去祭拜；臣下祭祀规格不使用或超越天子，逾越君臣之

① 尤尔根·哈贝马斯：《交往行动理论》，洪佩郁、蔺青译，重庆：重庆出版社，1994年，第188页。

礼；祭祀时，衣着礼服一定有连缝；参加国家祭礼，祭肉祭品不过夜；等等，祭祀情景建构的意义空间是传播主体对天地的敬畏，对天子的尊敬，对自我的救赎。传播者在丧祭情景传播中能够找回心灵的归属，建立行为参与者主观世界与客观世界和社会世界的关联，达到人与自然、人与社会、人与人之间的和谐状态。

第五章　孔子人际交往观的当代价值启示

　　孔子的人际交往思想涵盖了各种不同的人际传播关系和传播行为，强调传播的态度、原则和传播的伦理性，从个人情感到社会道德再到价值信仰，无不体现出他的核心传播理念，即以"仁爱"为中心、以"礼"为规则由内向外传播，内外合一，最后达到"和而不同"的交往境界，对当代人的交往行为和社会健康发展具有重要指导作用。本章将孔子人际交往的传播思想与社会现实问题相结合，从人际关系、交往理念和交往行为三个角度论述人际交往观对当今社会的价值启示。

第一节　以"各安其位"建立和谐的人际关系

　　随着社会经济的繁荣发展，市场经济条件下人心变得浮躁不安，面对金钱和利益蠢蠢欲动，一步步加深了个人与他人、个人与群体、个人与社会间的对立与冲突，人际关系遭到破坏。在人际交往中孔子提出"各安其位"传播思想是让行为参与者做自己的"把关人"，以"欲而不贪"得到心灵回归，"各司其职"增强主体责任意识，构筑主我与他人和谐的人际关系。

一、"欲而不贪"，追求交往主体的心灵回归

　　"欲而不贪"指有欲望但不贪婪，是交往行为主体主观世界的"克己""内省"。有欲望是人之常情，因为有欲望才有奋斗的动力，但欲望并不是走向深渊和腐败。

　　近年来，我国的反腐工作狠抓严打，卓有成效，十九大以来，打虎工作仍未停歇，又有两名中管干部因涉嫌违纪被查处。爱财之心人皆有之，但不能贪得无厌，政府官员身居一定要职手握权力，在与他人的交往中所面对的金钱、利益的诱惑比普通人要大，稍有不慎就会在物欲纵横之中迷失自我，更应时刻警醒自己，想民之所想、解民之所忧更好地为人民服务，而不是利用职务之便来谋取私利。孔子弟子

子张请教他如何从政，孔子提出从政者须具备欲而不贪的德行。欲而不贪要求为官者三省吾身，有较高思想境界；爱民亲民，有民为邦本的立场态度；遵纪守法，有廉洁正义的官场之风。政府官员在与单位人员、人民的交往中要经得起诱惑，守得了寂寞，不忘初心。据《左传·襄公十五年》记载，有位宋国人得一块宝玉献给执政大臣孔子弟子子罕并遭拒绝，理由是这位宋国人以美玉为宝，而子罕以不贪为宝，子罕如果接受这块美玉，那他俩都各失其宝了。

欲而不贪是一种很高道德境界，在人际交往中是交往双方自持自重的表现，以不贪摆正欲望，以欲望克制不贪，有助于交往双方回到最初的本能欲望阶段，找回和认清自我，得到各自心灵回归，将人际交往可能产生的人际冲突扼杀在摇篮中。

二、"各司其职"，增强交往主体的责任意识

"各司其职"是在"各安其位"的基础上形成的，包含两个方面：首先认清各自的社会角色；其次要尽心尽力做好所承担的责任。人是形成人际关系的主体，是开展一切社会交往的物质和精神载体。在人际交往中，个体在社会中分别饰演多个社会角色，每一角色背后有相应需要承担的责任和义务，而人们常常只认识到自己的角色权利却忽略角色义务，导致人际交往的不平衡，带来冲突和矛盾。

人际关系的建立需要交往双方增强主体意识和责任意识，自律并自觉遵守交往原则。近段时间，部分软件以平台平民化的优势带来大众的狂欢，但同时因为无限制的恶搞受到相关部门的调查和处罚。其中有些视频软件的用户为吸引大众眼光，获取更高的观看率或点击率，以猎奇、恶搞等为噱头，传播负能量、不符合社会主流价值观的视频内容，这些行为极易误导受众思想和行为，引起不良社会风气肆意蔓延。出现这一状况其实和软件使用者有很大关系，作为信息的传播者以不负责任、只为点击量的营利态度消费受众的时间、精力，甚至做有违法律和伦理道德的行为满足个人私欲，在享受个人权利的同时未尽到个人责任和扮演好社会角色，对人们的社会交往产生严重不良影响。"各司其职"是个人履行好社会角色和做好本职工作，更是个人修养和价值观的体现。自媒体平台上短视频的健康传播需要社会上的每个人都有很强的主体意识，自我要求去主动承担社会责任传播正能量，营造舒适的生活环境、和乐的人际关系、安定的社会秩序。孔子提出"各司其职"的传播思想是为了让国君遵守为国者本分、臣下遵守为臣者本分、人民遵守为民者本分，帮助行为者认清自我主体责任，共建安定有序的传播秩序。

"各司其职"对行为参与者生活世界中的主观世界和社会世界做出了规定，是对自我的一种"把关"，指出人际交往中的每一位个体须明确自己的社会角色和身份，从"主我"中不断完善"客我"，有助于提高个人道德修养和职业素养，增强自我主

体意识和社会责任感，增进人际关系的和谐。

第二节 以"仁者爱人"培养现代人际交往理念

现代社会大众对媒介的依赖性日益增强，网络空间的肆意扩张使媒介的生态环境更加复杂化和多元化，人与人的交往日益网络化、虚拟化、媒介化，它改变了传统的人际交往模式，对人际交往理念产生前所未有的冲击与挑战。孔子"仁者爱人"传播思想有助于培养现代人健康的人际交往理念，待人接物有原则性、讲分寸，以"以直报怨"方式构建和谐价值观，以"言而有信"打造行为主体的诚信名片，重建人际信任感。

一、"以直报怨"，传播和谐价值观

孔子主张"以直报怨"，既是对个人的道德要求，也体现出对交往者的处事态度和原则。《说文解字》释"直"为"正也"，"直"可理解为公平、公正、率直的理性态度，从而促进理性的交往行动。"以直报怨"是指在人际交往中以公正的行为态度对待伤害过自己的人，不以德报怨；以正直的方式对待破坏规矩的人或生活不意之事，不以怨报怨；以法律法规制裁犯错误的人，维护社会正义。

孔子强调以"以直报怨"的理性精神打造人际关系的和谐状态。曾以孝道感动全中国的谢延信，在妻子逝去的32年里，面对生活的不堪与打击，他承担起整个家庭的重担，一方面全心照料瘫痪的父亲、无劳动能力的母亲和呆傻的弟弟，尊老爱幼；另一方面认真对待工作，爱岗勤恳。他以孝对待父母、以爱对到弟弟、以信对待妻子、以敬对待工作的方式正是孔子仁爱思想的内核，使人们学习的典范。而面对伤害自己的人，孔子认为不应以仁爱之心无原则迁就，不能让犯错的人把所犯的错误当成理所当然的权利，使人际冲突和矛盾在合乎法律程序下得以解决。任何事物都是有底线的，做人办事应讲尺度和原则，对待一直伤害自己的人，纵容或宽容是放任人性假恶丑的泛滥，而正确的做法是人们应以法律为依据，用公平公正的理性态度和原则规范对待人和事，告知对方错误的地方并使其改正，化解问题和矛盾。

孔子"以直报怨"传播思想强调交往双方行为的合理性和程序的正当性，为解决现代人际冲突和矛盾提供了一种理性态度和价值标准，实现人际和谐交往，传播和谐的交往价值观念。

二、"言而有信"，重建人际信任感

"言而有信"是交往个体立身处世最重要的社会名片和根本准则，是影响人际关

系建立的最核心的因素。人的需要是人际交往的根本动力，美国心理学家马斯洛的需求层次理论认为人的需要包括"生理需要、安全需要、社交需要、尊重需要、自我实现需要、认识与理解需要、尊重完美的需要"，①而"信"是实现所有这些需要的根基。对个人，人无信不立；对社会，人无信则整个社会将无信。

曾经感动中国的"信义兄弟"孙水林和孙东林，生死接力让60多名农民工能在春节之前如愿领到工钱，但哥哥孙水林为承诺信义不幸遇难在雪夜的高速上。他们兄弟"言忠信，行笃敬"（《论语·卫灵公》），为人类做出坚守诚信的好榜样。孔子提出"言而有信"是要求交往双方有尊严、有诚信、有礼义廉耻的个人修养，强调人际交往的诚信之德所建立的人际关系间的信任感。然而，现代社会人际交往的网络化、虚拟化和匿名化产生了前所未有的信任危机。种种劣性事件背后以自我为中心，个人利益至上，甚至去制造罪恶的行为令人发指，这些行为深刻揭露出人与人间的信任危机和尊老爱幼思想的传统断裂。因此，重建人际信任感和融洽的人际关系势在必行。

信是人际交往的根基，孔子"言而有信"传播思想对缓解现代人际间的冲突与对立有很大的启示作用，有助于建立人际交往的基石，促进人际关系正常发展，对培养人际信任感、重拾中国人的精神信仰和引领健康社会风气具有重要现实价值。

第三节　以"礼"相待改善人际传播行为

"人无礼则不生，事无礼则不成"（《荀子·修身》）。"礼"是人际交往的行为规范、规章法制和礼仪道德，是古往今来重要的传播行为依据。随着时代的发展和受西方社会风气的影响，中国许多传统的"礼"被遗忘或一概被遗弃。中国的礼文化博大精深，对其应取其精华，去其糟粕。现代社会人际关系和交往异化现象凸显、道德失范、礼仪缺失现象严重，致使人们的精神交往缺少共同的规则和道德底线。在人际交往中孔子要求交往双方须以"礼"相待，以"忠恕"待人、"和为贵"改善传播方式，跨越人际传播隔阂，实现"和而不同"的人际交往活动。

一、"忠恕"待人，运用合理化传播方式

"忠恕"是孔子一生所贯穿的传播思想，其中"忠"指"己欲立而立人，己欲达而达人"（《论语·颜渊》），即乐于助人、推己及人的传播行为，"恕"指"己所不欲，勿施于人"，即尊重他人、平等待人的传播行为。

---

① 杨丹：《人际关系学》，湖北：武汉大学出版社，2010年，第7—8页。

孔子"忠恕"思想包含有很强的受众观，要求在人际交往中交往主体对交往对象能通达事理，关爱对方，不以自我价值观作为判断别人的唯一标准，以对待自身为参照物去对待别人，宽以待人。它反对传播方式的过度主观性和强制性，注重运用合理化的传播方式，比如孔子在教学活动中从不采用灌输式的教学方法传授知识，而是采取"不愤不启""不悱不发"，让学生自己去领悟知识的奥妙，培养他们主动思考和解决问题的能力，举一反三，不仅为国家培养了七十二位贤士智者，而且师生关系也相处得十分融洽，最后也赢得了社会声望。此外，提倡以推己及人、平等待人的传播方式改善社会交往行为。他告诉国君要想实现社会风清气正、国家和乐安泰就必须富民、教民、养民，在人民生活富足、有文化教养的时候才能使国家强盛；他告诉学生自己不喜欢或不愿意做的事情不强加于别人身上，自己想要站起来就要帮助别人站起来，自己想有所作为也要帮助别人有所作为。交往是具有双向互动性的传播方式，传者须考虑授者本体，重视授者主观能动性的发挥。孔子强调人性情感，在传播方式上尤其注重情理统一，培养出传播者去自我化、中心化以及过度主观性的传播素养。

以"忠恕"待人合理化的人际传播方式促进交往双方的理解与沟通，并更加注重受众感受，去除过度的自我化和强制性，改善具体的人际沟通和交往模式，提高交往层次和交往水平，推进人际交往活动的顺利进行。

二、"和为贵"，跨越人际传播隔阂

人际交往是基于交往中"需求与满足"进行的，每个交往主体是有着特定需求的行为个体，他们的人际交往活动是基于特定的需求动机去选择不同类型的交往对象，从而使这些需求得到满足的交往过程。它是人际传播的动机，决定了交往行为。由于每个人的需求与满足不一，常常会产生人际冲突和矛盾，引起传播隔阂。传播隔阂是"因特定的利益、价值、意识形态和文化背景产生的个人之间、个人与群体之间、成员与组织之间的隔阂，既包括无意的误解，也包括有意的曲解"，[①] 而消除传播隔阂需要交往双方"和"思想理念。

孔子说"礼之用，和为贵"（《论语·学而》），"礼"的最终达到的传播效果是消除隔阂、实现人际交往的"和"，即和睦的人际关系、和谐的交往空间。"和"是人际交往的一种友好状态，它尊重文化的多样性和价值观的多元化，有助于交往行为参与者之间建立相互理解的关系，用于调适人际关系。大众耳熟能详的"负荆请罪"故事，主人公廉颇是赵国大将，蔺相如是一门客，因"完璧归赵"被封为上卿，位

---

① 郭庆光：《传播学教程》，北京：中国人民大学出版社，2011 年 8 月，第 9 页。

居廉颇之上，因而遭廉颇不满。但蔺相如出门办事能避则避，别人以为他畏惧廉颇，他说："强大的秦国之所以不敢攻打赵国，是因为有我和廉将军在。我是把国家利益放在前面，把个人恩怨放在后面才对廉将军容忍退让的"（《史记·廉颇蔺相如传》），廉颇听到这话，便背着荆条主动去认错。上述二人的行为告诉我们"和"的价值和重要性，它是处理个人与个人、个人与社会、个人与国家的交往理念和思考方式，是对人际关系主体道德素养的高要求和高标准。

孔子"和为贵"传播思想能够培养交往双方"和"的行为意识，在主观世界中自动调节自我与他者的关系，促进"主我"的完善，跨越人际矛盾和传播隔阂，达成共识和行为的理性与有效性，实现共同交往。如今，在经济全球化、文化多样性和价值多元化的背景下，国与国的交往以及不同国家间人的交往更需要孔子"和为贵"传播思想，去克服由文化差异和价值观不同带来的传播障碍，调整彼此传播行为，互尊互爱，推进人与人、国与国和谐的人际传播活动。

结语

"物质进步不仅不能解决贫困，实际上它产生贫困"。[①] 伴随着信息社会的高度发展和物质的极大充裕，现代社会人际交往"异化"现象却日益严重，人际交往理念受到前所未有的冲击，人际关系面临着紧张的信任危机，目前人类正处思想和精神上的贫困期。而孔子传播思想博大精深，影响深远，塑造了中国人的文化基因和价值观念，对改善这一现状具有重要现实意义。

本章尽可能全面梳理相关内容和解读其思想内涵，从孔子思想产生的时代背景、人际交往活动的形式和目的出发找寻孔子人际交往观产生的现实依据，深入解剖了人际交往的现实关系和实质关系，分别对人际交往中的家庭关系、社会关系、实质关系做出分析，认为人际关系的维护在于行为主体的选择性和交往行为的理性。然后进一步探讨了各种人际关系间的传播方式和传播原则，我们得出孔子人际交往观核心思想是交往双方要有"仁"的修养、遵循"礼"的规范，最终将实现"和而不同"和谐的人际交往观。最后笔者分析了孔子传播思想对当代社会的指导作用和实际价值，以古典智慧试图改善人际关系和人际交往的"异化"现象。

由于个人研究水平有限仍存在诸多不足之处。比如孔子处于奴隶社会向封建社会过渡的阶段，他的人际交往思想最终逃不过历史局限性，本章详尽分析了积极的一面，对一些交往理念和交往原则，如"己所不欲，勿施于人"未分析以个人道德

---

① 乔治·亨利：《进步与贫困》，北京：商务印书馆，1995 年 1 月，绪言。

评判为标准的消极影响。此外，孔子的传播思想还有许多可开发的领域进行深一步地分析研究，将传统文化中的智慧创造性地现代转化，既为现代社会提供精神食粮，同时推进中国本土化传播学理论体系的形成。

（指导老师：郑州大学汪振军教授）

专题五 《论语》中文化符号"仁""礼"异域传播的模因论阐释

张艳云

　　《论语》是记录孔子思想的经典之作，是中华民族传统文化的精髓。《论语》中体现的儒学思想对中华民族和世界文化都产生了积极的影响。自利玛窦首次将《论语》翻译成拉丁文起，四百年来，《论语》的翻译和英译研究从未中断。目前《论语》英译研究主要集中微观方面，如核心概念，翻译策略以及译本之间语言层面上的对比。模因论是基于达尔文文化进化论的观点，解释文化进化规律的新理论。自从20世纪70年代末道金斯首次提出模因概念以来，该理论被广泛应用于解释文化传播现象。目前随着中国经典文化的英译西传，不少学者开始以模因论为理论框架，从文化进化的视角研究中国文化经典的英译和传播。然而鲜有学者从模因论的视角，结合符号学理论对《论语》中文化符号"仁"和"礼"的英译做相关研究。

　　本专题以模因论为主体理论框架，结合符号学的相关理论，以理雅格译本为研究范本，分析了《论语》中文化符号"仁""礼"的异域传播。专题采用定性分析的研究方法，结合符号模因异域传播图式，分析了文化符号"仁""礼"异域传播的四个阶段，并详细论证了再符号化模因"virtue""propriety"被西方读者接收的深层文化原因。专题以模因整个传播过程为主线，通过分析文化符号"仁""礼"的异域传播过程，得出如下结论：(1)再符号化过程贯穿于模因传播的整个过程。模因在传播过程中为适应新的传播环境，需要不断地调整其外在形式和内涵外延，即不断地进行再符号化。从模因论的视角看，译文的实质是源域模因再符号化后的变体；(2)模因的两大特性，即情感共鸣性和文化顺应性有助于模因的异域传播。文化符号"仁""礼"在西方世界快速传播是因为其再符号化变体"virtue""propriety"具备情感共鸣性和文化顺应性两大特性。

　　本专题从模因论的视角，分析文化符号"仁"和"礼"异域传播机制，一方面从文化进化的角度开拓了文化符号异域传播研究的新视域，并指出了译文是源域模因再符号化的实质；另一方面《论语》中文化符号的异域传播经验，为中国其他文化典籍的异域传播提供了参考。

第一章　研究源起与构思

本章主要介绍了本专题的研究背景，研究目的，研究的意义以及整个专题的层次结构。

第一节　研究背景

孔子是中国伟大的教育家和思想家，是儒家学派的创始人，记录孔子及其弟子言行的著作《论语》是记录孔子思想的经典之作，是儒家思想的集中体现，在我国思想史、文化史和教育史上有很深远的影响。《论语》中体现的儒学思想对中华民族和世界文化都产生了积极的影响。它所蕴含的思想博大精深，先后影响了中国及世界文化达两千多年，其主要思想概括起来有"仁"和"礼"这两个方面。自《论语》诞生起就不断地被译为多种语言文字在世界各地广泛传播，随着中国综合国力的增强，文化软实力的提升，包括《论语》在内的其他经典也不断地被翻译成外文在世界各地传播。梳理学术界对于《论语》英译研究的成果，我们不难发现目前对《论语》的英译研究大多集中于微观方面，如核心词汇、句子结构、翻译策略以及几种译本之间语言层面上的对比等等，鲜有关注其跨文化传播特性的。

模因论是基于达尔文进化论的观点，来解释文化进化规律的新理论。该理论首次由理查·道金斯提出，经其学生布莱克摩尔等学者的补充和完善，模因理论被广泛应用于解释文化传播现象。在何自然、何雪林等中国学者的努力下，模因论被广泛用在语言研究中解释语言现象。目前随着中国经典文化的英译西传，不少学者和研究生开始用模因论为理论框架，从文化进化的视角研究中国文化经典的英译与传播，鲜有学者结合符号学的视角，探讨中国文化经典中的文化符号跨文化传播的再符号化本质。本专题以模因论为理论框架，结合符号学的相关理论，探讨《论语》中的两大文化符号模因"仁"和"礼"异域传播机制。

第二节　研究目的

国内外对《论语》英译的研究主要集中在语言层面或从翻译角度对译本作的评介，随着模因论的成熟与发展，有必要从模因论的视角研究中国文化经典中文化符号跨文化传播机制。经典文化模因的译文，从本质上是文化模因的再符号化变体，这一符号变体有利于经典文化模因在异域文化环境中的传播。本专题选题主要是基于以下几点：

（1）随着时代的发展，国家之间的竞争很大程度上体现在文化方面的竞争，提升国家文化软实力就显得极其重要。国家文化经典的翻译和传播是提升我国文化软实力的一种重要的方法和策略。在诸多文化经典中，《论语》是中国传统经典文化的典范，其中的文化符号"仁""礼"是儒家文化的核心，因此本专题以《论语》为例，从文化进化的角度探讨其两大文化符号"仁"、"礼"的英译，分析中国传统文化符号如何在异域环境更好地传播，让西方读者更好地了解中国文化。这对于中国传统经典的译介和在西方世界的传播具有很好的借鉴作用，从文化进化的视角，对提升中国文化软实力提供了好的方法策略。

（2）目前国内外学者对《论语》的研究主要是从翻译策略探讨译本的译介，其实质是语言层面的转换研究。而其文化符号的传播实质是文化层面的传播，因此应该用全新的文化进化理论——模因论，来探讨中国经典的英译，突破以往对中国经典英译研究的局限性，提供独特的视角和亮点。模因论作为一种文化进化新理论，其理论体系还不够完善，本专题借助完善的符号学理论，对模因论加以补充，增强其对文化现象的解释力。

以模因论和符号学作为研究的理论框架，本专题试图解决以下两个问题：

（1）为什么里雅格译本中的两大文化符号模因"仁""礼"能够成功的在异域文化环境中被模仿和传播？

（2）文化符号模因在海外成功传播的法则是什么？

第三节　研究意义

本专题以模因论为主体理论框架，分析《论语》中两大文化模因范畴"仁"和"礼"在异域文化的传播具有以下意义；

（1）模因论是一种解释文化进化规律的新理论，其理论体系还不够完善，而符号学是研究符号传意的人文科学，目前已发展成为完善的理论体系。模因论致力于研究文化的传播，符号学则更关注符号意义的阐释，二者同时聚焦于文化层面，本专题借助完善的符号学理论对模因论进行补充，揭示出符号和模因的密切关系，指出被传播复制的符号就是模因，同时符号化过程贯穿于模因的传播复制整个过程，也是模因作为文化进化因子不断地适应文化环境，进化变异的生存策略。运用两种理论的互补性从文化进化的角度阐释符号模因"仁"和"礼"在异域文化的传播，从而开启了新的研究视域。

（2）目前对《论语》的英译研究大多集中于微观方面，如核心词汇、句子结构、翻译策略以及几种译本之间语言层面上的对比等等，大多是从翻译理论角度对译文所做的分析和评介。目前随着中国经典文化的英译西传，开始有少数学者和研究生以模因论为理论框架，从文化进化的视角研究中国文化经典包括《论语》的英译与传播。本专题以模因论为主体，分析文化符号"仁"和"礼"在异域文化的传播机制，一方面从文化进化的角度开拓了《论语》英译研究的新视域；另一方面能从《论语》的成功英译中借鉴经验，为中国典籍英译研究提供一些参考。

第四节　专题结构

本专题由下面五个部分构成：

第一章是引言部分，指出了本专题的研究背景、研究目的、研究意义及结构安排。

第二章是文献综述部分，首先介绍了《论语》相关的背景知识，概述了《论语》中两大文化符号"仁"和"礼"；接着介绍了模因论和《论语》中核心文化符号的国内外研究现状；本章最后总结分析了从模因论视角对中国经典英译研究的现状。

第三章是理论框架部分，主要介绍了模因论，包括模因的定义和模因的属性，即模仿性、顺应性、体验性和动态性。以及模因传播复制的阶段；接着介绍了符号学理论，包括符号的定义和索绪尔的符号学思想；最后介绍了符号学理论对模因论的启示：符号和模因都聚焦于文化层面，两者密切相关，任何一个被人们传播复制的符号都可以称为模因，模因化的符号在传播复制过程中，其外在形式和内涵所指又会不断地发生变化，再次被符号化。符号化过程贯穿于模因的传播复制整个过程，也是模因作为文化进化因子不断地适应文化环境，进化变异的生存策略。

第四章从模因论的角度分析了文化符号"仁""礼"的异域传播过程，首先指出文化符号译文的实质是再符号化的过程，构建了文化符号模因的传播图式。其次分别介绍了文化符号"仁""礼"的本源和本义，以及在里雅格译本中的本质内涵；并结合提出的文化符号模因的传播图式分析了文化符号"仁""礼"借助译文实现再符号化过程后，如何在异域传播。

第五章是专题的结论部分，指出本专题的研究结论，以及本专题研究的局限性和对未来研究的展望。

第二章　研究文献的学术史回顾

　　本章主要是对《论语》中核心文化符号和模因论的相关文献回顾，《论语》是中华民族传统文化的精髓，集中体现了儒家的思想学说，本章首先简要介绍《论语》的成书、结构体系和思想内容；其次梳理了《论语》中的两大文化符号"仁"和"礼"研究情况和模因论的研究现状。

第一节　《论语》简介

　　《论语》是记录孔子及其弟子言行的一部经典著作，是儒家思想最重要的一部著作。该书记录的内容涉及较广，包含教育、哲学、文化、政治等。《论语》集中体现了孔子的哲学思想，在我国乃至世界思想史、文化史和教育史上意义深远。历代学者注解、研究《论语》的专著形成了一股儒学研究的潮流，《论语》中体现人类智慧的思想和价值观念对我们当代世界产生深远的影响。

　　我们今天看到的《论语》版本是经历历代学者的修订和完善形成的。《论语》传到汉代有三种不同的版本：《鲁论语》20篇、《齐论语》22篇和《古文论语》21篇。西汉末年，安昌侯张禹把《鲁论语》和《齐论语》合二为一，以《鲁论语》为主，撰写了《张侯论》，为后世所用《论语》的定型本，在当时颇有影响。东汉末年，经学家郑玄在此基础上，参照《齐论语》和《古文论语》作了《论语注》。[①]

　　《论语》是一部语录体的书，大部分记言，小部分记事，只有少数篇章是比较完整的文章。现在通行的《论语》版本都是20篇，前十篇也称"上论"，其内容比较规整；后十篇即"下论"，其内容比较繁杂，每篇都从文中第一句话里选取两三个字作为篇名，如《学而》《述而》《公冶长》等；《论语》篇下面又分若干章，全书共

---

① 孔子：《论语》，杨伯峻、杨逢彬注译，杨柳岸导读，长沙：岳麓书社，2018年，"前言"，第11—12页。

511 章。①《论语》的语言简洁精炼，含义深刻，内容上涵盖了孔子及弟子的教育思想、政治主张、道德观念和伦理思想。

第二节　《论语》中两大文化符号的前期研究

《论语》是中国典籍中的典范，集中体现了中国古代的传统思想，集中体现儒家思想精髓的两大文化符号"仁"和"礼"自然受到了国内外研究学者的青睐，本节将对国内外学者对于《论语》中的文化符号"仁""礼"的研究做全面的梳理。

一、国外《论语》文化符号研究

海外汉学家和儒学家对中国传统文化经典的研究比较深入和全面，其中对于《论语》中文化核心符号的研究主要有以下几个层面：

（1）《论语》中文化符号的英译研究，早期西方汉学家对于《论语》了解主要集中在语言层面上，不同汉学家把《论语》翻译成了不同的译本，如理雅各、韦利、安乐哲和刘殿爵等，人们的关注点主要集中在对英译本的书评上。Homer H.Dubs 评述了韦利的《论语》英译本，从译本的可读性，接受性和文学性给予了高度评价，认为其文学性达到了《论语》英译本的新高度。Robert E.Hegel 简单评述了香港中文大学出版的刘殿爵教授《论语》英译本，指出该译本虽然增加了中文对照本，但注释不够翔实不利于非专业读者的阅读。②

（2）《论语》中文化符号的内涵探讨，更多是涉及《论语》中核心文化符号的内涵和关系。信广来在《论语中的仁与礼》一文中专门探讨了仁与礼的性质和关系问题。作者在引用《论语》文本中的大量例证分析"仁"和"礼"的定义后，提出仁和礼既非彼此独立，也非共于一体，而是仁形成于礼并寓于礼之中。③这类研究更多的是一种分析研究，可以让国外读者更加深入全面了解儒家的核心概念及思想，对儒家文化在异域世界的客观呈现意义深远。

（3）《论语》中文化符号体现的儒家哲学思想的现实指导性研究。这方面的研究是随着海外学者对儒学思想体系的深入研究和儒学很有可能成为普世价值的背景下展开的。王小良教授以翔实的史料和对历史事件的梳理，深入研究中华传统文化对美国社会的实践影响。他列举了本杰明·富兰克林、乔治·华盛顿、托马斯·杰弗逊

---

① 于江山：《论语》，牧归夷编译，北京：中国纺织出版社，2015 年，"导言"，第 1 页。

② 李钢、李金姝：《〈论语〉英译研究综述》，《湖南师范大学》（社会科学学报）2013 年第 42 卷第 1 期。

③ 李玉良：《从〈孔子与论语新论〉看儒学翻译与海外英语儒学研究的理路》，《孔学堂》2019 年第 6 卷第 2 期。

等开国之父推崇儒家道德哲学，并以此建立新生国度的道德秩序。儒家思想中的"己所不欲，勿施于人"这样的观念直至今日依然是美国人的"golden rule"。这类研究侧重对儒家核心思想对海外国家的现实指导性研究。①

二、国内《论语》文化符号研究

概括起来，近些年国内《论语》文化符号研究主要集中在文化符号内涵阐释、文化符号间的关系研究、文化符号的英译研究以及文化符号的传播研究等方面。

《论语》中文化符号内涵研究主要是对论语中重要的核心符号的阐释。周飞分析了张载以宇宙本体论构建的仁学思想体系以及其对整个儒学史的意义。王帆从历的视角分析了《论语》中文化符号"礼"在发展进程中的五种内涵。黄春春先后从道德规范、礼节规范和仁礼之间的关系等层面对儒家的礼学思想做了深入的研究。李建勇指出《论语》中仁的本质是以"亲亲"为基础的"爱人"，"礼"和"忠恕之道"是仁外延的两种表现形式。石博琳指出仁的思想是孔子思想的核心，"仁"的内涵包含孝悌为本，克己复礼，仁者爱人，为仁由己四个方面。许芃从文字学的角度分析了仁这一汉字的各个构成部分的含义，从而解读出"仁"的内涵即"爱人"和"修身"。陈梦熊突破传统的儒学研究视角，从中国式思维的角度，阐明了"仁"的背景、生成和内涵。

《论语》两大文化符号"仁"和"礼"之间的关系研究。喻中以二元规范为切入点探讨了仁和礼的内在关系，指出仁为体，礼为用，两者共同构成了体用体系。赖志凌、王江武认为仁和礼是互证互释，同构并重的关系，一个是价值理性，一个是实践理性。钱逊以《论语》中的文本具体分析了仁礼关系的总纲，即"道之以德"和"齐之以礼"。张雨亭通过对"礼"的内涵的挖掘，指出仁和礼是内在和外在的有机统一，"仁"以"礼"为评判维度，同时又有超越"礼"的部分。李祥俊基于近现代仁礼关系的三种观点，确立当代仁礼之间互为体用、内外并进、多向发展的关系。

《论语》中文化符号英译的研究主要涉及语言层面的翻译方法，翻译策略和译本之间的比较研究。孔维珍以巴斯内特的文化翻译观为理论指导，比较研究了五位译者对《论语》中核心概念词"仁""礼"和"君子"的翻译。刘白玉、刘夏青等人通过分析多种文化翻译策略和收集到有关"仁"的代表性研究成果，指出中国传统文化元素的翻译，应该采用"和谐法"翻译策略。王冲采用阐释性研究方法，分别从翻译目的、译者的理解和文本外文化环境分析了文化符号"礼"的跨文化翻译活动。尚云鹤采用动态翻译理论分析了《论语》中"仁""礼"的翻译。

---

① 宋逸鸥、田辰山：《儒学在美国的发展和影响——"首届儒学在海外之儒学在美国学术研讨会"综述》，《对外传播》2017 年第 12 期。

《论语》中文化符号的传播研究主要从传播学视角分析核心文化符号的传播过程。候巧红、刘俊娟分析了中国礼文化核心价值观在日本的传播过程及其认同构建。吉峰提出当代"礼"的传播要兼顾输出方式和传播形态，即以愉悦的意义输出方式，结合地域特色，创造多种传播形态。刘佳静通过对邵培仁教授的访谈提出用"人类整体传播学"来统领本土化传播学，构建新型礼文化传播的理论体系。张兵娟探讨了在当代传播媒介大变革的时代，中国礼文化的传播路径。

三、模因论的前期研究

模因论是基于达尔文的进化论思想解释文化进化规律的一种新理论，基于生物进化的最小因子—基因，模因论提出了人类社会文化传播的最小复制因子，即模因。何自然教授指出"它从历时和共时的视角对事物之间的普遍联系以及文化传承性这种本质特征的进化规律进行诠释"。[①] 模因论在西方研究开展已久，随着何自然等中国学者的引入和研究，模因论在国内学术界如火如荼地开展，目前模因论在国内的研究主要涉及模因论与翻译、教学、社会语用和传播学的跨学科研究。

（一）国外的模因论研究

在模因理论正式进入我们的研究视野之前，国外就已经存在了模仿学，早在古希腊时期，哲学家就对此做过论述，如柏拉图就文艺和模仿的内在关系，他指出文艺的实质是对现实物的模仿；模仿理论的奠基者 Gabriel Tarde 在其出版的著作 The Laws of Imitation 中指出模仿整个人类历史就是一部模仿的历史，是模仿得以使每个人的发明灵感成为大家共有的财富。[②]

模因理论正式进入学术视野是在 1976 年，英国牛津大学的著名动物学家 Richard Dawkins，撰写的《自私的基因》一书。在这本著作中道金斯首次正式提出文化进化的单位"meme"。道金斯首次借用生物进化中的基因类比出人类社会文化传递的基本单位——模因。自此，模因论进入西方学界，引起了很多学者的关注和认同。包括 Richard Brodie and Aaron Lynch. Richard Brodie 于 1996 出版了《Virus of the mind》，同年 Aaron Lynch 出版了《Thought Contagion: How Belief Spreads Through Society》。这两本书基于实证研究，进一步阐述了模因这一现象的存在以及传播过程。

道金斯的学生 Susan Blackmore 对模因论做了进一步的补充和完善，在他们的努力下，20 世纪末逐步形成了用模因解释文化进化的新领域。在诸多学者的努力下，随着模因理论体系的建立和完善，国外对于模因论的研究开展进入新的阶段，有关

---

① 何自然：《语言中的模因》，《语言科学》2005 年第 6 期。
② 何自然、何雪林：《模因论与社会语用》，《现代外语》2003 年第 2 期。

模因论研究的文章层出不穷，至此阶段，国外已有模因中心、模因实验室和相关研究的专题网站和期刊。继 2008 年 TED Conference 2(TED——Technology，Entertainment，Design) 会议的举行，国外模因发展进入新的高潮，随着越来越多模因中心的建立，国外的实证研究成尚升趋势，更加注重理论与实践的结合。①

何自然和何雪林曾在《模因论与社会语用》一文中对国外模因研究的不同流派做了系统的总结：

（1）以 Dennett 为代表的信息观把模因看作一种信息图式。他们把这种模因理解为作为信息模式进行个人的记忆，这种模因可以被复制到另一个人的记忆；

（2）以 Gatherer 为代表的思想传染观坚持模因是文化遗传单位或者模仿单位，是一种可以直接观察到的社会文化现象。他们把它当作一个想法或理念，寄生在受感染的宿主的大脑中，改变他们的行为，促使他们复制和宣传这种想法或理念；

（3）以 Gabora 为代表的文化进化观则把模因看作是连接生物进化和文化进化的桥梁，模因是基因之外的第二种进化方式。他们把模因视作一种社会文化进化的单位，和文化或社会表现形式一起存于大脑。对他们来说，模因担当了基因的角色，作为第二种类型的复制因子，体现在个人的大脑或社会组织中，或者存储在书籍、电脑和其他知识媒体中；

（4）研究模因符号观的代表者是 Deacon，他把模因看作一种符号，把模因论引入符号学。模因被视为一个标志，或确切地说，作为载体的一个标志，通过感染人类的思想，改变他们的行为进行复制。②

（二）国内的模因论研究

模因论在国内的研究开始于吉林人民出版社分别于 1998 年和 2001 年出版了理查德·道金斯的《自私的基因》和理查德·道金斯的《自私的基因》，之后在何自然、谢朝群和王斌等学者的推动下模因论在中国快速发展。从宏观上来看目前国内的模因论研究主要分为以下几类：模因论与教学实践，模因论与翻译，模因论与社会语用，模因论与传播学的结合。

模因论与教学实践的结合，主要在模因论的指导，对传统教学活动的启示。邓来英以高职商务英语写作为研究对象，探讨在模因论的指导下如何创新写作课程模式，提升学生的写作能力水平。白洁同样以英语写作课程为切入点，基于模因论，提出在民族院校藏语类零起点英语教学中构建"阅读 - 仿写"的写作教学模因，提升

---

① 钟玲俐：《国内外模因研究综述》，《长春师范学院学报》2011 年第 30 卷第 9 期。
② 何自然、何雪林：《模因论与社会语用》，《现代外语》2003 年第 2 期。

教学效果。周园以模因论作为指导，尤其是其中的强势模因理论，来指导初中英语的词汇教学活动，提出了自己的建议。张伟平采用实证研究方法，在模因论的指导下分析了大学英语四六级的写作过程。

模因论与翻译研究，主要是在模因论的指导下探讨翻译活动的方法和策略。王静以模因论为基础指出诗歌意象翻译过程中译者要根据具体语境下模因库的特点进行形意的对应模仿和复制。她同时还结合了当代新媒体的网络语言环境分析了模因论指导下的网络英语翻译实践。刘晓维基于模因论中的强势模因构建了企业外宣的翻译策略和启示。丁自华、翁风翔基于模因翻译理论，具体阐述了如何将模因理论中的语言同构、语言参数和语言转码运用到国际航运英语的翻译实践中。罗倩基于模因论的视角分析了中国菜名的传播方式，进而提出了中国菜名的翻译策略。

模因与社会语用的研究，主要用模因论的理论基础分析社会语用现象。李娟以模因论为理论基础，以《咬文嚼字》2014—2019 年所公布的网络流行语为研究对象，分析了网络年度流行语模因的来源、语法特点和语义特点。顾晓乐、徐子崴在语言顺应论和模因论的指导下分析了网络热词在传播过程中的模因变异现象，对热词的模因的理解和翻译提供了借鉴。王丽娟从模因论的视角审视了中日流行语的模因分类，并对中日流行语进行了比较。何自然在《公共话语中的谐音仿拟模因》一文着重谈论了模仿元信息发音或声调而形成的谐音仿拟模因及其种种变异，包含它们的分、应用、传播以及形成动因。[①]

模因与传播学的结合研究，主要从模因论的视角探讨传播领域的社会现象。刘红见以模因翻译论为理论基础，分析了《白鹿原》中民俗文化负载词的英译和传播过程。李雪、马欢采用模因论分析了网络流行语"转锦鲤"的复制和传播过程，并指出了"转锦鲤"这一模因所具有的三种语用功能。汪华、李晓滢以模因论为指导，从词汇、句式和修辞三个层面对壮族文化对外传播的英译策略进行了探究，以提升壮族文学的传播效度和力度。[②] 黄跃进基于模因论，针对区块链中语言模因的社会信息传播存在的问题提出了对策。

模因理论的研究和补充，包含对模因论研究的综述和模因理论的研究应用。近期对于模因论本身理论发展的研究有樊林洲的《模因理论的发展和应用综述》，分析了模因论自身存在的问题，以及对这些问题的思考和看法，展望了模因论这一理论的应用前景。李宗侠、干映锋和钟玲俐等人从不同的侧面梳理了模因论在国内外的研究现状。

---

①　何自然：《公共话语中的谐音仿拟模因》，《外国语言文学》2019 年第 36 卷第 1 期。

②　汪华、李晓滢：《模因论视角下壮族文学对外传播的英译研究——以〈北路壮剧传统剧目精选〉为例》，《牡丹江大学学报》2019 年第 28 卷第 10 期。

（三）从模因论角度研究中国经典英译

模因论是解释文化进化的新理论，目前随着中国经典文化的英译西传，不少学者和研究生开始用模因论为理论框架，从文化进化的视角研究中国文化经典的英译与传播。目前在中国知网和万方数据库中检索的相关文章有九篇，包括 5 篇硕士论文和 4 篇期刊文献。

其中有 5 篇是以中国传统经典《道德经》为蓝本，结合模因论分析其英译和文化意象在西方世界的传播。如：武汉科技大学研究生柯可的论文"模因论视角下《道德经》在英语世界的翻译与传播"从模因的视角，根据模因的传播复制规律对道家文化模因借助翻译进行传播的现象和过程进行探讨和阐述；河南大学研究生杨静的论文"从模因论看《道德经》在英语世界的翻译和传播"从模因论的视角，观察《道德经》自 1868 年至今在英语世界翻译和传播的三个宏观历时过程，从而探索其成功传播的轨迹和所遵从的原则；长沙理工大学研究生王崇的论文"从模因论看《道德经》英译本中文化意象的转换传递"在模因论的视角下研究《道德经》翻译中文化意象传递的现象，分析翻译活动实质是通过语言进行模因复制和传播的过程，利用模因论合理地处理归化与异化的关系，并实现文化意象持续有效的传递。

其中有 4 篇是以中国传统经典《论语》为蓝本，结合模因论分析其英译和文化负载词在西方世界的传播。如河南大学研究生金廷显（2011）的论文"模因论视角下《论语》的英译研究"用模因论对翻译进行了重新界定，认为作品翻译的过程就是文化传播的过程。从模因论的视角对《论语》英译的宏观历时过程进行分析，发现《论语》的英译过程遵循着文化进化的规律，它能够适应不断变化的文化环境，从而产生出相应的新译本；西安外国语大学研究生郑永堂（2011）的论文"On the Translation and Diffusion of the Analects in English World from the Perspective of Memetics"采用一种新的文化传播理论——模因论，来描述《论语》自 1868 年以来在英语世界传播的三个宏观历时过程并试图揭示其翻译和传播的过程遵循着文化进化的轨迹；张艳云、杨春红（2014）的文章"文化负载模因'礼'异域传播的模因论解读"从模因论的视角探讨《论语》中的文化符号"礼"在西方世界的传播。

第三章 理论框架

本章是本专题的理论框架部分，主要介绍了模因理论和符号学理论，以及符号学理论对模因论的补充。

一、模因论

模因论是道金斯基于达尔文进化论的观点，提出的解释文化进化现象的理论。模因论中最核心的概念是模因，人类文化作为一个整体，其构成的最小文化因子是人类文化中的单个模因，凭借无数的模因单位并通过模因的复制和传播得到传承和发展。模因论的基本观点是文化中的模因就像生物界的基因，认为其不断的复制和传播是为了自身不断地生存和延续。本节将从模因的定义，特点、类型、传播周期等方面深入探讨模因论。

（一）模因的定义

道金斯在对模因的定义的界定经历了两个阶段：前期被认为是文化模仿单位，其表现型为曲调旋律、想法思潮、时髦用语、时尚服饰、搭屋建房、器具制造等模式；[①] 后期的模因被看作是大脑里的信息单位，是存在于大脑中的一个复制因子。[②] 在现实世界里，任何被宿主感染和模仿的事物都可以被称为模因，模因的表现形式就非常多样化，可以是词语、音乐、图像、服饰格调，甚至手势或面部表情。总之，任何一个信息，只要它能够通过广义上称为"模仿"的过程而被"复制"，它就可以称为模因。[③]

根据 Dawkins 的观点，模因是一个文化信息单位，那些不断得到复制和传播的

---

① Dawkins, Richard: *The Selfish Gene*. Oxford: Oxford University Press,1976, pp.192.

② Dawkins, Richard: *The Extended Phenotype*. Oxford: Oxford University Press,1982, pp.198.

③ Blackmore, Suan: *The Meme Machine*. Oxford: Oxford University Press. 1999, pp.66.

语言、文化习俗、观念或社会行为等属于模因。模因可以看作是复制因子（replicator），也可以看作是文化进化单位。在其《自私的基因》一书中，道金斯把新的复制因子称为模因。

We need a name for the new replicator, a noun that conveys the idea of a unit of cultural transmission, or a unit of imitation. "Mimeme" comes from a suitable Greek root, but I want a monosyllable that sounds like "gene". I hope my classicist friends will forgive me if I abbreviate mimeme to meme…Examples of memes are tunes, ideas, catch-phrases, clothes fashions, and ways of making pots or of building arches. Just as genes propagate themselves in the gene pool by leaping from body to body via sperms or eggs, so memes propagate themselves in the meme pool by leaping from brain to brain via a process which, in a broad sense, can be called imitation. If a scientist hears, or reads about a good idea, he passes it on to his colleagues and students. He mentions it in his articles and his lectures. If the idea catches on, it can be said to propagate itself, spreading from brain to brain.[①]

Richard Dawkins 的学生 Susan Blackmore 对模因学说发展做出了积极贡献，其著作《模因机器》在很大程度上充实完善了 Richard Dawkins 的观点，初步确立了模因论的理论框架。她认为模仿是一种复制和拷贝的行为，正是模仿才决定了模因是一种复制因子，并赋之以复制力量。我们通过模仿从他人身上学到的每一样东西，都可以看作是模因。Susan Blackmore 指出：

Everything that is passed from person to person in this way is a meme. This includes all the words in your vocabulary, the stories you know, the skills and habits you have picked up from others and games you like to play. It includes the songs you sing and the rules you obey. Each of these memes has evolved in its own unique way with its own history, but each of them is using your behavior to get itself copied.[②]

"模因"的原词 meme 在拼写上模仿了基因的原词 gene，词源上它来自希腊词语 mimeme（模仿）；目前，主要的几大英语词典都收录了这个词并且保留了源语

---

① Dawkins, Richard：*The Selfish Gene*, Oxford: Oxford University Press, 1976, pp.192.
② Blackmore, Suan: *The Meme Machine*, Oxford: Oxford University Press, 1999, pp.7.

mimeme 的词根。① 以下是两大英语词典对于 meme 的定义：

《牛津英语词典》对于模因的定义为："meme/miːm/，n. Biol. (abbreviation of mimeme …… that which is imitated，after GENE n.) An element of a culture that may be considered to be passed on by non-genetic means，esp. imitation." ②

《美国韦氏词典》对于模因的定义如下："a meme as an idea，behavior，style or usage that spreads from person to person within a culture." ③

综合以上对模因的各种定义和界定，我们可以总结出模因的两个基本特点：第一，模因的形态范围宽泛，可以指任何一个在不同宿主间进行传播的东西，可以是概念、建筑、信息、地图等等，④ 第二，模仿性是模因的最基本特性。任何一种信息只要能够通过模仿被复制，就能称之为模因。⑤

（二）模因的特性

随着国外模因理论在国内的传播和深入研究，谢朝群先生基于 Richard Dawkins 对模因特点的论述上提出了模因的以下特性：

模仿性：复制是模因传播的基础，而复制本事就是一种模仿，因此模仿可以说是模因得以传播的关键。模仿是多种多样的，可以是形式方面的模仿，也可以是意义方面的模仿；模仿不是百分百的原样"克隆"。Blackmore 强调模仿对模因传递的重要意义，指出容易被模仿的行为可能构成成功的模因，而难以模仿的行为则较难成为成功的模因。她认为正是模仿才决定了模因是一种复制因子，并赋之以复制力量。在模仿过程中，必然有某种东西被复制或拷贝了，这种东西就是模因，而模因也正是通过这样的模仿过程从一个人的大脑跳入另一个人的大脑。因此，模仿是模因的本质性特征。

顺应性：越是顺应人类生理、心理、物质、精神、文化、社交、情感等方面的需求，越是顺应人类认知习惯和规律，就越有可能成为模因；强效（成功）的模因应该能够融入新宿主已有的文化、情感和认知体系中。原域模因如果在异域环境传播过程中能够结合异域环境已有的本土模因，就能够更容易被异域的宿主所接纳，原域模因在进入异域传播环境中，要想被成功的认可和传播，就必须要融入当地的文化认知体系中，满足异域宿主的情感需求。

① 何自然、何雪林：《模因论与社会语用》，《现代外语》2003 年第 2 期。
② Blackmore, Suan：Cybernetics and Systems: An International Journal. *Evolution and Memes: the Human Brain as a Selective Imitation Device.* no. 32 (April 2001),pp. 225-255.
③ 谢朝群：《礼貌与模因：语用学思考》，福州：福建人民出版社，2011 年，第 148 页。
④ Blackmore, Suan: *The Meme Machine.* pp.66.
⑤ 冉永平、张新红：《语用学纵横》，北京：高等教育出版社，2007 年，第 171 页。

体验性：模因不是先验的产物，主要是通过知觉和感官形成起来的，是以体验为基础的：不同个体由于其生活经历、社会话过程、教育程度、性格、情感等诸多因素的差别，对相同模因可能存在不同的体验：模因的体验性从本质上说是人类心智的体验性。

动态性：模因的意义并非固定不变，模因使用者总能根据自己的需要，对模因进行创造性地使用，赋予模因新的意义。在跨文化传播过程中，原域模因为适应新的文化环境可能在外在形式和内在含义上都会产生动态性的变化。①

（三）模因的传播周期

根据 Heylighen 的观点，模因在复制和传递过程中往往要经历四个不同的阶段：（1）同化阶段：在此阶段模因要能够引起新宿主的注意并被其接受；（2）记忆阶段：模因要能够稳定保存在新宿主的记忆系统中；（3）表达阶段：模因通过前两个阶段在新宿主认知体系的内化过程，通过宿主借助语言、行为和图片等形式进行表达；（4）传播阶段：通过新宿主的表述，模因再一次被传播，被更多的人模仿，进入下一轮的传播周期，如此反复。② 模因传播的复制阶段如下图 ③ 所示：

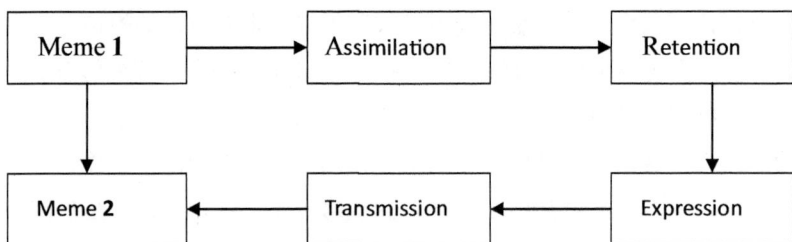

Fig. the Process of Memetic Transmission

图四 模因传播制阶段图

同化（Assimilation）：模因应该能够感染它的宿主，被宿主注意理解和接收。注意是指模因载体的显著程度足以引起宿主的关注；理解意味着宿主能够内化某个模因并在自己的认知系统里重新呈现出来。一种新观点或新现象要得到宿主的理解，必须能够"迎合"宿主已有的认知结构和文化心理。例如，中国文化符号模因"仁""礼"要想被西方宿主接收，就要寻求动态性的改变，匹配耶儒文化体系的相似模因，从而能快速被新宿主注意、理解和接收。

---

① 谢朝群：《礼貌与模因：语用学思考》，福州：福建人民出版社，2011 年，第 169 页。

② Heylighen, What make a meme successful? Selection criteria for cultural evolution. In Ramaekers, Jean, Eds. *Proceedings 15th International Congress on Cybernetics,* 1998，pp.418-423.

③ Heylighen, What make a meme successful? *Selection criteria for cultural evolution.* pp.420.

记忆 (Retention): 模因必须在记忆中停留一段时间，否则就不能称作模因。模因在记忆里停留的时间越久，通过感染宿主使自己得到传播的机会就会越多。各种模因在相互竞争中为了保留更长的时间，通常会寻求与相似模因构成模因复合体，从而扩大影响，提供人们对它的接收程度和自身的存活价值。例如：一种中国传统文化模因"仁"和"礼"要是被西方读者所接收，它必须要与本族人们头脑中已有的相似模因结合，形成更具有影响力的模因复合体，这样才更容易被接收和传播，否则就可能被视为异端而遭到本土模因的抵制。

表达 (Expression): 模因若想传递给其他个体，必须由记忆模式转化为宿主能够感知的有形体。这个过程就称作表达，最突出的表达手段是话语，常见的其他手段有文本、图片、行为等。在跨文化交际中，模因的表达不仅依赖于词汇，图片等原始方式，而且需要借助原域模因在形式和内容上进行改变，产生适应异域文化环境的模因变体。

传播 (Transmission): 模因传播需要有形载体或媒体，他们应该有很强的稳定性，以免表达内容在传递过程中失真或变形。模因载体可以是书本、照片、人工制品、光碟等。自从大众媒体特别是互联网出现后，传播媒介更为多样。

以上各个阶段，周而复始，形成一个复制环路。在每个阶段都有选择，有的模因在选择过程中会发生变异。在上述的模因循环周期图示中模因 1 和模因 2 并非是两个完全不同的模因。这两个模因的关系可以从两个方面加以理解：（1）经过复制周期的四个阶段，模因 1 在传播过程中没有发生任何改变，和处于第四阶段的模因 2 是一致的；（2）在传播过程中模因 1 发生了改变，在传播的第四个阶段形成了保留了模因 1 内核实质的新模因——模因 2。

二、符号学

人类生活在一个充满符号的世界，人类社会中有各种各样的符号。符号学是研究符号的学科。现在符号学思想有两个源头，一个是语言学源头，代表人物是瑞士语言学家索绪尔，另一个逻辑学源头，代表人物是美国逻辑学家皮尔斯，他们被认为是现代符号学的奠基人。

（一）符号的定义

一般来说，当代符号学研究的方向可以大致分为三类：语言学的、非语言学的和折衷的。[①] 不同流派的符号学家对符号的定义给了不同的界定。作为语言符号学的

---

① 王铭玉：《符号学·语言·语言文化的肖像性》，《外语研究》1994 年第 4 期。

代表人物，索绪尔认为符号是概念和音响形象的结合，进而区分了语言符号中的能指和所指。符号学的另一先驱皮尔斯把符号普遍地理解为代表或表现其他事物的东西，它可以被某人所理解或解释或者对某人具有一定的意义，任何一个符号都是由媒介、指涉对象和解释这三种要素构成，即符号具有"三位一体"性质。① 符号学家艾柯认为符号是能用来明确指代某一其他东西的一切指号。从以上不同流派对符号的定义可以看出，符号应该是概念之义和现实之物的结合，具有指称性、象征性等特点。

基于苏联语言学家认为符号是社会信息的物质载体这一界定，王铭玉认为符号起码具备以下三个特征：(1) 符号必须是物质的，只有这样它才能作为信息的载体被人所感知；(2) 符号必须传递一种本质上不同于载体本身的信息，代表其他东西，否则就没有意义，不成其为符号；(3) 符号必须传递一种社会信息，即社会习惯所约定的，而不是个人赋予的特殊意义，只有规约性质的信息才能是符号的所载之"物"。②

（二）索绪尔符号观

索绪尔是瑞士语言学和符号学家，是现代符号学语言学源头的代表人物。索绪尔的符号学理论是从语言学的角度来研究符号，他认为语言系统是一种特殊的符号系统，其理论主要包含三个层面：

(1) 符号由能指和所指构成。索绪尔提出了符号的"能指"signifier 和"所指"signified 的理论，"能指"是符号的声音形象，而"所指"是符号的概念内涵。比如：中国汉字符号"仁"，它的能指就是我们可以看到的汉字的框架结构和它的发音形式 /ren/，当人们看到其字体形式听到其发音时，便会联想起"与人为善，孝敬父母等一系列好的道德品质"，这些被高度概括的道德范畴的品质便是符号"仁"的所指。

(2) 能指和所指之间的关系是任意的，是约定俗成的；能指和所指结合起来能代表一定的意义时，才能产生符号。在语言符号系统中，语言符号的语音 (能指) 和语义 (所指) 是约定俗成的，只有按照社会契约结合起来才能成为一个符号。符号的意义作用基本上是通过符号形式 (能指) 和符号内容 (所指) 之间的相互关系构成。比如中国汉字"仁"，这一个外在的字体形象可以表示中国传统社会中最高的道德典范。这样，汉字字形"仁"就是能指，它所指涉的"中国传统的道德典范"就是所指。二者的关系产生一个文化符号——"仁"。

(3) 符号的意指（significatioon）是符号的能指和所指结合成符号的过程，换言

---

① 王铭玉：《对皮尔斯符号思想的语言学阐释》，《解放军外语学院学报》1998 年第 6 期。

② 王铭玉：《符号学与语言学》，《外语研究》1999 年第 2 期。

之，意指是将一个能指和一个所指结合在一起。意指发生在两个方向上，一是创造符号的过程中，二是解释符号过程中。从符号的接收者来讲，意指是意义再现的过程。比如中国汉字"仁"，当人类创造出符号能指形式"仁"，并赋予其"中华民族道德典范"的所指时，这便是一个能指和一个所指结合的过程，也就是意指的过程；国外译者理雅各看到汉字符号"仁"，并试图解读这一符号在中华民族文化背景下的能指时，是发生在解释符号过程中的意指现象。

（三）符号学对模因论的启示

符号学，是研究符号传意的人文科学，目前已发展成为完善的理论体系。模因论，作为语用学领域的一门新兴学科，是关于模因的研究。自从 20 世纪 60 年代末首次提出模因概念以来，该理论被广泛应用于解释文化传播现象。但由于其发展时间短、理论框架尚不完善，其作为独立学科的地位仍受质疑。模因论致力于研究文化的传播，符号学则更关注符号意义的阐释，二者虽同时聚焦于文化层面，但却从不同侧面对文化进行了解读，因此可以借助完善的符号学体系对模因论进行补充，加强其对文化现象的解释力。

符号和模因密切相关，我们生活在一个符号的世界，任何一个被人们传播复制的符号都可以称为模因，模因化的符号在传播复制过程中，其外在形式和内涵所指又会不断地发生变化，再次被符号化。再符号化过程贯穿于模因的传播复制整个过程，也是模因作为文化进化因子不断地适应文化环境，进化变异的生存策略。原始符号不断地被人们复制传播，成为广泛意义上的模因，模因化的符号在传播过程中，为了适应不同传播环境感染更多的宿主，就需要在保证其精髓的基础上，在外在形式和内涵外延上有所变动，实现再符号化的过程。例如，符号"仁"，包含符号的能指即外在形式，汉字的框架结构"仁"和发音 /ren/，和符号的所指"高尚的道德典范"，符号的能指和所指结合在一起就产生了文化符号"仁"。在几千年的中国文化中，符号"仁"被国人不断地复制和传承，成为比较成功的文化模因。符号模因"仁"在几千年的传播过程中，其汉字框架结构和内涵所指也不断地发生变化。随着《论语》英译的传播，符号模因"仁"走出国门进入西方文化世界，为了顺应西方读者的认知、情感特征，感染西方宿主，符号"仁"借助译文实现了再符号化过程，在保证模因"仁"最本质的文化精髓的基础上，其外在的字体框架和内涵都发生了很大的变化，在理雅各的译文中，模因"仁"经过再符号化后，变为异域文字符号"virtue"，它的能指形式是西方文字"virtue"和发音 ['vtju]，它的能指是"人高尚的道德"。可见，符号模因"仁"在整个传播历程中，其外在形式和内涵所指不断地发生变化，进化变异成新的符号模因，再符号化的过程贯穿其中。

第四章　符号模因"仁""礼"的异域传播

本章将结合符号学的相关理论，从模因论的视角深度解读文化符号模因"仁""礼"的异域传播过程。首先，本章构建了文化符号模因异域传播图式，指出在异域文化环境中，这些文化符号的译文实质是其再符号化后的变体；其次，本章以里雅格的译本为范本，从模因论的视角分别论述了文化符号模因"仁""礼"在异域文化环境中成功被复制传播的深层原因，意在揭示中国传统文化符号模因异域传播的成功机制。

一、符号模因异域传播图式

本节首先揭示了符号模因的译文是其为适应异域文化环境而进行的再符号化变体，从这个层面上讲翻译的实质是原域符号的再符号化过程；其次在此基础上构建了文化符号模因在异域文化环境中的传播图式。

（一）译文——模因异域传播的符号变体

本专题第三章提到模因论和符号学之间存在紧密的联系，这种联系体现在以下几方面：（1）任何一个能够被复制、传播的符号都可以称之为模因；（2）在传播过程中模因必须在外在形式和内在所指上不断进行变化，从而实现再符号化，以适应新的传播环境。换言之，再符号化过程贯穿模因传播的整个过程。译文则是模因在异域文化环境传播中，为适应异域文化体系的再符号化变体。

从模因论的视角来看，翻译过程一方面是通过不同语言载体的互相转换实现不同地域、不同国家和不同民族之间的文化传递过程；另一方面可以看作将源语模因通过再符号化以译文为表达方式向目标语模因传播的过程。原文是承载原域模因的文化背景的模因综合体，译者将它们翻译出来，首先需解读源语模因并被感染，成为这些模因的宿主，再用目标语对源语模因进行重新编码，以另一种载体传播源语模因。这就是说，译者首先要吃透原文，了解原作思想和文化背景，再把原域符号模因通过再符号化过程转换为目标语译文，这个译文符号在保证原域模因的内涵实质的同时，必须是符合目标语的表达习惯，并为目标语读者所接收和理解。译文符号在保留原模因的精髓的同时，在能指和所指上都要有所改变，适应异域文化环境，成为异域环境中的强势模因而得到传播。这一过程是模因符号动态调整的过程，是其产生适应新的传播环境的符号变体过程。

（二）文化符号模因异域传播图式

根据 Henrik Bjarneskans 等人对模因的生命周期的研究，模因有着与寄生虫相似的生命周期。模因存在于其载体 (vector) 如话语，文章，图像，电邮，可观察的行为或石板上等的阶段，称为遗传阶段。当潜在宿主 (host) 对感知到的模因进行解码，模因此时被激活并感染新的宿主，这就是模因的解码 (decoding)、感染 (infection) 阶段。而后模因又重新编码 (coding) 于另一新载体继续通过传播感染更多的宿主。中国文化符号模因存在于其载体——中国典籍的阶段，称为遗传阶段。当潜在的特殊宿主即译者通过阅读中国文化典籍，并对其中的核心文化因子进行解码，整合融入译者的认知结构体系中，从而实现文化符号模因的感染阶段。译者在对源域模因解码感染阶段的过程中，通过译文这一再符号化手段，保留了文化符号最基本的模因精髓，同时在基本模因复合体上附着了异域文化相通的模因文化因子，实现了文化符号模因在异域环境中的变异。这个变体是原域模因和付着异域模因的有机结合。变异后的模因以译文这一新的载体在异域文化环境中重新进入遗传阶段，进一步感染异域读者，异域读者结合本民族的文化心理图式解码原域文化符号模因，从而开始其在异域文化中的传播周期。文化模因的异域传播图式如下图：

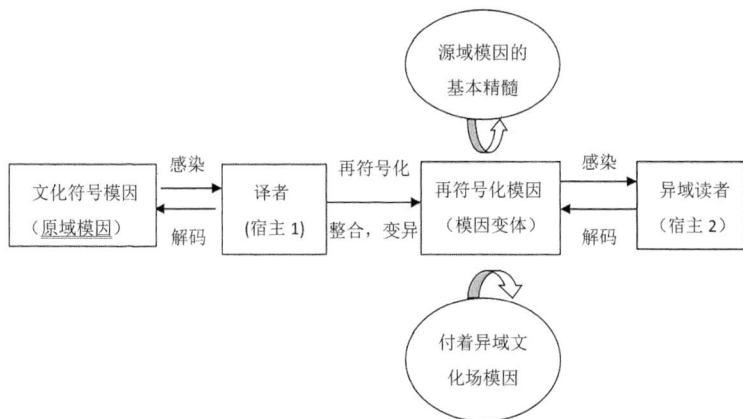

图五 文化模因的异域传播图式

在上述图式中，文化符号模因指《论语》中文化负载符号，特指文化符号"仁"和"礼"。文化符号模因要想成为强势模因在异域文化环境中传播生存，首先要经历模因传播的同化阶段，这一阶段包含图式中展示的感染和解码两个子过程。作为宿主1的译者在接触《论语》时，核心文化符号"仁"和"礼"很容易引起译者的关注，激发译者的兴趣，在进一步的了解文化符号"仁""礼"的过程中，译者便开启了解码这两大文化符号的进程。在不断地解码过程中，原域的文化符号便会和译者的文化价值发生碰撞磨合逐渐融入译者的认知体系中，保留在译者的记忆系统中。

经历了同化和保持阶段后，文化符号模因只有被译者表达出来，才能感染更多的异域宿主。在这一阶段，需要译者对内化的文化符号进行准确而巧妙地表述。总的来说，需要译者对原域文化符号模因的整合和再符号化的表述。一方面译者要精准把握文化符号模因的核心意义，在译者的认知体系中与其已有的文化价值进行匹配整合；另一方面译者需要借助其认知文化体系中的"对应符号"实现表达。这个"对应符号"是原域文化符号模因适应异域文化传播环境的变体，是原域文化符号模因再符号化的产物。最终，译者会选用既能保留原域模因的核心内涵，同时又能契合异域文化场模因的强势模因，实现对原域文化符号模因的表达。从上表中可以看出，原域文化符号的变体模因完美结合了原域模因的基本精髓和异域文化场模因。

经历了同化，保持和表达阶段后，原域文化符号模因借助其变体进入了传播阶段。因为原域文化模因的变体，具备了模因的文化适应性的特质，便更容易被异域文化群体接纳，更易进入其文化认知图式中，实现进一步的感染，重新找到传播的新宿主，开启循环往复的复制周期。基于文化符号异域传播图式，本章将在以下部分对文化符号模因"仁"和"礼"的异域传播过程做详细的阐述。

二、文化符号模因"仁"异域传播阐释

本章主要从模因论的视角分析文化符号模因"仁"的异域传播机制，首先梳理了符号模因"仁"的字形和含义的演变过程；其次多维度探讨了符号模因"仁"在西方世界的再符号变体——virtue的内涵；在此基础上从模因论的视角分析了文化符号"仁"借助其再符号变体在异域成为强势文化模因的传播过程。

（一）符号模因"仁"之本源和本义

文化符号"仁"自诞生之初就不断地被世人模仿、复制，经过几千年的历史演变，不断进行着文化模因的变异进化，在不同的历史阶段，符号"仁"的外在形式和文化意指即符号的能指和所指不断地发生变化。本节从符号"仁"的词形和内涵两方面来梳理"仁"模因在国内几千年的进化变异轨迹。

1.符号模因"仁"的字形演变

语言文字是人类思想的载体，是人类沟通交流的工具，汉字是象形文字，其字形和字义存在紧密的联系，从文字学的视角，通过分析汉字"仁"字形的变化可以看出这一文字符号所指代含义的变化轨迹。目前普遍认同"仁"字的写法有四种。其中《说文解字》"人"部有三种："古文仁，或从尸"；"古文仁，从千心"（忎）；"从人从二"，即我们现在使用的"仁"字；[①] 最后一种写法见郭店楚简中，"古文仁，从身心（悬）"。

"仁"或"从尸"的写法见于甲骨文。"从人从二"与"或从尸"两种"仁"的字形相似，存在某种联系，从字形我们不难看出最初的"仁"字符号的指代事物是人或与人相关的事项。

《说文解字》中的"古文仁，从千心"（忎），和郭店楚简中"古文仁，从身心（悬）"这两种写法具有相似的意义指向。从文字学的角度看"忎"的写法，上为"千"，会意字，其甲骨文字形大体像个"人"形，下部附加的短横是个指事符号，表示数目或泛指极多。下面是个心形，"心"是个部首字，凡由"心"组成的字大都与心有关，引申为人的内在情感，心性等。[②] 二者相合，发自内心的众多的思绪，情感。这种情感更多的是一种关爱，即为关爱博爱。"悬"的写法，上为"身"，这个象形字的字形像是一个腹部隆起的侧面人形，其本意指妇女怀孕，后引申为人的躯干，身体也用来表示自己。其后"身"由于抽象意义，指人的品行和名节。[③] "身"与"心"的结合便意味着人的思想和情感上的高尚，便是之后"仁"的表意指征。"悬""忎"两种"仁"的字形都从心，与人内在的情感和心性有关，两者表意应当相似。

"仁，亲也。从人，从二。"这一字形为后世沿用的"仁"字的字形，为从"人"、从"二"的会意兼形声字，上面是个人的象形，即表意也表音，下面是"二"，代表两个人靠在一起，寓意人们"互存、互助、互爱"。

小篆中的"仁"字，变成了左右结构，左边的人由坐姿换成了站姿，但弯着腰，手臂下垂；右边是"二"。在此基础上，历经汉代的隶变和楷化，"仁"字逐渐笔画化，成为一个四画的方块字。

因此"仁"字的演变线索应该是从"忎""悬"到"仁"，其中"仁"字在古代的不同时期又出现了不同的写法。

---

①　蔡艳艳:《说文解字》，北京：北京出版社，2008年，第276页。

②　许慎:《说文解字》，李兆宏、刘东方解译，北京：中国纺织出版社，2017年，第6页。

③　许慎:《说文解字》，李兆宏、刘东方解译，北京：中国纺织出版社，2017年，第20页。

2.符号模因"仁"的内涵演变

仁是中国古代内涵比较宽泛的道德范畴,指个体及群体内在的思想和行为各方面的高尚的人格修养体系。从符号模因"仁"的字形演变过程中,我们就可以大体上把握其内涵演变的脉络。仁从关注个体内在的心性,情愫到完善个体思想,提升自身心性,最后关注到人与人之间的情感,推广到"爱人",最终推到"爱物",由个体到群体的逐渐展开的过程。

《说文解字·人部》:"仁,亲也。从人,从二。会意字。"① 根据许慎的解释,"仁"字的结构体现的是一种文明的人际关系,即人与人之间不分贵贱,不分种族,彼此之间亲密无间。《辞源》对仁的解释认为其核心指人与人相亲,爱人。

"仁"是孔子思想体系的核心,《论语》中有五十九章出现"仁"字,共计一百零九个"仁"。《论语》一书涉及弟子问仁,孔子从不同角度给予了回复。孔子对于"仁"的定义可以概括为以下几方面:(1)爱人:人不仅要爱自己,更要爱他人,爱人群。人之所以为人,之所以能群,是因为人的群居的特性,要求必须要有能处理人与人之间关系的准则,能够相互制约践行人性,互相督促形成纲常伦理。(2)己所不欲,勿施于人:自己不想做的事情,绝不要强迫别人去做。每个社会成员都要设身处地为其他社会成员考虑,尽量不给被人带来麻烦和不快,共同维护人类社会的和谐融洽。(3)克己复礼:每个人都应克制自己的非分之欲和非分之望,按照社会规范制度行事。此处的"礼",就是社会规范、制度。孔子认为维护社会规范和制度,使社会安定和平,就是"仁",从礼的角度提供了实现"仁"的路径。(4)恭、宽、信、敏、惠:人与人之间要互相恭敬,互相尊重,宽厚待人,礼让谦和,以诚相待,要会助人,有助人的能力和智慧。② 《论语》中的仁是包罗众德的道德体系,是约束个体,群体乃至国家的最高道德观念,其蕴含了由最初"仁"产生到最终"仁"定型各个阶段的意义。

(二)模因"仁"的英译符号"virtue"的释读

本节主要从词典释义和文化释义两个层面解读符号模因"仁"在里雅格译本中的译文"virtue"的含义。

1.理雅各与英译符号"virtue"

理雅各(James Legge,1815—1897年)是近代英国著名的传教士和汉学家,也是第一个系统研究、翻译中国古代经典的人,里雅各耗费近 25 年时间将《四书》《五

---

① 许慎:《说文解字》,李兆宏、刘东方解译,北京:中国纺织出版社,2017 年,第 2 页。
② 孔子:《论语》,刘兆伟译注,北京:人民教育出版社,2015 年,"导言",第 9 页。

经》等中国主要典籍全部译出，开启了中西方文化交流碰撞的通道，也为人类文化的传播和沟通作出了应有的贡献。《论语》译本中理雅各根据不同的情景对仁做了不同的翻译，如："benevolent actions"，"virtue (true virtue)(perfect virtue)"，"the good"or "humanity"其中"仁"主要被译为"virtue"

(1) 子曰：巧言令色，鲜矣仁。(学而第一·三)

The Master said，"Fine words and an insinuating appearance are seldom associated with true Virtue." [①]

(2) 子曰：志于道，据于德，依于仁，游于艺。(述而第七·六)

The Master said，"Let the will be set on the path of duty.Let every attainment in what is good be firmly grasped.Let perfect virtue be accorded with.Let relaxation and enjoyment be found in the polite arts." [②]

2."virtue"的词典学解读

根据《牛津英汉双解大词典》，(*Oxford Illustrated English-Chinese Dictionary*)，"virtue"的释义如下：(1)moral excellence；goodness；(2)a particular form of this；(3) chastity，esp. of a woman；(4)a good quality；(5)efficacy.

根据《朗文当代高级英语辞典》，(*Longman Dictionary of contemporary English*)"virtue"的释义如下：(1) Moral goodness of character and behavior (2) a particular good quality in someone's character；(3)an advantage that makes something better or more useful than something else.

根据《剑桥国际英语辞典》，(*Cambridge International Dictionary of English*)"virtue"的释义如下：a good moral quality in a person，or the general quality of goodness in a person.

根据《基督宗教外语汉语神学词典》，virtue 的释义如下：(1) 德性，品德 此词源自拉丁文的"vir 男人"，按字面义，指男人行事为人的特质。指人类生活中的一些好的习惯，一经养成会使人趋于至善。圣经中强调，德行在于遵循上主的道路、忠信实践盟约的条件 (出十九 5-8)，心中充满天主 / 上帝的法律 (咏 / 诗一 2)。依据人类文化的不同，有不同的分法：如西方基督徒文化分为枢德 virtue，cardinal、超德virtue，supernatural；中国的儒家文化分为四维、八德等。(2) 德能，能力，功效，功用 power。可见 virtue 在以基督教文化为主导的西方社会中所承载的文化信息也是指人行善的德性与品质。

---

① 　Jame Legge: *The Confucian Analects,The Great Learning &The Doctrine of The Mean*,New York: New York Press, 1893,pp139.

② 　Jame Legge: *The Confucian Analects,The Great Learning &The Doctrine of The Mean*, pp196.

从以上定义可以看出，虽然随着社会的发展，符号"virtue"的内涵外延在不断地拓宽，但是通过对这些定义的比较分析，符号"virtue"的两个基本的文化内核是固定的，一是指人高尚的道德；二泛指人所有好的品行。从这个层面上看，西方文化下的文化符号"virtue"和中国传统文化下的"仁"在指示人类好的道德和品行上具有统一的所指。

3. 文化映射之"virtue"与"仁"

根据以上词典释义，在西方世界，"virtue"通常也指人类比较好的品行和向善至爱的行为。爱是圣经犹太伦理的基本原则，仁是先秦儒家伦理的总纲。基督文化背景下，"virtue"爱人向善的文化内涵和中华文化中的"仁者爱人"交相辉映。

"virtue"在西方世界所指的良好德行始源与于基督教中的"大爱"，这种爱有三种：一是神对人类的爱，体现在神造万物，并按照自己的样子造出了人类；二是人类对神的爱，人类对上帝之爱最好的回报就是爱上帝；三是人与人之间的爱，上帝爱人是爱所有的人，所以人类也应该像上帝那样爱所有的同伴。因此，圣经犹太伦理的爱总结起来就是"爱上帝，爱众人，包括爱仇敌"。因此，人人都应该彼此相爱，互相尊敬。

《说文解字·人部》："仁，亲也。从人，从二。会意字。"① 根据许慎的解释，"仁"字的结构体现的是一种文明的人际关系，即人与人之间不分贵贱，不分种族，彼此之间亲密无间。其核心指人与人相亲，爱人。"仁"是孔子思想体系的核心，儒家把"仁"概括为人的道德的最高原则，认为其他的具体道德准则都是由"仁"衍生出来的，这种"仁"的根本含义就是"爱人"。孔子要求人与人之间要充满爱心，要爱天下所有的人和万物。在《论语》中"仁"字出现109次，在不同的情景下，孔子赋予了"仁"不同的解读，丰富了"仁"的文化内涵。首先，"仁者爱人"是儒家思想最根本的内涵。孔子用"爱人"来解释"仁"，用"忠恕"来实现"仁"。所谓"忠"是指"己欲立而立人，己欲达而达人"。所谓"恕"，就是要"己所不欲，勿施于人"。孔子的忠恕之道，是一种推己之心以爱人的精神。其二，"克己复礼为仁。"要求人们"非礼勿视，非礼勿听，非礼勿言，非礼勿动"，力求达到仁的境界。其三，孔子以孝悌为仁之根本。其四，仁统摄恭、宽、信、敏、惠诸品德，能行五者于天下为仁矣。

圣经犹太教伦理的"爱邻人"即爱一切人，包括陌生人，特别强调爱社会的弱者。先秦儒家之爱是血缘与泛血缘的统一，爱由家庭而推向天下、万民和世界。犹太之"爱人如己"和儒家之"仁者爱人"都遵循一个基本的原则，即"己所不欲，

---

① 许慎：《说文解字》，李兆宏、刘东方解译，北京：中国纺织出版社，2017年，第2页。

勿施于人"的"金律"。爱与仁德思想功能、社会效用和价值目标相似：都教诲人们爱人如己、孝敬父母、尊老爱幼、扶贫济弱、规矩守法。因此,《论语》中的"仁者爱人"和基督文化中的"爱人如己"名异实同,两者在"爱"中相逢,产生共鸣。

（三）文化符号模因"仁"的异域传播

结合专题中提出的文化符号异域传播图式,本节主要剖析文化符号模因"仁"在异域的传播周期,并且阐述了模因"仁"的再符号化变体——virtue 在西方成功传播成为强势模因的深层原因。

1. 文化符号模因"仁"的异域传播周期

模因的整个生命周期需要经历四个不同的阶段：同化阶段;记忆阶段;表达阶段和传播阶段。同样地,文化符号"仁"在新的文化环境中进行传播和复制也要经历这四个阶段,接下来将分别阐述其异域传播的四个阶段。

（1）同化阶段：文化符号模因"仁"要想在异域文化环境中成功被传播,首先要能够找到新的宿主,被宿主理解和感知。换言之,文化符号模因"仁"要想成功传播,首先要进入同化阶段,能够被新的宿主感知和解码。理雅各是以一名传教士的身份来华的,来华之前他所接收的是基督教人文主义与耶稣会的教育理念,因此当文化符号"仁"首次感染这位异域宿主时,理雅各是在浓郁的基督文化知识框架结构下对模因"仁"作的解读,"virtue"在西方基督徒文化中所指的枢德 virtue、cardinal、超德 virtue,supernatural 等一系列人类良好的行为德行与中国传统文化下"仁"的所指范畴有异曲同工之美,因此理雅各借用符号"virtue"实现了"仁"的再符号过程,开启了模因"仁"的异域传播历程。

（2）记忆阶段：文化符号模因要能够保存在宿主的记忆中,在宿主记忆体系中保存的越长,影响宿主的机会就越大。经过同化阶段的感知和解码后,由于文化符号模因"仁"与西方文化认知体系中的"virtue"有相似的所指,很快地融入里雅格的认知体系中,这有利于延长文化符号模因"仁"在宿主记忆系统的保存时间。

（3）表达阶段：在经历了被宿主同化和记忆的阶段后,文化符号模因"仁"便进入模因的表达阶段。里雅格作为文化符号模因"仁"在异域文化环境中的宿主,在不同于中国传统文化的传播环境中表达模因"仁",必然会采取能够被西方宿主感知接纳的原域模因"仁"的符号变体"virtue"这一表达形式。在里雅格的基督文化体系中能够找到和原域模因"仁"有相似所指的符号便是"virtue",这一符号变体在基督文化体系中是极其容易被宿主表达,被下一个宿主感知和传播的。

（4）传播阶段："virtue"作为原域文化符号"仁"的再符号化变体,保留了原域模因"仁"的概念内核,在基督文化体系中具有较强的认可度,因此可以被异域文化环境中的宿主感知和传播。文化符号模因"仁"和其符号变体"virtue"在概念内核上的一致性，助力文化符号模因"仁"能够轻松融入西方读者的心理图式中。西方读者作为新一轮的宿主，将继续解码传播文化符号模因"仁"，使其进入下一轮的传播周期，如此反复。

2. 符号变体"virtue"的成功传播

本节从成功模因所具备的诸多特性中选取情感共鸣性和文化适应性剖析了再符号化变体——"virtue"成功传播的原因。

（1）情感共鸣性：情感是使模因真正"动"起来的驱动力，一些模因之所以成功是因为它们能够激起人们的某种共有情感反应，用Ayling(1998)的话来说，最强有力的模因是那些能够恰当地激活情感热键的模因。人是感情动物，都有情感热键，成功的模因都是情感热键的激活者。谢朝群教授认为包含情感体验在内的不同的经历体验都会影响到模因的感知和接收。拥有同一种情感体验无疑对新模因的接收有很大的益处。在不了解中国文化符号"仁"时，西方读者接触到的文字符号是"virtue"，即符号模因"仁"的异域变体，符号"virtue"在西方读者的心理图式指人所具有的一系列美好的品德和圣经犹太伦理中的博爱，而人类社会当中的这种爱是不分国界和民族的，人性中好的品质和博爱的胸怀是人类社会共同的情感夙愿。这些共同的情感心理在西方读者的心理产生了共鸣，借助符号"virtue"，中国文化符号模因"仁"成功地激活了异域读者的情感热键，让西方读者产生亲切感，心理上更容易接受，从而更易于符号模因"仁"的传播。

（2）文化适应性：一种新模因必须能够顺应其进入的文化环境，使自己接近或类似于这种文化环境中的模因或模因复合体，才能被接纳、吸收和传播。因此新模因应该顺应异域文化因素，成为文化亲近型模因，才能成功在异域传播。作为西方的主流文化，圣经基督伦理根植于每一个西方读者的心理图式中，他们会下意识地过滤掉与基督文化相斥或相异的信息，有选择地接触、理解并记忆那些与基督文化基因相一致的信息。理雅各用符号"virtue"这一变体触动到了西方读者根植的文化遗传因子，让不了解中国符号"仁"的异域读者感受到其与自己文化体系中的博爱理念具有想通之处。在保持其源域文化实质的同时，顺应异域文化因素，产生心理文化图式的共鸣，更利于符号模因"仁"的异域传播，达到文化传播进化的目的。

符号模因"仁"是儒家文化"仁学"的物质载体，符号"仁"由"二""人"构成，直指人际关系。朱熹作了解释："仁者，人之所以为人之理也。"可见，"仁"是为人之道，讲求的也是修身养性，做一个有教养、高尚的人（君子），凸显的是人文关怀。文化符号模因"仁"进入异域文化环境后，发生了再符号化的过程，其外在形式和内涵所指都在保留其源模因精髓的基础上发生了变异。虽然符号"仁"所承载的"仁学"外延要宽泛深刻的多，但异域符号"virtue"却携带了"仁学"模因的基本信息。作为异域文化"仁学"模因的新变体，virtue 承载了中国传统文化因子"仁"模因的基本要素，同时结合其附带的西方流行的基督模因文化因子，完成了"仁"模因在异域文化土壤中的变异，更好地吸引异域读者。变异后的"virtue"模因和源域的"仁"模因相比，所指的视域有所变化，但其相通的文化因子能使目标语读者产生共鸣，吸引异域宿主的注意，开始"仁"模因在新环境的传播。异域文字载体"virtue"虽然不能传达中国"仁学"模因所包含的全部文化信息，却让初涉异域环境的"仁学"模因更好地吸引、感染了异域宿主，让外国读者开始慢慢深入理解来自异域的文化因子，这对于中国经典跨域文化传播的初始阶段来说是非常重要的。

三、文化符号模因"礼"异域传播阐释

本节主要从模因视角分析文化符号模因"礼"跨文化传播机制，首先梳理了文化符号"礼"在词形和内涵两方面的演变轨迹；其次阐述了"礼"的再符号变体"propriety"的含义；最后从模因视角剖析了文化符号"礼"强势传播的内在原因。

（一）符号模因礼之本源和本义

文化符号"礼"自诞生之初就不断地被世人模仿、复制，经过几千年的历史演变，不断进行着文化模因的变异进化，在不同的历史阶段，符号"礼"的外在形式和文化意指即符号的能指和所指不断地发生变化。本节从符号"礼"的词形和内涵两方面来梳理"礼"模因在国内几千年的进化变异轨迹。

1.符号模因"礼"的字形演变

"礼"是个"示"形、"乙"声的形声字，其繁体字写作"禮"，为"示"形，"豊"声的形声字。"禮"的初文为"豊"，是一个会意字。甲骨文中的"豊"字，即为一面鼓和两串玉的象形白描。金文中的"豊"字，沿袭着其甲骨文字形，只是鼓面之上多了一横。经过千百年的传写，发展至秦代的小篆阶段，"豊"字的写法发生了很大的变化："鼓"被割裂为上、下两部分，下面变为一个"豆"字，上面的"标杆"被省去了，只剩下表示"饰物"的"U"字形结构和"两串美玉"。[①]

"豊"经历了甲骨文和金文的演变后，字形逐渐固定，笔画也不断简化，为了使字义更加直观，兼具表音和表意的功能，人们又在"豊"字前面加了个本义为"灵石"、可引申为"神"之义的"示"字，创造了形声字"禮"，之后"禮"又被简化为"礼"。

---

① 蔡艳艳:《说文解字》，北京：北京出版社，2008 年，第 279 页。

2. 符号模因"礼"的内涵演变

"礼"是个"示"形、"乙"声的形声字,《说文示部》中说:"示, 天垂象, 见吉凶, 所以示人也, 从二、三垂, 谓日月星也。观乎天文, 以察时变, 示, 神事也",①从其字义上讲"礼"的起源应该是指祭祀祖先和祭奉鬼神之事。许慎《说文解字》对礼的解释为"禮, 履也。所以事神致福也。"②就是说礼的本义是"履", 指举行仪式, 祭神以求福的行为。

《辞海》中对礼的解释为:(1) 本谓敬神, 引申表示敬意的统称。(2) 为表敬意和隆重而举行的仪式。(3) 泛指奴隶社会或封建社会贵族等级制度的社会规范和道德规范。(4) 礼物。(5) 古书名。《辞海》对礼的解释比较宽泛和全面。

春秋时期的"礼"经过儒家的改造, 其含义和涵盖的社会领域更加广泛。孔子基于"周礼"的基础上对传统的"礼"的内涵和外延进行了调整。"礼"是规范人性、人情的标准, 是礼貌和礼仪的集中体现, 同时"礼"是人伦秩序的范式, 是规范社会等级和名分的制度。可见儒家的"礼"微观上规范指规范个体行为, 性情的准则, 宏观上可以指引导社会关系乃至国家社会政治运行的体系规则。同时, 孔子又把"礼"与其提出的"仁爱"体系加以结合, 深入阐述了"仁""礼"之间的内在关系, 将"仁""礼"结合, 建立了"以仁释礼"的政治思想体系。最终使"礼"和"仁"成为中华民族伦理道德的核心价值观念, 从而使"礼"的含义更加的厚重。

(二) 模因"礼"的英译符号"propriety"的释读

本节以里雅格译本为范本, 分别从词典含义和文化内涵两个方面详细阐释了文化符号模因"礼"的再符号变体"propriety"。

1. 理雅各及英译符号"propriety"

理雅各, 作为著名的汉学家, 历时 20 多年完成了"四书五经"的英译工程, 书名为"中国经典", 使儒家的主要经典有完整的英译本, 他的翻译和研究被誉为"标志着汉学史上的一个新纪元"。里雅各凭借其深厚的中国经典文化底蕴, 在翻译中国文化经典时高度保留原文含义, 确保了中国文化经典的原汁原味, 其译本被奉为中国经典的"标准译本", 深受海内外读者的喜爱。

《论语》译本中理雅各根据不同的情景对礼做了不同的翻译, 其中主要被译作 propriety 或 rules of propriety。

(1) 子曰:"人而不仁, 如礼何? 人而不仁, 如乐何?"(八佾第三·三)

The Master said, "If a man be without the virtues proper to humanity, what has he to

---

① 雷汉卿:《〈说文〉示部字与神灵祭祀考》, 成都: 巴蜀书社, 2000 年, 第 2 页。
② 许慎:《说文解字》, 徐铉等校, 上海: 上海古籍出版社, 2007 年, 第 2 页。

do with the rites of propriety？　If a man be without the virtues proper to humanity，what has he to do with music？" ①

(2) 子曰："恭而无礼则劳，慎而无礼则 si"，勇而无礼则乱，直而无礼则绞。君子笃于亲，则民兴与仁；故旧不遗，则民不偷。（泰伯第八•二）

The Master said，"Respectfulness，without the rules of propriety，becomes laborious bustle；carefulness，without the rules of propriety，becomes timidity；boldness，without the rules of propriety，becomes insubordination；straightforwardness，without the rules of propriety，becomes rudeness." ②

2."propriety"的词典学解读

根据《牛津英汉双解大词典》，（*Oxford Illustrated English-Chinese Dictionary*），"propriety"的释义如下：(1)fitness；rightness；(2)correctness of behavior(high standards of propriety)；(3) the details or rules of correct conduct.（Middle English in sense 'ownership，peculiarity'：from Old French 'property'）

根据《朗文当代高级英语辞典》，（*Longmnary of can Dictioontemporary English*）"propriety"的释义如下：(1)correctness of social or moral behavior，especially between men and women or between people of different social ranks，age etc (2)the accepted rules of correct social behavior.

根据《剑桥国际英语辞典》，（*Cambridge International Dictionary of English*）"propriety"的释义如下：(1) propriety is moral correctness of behavior or of actions.(2) the proprieties are the rules of polite social behavior.

根据《基督宗教外语汉语神学词典》，propriety 的释义如下：(1) 特征 (2) 适宜，合宜，适当，妥当 (3) 礼节，行为规范，此词源自拉丁文的"proprius 固有的、私人的、特色的、特性的、特征的"，指某种事物具有特色的状态。在神学信仰的层面上，指天主圣三内的天主父、子、圣神三位中，某一位独有的特殊之处。可见 propriety 在以基督教文化为主体的西方社会中所承载的最基本的文化信息也是指礼节、礼仪和行为的规范。

3. 文化映射之"propriety"与"礼"

根据以上词典释义，在西方世界，"propriety"的基本含义是礼节，行为规范，体现的是基督文化层面下的伦理道德规范。作为人类文明早期的代表形式"propriety"所体现的基督文化层面下的律法和礼有许多相似想通的特征，律法和礼是中西方文

① Jame Legge: *The Confucian Analects,The Great Learning &The Doctrine of The Mean*, pp155.

② Jame Legge: *The Confucian Analects,The Great Learning &The Doctrine of The Mean*, pp208.

化最为重要的文明机制，是人类所共有的普遍性的制度、思想和观念，都是社会健康运作的重要保证，是协调人与人之间，国家和个人之间的文明保障机制。

基督教的道德伦理观主要体现在摩西《十诫》里，它作为《圣经》中的基本行为准则，流传了下来，影响深远。它是以色列人一切立法的基础，也是西方文明核心的道德观。"十诫"的内容如下：(1) 除了上帝以外，不可有别的神，禁止人雕刻偶像，侍奉假神。(2) 禁止人妄称上帝之名，禁止人任意用他的名发誓，说谎、哄骗、嬉笑及怨恨上帝。(3) 当纪念安息日，守为圣日，应停止劳动，放下工作，敬拜上帝，聆听圣道，修养灵性，并使身体得到休息。(4) 到孝敬父母。(5) 不可杀人。(6) 不可奸淫。(7) 不可偷盗。(8) 不可作假证诬陷人。(9) 不可贪恋人的房屋与产业。(10) 不可贪恋人的妻子、仆婢、牲畜和他一切的财物。十诫的前三条以"爱上帝"为中心；后七条的核心在于"爱人如己"，这十诫是从具体的行为细节上来规范人们的行为。其中第四诫的"孝敬父母"也是儒家道德思想的核心所在，《圣经》注重的家庭孝道和中国礼制体系下，家庭秩序的价值观念"孝"如出一辙。

儒家伦理核心"礼"包含的行为规范体系是"三纲五常"和"五伦"。"三纲"是指"君为臣纲，父为子纲，夫为妻纲"，强调君臣上下级关系、父母与子女的关系和夫妇之间的关系。"三纲"是保证人之所以为人的三大基本关系。"五常"包括仁、义、礼、智、信五种道德原则。儒家的道德观还强调兄弟关系、朋友关系，并把它们与君臣、父子和夫妇关系合称"五伦"。

可见儒家的伦理体系"礼"和基督文化下的"律法"制度都从宏观和微观两个角度对人的行为规范和社会礼节作了制度上的规范，两者殊途同归，两者的表述方式和修养办法不同，但实质都是规范人们行为的约束体系。

（三）文化符号模因"礼"的异域传播

本节以本专题中提出的文化符号异域传播图式为基础，主要剖析文化符号模因"礼"在异域的传播周期，并且阐述了模因"礼"的再符号化变体——propriety 在西方成功传播成为强势模因的深层原因。

1. 文化符号模因"礼"的异域传播周期

根据 Heylighen 的观点，模因的整个生命周期需要经历四个不同的阶段：同化阶段；记忆阶段；表达阶段和传播阶段。作为中国传统文化强势模因的"礼"，想要在异域文化环境中实现模因自身的传播和生存，必须完成模因传播过程中的四个阶段，接下来将分别阐述其异域传播的四个阶段。

（1）同化阶段：模因的传播和寄生虫有着类似的传播途径。文化符号模因"礼"在其宿主——《论语》中处于遗传阶段，模因"礼"想要继续生存传播必须要经历同化阶段。作为一种强势的文化模因，文化符号"礼"已经在以儒学文化为根基的中国广泛传播。文化符号"礼"在本土文化土壤中具有广泛性，这种强势文化符号的磁力便很容易吸引外籍宿主—里雅格。异域宿主凭借其对儒学文化的理解，能较准确地在其认知体系中寻求相似模因。任何社会的运行都离不开完善的行为规范体系，这是人类社会发展的必备条件。人类社会发展的这一共性，可以让里雅格快速匹配到西方社会的行为规范体系，产生共鸣。文化符号模因"礼"被成功解码，并快速融入里雅格的认知体系，这为模因"礼"的再次解码和传播创造了良好条件。

（2）记忆阶段：文化模因"礼"感染宿主后，要尽可能地多停留在宿主的记忆中，停留的时间越长，宿主深度解码的机会就越大。文化符号模因"礼"和耶稣文化中规范人类行为体系相似的约束机制，因此很容易使异域宿主产生亲近感。文化模因"礼"也就能够较长的存在于异域宿主的情感记忆中，进而内化到其耶稣文化图式中。

（3）表达阶段：文化符号模因"礼"在经历了同化和记忆阶段后，只有被宿主再一次的表达，才能进入真正的传播阶段，进而被更多的异域宿主感知接受。模因"礼"在异域文化环境中顺利进入表达阶段的关键是找到恰当的表达途径。在异域文化体系中文化符号模因"礼"要借助具象的表达方式，比如耶稣文化语言中对等的文字符号，这种表达方式应该是原域文化符号内核和异域文化映射的完美结合。里雅格基于其基督文化背景，在把握了原域文化符号"礼"内涵实质的同时进行了创造性的表述，从而使文化符号"礼"在基督世界有更好的接受度。最终，里雅格选用了"propriety"来表达文化符号"礼"的实质内涵。作为被广泛接收的表达形式，文化符号"礼"的再符号变体——"propriety"，涵盖了原域模因的内涵的同时，又契合了基督文化的认知体验。

（4）传播阶段：文化模因"礼"在完成同化、记忆和表达阶段后，必须经历传播阶段才能完成其在异域环境中的整个传播周期。在基督文化背景下，西方读者接触到符号"propriety"时，便会产生一种亲切感，这种亲切感可以助推文化符号"礼"更快的融入西方读者的心理图式中。作为新的宿主，西方读者会继续解码传播承载"礼"内涵的符号变体"propriety"。至此，文化符号模因"礼"完成了其传播周期的四个阶段，借助符号变体"propriety"实现了其在基督世界中的有效传播。

2. 符号变体"propriety"的成功传播

本节从成功模因所具备的诸多特性中选取情感共鸣性和文化适应性剖析了再符号化变体——"propriety"成功传播的原因。

（1）情感共鸣性：情感是人类感知世界的共有反映，不同文化背景下的族群具有相通的情感体验。文化符号模因"礼"要想在异域文化环境中成功传播，就要激发西方读者的情感热键，找到符号模因背后共通的情感体验。再符号化贯穿模因传播的整个过程，是模因传播的策略和方法，文化符号"礼"为了在基督世界更好地传播，便采用了更易被西方读者感知的符号变体"propriety"。符号"propriety"在西方读者的心理图式指人在社会中所应该遵守的公德良俗和社会中的行为规范体系。无论哪个国家或是民族，在人类社会发展的过程中，这些规范社会秩序，调节个体行为的制度体系具有共同之处。比如家庭秩序中的"孝道之礼"和人与人相处中"与人为善"，遵守社会公德等行为规范是全人类道德层面上的共同追求。这些共同的情感心理在西方读者的心理产生了共鸣，借助符号"propriety"，中国文化符号模因"礼"成功地激活了异域读者的情感热键，让西方读者产生亲切感，心理上更容易接受，从而更易于符号模因"礼"的传播。

（2）文化适应性：新模因要在异域环境中被接纳和传播，必须能够顺应其进入的文化环境，使自己接近或类似于这种文化环境中的模因或模因复合体，才能被接纳、吸收和传播。因此作为异域环境中的新模因，文化符号模因"礼"就应顺应异域文化因素，成为文化亲近型模因，才能成功在异域传播。作为西方的主流文化，圣经基督伦理根植于每一个西方读者的心理图式中，他们会下意识地过滤掉与基督文化相斥或相异的信息，有选择地接触、理解并记忆那些与基督文化基因相一致的信息。理雅各用符号"propriety"这一变体触动到了西方读者根植的文化遗传因子，让不了解中国符号"礼"的异域读者感受到其与自己律法体系具有想通之处。文化符号"礼"借助符号变体"propriety"在保持其源域文化实质的同时，又顺应了异域文化因素，在西方读者中产生心理文化图式的共鸣，实现了文化符号模因"礼"在西方世界的传播和进化。

符号模因"礼"是儒家"礼学思想"的物质载体，文化符号模因"礼"进入异域文化环境后，发生了再符号化的过程，其外在形式和内涵所指都在保留其源模因精髓的基础上发生了变异。虽然符号"礼"所承载的"礼学"外延要宽泛深刻的多，但异域符号"propriety"却携带了"礼学"模因的基本信息。作为异域文化"礼学"模因的新变体，"propriety"承载了中国传统文化因子"礼"模因的基本要素，同时结合其附带的西方流行的基督模因文化因子，完成了"礼"模因在异域文化土壤中的变异，更好地吸引异域读者。变异后的"propriety"模因和源域的"礼"模因相比，所指的视域有所变化，但其相通的文化因子能使目标语读者产生共鸣，吸引异域宿主的注意，开始"礼"模因在新环境的传播。异域符号载体"propriety"虽然不能传达文化符号"礼"模因所包含的全部文化信息，却让初涉异域环境的"礼"模因更好地吸引、感染了异域宿主，让外国读者开始慢慢深入理解来自异域的文化因子，这对于中国经典跨域文化传播的初始阶段来说是非常重要的。

第五章　结论

本专题采用模因论的视角，结合符号学的相关理论，分析了《论语》中的文化符号模因"仁""礼"在异域文化环境中的传播。本章呈现了本专题的研究发现，研究局限性和对未来研究的启示。

一、研究结论

《论语》中所体现的儒家文化是中国传统文化的核心，儒家思想的哲学体系主要涵盖"仁""礼"两个维度。"仁"指人类行事所遵循的最高道德标准；"礼"指人类社会中规范人们行事的行为准则体系。《论语》的英译研究已经开展了数百年，从相关的研究资料来看，大多数的研究主要从翻译的方法和策略探讨《论语》文本中语言的翻译，因此有必要从文化进化的全新视角——模因论，探讨《论语》中的核心文化符号"仁"和"礼"在异域文化环境中的传播机制。

模因论是解释人类社会中文化进化传播行为的新理论，符号学涉及人类社会符号系统的解释，任何能够被模仿、复制和传播的符号都可以成为模因，模因化的符号为了能够更好地适应新的环境，其外在形式和内涵所指都会有所变化，产生新的变异符号，这一过程在本专题被定义为——再符号化过程。符号和模因有着紧密的联系，这种联系表现在两方面：任何被复制、模仿和传播的符号都被称为模因；模因在不断地传播复制过程中为了适应不同的文化传播环境，不同的宿主群体需要在形式和内涵上产生变异，这就类似人类基因在新环境中产生的变异，这一过程势必会产生新的符号（相比较原来的符号模因，新符号的能指和所指都有所变化）。

本专题创造性地指出了翻译的实质，即翻译是原域模因的再符号化变体，是原域模因在异域文化环境中传播的有效策略。基于 Heylighen 提出的模因传播周期的四个阶段即同化、记忆、表达和传播，本专题首次提出了文化符号模因的异域传播图式，结合这一传播图式，分别阐述了文化符号"仁"和"礼"在异域文化环境中的传播过程，同时剖析了这两个文化符号的变体"virtue""propriety"能够被西方读者成功感知的深层原因。

通过对文化符号模因"仁"和"礼"在异域文化环境中传播过程的分析，得出如下结论：

(1) 再符号化贯穿模因传播的整个周期。模因在传播过程中为适应新的传播环境，要从外在形式和内涵外延上发生变异，进而产生原模因的符号变体，完成模因传播的再符号化进程。从模因的视角看，译文的本质是原域模因在异域环境中的符号变体，这一发现不仅从模因的视角对译文做了全新的界定，而且也揭示了原域模因在异域文化环境成功传播的关键所在。文化符号模因"仁""礼"在异域环境传播中，必须经过再符号化，成功变异为"virtue"和"propriety"，才能成功被基督文化下的宿主感知和传播。

(2) 模因在异域文化环境中传播，需要具备情感共鸣性和文化适应性，这两大特性有利于模因在异域环境的成功传播。模因的情感共鸣性和文化适应性是异文化宿主感知认识原域模因的关键，也是原域模因能够在异域文化环境中传播的核心准则。文化符号模因"仁"和"礼"的模因变体——"virtue""propriety"不仅在情感上能引起基督文化宿主的共鸣，同时也能较强地适应融入基督文化的认知体系中，是中国文化符号"仁"和"礼"能够在西方世界成功传播，成为强势模因。

二、研究的局限性

从目前已有的相关研究，较少学者从模因论的视角分析《论语》英译及其文化符号的对外传播，本专题尝试从模因论的视角分析了《论语》中两大核心文化符号"仁"和"礼"的外译传播，还有以下不足之处：

(1) 本专题的理论框架模因论在解释文化进化传播方面是全新的一种理论，同时把符号学和模因论结合起来解释文化传播现象也是一种新的尝试。本专题对文化符号对外传播的解释就不够深入和全面；

(2) 基于本专题提出的文化符号异域传播图式，本专题主要对影响模因异域成功传播的两大因素——情感共鸣性和文化适应性做了具体的阐述。文化是一个复合体，在现实世界中，决定模因是否能在异文化环境成功传播的是多种因素的复合体。本专题阐述的两个因素只是在异域文化环境中凸显的两种因素。

三、研究的启示

从当前的研究现状，本专题的研究对未来的启示如下：

模因论，作为解释文化进化传播现象的新理论，有较强的解释力，还需要进一步的补充和完善。符号学作为解释人类符号系统的一门学科，在解释人类文化符号方面和模因论有些交叉，我们应该开展更对的涉及两种理论的交叉研究，促进两个学科的纵深发展。

影响原域文化模因在异域成功传播的因素有很多，本专题只是从情感共鸣性和文化适应性两个方面来解释中国文化符号在异域的传播。学者应该更多关注影响原域文化符号跨文化传播过程中的其他影响因子，全方位立体化寻求人类跨文化传播的成功机制，对实现人类文化命运共同体意义深远。

专题六：文化传播视角下的孔子思想研究

白光霁

吴飞、王学成在《传媒·文化·社会》一书说到："'我们无法揭示纯粹的传播现象；脱离了文化所遗留的痕迹，我们就无法通过客观方式在自然状态下发现传播这种东西。'站在人类文化的角度看，传播本来就是一种文化现象，是文化不可分割的一部分。"本专题所讲的"传播"，主要是社会文化意义上的传播。整专题分为五章对孔子传播思想进行探析。从历史、社会、文化角度讨论孔子的传播思想。

第一章引言。第二章按年代顺序介绍孔子生平事迹，指出对孔子传播思想之研究应立足于其生活的时代背景，从社会活动的整体性、传播的文化性、传播思想的建构性出发阐述其传播思想。第三章以孔子自述："吾十有五而志于学，三十而立，四十而不惑，五十而知天命，六十而耳顺，七十从心所欲，不逾矩"为基本线索，探讨了孔子传播思想的形成过程。指出孔子的传播思想是以对传统文化的学习和理解为基础，通过授徒讲学活动不断继承创新。在孔子五十岁左右，他的传播思想向纵深发展，在思想、学问、品德方面日趋成熟的同时，一个依托于信而有征的历史建构的意义世界得以呈现出来，这标志着孔子的传播思想走向成熟。第四章论述孔子传播思想的核心——"礼"。指出孔子以西周文化的继承和弘扬者自居，他提倡周礼的主要目的是以礼治国。孔子传播思想的结构是"克己复礼为仁"，"仁"是孔子在对周礼进行理论思考中提出的观念，对"礼"的确认、分享、改变、创造是这个结构最重要的特征。第五章通过论述指出以农耕、定居为特色的中国传统社会生活方式和以关联性思维为特点的思维方式是孔子传播思想的社会与思想基础。孔子传播思想的消极性在于，其核心"礼"具有顽固的保守性。而"礼"与"仁"的矛盾限制了孔子传播思想积极意义的发挥。孔子传播思想的积极意义在于，"礼"具有传承文化的重要功能，孔子对其十分重视。"和而不同"的理念对于建设多样统一的当代世界文化具有建设意义。

诚如本专题在开篇所言，孔子本人的传播活动和传播理念，本身先于任何方法，人类的现实生活及其现实处境才是包括传播思想在内的一切思想观念产生和变化的活水源头。因此，本文通过论述孔子生活的时代特征、他所面临的困境、他在现实生活中的努力追寻，试图完整再现其传播思想的历史根源及其发展趋势。

第一章　孔子传播思想研究何以可能

第一节　选题意义

本专题对孔子的传播思想进行探析，旨在将孔子的思想作为一种文化传播现象进行考察，通过对这一典型个案的分析，加深我们对传播与文化传统之关系的理解。因此，对传播与文化的思考是本专题的出发点和基础。

传播（communication）是一个含义丰富的词汇，通常情况下，我们认为传播是一种人类行为、人类活动或人类文化特有的现象。简单地说，"传播概念在印欧语系的文字中，是 communication 或 kommunikation，它源于古希腊的两个词根：一个是com，指与别人建立一种关系；一个是 munus，指效用、产品、作品、利益、服务等等。两个词根合起来，意为'共有'、'共享'……这个词本身带有'共享'的基本内涵，因而所指的是信息、知识传播，本意应是双向的。它是信息、知识在时间或空间中的流动和变化。"[①] 由此可知，传播涉及人与人之间的相互关系，涉及信息在时空中的流动和变化，我们首先可以从动态性和过程性的角度对其进行理解。信息在双方或多方之间的流动，由特定的符号显现和表达出来，而符号又依靠某种媒介来承载，才成为运动着可以传达信息的符号。恩斯特·卡西尔（Ernst Cassirer，1874—1945 年）认为我们应当把人定义为符号的动物（animal symbolicum），从而取代西方哲学把人定义为理性的动物的传统看法。[②] 卡西尔认为人类文化生活形式的丰富性和多样性不是仅仅用理性就可以解释的。人区别于其他动物的独特之处在于人能够创造和使用符号，符号化的思维和符号化的行为最能体现人类生活的特点。人创造并使用符号，生活在大大小小的符号系统中（sysmbolism），符号传递、流动、变化，这个过程就是传播的过程。因此，如果对"人是符号的动物"这一命题进行动态的、过程的理解，我们也可以说，人是创造并使用符号来传播信息的动物。没有传播活动，人类便不能有效地形成符号化的思维和符号化的行为。因此可以说，人类社会传播无处不在。我们各种各样的思想观念、伦理道德、社会制度以及知识体系，都离不开传播。

---

① 陈力丹：《传播学是什么》，北京：北京大学出版社，2005 年，第 7 页。
② 恩斯特·卡西尔：《人论》，上海：上海译文出版社，2009 年，第 37 页。

　　再进一步理解，传播并不仅仅是信息的传递那样简单，它深深地嵌入了人们的日常生活。詹姆斯·凯瑞（James W·Carey）敏锐地意识到："传播是一种现实得以产生（produced）、维系（maintained）、修正（repaired）和转变（transformed）的符号过程。"[1]凯瑞提出这样的观点目的是批判美国文化中常见的传播的"传递观"，在这种观点中，对传播最常见的定义就是"把信息传达给他人"（giving information to others）[2]，"传播被看作一种过程和一种技术，它为了达到控制空间和人的目的（有时也出于宗教的目的），更远、更快地扩散（spread）、传送（transmit）、散播（disseminate）知识、思想和信息。"[3]凯瑞在批判传播的"传递观"的同时，提出了更为深刻的传播的"仪式观"，"传播的起源及最高境界，并不是指智力信息的传递，而是构建并维系一个有秩序、有意义、能够用来支配和容纳人类行为的文化世界。"[4]"以仪式的角度看，新闻不是信息，而是戏剧（drama）。它并不是对世界的记述，而是描绘戏剧性力量与行为的舞台；它只存在于历史性的空间中，在我们的假定的、常常是替代性的社会角色基础上，邀请我们参与其中。"[5]凯瑞力图超越机械的，符合论的世界观，而采用有机的、复杂性的世界观来考察人类传播行为。他认为传播就像一张大网，在人类社会中发挥重大作用，沟通维系着现实生活的方方面面，并使之形成一个有秩序、有意义的世界，这个世界就是人参与建构并生活于其中的文化世界。在这样的文化世界中，意义的形成和理解的完成都离不开传播。正是因为有了传播，人们才能够分享、对话和交流，并逐渐形成一个有机整体，形成社会。因此，要深入地理解传播，就需要回到历史和现实社会生活之中，从文化这个复杂整体的物质基础、精神思想、语言、社会组织等方面探讨人类生活方式代代相传，不断传承和创新的内在机制。

　　人类文化犹如一个信息库，储存着先民们在行为方式、思想感情、社会制度上不断积累的经验和形成的传统，构成文化再创造的基础。对文化本身的深入理解要求我们探索文化的传播机制，于是以开放性的态度对人类传播行为、传播现象进行研究，也应该是文化自觉的题中应有之义。费孝通先生说："文化自觉是指生活在一定文化中的人对其文化有'自知之明'，明白它的来历、形成过程、所具有的特色和它的发展趋向……自知之明是为了加强对文化转型的自主能力，取得决定适应新环

---

①　詹姆斯·W.凯瑞：《作为文化的传播》，丁未译，北京：华夏出版社，2005年，第12页。
②　詹姆斯·W.凯瑞：《作为文化的传播》，丁未译，北京：华夏出版社，2005年，第4页。
③　詹姆斯·W.凯瑞：《作为文化的传播》，丁未译，北京：华夏出版社，2005年，第6页。
④　詹姆斯·W.凯瑞：《作为文化的传播》，丁未译，北京：华夏出版社，2005年，第7页。
⑤　詹姆斯·W.凯瑞：《作为文化的传播》，丁未译，北京：华夏出版社，2005年，第10页。

境、新时代对文化选择的自主地位。"① 只有深入理解传播，才能深入理解文化传统形成以及文化转型的整个过程，也才可能有真正的文化自觉。传播学研究为我们理解文化的变迁提供了一个视野宽广的知识平台。"古本根基金会重建社会科学委员会在他们的报告中将传播学看作创新的带有跨学科色彩的领域。这个领域的出现被认为是'朝着更具综合性的社会科学的方向汇合'，有助于改变过度分化的知识困境，重建一种开放的社会科学。这是世界著名的历史学、社会学、哲学、人类学、地理学、语言学、政治学、物理学、化学权威们的一个观察结论。也就是说，传播学的学术禀性要求她成为新型的多学科交汇的平台之一。"② 正是在这个意义上，本章从广义上使用传播概念，"走向广延的传播学，即传播学的广义概念，是从人的从事信息传播的本质出发，研究传播对社会文明的建构以及对人的认知 - 心理系统的建构。"③

孔子在中国文化中的地位举足轻重，柳诒徵说："孔子者，中国文化之中心也。无孔子则无中国文化。自孔子以前数千年之文化，赖孔子而传；自孔子以后数千年之文化，赖孔子而开。即使自今以后，吾国国民同化于世界各国之新文化，然过去时代之与孔子之关系，要为历史上不可磨灭之事实。"④ 这一评论是具有代表性的。这表明，要理解中国文化，有必要深入探索孔子思想，探索孔子思想传承和创新的内在原因。如果说春秋战国之际中国进入思想极度活跃的时期是"二里头王朝出现以来的 1500 多年连续的文明之记忆沉积作用的一个终点"。⑤ 那么，孔子的思想便不会是无源之水、无本之木。因此，本章所论孔子的传播思想是从广义传播学及其跨学科的研究态势出发，探究孔子思想的社会文化意义，"从后世反观孔子，他当时处于中国文化的基本性格趋于定型的转折点上，在塑造民族文化心理结构（一定程度也是社会生活传播结构）方面，他起的作用是其他思想家所不能比拟的。一个民族就像一个人一样，在世界观形成时期接受的东西将留下最深刻的记忆和最久远的烙印。因此，要了解中国古代社会生活的传播结构及其特点，有必要认真分析一下奠定了中国文化基础的孔子的思想。"⑥

人生天地之间，独一无二，从生存境遇来看，每一个人都是独特的，与其他任何人都不相同，从而也是孤独的，但人并不会因此而被击垮。人有精神，能够感受

---

① 中国民主同盟会中央委员会，中华炎黄文化研究会编：《费孝通论文化与文化自觉》，北京：群言出版社，2005 年，第 526 页。

② 吴予敏：《传播与文化研究》，北京：北京大学出版社，2007 年，第 5—6 页。

③ 吴予敏：《传播与文化研究》，北京：北京大学出版社，2007 年，第 6 页。

④ 柳诒徵：《中国文化史》（上），上海：上海古籍出版社，2001 年，第 263 页。

⑤ 中国社科院考古研究所夏商周考古研究室：《三代考古》，北京：科学出版社，2009 年，第 100 页。

⑥ 陈力丹：《论孔子的传播思想》，《新闻与传播研究》1995 年第 1 期。

到现实带来的苦恼和不满，能够回忆往昔，设想未来，为自己的生活创造意义。当他根据自己的精神力量独立地去判断和做出决定时，他是孤独的。但他无法忍受自己的孤独，无法忍受与他人的分离。他的幸福依赖于他与自己的同伴共同感受到的一致性，以及与自己的前辈和后代共同感受到的一致性。这种一致性就是文化，是特定人群长久以来形成的特定的生活方式，它造就人类群体共同的精神家园。在由文化的一致性带来的精神追求中，人摆脱了存在的孤独感。为摆脱存在的孤独感，人们寻求一致性（不管这种寻求的结果是否令人满意），思想观念、各种信息于是不断地汇集和交流，代代无穷，形成绵延不绝的文化传统，从某种意义上说，这是出于人类心灵深处之需求的传播。这种传播给天地间独一无二的孤独之人带来生存的力量与激情，使人感到生于社会文化之中，无独有偶，我们拥有共同的生活和思想方式。这是从人的存在境况和文化传统的角度理解的传播，也是本章想要传达的广延的传播观念。因此，本章所言孔子的传播思想主要是指文化意义上的传播，是他在特定的生存境遇之中，为接受、修正、改造文化传统而提出的思想观念。由此出发，我们或可更加深入地理解，孔子如何成为中国历史上划时代的思想家，以"笃信好学，守死善道"（《论语·泰伯》）的热情和"逝者如斯夫，不舍昼夜"（《论语·子罕》）的紧迫感学习文化传统，并将其内化为强大的心灵力量，影响中国人的精神世界长达两千多年之久。

第二节　学术史回承

到目前为止，已有多位学者就孔子的传播思想发表论文或专著进行专门讨论。这些研究成果为我们进一步探研孔子传播思想奠定了基础。

较早涉及孔子传播思想论题并产生较大影响的是吴予敏的专著《无形的网络——从传播学的角度看中国传统文化》[①]和陈力丹的论文《论孔子的传播思想——读吴予敏〈无形的网络——从传播学的角度看中国传统文化〉》（载《新闻与传播研究》1995年第1期）。吴予敏的专著将中国的社会化传播结构分为三个领域：生命（生活）传播结构、社会-传播结构、历史-传播结构，勾勒出一幅完整的中国古代社会传播的主体图式。作者将孔子的传播思想置于这个古代社会传播结构之中进行论述。陈力丹的论文就是受到吴予敏论著的启发而写成。主要从社会文化意义上分析孔子传播思想，并与孔子思想的结构和特征结合进行研究。指出孔子传播思想以人伦为基础，在"身→家→国→天下"的社会传播结构中其思想得以深入传播，同时指出孔

---

① 吴予敏：《无形的网络——从传播学的角度看中国传统文化》，北京：国际文化出版公司，1988年。

子的传播思想具有实用理性的特点。在具体分析中，陈力丹认为"仁"是孔子传播思想的核心，是权力伦理化和伦理权力化的枢纽。陈力丹论文提出孔子以"仁"为核心的传播思想及其结构特征对此后探讨孔子传播思想的学人影响颇大。这导致人们对"礼"在孔子整个思想体系及其传播思想中的重要地位有所忽视。

进入 21 世纪，孔子的传播思想逐渐受到人们重视。廖声武的论文《论先秦儒家的传播思想》（载《湖北大学学报》2000 年第 5 期）认为儒家传播思想对整个中国传统文化的繁衍和继承起到了至关重要作用，儒家的成功传播使儒家思想成为中国传统文化的核心。并以儒家的思想传播方式和传播功能等方面论述儒家如何把以"仁"为核心的思想付诸传播实践。对孔子、孟子、荀子等大儒的传播思想进行了总结和评论。2003 年陈燕、张文彦的论文《孔子的传播活动与传播思想探析》（载《齐鲁学刊》2003 年第 6 期）从传播学的角度考察孔子主要通过组织传播、人际传播和有限的大众传播方式，以其明确的传播指向，实事求是的传播原则，主张新意的传播理念，对中国传播思想产生了塑形性的影响。2004 年陈岳芬的论文《从〈论语〉解读孔子的传播思想》（载《汕头大学学报》2004 年第 1 期），从传播学的角度解读《论语》，揭示其中蕴含着的孔子传播思想并进行分析，从传播与政治、伦理、人际关系，传播的内容与形式及其相互关系，传者修养，传播与反馈等多个方面探讨孔子以"仁"为核心的思想传播理路。2006 年蔡晓宇的论文《试论〈论语〉之思想传播特色》（载《北京印刷学院学报》2006 年第 4 期）以传播学的视角对《论语》的传播思想作了宏观分析，强调"信"在传播中的意义。2007 年杨尚鸿、唐晓红的论文《传播学视野下的孔子》（载《广东广播电视大学学报》2007 年第 2 期）认为儒家思想的主体是"仁政"，其传播的终极目的是"修身、齐家、治国、平天下"。孔子在当时特定的媒介环境下，创造性地运用了以系列行之有效的传播方式进行传播活动，为中国古代文化和知识的传播做出了辉煌的贡献。2009 年马腾的论文《孔子传播思想探析》（载《东岳论丛》2009 年第 8 期）提出孔子是中国文化传播的先驱，其传播思想表现为象、意统一的整体传播观，以游说为主的亲身传播方式，用仁义道德规范传播内容。其传播思想影响深远，对塑造中国人的文化心理结构起了至关重要的作用。

值得注意的是，近年来已有多人出版专著讨论孔子传播思想，并有硕士研究生以孔子传播思想为选题撰写专业学位论文。例如，崔炼农所著《孔子思想的传播学诠释》，从政治传播学的视角，指出孔子传播思想是建立在"社会交换论基础上的以人际传播为主导的政治传播学"。[①]2009 年孔子的第 75 代嫡孙孔健撰写了《阳光下的孔子——孔子与大众传播学》（中国民主法制出版社 2009 年版），他认为孔子的一生

---

① 崔炼农：《孔子思想的传播学诠释》，长沙：湖南大学出版社，2008 年，第 202 页。

都在传播，生命即传播，传播即生命。2010年延边大学马宏艳以《〈论语〉中孔子的传播思想》为题完成硕士学位论文，文章以孔子的生平及传播活动；孔子仁、礼两大核心传播思想；孔子文学传播思想；孔子传播思想对现代传播学的意义和贡献四个方面论述了孔子丰富的传播学思想。并探讨了孔子传播思想体系的本土化问题。

2011年复旦大学郑博斐硕士学位论文《孔子的传播思想及其当代价值》通过对《论语》等儒家经典文本的考察，从访问诸侯、设学授徒、编修典籍三个方面梳理了孔子生平从事的主要传播活动。在此基础上对孔子传播思想进行探讨，提出"仁"是孔子传播思想的核心价值，"礼"是孔子传播思想的形式和目标，并分析了"述而不作""祭之以礼""仁者爱人"等具体的传播理念。还从"重新审视传者本位""以'和而不同'的传播观应对全球化趋势"以及"借鉴孔子传播智慧，改善具体的传播行为方式"三个方面探讨了孔子传播思想的当代价值。是到目前为止论述孔子传播思想比较系统全面的一篇论文。

综上所述，近二十年来人们对孔子传播思想的研究已形成一定的基础。但从总体看，还存在一些欠缺之处，例如，对孔子思想的探索还有待进一步加深，对孔子思想内在矛盾的论述不多，结合孔子所处时代的文化知识背景挖掘孔子传播思想还显得较为薄弱。此外，对传播与文化的关系也需要深入剖析，以揭示文化传播或文化传统形成的内在机制，这样才能从传播与文化的理论高度理解孔子传播思想之意义所在。

第三节　研究方法

首先，本专题采用文献研究法分析孔子传播思想的形成过程及其特点，对传播与文化之关系的深入理解是本专题的基础。我们认为文化的产生与传播是同一个过程，没有传播，就没有共享、对话、交流，也就没有文化认同。因此，对孔子传播思想的理解要求我们对孔子所处的文化时空进行探究。理解孔子的生活方式和行为方式有助于我们对其传播思想的分析。因此，传播与文化发展过程紧密结合、互相融合渗透，是认识孔子传播思想及其价值的关键。

第二，运用历史过程分析与思想观念分析相结合的方法，考察孔子和他所生活的时代，以及孔子思想的形成过程。离开历史文献和时代背景的分析，我们对孔子传播思想的阐述就会走样，因此对孔子传播思想的论述必须建立在坚实的历史基础之上。通过对《论语》及其他儒家文献的解读，准确理解孔子思想的重要范畴。通过对先秦史、先秦文化史、思想史的研究，深入理解孔子在春秋战国之际面临怎样的时代课题，提出了什么样的解决方案，进行过哪些活动，产生了什么影响等等。

只有对上述问题有一定了解，才能准确地定位孔子传播思想。

第三，使用多学科综合的方法深入分析孔子传播思想。现当代传播学正朝着跨学科的方向前进，并凭借此优势形成一个活跃的研究领域。"(传播学)的出现被认为是'朝着更具综合性的社会科学的方向汇合'，有助于改变过于分化的知识困境，重建一种开放的社会科学。……也就是说，传播学的学术禀性要求她成为新型的多学科知识交汇的平台之一。"①这种发展趋势促使我们"上穷碧落下黄泉"拓展传播学的空间，不为单向度的学科发展所局限。因此，本章将综合运用历史、文献学、哲学、文化学、民俗学等学科的研究成果，分析孔子的传播思想。

第四节　研究思路

本专题拟对孔子传播思想的时代背景、形成过程、主要内容、核心理念进行论述，并评价其消极性和积极性。把孔子传播思想作为一个有机整体进行分析，探究孔子传播思想如何建构并维系一个充满意义的思想文化世界。

首先，论述孔子及其所生活的时代。通过历史文献解读讨论孔子的生平和从事的活动，将其放在春秋战国之际中国历史发生重大变化的转折时期理解。考察时代的总体特征及其对孔子思想的影响。

其次，以孔子七十自述"吾十有五而志于学，三十而立，四十而不惑，五十而知天命，六十而耳顺，七十而从心所欲，不逾矩"（《论语·为政》2.4）②为基本线索，展现孔子在人生各个阶段传播思想的发展及其内在关联。将孔子传播思想作为一个有机整体进行处理。

再次，指出"礼"是孔子传播思想的核心所在。辨析孔子传播思想中最重要的两个理念"礼"与"仁"的关系，指出二者存在的内在矛盾和紧张，这既增加了孔子传播思想的复杂性，同时也使孔子传播思想丰富多彩。

最后，简要评论孔子传播思想。指出其消极面在于以"礼"为核心，强调"礼"的束缚功能，使人处处以"礼"为准则，缺乏向外发散和创新的动力。"仁"的观念过于强调人与人的相互关系（人际因素），忽视人的思想的超越性维度，限制了对人际传播的深入思索。孔子传播思想的积极方面表现在"和而不同"的理念之中，它强调了传播过程中开放和包容的态度。

---

① 吴予敏主编：《传播与文化研究》，北京：北京大学出版社，2007年，第6—7页。
② 杨伯峻：《论语译注》，北京：中华书局，1980年。

第二章　孔子传播思想的时代背景

没有传播，就不会有社会；没有传播，也不会有文化。传播本身就意味着通过共享信息和知识而建立与他人的关系，形成一个社团（人类的共同体）及其相应的生活方式。传播在某种意义上就是对文化的传承、共享和改造。

第一节　孔子生平孕育出独特的传播智慧

孔子名丘，字仲尼，据《史记·孔子世家》记载，生于鲁襄公二十二年（公元前551 年），卒于鲁哀公十六年（公元前 479 年），终年 73 岁。他的先辈是宋国贵族，后来因为避祸逃到鲁国。宋国是周武王灭商以后，殷商宗室微子启的封国，孔子祖先既为宋国贵族，所以当时人说孔子是"圣人（商汤）之后"①（《史记·孔子世家》）。孔子出生的国家鲁国，是周公之子伯禽的封国，周公制礼作乐对中华文化产生过深刻影响。在春秋诸侯国中，鲁国较为完整地保存了周礼传统。孔子有贵族血统，其出生成长的国家是周公的封国这两点对孔子的影响很大。年幼时，"孔子为儿嬉戏，常陈俎豆，设礼容。"（《史记·孔子世家》）成人之后，他"好古，敏以求之"（《论语·述而》7.20），一生尊崇周礼、勤奋学习古代文化、主张复古，这与他的出身和他成长的文化环境有密切关系。

孔子年幼时父亲已经去世，不到二十岁又没了母亲，年少家贫，开始在社会上独立谋生，所以他后来说："吾少也贱，故多能鄙事。"（《论语·子罕》）《孟子·万章下》和《史记·孔子世家》都记载孔子年幼时曾做过管理仓库和管理牛羊的小吏。然而坎坷的生活经历并未磨灭孔子好学上进的意志，他"十有五而志于学"（《论语·为政》），从少年时期起便立志做学问。他学问做得大，但是具体的师承并不清楚。我们只知道他好学，自己学习，不放过任何向别人请教的机会。卫国的公孙朝问孔子

---

① 司马迁：《史记》，北京：中华书局，1959 年。

的学生子贡，孔子那么大的学问是从哪里学来的，子贡回答说："文武之道，未坠于地，在人。贤者识其大者，不贤者识其小者。莫不有文武之道焉。夫子焉不学？而亦何常师之有？"（《论语·子张》）当时周文王武王之道散落民间，所在多有，只要留心就能向才能不同的人们学到，孔子跟很多人学习文化，而且兴趣广泛，没有固定的老师。可见孔子作为一个传播者，首先能够自觉收集、接受和处理海量的文化信息。

经过学习，孔子在 30 岁左右已经小有名气，齐景公和晏婴到鲁国访问，曾向孔子请教关于礼的问题。孔子也说自己"三十而立"，这个"立"是"立于礼"的意思。孔子说："不学礼，无以立"（《论语·季氏》），"不知礼，无以立也"（《论语·尧曰》）。其具体含义就是通晓古代文化知识，并且能结合现实生活进行阐述，把所见所闻归纳成一个思想体系。孔子 30 岁时已经把"礼"作为自己生活实践的基础，他因为鲁国发生内乱而到齐国去，本意是想去做官，干点实事，但在齐国两年左右的时间却始终得不到齐景公的重用。孔子在齐和齐国的乐官讨论音乐，听了舜传下来的古乐《韶》，并专心学习演奏歌唱，以致接连三个月食肉而不知肉味。[①] 还有一次齐景公和孔子讨论政治问题。孔子回答说："君君，臣臣，父父，子子。"（《论语·颜渊》）孔子的意思是说君臣父子都要安于自己的本分，言行不能随便逾越"礼"的规定。虽然景公表示赞同孔子的见解，但他始终以各种借口拒绝孔子任职的请求。

孔子 36 岁离开齐国回到鲁国，从这时起直到 50 岁这段时间，由于鲁国权臣当道，你争我夺的复杂政治局面，孔子一直没有做官，进入统治集团内部。这期间他所做的最重要的事情就是继续学习礼乐诗书，并且授徒讲学，传播自己的思想学说。

前 501 年（鲁定公九年）孔子 51 岁。鲁国的政治局势有所变化，孔子得以出任中都宰，第二年出任鲁司空，接着又任大司寇，并有很短一段时间主持鲁国的政事。但由于孔子主张维护和恢复鲁君的权威，打击当权的三桓（季孙氏、叔孙氏、孟孙氏）及其家族。在复杂的政治斗争中，孔子失败，鲁国政权仍掌握在季桓子手中。孔子被迫离开鲁国到卫国去，开始周游列国的旅程。这一年（鲁定公十三年，前 497 年），孔子已经 55 岁。

孔子周游列国，先后到过卫国、曹国、郑国、陈国、蔡国和楚国的边境。在卫国和陈国，他曾事卫灵公 3 年、事陈湣公 3 年，又回到卫国事卫出公 4 年。除此之外，在别国都没人请他出来做事。孔子一路上不管遇到什么艰难险阻，都率弟子们认真学"礼"。并且游说所到各国的君主，希望他们恢复周公之礼，但都没有成功。

---

① 《史记·孔子世家》："与齐太师语乐，闻《韶》音，学之，三月不知肉味。"又《论语·述而》载"孔子在齐闻《韶》，三月不知肉味，曰：'不图为乐之至于斯也。'"

周游列国是孔子进行的范围最广的传播实践活动，在这期间，他处处碰壁。

前484年（鲁哀公十一年）孔子68岁，应季康子召，回到鲁国，结束了将近14年的游历生活。孔子生命的最后几年，变故不断，他的心境也日渐悲凉。前483年（鲁哀公十二年）孔子69岁，儿子孔鲤去世。前481年（鲁哀公十四年）孔子编写的编年体史书《春秋》停笔。同年，他最喜爱的弟子颜渊去世，令他痛心不已。前480年（鲁哀公十五年），孔子的另一个弟子子路在卫国内乱中因保卫卫出公而惨死，被砍成肉泥，孔子因此而痛哭，命人把家里的肉酱倒掉，以免联想起自己心爱的弟子。前479年（鲁哀公十六年），孔子73岁，病重期间，弟子子贡前去探望，只见孔子一早起来，背着手托着手杖，在门前散步，唱道："泰山其颓乎，梁木其坏乎，哲人其萎乎。"唱罢老泪纵横，没过多久便去世了。（参见《礼记·檀弓上》及《史记·孔子世家》）

孔子是儒家学派创始人，是周礼的承继者，他热爱古代文化，自觉地学习并加以传播。在现实生活中，孔子处处碰壁，提倡"学而优则仕，仕而优则学"，要做官，要推行文武周公之道，造就文质彬彬的君子之国，但是当权者没有一个重用他。正因为自己的主张得不到统治阶层的认可，"天下无道久矣，莫能宗予"（《史记·孔子世家》），他才退而授徒讲学、整理文献、周游列国，坚持宣传古代文化和自己的主张。孔子的传播行为和传播思想是在他的坎坷人生中形成的，不是安静的书斋里的产物。只有对孔子的生存境况有深入体察，我们才能知道他充满理智和情感的内心在不断探求，寻找着改善现实的途径，在一次次和现实的冲突中，逐渐变得深邃而坚韧、博大而从容。以孔子的现实生活处境为基础，我们可以更好地理解其传播行为的本意，探求古代文化对他的影响，以及他的传播思想对社会文化和中国人的心理认知结构的影响。

第二节　时势造英雄：孔子时代对传播能力的呼唤

从地理范围上看，儒家从春秋战国之际在鲁国兴起，"即以鲁为中心，西传至卫与三晋，东北传播至齐，西南传播盖止于宋与陈蔡，荆楚，吴越则影响似少"。[①]儒家学说之所以在这些地区兴起和传播，是因为鲁、宋、陈等国是当时中国经济、文化比较发达的地区，古代文化在这里有悠久的传统，对人们影响很大。"鲁于周礼浸润最深，加以地为少皞之虚，民有殷商六族。宋在其西南，乃殷商故都，尤为殷代遗民聚居中心。宋南之陈为舜裔，宋北之杞为夏裔，鲁南之邹为颛顼苗裔。则周初

---

① 严耕望：《严耕望史学论文集》，上海：上海古籍出版社，2009年，第557页。

封国，此区诸国所居之地多为前代故墟，所统之民多属有文化传统之古老民族，其历史文化较为悠久，可以想见"。① 从《论语》《史记·孔子世家》等文献记载中，我们也可以得知，孔子去过很多地方，在当时是个见多识广的人。他到过东周的首都洛阳，到过齐国，在卫、曹、郑、陈、蔡、楚等国的地方游历过，从今天的地图来看，其足迹没有超出山东、河南两省的范围。他自己最看重的国家，是鲁国、齐国和卫国。孔子说："齐一变，至于鲁；鲁一变，至于道。"（《论语·雍也》）他认为齐国的政治和教育一有改革，便达到鲁国的样子；而鲁国的政治和教育一有改革，便进而合于大道了。又说："鲁、卫之政，兄弟也。"（《论语·子路》）鲁国和卫国的政治构架和发展，像兄弟一样相差不远。孔子的目光，始终集中在有着深厚文化积淀的中华文明的核心地区，特别是受夏商周三代文化熏染的国家。因为在孔子的心目中，念念不忘的是复古，特别是恢复西周时期的文明，"周监于二代，郁郁乎文哉！吾从周"。（《论语·八佾》）在他眼里，西周的礼仪制度是以夏商两代为根据制定出来的，更加丰富多彩，所以制礼作乐的周公是他一生中最崇敬的圣人。鲁国是周公的封国，这种特殊的政治地位，使鲁国成为西周时代东部文化中心。春秋时代鲁国在政治上虽已沦为二等诸侯国，但文化上仍保留着最多的周文化传统，到春秋末期人们还认为"周礼尽在鲁"。②（《左传》昭公二年）生活在有悠久古代文化传统的地区，见闻广博，一心想要复古的孔子，应该说拥有得天独厚的条件，而在现实生活中却到处碰壁，才能得不到施展、理想得不到实现。这是为什么？简言之，是因为时代的变迁。

春秋战国之际是中国古代重要的时期，这期间历史的主要特点就是"乱"。从文化传统的角度看，就是所谓"礼坏乐崩"。从社会结构的角度看，以血缘关系为基础的宗法制衰落，社会逐渐突破封闭的凝固的状态而趋于开放的流动性的状态。"春秋时期的社会是'家族关系'（familial relationships）的结构，亦即一种建立于家族之上而不是建立于个体之上的结构。在这种社会里，个体被固定于一个复杂的血缘结构之中。这种血缘结构为所有的社会关系提供一种惯例化的模式。而到了战国时代，这种模式就处于不断变化之中"。③ 这就是说从前以血缘关系为纽带建构起来的氏族统治体系到孔子所处的春秋末期已经风雨飘摇。天子→诸侯→卿大夫→士这个以血缘宗法为核心形成的金字塔式的统治结构已不能像西周时期那样，如同一张大网控制政治、经济、宗教、教育、军事等众多资源。"内宠并后，外宠二政，嬖子配嫡，大都耦国，乱之本也"。（《左传》闵公二年）妾媵并同于王后，宠臣相等于正卿，

---

① 严耕望：《严耕望史学论文集》，上海：上海古籍出版社，2009 年，第 557 页。

② 杨伯峻：《春秋左传注》，北京：中华书局，1990 年。

③ 许倬云：《中国古代社会史论》，桂林：广西师范大学出版社，2006 年，第 1—2 页。

庶子和嫡子之制淆乱，大城和国都规制一样，其本质就是贵族宗法制的堕落和混乱，这成为祸乱的根本。可见社会的混乱首先是以天子为中心的宗法体系内部出现纷争，接着一层层向下传递，整个社会遂发生上下阶层的对流。高高在上的贵族在内乱中没落了，社会下层活跃起来，正所谓"高岸为谷，深谷为陵"（《诗·小雅·十月之交》）。

这种政权下移的现象在《论语》中也有记载，孔子说："天下有道，则礼乐征伐自天子出；天下无道，则礼乐征伐自诸侯出。自诸侯出，盖十世希不失矣；自大夫出，五世希不失矣；陪臣执国命，三世希不失矣。天下有道，则政不在大夫。天下有道，则庶人不议。"（《论语·季氏》）这是孔子对当时政治变迁趋势的思考，他用"有道"和"无道"加以概括，并说出历史的事实：国家最高政治权力由天子下降到诸侯，再逐级递降，最后成为大夫的家臣把持国家政权。在孔子看来，这是天下无道的表现。这种现象在当时的鲁国最为典型，孔子看得很清楚。"禄之去公室五世矣，政逮于大夫四世矣，故夫三桓之子孙微矣"。（《论语·季氏》）孔子指出，国家政权离开鲁君而落入大夫之手，实权一层层下移到没有血缘宗法背景的新贵手中，长此以往，君主的权势就变得衰微不堪了。

与权力下移现象相应的是文化下移。西周时期，天子→诸侯→大夫→士构成的贵族金字塔是世袭的，他们不仅垄断着政权，也垄断着文化，诗书礼乐等知识是为贵族子弟准备的，学校里的老师由各级文化官员担任，所谓"三代盛时，天下之学，无不以吏为师，《周官》三百六十，天下之学备焉"。[1] 在这种情况下，普通民众没有受教育的资格，这就是所谓的"学在官府"。但随着礼坏乐崩，学在官府的现象便不复存在，各级贵族宗室中有文化的成员失去往昔的地位，沦落民间。"天子失官，官学在四夷"。（《左传》昭公十七年）《论语·微子》记载了鲁国宫廷中的乐师星散而去的一张名单："大师挚适齐，亚饭干适楚，三饭缭适蔡，四饭缺适秦，鼓方叔入于河，播鼗武入于汉，少师阳、击磬襄入于海。"乐师失散如此严重，其他文化官员如祝、宗、卜、史等的散失也就可想而知。这些四处流散的文化人为谋生计，只得收徒讲学，传授自己所拥有的知识，于是"学在官府"的局面被打破了，文化知识开始普及于民间。《史记·孔子世家》认为孔子开创私学之风，然而私人讲学之风并非从孔子开始，从上述文化人才散失的情况看，当时开办私学的人不在少数。只是由于孔子开办的私学规模大而又影响深远，所以才说他开私人讲学之风。在"陪臣执国命"的政治情形下，"退而修《诗》、《书》、《礼》、《乐》，弟子弥众，至自远方，莫不受业焉"。晚年又对《诗》《书》《礼》《乐》《易》《春秋》等典籍进行整理、删定，使

---

① 章学诚：《文史通义·史识》，北京：中华书局，1985 年。

之成为定型的教本。

孔子的传播思想是贯穿在传播活动之中并通过传播活动展现出来的，孔子一生最重要的传播活动是：兴办私学、整理文献、周游列国。这些活动既有当时的社会背景作为基础，也有孔子本人"士志于道"（《论语·里仁》）的人生信念作为支撑，更是孔子的理想和现实社会相互激荡的产物。

第三节 探讨孔子传播思想的基本立场

我们按时间顺序简单叙述孔子生平，并从文化传统崩解即所谓"礼坏乐崩"的角度看孔子所处的时代。这样做的目的在于表明我们的立场，那就是社会活动是一个动态的整体，这个整体不是机械的，由各个部分简单加和而成，而是有机的，亦即整体对于部分具有优越性。在有机整体中，各部分之间保持复杂而微妙的互动关系。"社会活动不能用它由刺激加反应构成来说明；必须把它看成一个动态的整体——看成某种进行中的东西——其中任何一个部分都不能由其本身来考虑或理解——由包含在其中的每一个个体的刺激和反应所隐含的一个复杂的有机过程。"① 孔子作为社会活动中的一个个体而充满意义。他在社会情境中活动，我们不能离开社会情境来观察他的思想和行为，不能超越时代来理解孔子，也不能脱离当时的社会来理解孔子。作为一个个体，他的思想和行为融于社会活动的整体之中，同时也以各种各样的方式与这个整体产生交互影响。所以传播思想不是从孔子的政治思想、文化思想、教育思想等思想之中独立出来的，而是融入孔子整个生命过程之中的，而孔子又是社会活动整体中的一个个体。因此，离开社会活动的整体，离开孔子的生命历程，我们的讨论就无从谈起。我们讨论的是具体的而非抽象的孔子的传播思想。关于孔子生平和时代的简述挂一漏万，但在研究过程中，社会活动的动态性、整体性这个预设必须首先予以澄清。

如果接受上述观点，就不会排斥用动态性和整体性的眼光看待传播，并会自觉将其置于社会和文化的背景下进行观察。"从最简单的含义理解，传播是一种人类关系，涉及两个或更多人，这些人在一起分享、对话、交流……与其说传播是一个行动、甚至是一个过程，还不如说是社会和文化的'统一性'（togetherness）。"② 社会和文化离开传播便失去了统一性，因为传播意味着分享、对话和交流，意味着一种共同生活方式的凝聚。更为深刻的观点来自詹姆斯·W.凯瑞，他认为传播是人的社

① 丁东红选编：《米德文选》，丁东红、霍桂桓、李小科、喻佑斌等译，北京：社会科学文献出版社，2009年，第8页。
② 陈力丹、易正林编著：《传播学关键词》，北京：北京师范大学出版社，2009年，第10—11页。

会实践，人是传播的主体。传播"只不过是一系列日常行为：相互交谈、传达指示、享受娱乐、展开讨论、获取信息"。[①] 人在这样的活动中分享意义和感受群体的认同。凯瑞认为存在着一个可以观察到的，有物体、事件与过程的真实世界，与此相对应的还有一个命名并能描述真实世界的语言或符号体系。传播就是对真实世界的描绘与解释过程，并逐渐形成一套符号系统。"我们每时每刻都在表现着奇迹——创造现实生活并生活在我们自己的真实创造物之中的奇迹……我们不仅创造现实，还必须同时维系我们所创造的东西……现实必须得到修正，因为它一直在瓦解之中"。[②] 因此"如果把社会当做一种传播形式加以考察，那么就可以把它看作是一个从中创造、分享、修正、保存现实的过程"。[③] 在此基础之上，凯瑞提出了传播的仪式观。这种传播观否认传播是空间上讯息的拓展，而将传播看作"是创造、修改和转变一个共享文化的过程"[④] 他从时间上，从文化的共享、传承和创造的角度看传播，"它不是一种传递信息或影响的行为，而是共同信仰的创造、表征与庆典，即使有的信仰是虚幻的"。[⑤]

如果沿着凯瑞的思路来看孔子的传播思想，那我们就大可不必将传播思想从孔子的文化思想中孤立出来进行研究。孔子生活在特定的文化传统之中，分享着这种传统带给他的生活方式，同时他对自己的文化存在的问题也有敏锐的察觉，并做出修正或解决这些问题的努力。孔子对文化传统怀着深厚的感情，并强烈地希望有人能和他一样肩负起探索和反思文化的重任。他"笃信好学，守死善道"。(《论语·泰伯》)他的弟子也继承他的文化精神："士不可不弘毅，任重而道远。仁以为己任，不亦重乎？"(《论语·泰伯》)由此可见，孔子和他的弟子对文化的传承和创新有着怎样的热情。只有在文化作为传播的语境下，我们才能看到孔子的思想如何在获得文化意义的同时，也获得传播意义。因此，对孔子传播思想的研究就是分析孔子在现实生活中如何参与到对文化的创造、理解和使用的社会过程之中。

我们以孔子的生平及其所处时代为基础探讨孔子的传播思想，是从其生存境况出发，描述境况的形成并探讨其根源。因而我们也是从广义的传播学视角分析孔子传播思想的。"走向广延的传播学，即传播学的广义概念，是从人的从事信息传播行为的本质出发，研究传播对社会文明的建构以及对人的认知—心理系统的建构……广延的传播学，恰恰是超越了具体的社会管理问题，而将知识的探触头伸向人性和

---

① 詹姆斯·W.凯瑞：《作为文化的传播》，丁未译，北京：华夏出版社，2005年，第20页。
② 詹姆斯·W.凯瑞：《作为文化的传播》，丁未译，北京：华夏出版社，2005年，第17页。
③ 詹姆斯·W.凯瑞：《作为文化的传播》，丁未译，北京：华夏出版社，2005年，第21页。
④ 詹姆斯·W.凯瑞：《作为文化的传播》，丁未译，北京：华夏出版社，2005年，第28页。
⑤ 詹姆斯·W.凯瑞：《作为文化的传播》，丁未译，北京：华夏出版社，2005年，第28页。

文化的本质层面，试图从信息交换的形式这一角度作出一个根本性的解释"。[①] 从这个意义上说，我们对传播的理解应深入文化本质的层面，孔子传播思想的形成过程也是文化思想的形成过程，其传播思想不能从文化思想中剥离出来，而是从文化思想的探究中建构起来的，"我们理解传播是因为我们能够建构传播过程的模式或表征"[②]。这就是说我们必须从文化活动中发现传播思想形成的模式，具体到本专题而言，就是指我们的研究是从与孔子相关的文献记载中读出孔子的传播思想。

---

① 吴予敏主编：《传播与文化研究》，北京：北京大学出版社，2007年，第6—7页。
② 詹姆斯·W.凯瑞：《作为文化的传播》，丁未译，北京：华夏出版社，2005年，第19页。

第三章　孔子传播思想的形成过程

在《论语·为政》中，孔子对自己的一生有这样的总结："吾十有五而志于学，三十而立，四十而不惑，五十而知天命，六十而耳顺，七十而从心所欲，不逾矩。"这是孔子晚年以历史的态度对自己一生的回顾，他的志趣、认识和行为都浓缩于此。透过这简短的记述，我们能看到一个自强不息、不断反省、思想境界不断提升的孔子。以此为线索，结合人生经历，我们试图建构孔子传播思想的形成过程。无论是访问诸侯、讲学授徒，还是整理修订文化典籍，通过这些传播活动孔子最终的目的是为了使"文武之道"得以实现。周游列国，游说君主是自上而下推行"文武之道"的方式，讲学授徒是自下而上传播"礼"的方式。孔子的第 75 代孙孔健先生在《阳光下的孔子——孔子与大众传播学》一书中总结道：孔子的一生都在传播，传播即是生命，生命即是传播。我们也可以将孔子漫长的一生视为不断学习、不断传播的过程，"就像我们无时无刻不处于文化之中，我们就是文化的载体和体现一样，每个人都既是传播的载体，又是信息的发出者和接受者，一旦我们处于行动之中，我们也就同时处于传播之中，人不能不传播"。[①]

第一节　孔子所处的时代及其思想的来源

孔子说自己十五岁便有志于学问。这学问就是以礼为中心的传统文化。孔子生长于鲁国，春秋时期的鲁国在政治上虽不是强国，但在文化上却是东部中国最重要的文化中心。"《左传》定公四年，成王分封鲁公伯禽时，曾'分之土田陪敦，祝宗卜史，备物典策，官司彝器'，比较起同时受封的康叔来特别隆重。"[②]春秋时期，鲁国依旧保存着西周的礼乐文明，当时的人认为"鲁不弃周礼"（《左传》闵公元年），

---

① 吴飞、王学成：《传媒·文化·社会》，济南：山东人民出版社，2006 年，第 345 页。
② 郭沫若：《中国古代社会研究·驳〈说儒〉》，石家庄：河北教育出版社，2004 年，第 353 页。

"周礼尽在鲁"(《左传》昭公二年)。《庄子·天下》① 更有详细的说明："其明而在数度者，旧法世传之史尚多有之。其在于诗、书、礼、乐者，邹鲁之士，缙绅先生多能明之。"在今山东省西部的邹鲁之地，有一批峨冠博带身着儒服的缙绅先生，保存和传播着诗、书、礼、乐，并以此为职业。这些知识有明显的特点，即"旧法""世传"，是一种文化传统，一种代代相传的生活和行为方式，它对社会行为具有一定规范作用和道德感召力。同时也是社会生活中创造力和想象力的沉淀。缙绅先生们正是致力于对这种文化的传播，"这种非典型的思想家即是师儒。所以'儒'这种职业并不始于孔子"。② 这些"师儒"把文化传统职业化，同时也保存着西周的文化遗产，孔子批判职业性的"师儒"，同时又将师儒传播的文化遗产进行改造和提升，创立儒学。他告诫子夏说："女为君子儒，无为小人儒。"(《论语·雍也》)正说明孔子所宣扬和传播的文化不仅仅是谋求衣食的、形式上的呆板传统，而是经过思考和改变的，包含创造性阐释的传统。如果说"传播只不过建构了一套随历史而变化的实践，以及对这些实践的反映"，③ 那么孔子的传播实践就是对西周文化传统的分享、传承和创造。

孔子对文化传统的分享可视为其传播实践的起点，其中渗透着孔子传播思想中最重要的观念之一——"学"。《说文解字》解释说："学，觉悟也。"段玉裁注："学觉叠韵，《学记》曰：学然后知不足，知不足然后能自反也。"④ 由此可知"学"意味着一个逐渐深入的循环过程，从实践上看就是在教与学的双向交流中不断获得对世界和人生的深刻认知，达到觉悟。孔子一生都非常好学，他说："十室之邑，必有忠信如丘者焉，不如丘之好学也。"(《论语·公冶长》)他明确地说"我非生而知之者，好古，敏以求之者也。"(《论语·述而》)他认为自己不是生来就有知识的人，不是先知先觉者。他学习的是自己爱好的古代文化传统，而且学习的态度是勤奋敏捷地去"求"——尽可能获取相关的信息。他还说："生而知之者上也，学而知之者次也；困而学之，又其次也；困而不学，民斯为下矣。"(《论语·季氏》)孔子根据人学习与否对人进行划分，可见"学"这种接收信息的方式在他看来是"成人"的关键。

孔子好学，但他没有具体的师承，我们只知道他生活在保存了丰富文化传统的邹鲁之地，这为他自学创造了良好的外部条件，他少年即有志于学，一生孜孜矻矻，是他自学的内在动力。这两方面，孔子的学生子贡都已经说到。"子贡曰：'文武之道，

① 郭庆藩：《庄子集释》，北京：中华书局，1961 年。
② 侯外庐、赵纪彬、杜国庠主编：《中国思想通史》(第一卷)，北京：人民出版社，1957 年，第 140 页。
③ 詹姆斯·W. 凯瑞：《作为文化的传播》，丁未译，北京：华夏出版社，2005 年，第 63 页。
④ 许慎撰，段玉裁注：《说文解字注》，杭州：浙江古籍出版社，1998 年。

未坠于地，在人。贤者识其大者，不贤者识其小者。莫不有文武之道焉。夫子焉不学？而亦何常师之有？'"（《论语·子张》）周文王武王之道，并没有失传，散在人间，贤能的人抓住大处，不贤能的人只能抓住些末节。没有地方没有文王武王之道。孔子处处留心学习，没有专业的老师进行传授。

孔子自己也说："三人行，必有我师焉；择其善者而从之，其不善者而改之。"（《论语·述而》）孔子的自学能力表现在他能够择善而从的自觉与主动之中，择善既包括对文化传统及其发展趋向的选择，也包括对具有特长的师长的选择。"周监于二代，郁郁乎文哉！吾从周"（《论语·八佾》）属于前者，是对文化发展大势的觉悟和把握。至洛阳向老子问礼（《史记·孔子世家》）、向郯国国君请教"官制"等则属于后者，是对有智慧有才能的师长的请教。可见孔子自学而不断进步，与他择善而从有直接关系。这种对文化传统主动的探求，是好学的重要表现，"君子食无求饱，居无求安，敏于事而慎于言，就有道而正焉，可谓好学也已。"（《论语·学而》）

孔子好学，择善而从，能进行高效的自学，所学内容是以西周礼乐为中心的传统文化。学习的过程是自觉而主动的，有志于学、食无求饱、居无求安，同时也是和生活实践紧密联系的，敏于事而慎于言、敏以求之。可见孔子的"学"不是纯理论性的，其中包含着对传统文化的认可，他把分享和传承古代文化精髓作为自己的使命。在孔子看来，"学"是一个仿效—交流—接受—分享文化传统的过程，需要思想和实践上全身心的投入，这同时也是对文化传统进行反思理解和再创造的过程。我们从孔子向师襄学鼓琴的故事来分析"学"的意义：

> 孔子学鼓琴师襄子，十日不进。师襄子曰："可以益矣。"孔子曰："丘已习其曲矣，未得其数也。"有间，曰："已习其数，可以益矣。"孔子曰："丘未得其志也。"有间，曰："已习其志，可以益矣。"孔子曰："丘未得其为人也。"有间，有所穆穆然深思焉，有所怡然高望而远志焉。曰："丘得其为人……非文王其谁能为此也！"（见《史记·孔子世家》，《孔子家语·辩乐》也记载了同样的故事，但文字稍有不同）

从这个故事可以看出，孔子的学习是从模仿开始，在不断模仿中接受传统的熏陶，所谓"习其数"，然后再进一步分享和体会传统中蕴含的文化力量，所谓"习其志"。再经过反思，揭示传统所建构的意义世界，将其内化为自己行为处事的准则，以此为基础建立起自己的意义世界，所谓"穆穆然深思""怡然高望而远志"。到"得其为人"，"学"的过程才完成。通过这个过程，孔子分享、获得、拥有了前人投注到文化传统中的意义，并据此建立起自己人生意义的大厦。如果大多数人都这样学习，人们就可以有效地继承祖先的文化传统，创建一个共同的意义世界，并在彼此影响和交流中为自己的人生寻求到意义。詹姆斯·凯瑞说："传播的仪式观把传播看作是创造（created）、修改（modified）和转变（transformed）一个共享文化的过程。"① 这和孔子传播思想中的"学"具有同样的意义。

"学"是一个过程，接受文化传统并将自己的人生意义融入其中，既有传承也有创新。在孔子看来，"学"不是获取功名利禄的工具，而是对生命的塑造，因此孔子的"学"偏向于对文化传统、意义世界的探求，他将"学"与学习具体的谋生技能明确地区别开。

> 樊迟请学稼。子曰："吾不如老农。"请学为圃。曰："吾不如老圃。"樊迟出。子曰："小人哉，樊须也！上好礼，则民莫敢不敬；上好义，则民莫敢不服；上好信，则民莫敢不用情。夫如是，则四方之民襁负其子而至矣，焉用稼？"（《论语·子路》）

樊迟想学习耕田种菜之类的实用技能，被孔子斥为"小人"。孔子关注的不是掌握稼穑等实践技术，而是学习"礼""义""信"等人文知识，分享文化传统并参与到推陈出新的创造过程之中去。"学"是获得和接受传统文化的精粹，同时也涉及如何在现实生活中对传统进行创造性地运用和拓展。因此，孔子不仅强调"学"具有的仿效的一面，也强调"思"——即"学"也具有的反思和创造的一面。在孔子的传播思想中"学"与"思"的相互作用不可忽视，"学而不思则罔，思而不学则殆"。（《论语·为政》）"吾尝终日不食，终夜不寝，以思，无益，不如学也"。（《论语·卫灵公》）这些说明，自我的建立，需要以现实境况为基础，对文化传统进行反思，"学"与"思"互相转化，传承与创新不断循环。用孔子的话说即"温故而知新，可以为师矣"。（《论语·为政》）从传播学的角度看，"学"与"思"的互动转化是有效的传播和交流机制，文化的习得性和塑造性由此体现出来。每个个体都出生并成长于既有的文化环境之中，"自我"的形成离不开内在传播，"学"与"思"的交互流动不断加深着对传统与现实的理解，"自我"由此形成，人生意义由此建立。因此，孔子强调"学"与"思"的意义在于创造性地充分运用已拥有的文化传统塑造与他人，创造适宜的文化环境，这是理解每个人所处的时代和环境的必要条件，也是自我得以实现的基础。

---

① 詹姆斯·W. 凯瑞：《作为文化的传播》，丁未译，北京：华夏出版社，2005年，第28页。

第二节　三十而立与四十而不惑

　　孔子三十多岁以后直到五十一岁出任中都宰这段时间，其主要活动是读书、学习与教学授徒，"学"的意义已略如上述，它是不断学习与反思的过程，贯穿孔子的一生。"立"的含义是"立于礼"，孔子对此非常重视，他说："兴于诗，立于礼，成于乐"（《论语·泰伯》）；"不知命，无以为君子也；不知礼，无以立也；不知言，无以知人也。"（《论语·尧曰》）他教导儿子孔鲤也说："不知礼，无以立。"（《论语·季氏》）清人刘宝楠《论语正义》解释说："诸解'立'为立于道，立于礼，皆统于学，学不外道与礼也。至三十后，则学立而德成之事。"①可见"立于礼"是学习的结果，用今天的话说就是："通晓古今各种文献资料并联系当时的现实情况，从中抽象或概括出带条理性的原则思想（义或道），达到'一以贯之'的地步。孔子'三十而立'的时候，这些'一以贯之'的原则思想大概基本上就已经确立了。"②孔子通过学习，到"三十而立"之年，自觉地接受了文化传统并将其作为自己立身处世的基础。"四十而不惑"，即孔子所谓"知者不惑"（《论语·子罕》《论语·宪问》），就是知者心中没有疑惑、惑乱、怪惑，不片面地刻意求深，不过分地做出诡异的行为吸引世人的眼光，哗众取宠、欺世盗名。将"三十而立"与"四十而不惑"合起来理解，就是孔子通过对文化传统不断地"学"与"思"，对人类过去创造的制度、信仰、价值观念和行为方式有了深刻理解，在与历史保持连续性的同时，也建构起自己的心理或认知图式，这是由文化传统、社会现实、内在心理过程三者互动而促成的。

　　对于孔子来说，"礼"是一个汇聚社会政治、人生理想、知识文化、信念感情等诸多意义的重要平台。"礼"有许多重要的功能，首先是作为一种文化遗产，一种代代相传的浓缩的文化智慧，礼传达了先人们的生活和行为方式，具有重要的教诲意义。个体在接受和践行礼的同时，礼也塑造了个体。孔子说："盖有不知而作之者，我无是也。多闻，择其善者而从之；多见而识之；知之次也。"（《论语·述而》）孔子认为有一种人自己不懂文化传统而凭空造作，这是不足取的。他赞赏的是多多地学习古来已有的经验和智慧，有选择地加以接受，认真地看，牢记心中，这是对待以"礼"为核心的文化传统的态度。在这个过程中，个人因融入文化传统而得到塑造，文化的传播获得生命的意义。所以我们在《论语》中看到一个努力学习文化传统并亲身实践的孔子。"子曰：'文，莫吾由人也。躬行君子，则吾未之有得。'"（《论语·述而》）他温和而严厉，有威仪而不刚暴，庄严而安详。（"子温后厉，威而不猛，恭而安"。《论语·述而》）这是接受传统文化的教诲与熏陶的缘故。"礼"的第二个功

　　① 刘宝楠撰：《论语正义》，北京：中华书局，1990年。
　　② 匡亚明：《孔子评传》，南京：南京大学出版社，1990年，第34—35页。

能在于它为个人修养指明了方向，在个人参与社会的过程中传达了道德、智慧、审美以及庄重的仪式感。《论语·乡党》中记载的孔子日常生活很好地说明了这一点。"礼"的第三个功能是从传统中继承的"礼"本身，需要恰当的和创造性的诠释，需要人们在社会现实中不断地对其进行解读和重构，形成新的传统，传达新的意义。

孔子在教学活动中充分发挥了"礼"的上述功能，成为一个不惑的知者。他以"述而不作""信而好古"的原则为基础，接受文化传统，又扬弃传统僵化的部分，有所创造，在现实生活中呈现着传播的本质，即"所有人类行为都是在做一件异想天开的事，我们先是用符号创造了世界，然后又居住在我们所创造的世界里"。^①孔子接受了传统文化创造的世界，又居住于其中并进行再创造。"立于礼"和"知者不惑"就在接受与再创造的过程中产生，教学活动则体现着他接受与再创造的努力。

孔子的教学是立足于文化传统的，以德性的塑造为核心的人际传播。《史记·孔子世家》记载："孔子以诗书礼乐教，弟子盖三千焉，身通六艺者七十有二人。"孔子的学生非常多，不可能一对一地传播，因此他的学生分很多层。有"编牒"的学生，他们是慕名前往，只登记在册的学生，其中有核心弟子，但外围学生居多。还有"及门弟子"，这些是入了师门的弟子，又分为两种，一种是及门而未入室，很难进入老师的屋子，听其面授；另一种是入室弟子，可以进入老师起居的地方，听老师亲授。在《论语》中有这样的记述，孔子和核心弟子在屋子里说话，其他学生只能在门外等候，孔子走了，才追着师兄问老师讲了些什么。（如《论语·里仁》）孔子称他的核心弟子为"二三子"，外围弟子为"门人"或"门人小子"，孔子通常只与少数核心弟子对话，然后由"二三子"向外围弟子传达，这也可视为一种独特的人际传播方式。^②

孔子的教学不是纯理论的灌输，也不是强调僵化的教条，而是与"二三子"（核心弟子）面对面地谈话，有时候还配有音乐。孔子的起居也常有学生再旁，《论语》中叫"二三子侍""二三子侍坐"或"二三侍侧"。这样与日常生活紧密联系的言传身教对学生的影响是微妙而深刻的。以诗书礼乐为基础的文化知识，以"礼"为中心的传统生活方式、个人修养和面对现实的创造性诠释，在孔子与弟子们如此亲密的交流中逐渐实现。这种教育方式对文化的传承与人格的培养有着无可替代的优势。孔子坦白地说："二三子以我为隐乎？吾无隐乎尔。吾无行而不与二三子者，是丘也。"（《论语·述而》）学生们也总是真诚地各言其志（《论语·公冶长》），没有太多顾忌。在这种境况下，对历史与现实、传统与变革的认识变得丰满而具体，成为日常生活

① 詹姆斯·W.凯瑞：《作为文化的传播》，丁未译，北京：华夏出版社，2005年，第17页。
② 参见李零：《去圣乃得真孔子:〈论语〉纵横谈》，北京：生活·读书·新知三联书店，2008年，第66—67页。

和学习的一部分，看似陈旧的形式化的传统可以在没有遮掩的条件下得到充实、尊重和新的阐释。

这种教学方式可视为有效的人际传播，在这个过程中孔子注意人的精神世界的长成，注重对情感、品德、实践能力的培养，而且在对话中也给弟子们充分的回应与反思的余地。他的教学是完整而深入的传播行为，"传播值得当成工具，因为它是人类生活丰富多彩、创造各种意义的唯一手段。传播也值得看作终极目的，因为在这样的终极目的里，人们从孤独中解放，并在意义的交流中分享一切"。[①]传播的工具性和终极性特征包含在孔子的教学中，而且被作为其教学的重要思想，"子以四教：文、行、忠、信"（《论语·述而》）。这四个方面有很强的操作性，但同时对人的精神世界也具有塑造性。"文"即对诗、书、礼、乐等传统文化知识的学习，博学、审问、慎思、明辨都属于此。"行"即亲身实行，将书本知识融入现实生活。"忠"是尽心尽力对待别人，"信"是人与人交往诚实不欺。四者合而为一，就是成就或成全一个人的方法。

信而好古的孔子"三十而立"、立于礼，是确定了自己的选择，他选择了对古代传统文化的弘扬和实践；"四十而不惑"，是对自己的选择不再疑惑，坚定立场，躬行实践，并以文、行、忠、信为特点的教学活动广泛传播自己的立场和主张，影响更多的人。三十、四十两个阶段，孔子传播思想的意义就在于"选择"，"传播就是一种选择，是关乎分析、定性、批评、载誉的选择……传播隐含着对客观事实的'价值判断'。……从传播者角度而言，必须选择一种修辞方法，因为这就意味着选择一种影响策略。所以，所有的传播，无论它多么尊重他人、多么富有道德感，其目的都是为了影响'公众/受众'，是为了改变他们的思想和行为，是为了说服他们"。[②]孔子的选择和以此为基础而进行的教学活动无疑经受了历史的考验，是成功的，尽管他终生无法实现自己的政治抱负、尽管他的道德学说屡遭人们批评，但不可否认孔子对中国文化最大的贡献是他以古代文化传统为基础进行了极富成效的教学传播实践，为中国文化开辟了一块富有魅力的精神家园。

第三节　五十而知天命、六十而耳顺、七十而从心所欲不逾矩

五十岁以后，孔子出仕鲁国、周游列国，在现实中处处碰壁，而其精神却向纵深发展，在思想、学问、品德方面日渐成熟，对人生意义和文化意义有进一步的探求。

---

① 陈力丹、易正林编著：《传播学关键词》，北京：北京师范大学出版社，2009年，第6页。
② 陈力丹、易正林编著：《传播学关键词》，北京：北京师范大学出版社，2009年，第5页。

孔子五十岁左右，开始关注《周易》这部书。《论语·述而》曰："加我数年，五十以学《易》，可以无大过矣。"《史记·孔子世家》云："孔子晚年而喜《易》，读《易》，韦编三绝。曰：'假我数年，若是，我于《易》则彬彬矣。'"《周易》是一本古老的卜筮之书，其中蕴含着古人对事物变化之理的探究，它通过阴-阳概念和"观物取象"的原则建立起对事物进行观察的哲理体系。孔子对这本书产生兴趣并深入研究，标志着他的思想向纵深发展。《论语正义》解释说："盖夫子当衰周之时，贤圣不作久矣，及年至五十，得《易》学之，知其有得，而自谦言'无大过'。则知天之所以生己，所以命己，与己之不负乎天，故以知天命自任。'命'者，立之于己而受之于天，圣人所不敢辞。"孔子通过对《周易》的研究，对人生的意义、世事的变迁有了更为深入的看法。我们说孔子是保守的，他异常重视文化传统的沿袭，但他并非一成不变、僵化地对待传统，他也在现实中理解、诠释和创造着新的传统。孔子通过学易对传统进行改造，同时创造新的传统。这不是 刀斩断与传统的联系，又在废墟上重建新的文化。"我们不仅创造现实，还必须同时维系我们所创造的东西，因为新的一代不断涌现，对他们来说原先的创造物可能一开始就存在问题，现实必须重新改造并成为权威。因此，现实必须得到修正，因为它一直在瓦解之中"。[1]

孔子所处的时代，是中国历史上变化最为剧烈的时期，"礼坏乐崩"，原先的创造物已经处于崩溃之中，孔子尊崇传统，是对现实的反动，是在不断瓦解的现实中建构新的意义世界。只不过孔子认为这个新世界在历史上真实地存在过，是信而有征的，是泰伯、文王、周公，特别是周公的世界，现实应以此为楷模进行改造。所以孔子的"知天命"，首先是知道泰伯、文王、周公那个在历史上存在过的意义丰满的世界，孔子要用这个"旧"世界改造"新"现实。其次是对人的肯定，孔子认为周公之梦的实现，需要人不断地努力，"人能弘道，非道弘人"（《论语·卫灵公》）。由此两点而生发出第三点，孔子强调"道""命"，侧重于树立人对文化的责任感和使命感。孔子强调人的主体性。他说过："性相近也，习相远也。"（《论语·阳货》）他认为人性并不是生来就相同的，人性相近，并不相同，后天的习染使人差别更大。孔子不像后来的孟子、荀子持人性本善或人性本恶的抽象人性论，而是把人放在具体的生存环境中进行考量，得出具体的结论。

因而在孔子的言论中，人的主体性和人的有限性都被充分注意到了。"伯牛有疾，子问之，自牖执其手，曰：'亡之，命矣夫！斯人也而有斯疾也！斯人也而有斯疾也。'"（《论语·雍也》）这似乎表明人几乎不能完全掌握自己的命运，但孔子没有于此止步，成为宿命论者。他说："今之成人者何必然？见利思义，见危授命，久要不

---

① 詹姆斯·W.凯瑞：《作为文化的传播》，丁未译，北京：华夏出版社，2005年，第17页。

忘平生之言，亦可以为成人矣。"（《论语·宪问》）看见利益便能想起该不该得到，遇到危险便肯付出生命，经过长久的穷困日子而不忘平日的诺言，这样的人也可算是"成人"了，可见君子能够主动地掌握自己的生死与道德信念，使之合乎正当的要求。"命"在孔子那里是现实生活中的人都会受到的各种各样的客观限制，因人本身是有限性的存在，不可能不受内外诸多因素的限制。但人并不能完全被"命"主导或控制，人有行动、反思的能力，在创建自身意义世界方面具有完全的主动性。对自身所蕴藏的创造力和主动性越有自觉的认识，就越清楚自己所受的客观限制。所以孔子说："不知命，无以为君子也。"（《论语·尧曰》）《吕氏春秋·知分》^①对"命"的解释能帮助我们理解孔子的话："命也者，不知所以然而然者也，人事智巧以举错者不得与焉。故命也者，就之未得，去之未失。国士知其若此也，故以义为之决而安处之。"正因如此，孔子对天降之命很重视，但却能安然处之，同时念念不忘自身传承文化的责任与使命。"君子求诸己，小人求诸人。"（《论语·卫灵公》）君子要求自己对文化有所继承和创造，命运超出自己能力之外，安然处之即可。"不怨天，不尤人"（《论语·宪问》），这是对人生意义与文化精神的自觉，也是对自我的深刻认知，"自知者不怨人，知命者不怨天。怨人者穷，怨天者无志。失之己；反之人，岂不迂乎哉！"（《荀子·荣辱》）^②

孔子强调知命，同时重视对人生意义与文化精神的自觉，由于对自身与文化有自知之明，他对文化的传承和创新也有自己的价值判断。"道之将行也与，命也；道之将废也与，命也；公伯寮其如命何？"（《论语·宪问》）"道"的行与废，受诸多不可控因素的影响和限制，属于"命"的范围；但人应不应该以"道"自任，探究并传播"道"，则是是非问题，是价值判断问题，是意义建构问题。虽然"道之不行，已知之矣"（《论语·微子》），但孔子仍坚持行"道"，他所计较的不是一时的成败，而是谁是谁非。人生的意义在于为文化的传承与创造贡献自己的智慧与精力，尽管"天下无道久矣，莫能宗予"（《史记·孔子世家》），但仍以强烈的责任感与使命感，"知其不可而为之"（《论语·宪问》）。这是孔子传播思想的力量所在。

所谓"六十而耳顺"，是由于孔子"知命"并树立了对文化传统的信心，不再计较人们是否赞同或反对他的主张，而致力于在教学活动的不断沟通与相互交流之中建构丰满的意义世界。《论语正义》说："耳顺者，听先王之法言，则知先王之德行，从帝之则，莫逆于心。心与耳相从，故曰耳顺也。""耳顺"是人生的意义找到了归依之所，归依于先王的"法言"与"德行"，以此为准则创造属于自己的意义世

①　吕不韦著，陈奇猷校释：《吕氏春秋新校释》，上海：上海古籍出版社，2002年。
②　王先谦撰：《荀子集解》，北京：中华书局，1988年。

界。"谁能出不由户？何莫由斯道也？"（《论语·雍也》）人生的意义是由"斯道"赋予的，这"道"是先王之道，是传统，它被孔子赋予超凡的特质，对人的行为具有规范作用和道德感召力。"士志于道"（《论语·里仁》）；"朝闻道，夕死可矣"。（《论语·里仁》）"富与贵，是人之所欲也，不以其道得之，不处也。贫与贱，是人之所恶也，不以其道得之，不去也。"（《论语·里仁》）；"笃信好学，守死善道"（《论语·泰伯》）。孔子的人生由此而成为求道的人生，也成为富含意义的人生。

在对人生意义和文化意义的不懈探求中，孔子进入了"发愤忘食，乐以忘忧，不知老之将至"（《论语·述而》）的晚年，在自述中孔子说自己"七十而从心所欲，不逾矩"，也就是凡是心里想做的事情，做起来就合乎准则。晚年的孔子，生活在自己创建的意义世界之中，这个世界有深厚的传统积淀，也包含孔子自己的创造，并且通过教学活动影响到很多在现实生活中不断探索和追问的人。孔子以此方式成为传统的缔造者，他的行为、思想、品德成为人们学习仿效的一种典范。

"文化从来就不是单一的、单意的，它就像自然本身，是多样的、不同的、变化的。每一个人也是如此"。①孔子传播思想的形成过程就是这样，一方面是对传统文化的承袭，另一方面也以自己的方式进行着改变和创造。孔子的传播思想以对传统文化的学习和理解为基础，通过教学活动接受传统并进行新的诠释，以充分实现其功能。在五十岁左右，孔子的传播思想向纵深发展，在思想、学问、品德方面日趋成熟的同时，一个依托于信而有征的历史建构的意义世界呈现出来，这标志着孔子的传播思想走向成熟。他在那个时代创造了一种思想文化传播的典范。

---

① 詹姆斯·W.凯瑞：《作为文化的传播》，丁未译，北京：华夏出版社，2005年，第46页。

第四章　孔子传播思想的核心——"礼"

　　陈力丹教授在《论孔子的传播思想——读吴予敏〈无形的网络——从传播学角度看中国传统文化〉》一文中指出，孔子的传播思想以"仁"为核心，因而十分强调处理人际关系，作者围绕这个观点，从人际传播的角度论证分析了"仁"何以被理解为孔子传播思想的核心。但是如果从传播具有维系整个社会文化系统的功能来看，"传播不仅仅是物质、技术或观念形态在横向上的空间散布，也是在纵向上的传承。从人类文化历史发展的角度看，虽然也存在着偶然性的个人独立发明，但这些发明总是建立在人类文化的传承及由此形成的文化积淀的基础之上的。从这个意义上说传播是进化的基础，或者说文化在纵向上的传播过程本身也是一个进化过程"。① 文化的纵向传承在孔子的思想中占有更为重要的地位，孔子终其一生都以古代文化的传承者自居，并从传承和维护以"礼"为核心的文化传统的前提下提出"仁"的观念。因而从维系社会文化的角度将孔子传播思想的核心定位为"礼"更加符合孔子所处的时代及其思想发展的总体趋向。

　　孔子"述而不作，信而好古"（《论语·述而》），"祖述尧舜，宪章文武"（《礼记·中庸》）。其思想从整体上看具有明显的崇古倾向，其传播活动和传播思想也以维护和弘扬文化传统为根本。孔子所崇之"古"，系指古代文化体系，具体而言，则为"礼"或"文武之道"（《论语·子张》）。人们常说"仁"是孔子思想创造性的体现，但我们也应该认识到，孔子是在对"礼"进行深刻反思的过程中提出"仁"这个观念的，其根本意图也在以"仁"解释和维护"礼"。"礼"在孔子思想中始终占据核心地位，他自幼学"礼"，三十而"立于礼"，教学内容是以"礼"为核心的古代文化（"孔子以诗书礼乐教，弟子盖三千焉"《史记·孔子世家》），在政治上主张以"礼"治国，挽救礼坏乐崩的现状，恢复"君君、臣臣、父父、子子"（《论语·颜渊》）的礼制，维护氏族贵族的等级秩序。在哲学思想上强调"克己复礼为仁"（《论

---

　　① 吴飞、王学成：《传媒·文化·社会》，济南：山东人民出版社，2006 年，第 357 页。

语·颜渊》），认为人的视、听、言、动都要服从"礼"的约束。孔子一生念兹在兹的就是回归一切依"礼"而行的世界，当他再也梦不到周公，当它哀叹"天下无道久矣，莫能宗予"（《史记·孔子世家》），他的生命之火也就在风雨飘摇中渐渐熄灭了。而他的思想对后世中国的影响就在于尊古崇礼，继承和弘扬以"礼"的精神为核心的古代文化传统，将其注入人们日常生活的方方面面，为中华民族的性格打上深深的烙印。

第一节　孔子传播思想的基本取向

孔子思想来自对历史和现实的深刻反思，以对文化的传承、分享和创造为基本取向。孔子说自己"述而不作，信而好古"（《论语·述而》），《论语正义》解释说："《说文》云：'述，循也。作，起也。'述是循旧，作是创始。""信"按照朱维铮先生的解释："所谓信，《说文》释为'诚'，那是引申义。……从在先成书的《老子》或《国语》来看，都指'审'或'效验'。于是孔子所说的'信而好古'，在我看来只能解释为对历史应该征而后信。"① 据此，孔子这句话的意思是自己遵循古制而不创作，对待古制的态度是征而后信。这是孔子的文化信条，他不借重逻辑推理分析自己所处的文化情况和社会现实，而偏重历史观察的方法。孔子关心历史上发生的事情对现实的影响，历史事件无法重演，它们都是具体的和一次性的，无法像许多自然现象那样可以通过实验进行反复验证。历史现象往往只能通过史实的多寡与可信度的强弱来进行解释和说明。孔子一生所关注的是社会与文化现象，是人们生活方式的变迁及其后果，追溯和解说历史是孔子进行反思最主要的方式。他好古，是因为他关心人的生活世界和实践活动，认为人们只有深入了解自己的文化传统和既有的生活方式，才能通过与传统的对话交流构筑生活和实践的平台，建立起互相能够接受的规范，使社会生活有序运行。所以孔子对历史的关注与现实生活密不可分，他还希望能从历史中发现解决现实难题的途径。《汉书·儒林传》② 的记载很好地说明了这一点："周道既衰，坏于幽厉，礼乐征伐，自诸侯出，陵夷二百余年而孔子兴。以圣德遭季世，知言之不用而道不行，于是叙《书》则断《尧典》；称乐则法《韶》舞；论《诗》则首《周南》。缀周之礼，因鲁《春秋》，举十二公行事，绳之以文武之道，成一王法，至获麟而止。盖晚而好《易》，读之韦编三绝而为之传，皆因近圣之事以立先王之教。故曰：'述而不作，信而好古。'"可见孔子对历史的研究有其现实的考虑，他并不是原原本本地照搬历史，而是借重历史以改变现实，认为现实的变革只

---

① 朱维铮：《孔子论史——〈论语〉夜读小扎》，《学术月刊》1998 年第 3 期。

② 班固：《汉书》，北京：中华书局，1962 年。

有以传统秩序为基础才可能实现。

　　因此孔子的信古、好古、复古，有强烈的现实目的，他是因改变现实的需要而关注和反思历史，是为更长远的将来而探索历史。对历史的关注在孔子的传播思想中具有方法论的意义，孔子认为传统生活方式中蕴含着足够多的信息，人们可以通过对传统的学习掌握它们，并在这些信息的启发下解决现实生活中的问题，此即所谓"温故而知新"（《论语·为政》）。孔子强烈的历史意识和明确的历史思维方式，一方面对传统进行考证和加以完善，另一方面引导人们设想文化的起源和早期发展，从历史传统推究现存事物的合理性。现实生活的意义经由对历史传统的确认和分享而建立。

　　面对现实，孔子总的思想取向是复古，在历史中寻求意义，历史长河之中，维系华夏民族文化精神的是"礼"。孔子对历史传统的反思和重建是有选择的，他的复古并不是越古越好。他关注的是夏商周三代的传统沿革，其中又以探究周礼或"文武之道"为中心。孔子认为夏商周三代文化的精髓与核心非"礼"莫属，三代文化有因有革，有损有益，但都以"礼"作为基础。"子张问：'十世可知也？'子曰：'殷因于夏礼，所损益，可知也；周因于殷礼，所损益，可知也。其或继周者，虽百世，可知也。'"（《论语·为政》）孔子指出历史的基底是"礼"的传统，虽然世事变化不已，但以"礼"为基础的文化精神是变中之不变，因而立足于礼，可以前察往古，后知百世。"一个社会是一种'跨时间'的现象。它不是由其瞬时间的存在构成的。它只是历时地存在着，它需有一种时间跨度。正如它有空间上的整合一样，它也有时间上的整合。与自身社会的过去割裂，就如同与现今割裂一样，都会使个人和社会失去秩序"。① 孔子也注意到个人和社会秩序的建立不能与传统割裂，"礼"是一代人传递给下一代人的文化遗产，是人类生活方式在时间维度上的传播，这种传播对社会秩序的维系有重大的意义，孔子敏锐地察觉到社会生活新秩序的建立离不开文化传统。

　　孔子以信而有征的态度对文化传统的变迁进行了细致的考察，"夏礼吾能言之，杞不足征也；殷礼吾能言之，宋不足征也。文献不足故也。足，则吾能征之矣"。（《论语·八佾》）孔子对文化传统是非常审慎的，对其进行评论必须有证据才下结论，证据包括"文"（典籍）和"献"（贤者口传的历史）两方面，二者能够相互印证，孔子才会采信。对于"夏礼"和"殷礼"，孔子掌握的历史证据不够充分，因而采取"多闻阙疑，慎言其余"的态度。对于三代文化，孔子能信而有征的，是周礼，因此孔子的复古，并非越古越好，而是以周礼为中心。孔子的目的是用周礼的精神改变

① 爱德华·希尔斯：《论传统》，上海：上海世纪出版集团，2009年，第352页。

当时"礼坏乐崩"的现状，使失序的社会在传统的引领下重回秩序的轨道。因此，孔子声称："周监于二代，郁郁乎文哉！吾从周。"(《论语·八佾》)周礼以夏殷两代之礼为根据而能扬长避短，这有周初文王、武王、周公时代的繁荣为证，所以周礼"郁郁乎文"，在孔子看来丰富多彩，活灵活现，足以借鉴。司马迁评论说："孔子之时，周室微而礼乐废，《诗》《书》缺。追迹三代之礼，序《书传》，上纪唐虞之际，下至秦缪，编次其事。曰：'夏礼吾能言之，杞不足征也。殷礼吾能言之，宋不足征也。足，则吾能征之矣。'观殷夏所损益，曰：'后虽百世可知也，以一文一质。周监二代，郁郁乎文哉！吾从周。'故《书传》、《礼记》自孔氏。"(《史记·孔子世家》)由此可知，孔子对"礼"的论述，无不以周礼为中心，追迹三代之礼，这是出于对历史与现实的深刻反思。

第二节 "礼"——孔子思想体系的核心

孔子以历史为取向对传统文化进行反思，我们在探究孔子传播思想时应充分注意时间维度，充分注意孔子"追迹三代之礼"的文化意义。从传播的仪式观来看，"黑板上演义的足球运动，纸上的公式、祭祖的仪式性舞蹈或是行云流水般的散文点缀着我们的生活世界，呈现着传播的本质"。[①] 这种富有生命力的传播观的本质即在于"考察各种有意义的符号形态被创造、理解和使用这一实实在在的社会过程……我们建构、维系、修正、改变现实的努力是发生在历史中的、可以公开观察的行为。我们通过对各种符号系统的建构来创造、表达、传递关于现实的知识以及对现实的态度"。[②] 孔子倾尽毕生心血传承传统文化并阐发其意义，将其融入现实以求新秩序的建立，这是可以通过历史研究而解释明白的。孔子思想以复古(恢复三代文化传统)为取向，复古以阐扬礼的意义(特别是周礼)为中心，其传播思想亦然。再广而言之，正如钱穆先生所说："在西方语言中没有'礼'的同义词。它是整个中国人世界里一切习俗行为的准则，标志着中国的特殊性……要了解中国文化，必须站到更高来看到中国之心。中国的核心思想就是'礼'。"[③] 因之，我们讨论孔子传播思想以"礼"为中心，可以使我们看到孔子在历史过程中的传承与创造，也有助于我们了解孔子传播思想与华夏礼文明的内在联系。

孔子对历史和现实有深入的体察："《论语》表明，孔子对于《春秋》所记的二百四十二年间的历史，更其是鲁国的襄、昭、定、哀四公在位期间那近百年的各国政

① 詹姆斯·W.凯瑞：《作为文化的传播》，丁未译，北京：华夏出版社，2005年，第17页。
② 詹姆斯·W.凯瑞：《作为文化的传播》，丁未译，北京：华夏出版社，2005年，第17页。
③ 邓尔麟：《钱穆与七房桥世界》，蓝桦译，北京：社科文献出版社，1998年，第9页。

治史，熟悉得很，而对此前百年中齐晋楚等争夺霸权的诸侯国政情，也相当了解"。①
因对历史和现实如此了解，孔子远溯到三代，从文化传统之中寻找社会长治久安之
道，怀揣周公之梦进入春秋战国之际"礼坏乐崩"的社会现实之中。他评论说："天
下有道，则礼乐征伐自天子出；天下无道，则礼乐征伐自诸侯出。自诸侯出，盖十
世希不失矣；自大夫出，五世希不失矣；陪臣执国命，三世希不失矣。天下有道，
则政不在大夫。天下有道，则庶人不议。"（《论语·季氏》）这是孔子通过历史研究得
出的结论，他认为历史从有序到无序变化，可以通过礼乐、征伐两件国之大事（"国
之大事，在祀与戎"，《左传》成公十三年）的权秉掌握在什么人手中看出来。礼乐
征伐的权力出自天子，则"天下有道"；礼乐征伐的权力出自诸侯，则"天下无道"。
更有甚者，权力不断下移，到大夫的家臣把持国家政权之时，则天下无道久矣。孔
子发现，到他所处的春秋末年，历史变迁的轨迹是权力不断下移，天下离"道"越
来越远。要使天下安定，恢复秩序，需要回头看，返回到"礼乐征伐自天子出"的
时代。因此，孔子思想以恢复文武周公之道，使社会人心从无序回归有序为目标。
对"礼"之意义的探讨便成为孔子思想的出发点和落脚点。这是因为：

第一，孔子以西周文化的继承者自居，西周文化的核心就是"礼"。孔子一生，
魂牵梦萦的便是实现文武之道。《论语》中孔子引《诗》九次，引《书》两次，可见
他对《诗》《书》等古代典籍非常熟悉，而《诗》《书》所盛称的就是周的文治，特
别是《诗》的雅和颂，对周族的德制礼制更是反复咏叹。孔子从中得以想见其憧憬
的理想政治的盛况。孔子赞美周朝先祖古公亶父的长子泰伯、认为"泰伯，其可谓
至德也已矣。三以天下让，民无得而称焉"（《论语·泰伯》）。泰伯的品德崇高至极，
民众简直都找不到恰当的词语来称赞他。孔子还说："周之德，其可谓至德也已矣。"
（《论语·泰伯》）由此可见，孔子对周的评价极高。对于周文王，孔子也极尽尊崇，
并以文王事业的继承者自居，"子畏于匡，曰：'文王既没，文不在兹乎？天之将丧斯
文也，后死者不得与斯文也；天之未丧斯文也，匡人其如予何？'"（《论语·子罕》）
孔子自许为周文王之后文化遗产的继承者。制礼作乐的周公也常常是孔子梦中的主
角，鲁国又是周公之子伯禽的封国，周的文化遗产尽在于此，故此，孔子有"齐一
变，至于鲁。鲁一变，至于道"（《论语·雍也》）的说法。

以上种种可以证明孔子对周文化心向往之。在孔子看来，周文化是实实在在地
发生着影响的，能够通过文献（书面记载与口头述说）证实。那么，西周留给后世
最主要的文化遗产是什么呢？——是"礼"。章学诚在《文史通义·原道下》中说：
"孔子之大，学周礼一言可以蔽其全体；皆乍闻至奇，深思至确。"孔子正因为研求

① 朱维铮：《孔子论史——〈论语〉夜读小札》，《学术月刊》1998 年第 3 期。

与传播周礼而成其"大"。

所谓周礼，包含范围极广，它几乎涵括古代华夏民族日常生活的方方面面，经过周公的创作，形成比较固定的制度。"其特征确是将以祭神（祖先）为核心的原始礼仪，加以改造创作，予以系统化、扩展化，成为一整套宗法的习惯统治法规。以血缘父家长制为基础（亲亲）的等级制度是这套法规的骨脊，分封、世袭、井田、宗法等政治经济体制则是它的延伸扩展"。[①]周礼是涵括古代社会日常生活的一张大网，以家族血缘为基础的贵贱差等制度是其核心。周公制礼作乐，对姓、氏、宗族制度进行全面的系统化和强化，确立了以周天子和嫡长子继承制为中心，包罗天下的宗法统治网。周天子为人间至尊，是天下之大宗，天子分封的同姓诸侯对天子而言都是小宗，小宗对大宗必须无条件臣服，在各诸侯国里，诸侯王为大宗，大夫为小宗。由此按血缘亲疏远近层层下推，直到最低的士阶层。这种通过对天然血缘关系进行区分而建立的金字塔式等级社会，它的每一层都由大宗控制小宗，而且这种控制是全方位的，经济、政治、宗教、军事、教育等资源都按血缘亲疏远近进行分配。"吾闻国家之立也，本大而末小，是以能固。故天子建国、诸侯立家、卿置贰室、大夫有贰宗、士有隶子弟，庶人、工、商，各有分亲，皆有等衰。是以民服事其上，而下无觊觎"（《左传》桓公二年）。在这个网络中，每个社会阶层都严格分别嫡庶、尊卑与主从，每个人都被置于家族血缘的链环之中，因而组成社会最小的单位不是独立的个人，而是血族（血缘家族）。正所谓："身也者，亲之枝也，敢不敬与？不能敬其身，是伤其亲；伤其亲，是伤其本；伤其本，枝从而亡。"（《礼记·哀公问》）

这种社会里，每个人都生活在宗法亲属编织而成的人际关系网络之中，人与人之间互相熟悉，他们之间的关系是具体而微的，相互关联的，不需要超越的法则来规定个人的权利、义务和责任。人们所需服从的是社会公认的行为规范，是社会生活中世代累积的经验，是依据传统形成的秩序，也就是"礼"。"礼是按着仪式做的意思……礼是合式的路子，是经过教化过程而成为主动性的服膺于传统的习惯……礼是传统，是整个社会历史在维持这种秩序。"[②]孔子倡导和维护周礼，就有通过教化传承文化传统的用意，这种传统是以血缘宗法制为基础而建立起来的，孔子并不排斥这一基础，他强调孝、悌的重要性，就是认为血缘中的辈分和亲疏是建立人际关系，确立自身地位的根本因素。

第二，孔子提倡周礼的主要目的是以礼治国，使社会回到有序的轨道。"礼"最重要的功能即治国，古人认为它不仅能使社会有序，而且能使天地有序，"礼，国之

---

① 李泽厚：《中国古代思想史论》，天津：天津社会科学出版社，2008 年，第 13 页。

② 费孝通：《乡土中国 生育制度》，北京：北京大学出版社，1998 年，第 51—53 页。

干也"。(《左传》僖公十一年)"夫礼，国之纪也"(《国语·晋语四》①)。"礼之可以为国也久矣，与天地并"(《左传》昭公十六年)。礼是"天之经也，地之义也，民之行也"(《左传》昭公二十五年)。礼也是"上下之纪，天地之经纬也，民之所以生也"(《左传》昭公二十五年)。国家以礼为准绳才能得到治理，天、地、人只有依礼而行才能变得和谐有序，"礼"在人们心中的地位可见一斑。孔子强调"为国以礼"，也是看到礼所具有的超强规范与秩序功能。在孔子看来，依据礼的贵贱等差的等级制运行的社会才是一个有序的健康的社会，"天下有道，礼乐征伐自天子出。天下无道，礼乐征伐自诸侯出"(《论语·季氏》)。"能以礼让为国乎？何有？不能以礼让为国，如礼何？"(《论语·里仁》)孔子认为国家要能够得到治理，只有依据"礼"才可以做到。

因此，孔子对当时违反周礼的各种行为进行猛烈的抨击，鲁国季氏身为大夫而僭用天子的礼乐，孔子愤愤然道："八佾舞于庭，是可忍也，孰不可忍也？"(《论语·八佾》)《雍》是《诗经·周颂》里的一篇，是天子举行完祭礼，在撤除祭品时所唱的诗，而仲孙、叔孙、季孙三家，在撤除自家的祭品时，却唱着《雍》这篇诗，孔子批评说："'相维辟公，天子穆穆'，奚取于三家之堂？"(《论语·八佾》)"助祭的是诸侯，天子严肃静穆地在那儿主祭。"这样的诗句，在三子祭祖的大厅上吟唱实在是名不副实，有什么意义呢？孔子认为当时的社会之所以乱，之所以失序，就是因为从上到下的人不把礼乐放在眼里，礼的等级贵贱难以约束人的种种行为，"君不君，父不父，臣不臣，子不子"(《论语·颜渊》)。因而"为国以礼"最重要的就是正名，就是按礼的标准来确定君—臣—父—子的名分，使国家的政治行为依照礼规定的名分来运行，正名就是为政之首。而以礼治国一定是优于以刑法治国的，"道之以政，齐之以刑，民免而无耻；道之以德，齐之以礼，有耻且格"(《论语·为政》)。用礼教化民众，能使人有廉耻之心，而且人心归服。用刑罚治理民众，只能安于一时，不能使人心服。所以孔子批评晋国铸刑鼎、刑书之事，说："贵贱不愆，所谓度也……今弃是度也，而为刑鼎……贵贱无序，何以为国？"(《左传》昭公二十九年)贵贱无序，上下无礼，国将不国。孔子理想中的政治，是以礼为依据，"君君、臣臣、父父、子子"(《论语·颜渊》)，贵贱上下有序，人人内心有德，教化广播四方，凡事遵从传统，再也找不到比"礼"更好的规范，能从根本上全面地教化人们，使社会达到长治久安。这是孔子周公梦的最重要的一部分。

第三，从文化传统的角度看，礼内容丰富，牵涉日常生活的方方面面，孔子知礼、守礼，把"礼"的规范自然地融入日常生活之中。"礼，经国家，定社稷，序

---

① 徐元诰：《国语集解》，北京：中华书局，2002年。

民人，利后嗣者也"（《左传》隐公十一年）。"礼"能规范从上到下整个社会的成员，包括他们的祖先及其后代。日常生活的各个方面也在"礼"的范围之中，《通典·凶礼二》引东汉礼学大师郑玄的话说："礼者在于所处。""所处"即人们安居相处、举手投足的种种行为，社会中的各种场合、各种关系，都有"礼"在规范，所以"礼"渗透于日常生活，无所不在。"今试以《仪礼》、《周礼》及大小戴《礼记》所涉及之内容观之，则天子侯国建制、疆域划分、政法文教、礼乐兵刑、赋役财用、冠昏丧祭、服饰膳食、宫室车马、农商医卜、天文律历、工艺制作，可谓应有尽有，无所不包。其范围之广，与今日'文化'之概念相比，或有过之而无不及"。①由此可见，先秦时代，人们从一出生就已生活在"礼"的网络之中，每个人都受其影响，经礼三百、仪礼三千并非夸大之词。

　　因此，"礼坏乐崩"在古代不是一件小事，它意味着维系整个社会的秩序系统之全面崩溃，这影响到人们日常生活的各个方面。孔子对"礼"的重视也是对日常生活本身的重视，他不是一个注重体系建构的思想家，而是关注自己生存境况与生活变迁的生活思想家。他的思想融入他的日常生活之中，他日常生活的举止行为也渗透着对生活意义的探求思考。

　　孔子自幼学礼，三十而立于礼，在日常生活中立身行事，无不以"礼"为准则。"非礼勿视，非礼勿听，非礼勿言，非礼勿动"（《论语·颜渊》）。视、听、言、动，举手投足，都以"礼"来节制。因此孔子能成为恪守"礼"的典范，身上散发着守礼君子的人格魅力，"子温而厉，威而不猛，恭而安"（《论语·述而》）。他告诫弟子子夏："女（汝）为君子儒，勿为小人儒。"（《论语·雍也》）君子儒知礼守礼，言传身教，成就他人；小人儒徒为虚名，不能以礼教人，只能传授人呆板的礼乐知识。《论语·乡党》生动地记述了日常生活中恭敬守礼的孔子形象。在朝堂上、在家中、吃饭、睡觉、衣着、说话、容貌、举止，孔子无不守礼。与此同时，孔子守礼并非刻板地效仿，他深知礼不能一成不变，而须随时代而有所变迁。他指出礼有损益，夏商周三代之礼都有变化，墨守成规，僵硬的形式化的"礼"应该抛弃。"礼云礼云，玉帛云乎哉？乐云乐云，钟鼓云乎哉？"（《论语·阳货》）仅仅重视外在的玉帛钟器等礼器，又怎么表达礼的深意呢？礼需要有外在的形式，但更需要内在的精神含义。"林放问礼之本，子曰：'大哉问！礼，与其奢也，宁俭；丧，与其易也，宁戚'"（《论语·八佾》）。孔子指出林放问礼之本意何在的问题抓住了礼的要害。礼不是外在形式的铺排讲究，而是朴素简约同时内心充满诚意。因而守礼之人不奢侈浪费，丧礼之时，内心的哀戚胜于仪式的周全。

---

　　① 钱玄：《三礼辞典·自序》，南京：江苏古籍出版社，1998年。

简而言之，"礼"涉及范围甚广，几乎是一张能够囊括古人生活各个方面的大网，孔子在日常生活中知"礼"守"礼"，深知"礼"的意义并非只是外在的礼器或礼仪，而是从内到外塑造人的品格，规范人的行为，使生活有条不紊。

第四，孔子思想体系的中心是"礼"，他对周礼进行理论思考，在此过程中提出了"仁"的观念。

孔子关于"礼"与"仁"的论述，最为人熟知，引起关注和讨论的是："颜渊问仁。子曰：'克己复礼为仁。一日克己复礼，天下归仁焉。为仁由己，而由人乎哉。'颜渊曰：'请问其目。'子曰：'非礼勿视，非礼勿听，非礼勿言，非礼勿动。'颜渊曰：'回虽不敏，请事斯语矣。'"（《论语·颜渊》）礼与仁的关系至为密切，但二者之中，礼为核心与主轴十分明确。我们不能忽视"克己复礼为仁"这句话的历史背景，这句话出自古语，非孔子自创。《左传》昭公十二年记载，该年冬到次年春楚灵王率军驻扎乾溪，冰雪交加，士卒冻馁，而楚灵王自己却日日醉饱，又怀诸多非分之想。经贤臣多次劝谏，灵王终于羞愧难当，寝食俱废数日。第二年春灵王的两个儿子死于士兵叛乱，灵王率军回国镇压，又为叛军所败。至夏五月，灵王日暮穷途，自缢而死，为天下笑。孔子时年22岁，他对此事评价道："古也有志：'克己复礼，仁也。'信善哉！楚灵王若能如是，岂其辱于乾溪？"（《左传》昭公十二年）孔子所说意思是，古时候有老话说，'克制自己回到礼仪上，这就是仁。'这话说得真好呀！楚灵王如果能够像这样做，难道还会因乾溪之事受到羞辱？《论语正义》云："克己，约身……复，反也。身能反礼，则为仁矣。"由此可见，"克己复礼为仁"即是说克制、压抑自身回归礼的秩序，这样做才能算"仁"。

因此，返回礼的轨道是"仁"的本意，而返回的方法是"克己"，这与积极的修身不同，"克"有现成的规制，这个规制在当时的社会背景下就是"礼"，孔子连用四个"勿"字，劝诫颜渊在实际生活中一言一行都要小心谨慎，不要触犯"礼"的约束。这就很明白，"礼"是根本、是目的，"仁"是手段、是方法。孔子一生以恢复周礼（文武之道）为人生的最高理想，"如有用我者，吾其为东周乎！"（《论语·阳货》）颜渊对他的评价是："仰之弥高，钻之弥坚。瞻之在前，忽焉在后。夫子循循然善诱人，博我以文，约我以礼，欲罢不能。"（《论语·子罕》）孔子用各种文献丰富学生的知识，用礼来约束学生的行为。可见作为传统文化的"礼"在孔子心目中有何等重要的地位。王夫之说："礼者，仁之实也。"[1]这一论断颇能说明孔子思想体系以"礼"为核心的事实。

在《论语》中，"礼"的范围比"仁"更广，"礼"比"仁"的要求也更高。孔

---

[1]　王夫之：《周易外传》卷二，北京：中华书局，1977年。

子评论齐国的管仲，多次认为他是仁者，赞之曰："如其仁！如其仁！"（《论语·宪问》）但孔子却说管仲"不知礼"，"管氏而知礼，孰不知礼！"（《论语·八佾》）可见仁者未必知"礼"。孔子还说："知及之，仁不能守之；虽得之，必失之。知及之，仁能守之。不庄以莅之，则民不敬。知及之，仁能守之，庄以莅之，动之不以礼，未善也。"（《论语·卫灵公》）伦理道德，如仁、知等等；人的能力和处事态度，如莅（监政治民）、庄、敬等等都必须经由"礼"才能实现。可见"礼"在人们日常生活中的作用是无法替代的，《礼记·曲礼上》所说："道德仁义，非礼不成。教训正俗，非礼不备。分争辨讼，非礼不决。君臣上下、父子兄弟，非礼不定。宦学事师，非礼不亲。班朝治军，莅官行法，非礼威严不行。祷祠祭祀，供给鬼神，非礼不诚不庄。"伦理道德，教化风俗，行政诉讼，上下等级，治军打仗、祭祀鬼神，没有一样缺了"礼"还能正常运行并发挥作用，"礼"涉及人们实践活动的各个方面，是人们思想行为合理有序的源泉，这是再明确不过的事实。

第三节　孔子传播思想的特点

如上所论，孔子思想体系的核心是"礼"，孔子传播思想的基本倾向是尊古崇礼，并由此得出孔子传播思想三个主要特点：

第一，孔子最为关注的是文化的纵向传播。孔子传播思想的核心是"礼"，"礼"的历史源远流长，是中华文明最突出的特点。"礼"并非只限于孔子所说的夏礼、殷礼、周礼，它是华夏古文明长期而连续的文明记忆，经过不间断的汇聚、沉积和扩散，而形成兼容并蓄、内容丰富的传统，深深嵌入中国人的日常生活之中。中国人的物质文化、精神文化、社会制度建设都由"礼"来维系，并依赖"礼"而得到传承。"礼"自新石器时代初露端倪而至西周蔚为大观，再到春秋战国引发诸多哲人的反思，其长期传播，影响不断扩大的历史本身就能说明它是一个具有超强生命力的文化生态系统，一个丰富多彩的文化信息库，一个影响中华民族生活和思维方式并塑造中华民族性格的文化传播体系。

孔子身处中华礼乐文明发生重大转折的历史时期，其传播思想以传承礼乐为核心，既符合中国历史发展的实际，也能使我们更深入地了解以孔子为创始人之儒家学派的地位在中国为何如此根深蒂固、难以撼动。最能体现孔子传播思想以"礼"为中心，以传承古代传统文化为中心的重要观念就是"学"。"学"是成为君子的最重要的条件，而君子即自觉接受"礼"的人。"学"就是承认接受一种文化，与人分享并改进这种文化的过程。孔子"学"的观念既包含文化知识的学习过程，又包括相关的实践活动，同时以精神人格的养成为目标。孔子自己发愤自学，学的是古代文献典籍，而且将所学广为传播。在孔子看来学习还是一种道德实践活动，"弟子入则孝，出则悌，谨而信，泛爱众，而亲仁，行有余力，则以学文"。（《论语·学而》）亲自实践"礼"的各种规范，然后再学习文献，这样才能有所得。学习与道德实践互相融合渗透，不可偏废，"好仁不好学，其蔽也愚；好知不好学，其蔽也荡；好信不好学，其蔽也贼；好直不好学，其蔽也绞；好勇不好学，其蔽也乱；好刚不好学，其蔽也狂"（《论语·阳货》）。孔子提倡和重视的"学"无论是道德规范还是文化典籍，都与传统文化密切相关，"温故而知新""好古、敏以求之""学而时习之""笃信好学，守死善道""博学于文，约之以礼"等等表明孔子之"学"，无不与"礼"相关，与古代传统文化相关。通过"学"，孔子将传统文化从一代人传播到另一代人，从一个阶层传播到另一个阶层（"有教无类"，"自行束修以上，吾未尝无诲焉"）。

第二，以传承"礼"为己任的孔子，也对"礼"进行深入的反思，对传统文化有所创新。孔子传播思想也包含对文化创新的因素。在孔子看来，"礼"本身有因革损益，面对"礼坏乐崩"的现实，孔子对"礼"有传承也有创新，"仁"这个重要观念就是孔子对"礼"进行反思和理论化而提出的，"孔子的'仁'的思想实从属于'礼'的思想"。[1]"孔子用心理原则的'仁'来解说'礼'，实际就是把复兴'周礼'的任务和要求直接交给了氏族贵族的个体成员（'君子'），要求他们自觉地、主动地、积极地去承担这一'历史重任'，把它作为个体存在的至高无上的目标和任务"。[2] 由此可见，孔子"仁"的提出是对"礼"的深化。孔子在自己的思想体系中保存和发扬了传统文化的精髓，而且面对社会现实，面对新的问题，又通过创造新思想留存传统文化。在孔子那里，传承与创新、历史与现实是紧密联系，难以分割的。孔子传播思想中传承和创新的两方面表明，传播既是对文化的学习、确认与分享，同时也是依据现实对文化的修正、反思和创造。

第三，孔子传播思想的重点是"克己复礼为仁"，这是一个以回归"礼"为目标的结构。如前所论，"克"是克制、压抑、约束之意，"克己"即克制自身，这是孔子传播思想的起点。"复礼"是通过压抑克制自身，将自身的言行纳入"礼"的规约网络之中，"非礼勿视，非礼勿听，非礼勿言，非礼勿动"。这是孔子传播思想的终点。"仁"是复礼必不可少的要素，"君子无终食之间违仁，造次必于是，颠沛必于是"（《论语·里仁》）。实践"仁"，不放弃"仁"，是为了回归"礼"的传统。"礼"既包括社会制度，也包括伦理道德规范，是比"仁"（偏于伦理道德）广泛得多的文化网络，"仁"的实现最终能促进"礼"这个网络的正常运行。在这个传播结构

① 侯外庐、赵纪彬、杜国庠主编：《中国思想通史》（第一卷），北京：人民出版社，1957年，第159页。

② 李泽厚：《中国古代思想史论》，天津：天津社会科学出版社，2008年，第25页。

中，传者、受传者、传播情境、传播渠道都由"礼"组织起来，并围绕"礼"运转，受"礼"控制，信息的传播与流动都经过"礼"的筛选过滤。"礼"是通过教化而形成的对传统生活方式的自觉遵循，它在代与代之间传播，使人们的生活保持延续性，给传统生活方式带来秩序和意义。"礼"在人与人之间传播，对社会行为又产生规范作用和道德感召力。

第五章　孔子传播思想简评

今天，我们如何认识和评价孔子的传播思想？孔子思想给中华民族的心理认知和行为方式打下了深深的烙印，其传播思想对今天的我们意味着什么？孔子的传播思想存在矛盾吗？其中积极性的方面和消极性的方面在我们的文化中又起着什么样的作用呢？对孔子传播思想的思考和我们的生活是如何相关的？孔子从未离开日常生活的具体情境进行完全抽象的思想体系建构，他的教导来自活生生的现实，来自他的生活经历和睿智的观察。这对我们日益专业化的传播学理论体系建构有何启发？这一连串疑问都将激起我们对孔子传播思想的反思和评价。身处现代语境下的我们，应顺应历史、文化的发展，沿着孔子和其他古代中国哲人的足迹，超越肤浅、狭隘的文化观，在新的、具有开放性与包容性的基础上，随自身所处的文化环境进行理性的反思，在文化之间进行有效的交流。传播具有空间与时间的维度，古今中外须借信息的传播与流动而沟通。孔子传播思想将以这种方式在广度和深度上促使我们跟随他的思想脚步在今天有所创造。

第一节　孔子传播思想的根基

在探讨孔子传播思想的过程中，我们需要考察孔子传播思想的活水源头，即它是在什么样的文化土壤中生长出来的。人类文化简言之即人类经验之总体，特定的文化即特定人群的生活方式及其世代积累和传播。人与世界交往，是有意识、有理性的，人以自身的理性能力与动物区别开来。因此，孔子传播思想的根基应从中国传统社会特有的生活方式与在此基础上形成的思维方式两大方面来考察。

首先，中国传统社会的生活方式用费孝通先生的话来说即"乡土本色"。[①] 其特点是向土地里讨生活。主要表现为：一、以种植农业为主，农作物的种植和收成与

---

① 费孝通：《乡土中国　生育制度》，北京：北京大学出版社，1998年，第6页。

季节、气候、降水量、土地的肥瘠等自然因素密切相关。因此，靠天吃饭是中国人最根深蒂固的观念，"而这一观念又势必造成中国人文化上对天的敬畏、遐想与思索，同时也成为古代中国思想家探究天人关系和构筑其社会思想理论的基础"。[①]于是对天地人的整体进行思考成为中国古代哲学家面临的最重要的问题。二、中国传统社会以农耕为主，人们过着世代定居的生活，安土重迁，人口流动很少。人与人之间不仅熟悉，而且具有或多或少的血缘关系。"乡土社会的一个特点就是这种社会的人是在熟人里长大的。用另一句话来说，他们生活上互相合作的人都是天天见面的。在社会学里我们称之作 face to face group，直译起来就是'面对面的社群'"。[②]在这种社会中，人们祖祖辈辈耕种着同一块土地，血缘关系或亲缘关系显得非常重要。在这样的社会中，年轻人必须尊重和认真学习老一辈人积累下来的生活经验和技巧，"祖先们在这地方混熟了，他们的经验也必然就是子孙们所会得到的经验。时间的悠久是从谱系上说的，从每个人可能得到的经验说，却是同一方式的反复重演"。[③]三、以农耕为主世世代代定居生活，少有迁徙流动的社会，是注重传统的和保守的社会。孔子生活在这种社会大环境之中，其传播思想尊古崇礼的基本取向是有深刻的现实生活基础的。以"礼"为中心的思想体系说明孔子对他所身处的社会和时代有深入的认识，这使孔子的思想带有极大的保守性。保守性是"礼"最本质的特点，"人类学家的贡献就在肯定说明全人类所有古今各部族、各种族，在文明开化之前夕的祭祀仪节里，绝无例外地呈现出非常顽强的保守性"。[④]"中国礼学的原始意义是祭仪，人类学家证明所有原始祭仪，尤其是祖先崇拜，都是严格遵守传统、具有顽强的保守性"。[⑤]孔子传播思想的核心是"礼"，也不可避免地带有顽强的保守性，中国传统社会的生活方式有力地支持并维系着这个特征。

其次，中国哲学思想的重要特点是关联思维发达。这提示我们在探究孔子传播思想的过程中应对其主要观念的形成和运用的独特方式有充分的自觉，因为这与普遍主义和特殊主义，本质和现象的二元对立思维方式有很大差别。"中国人的社会认知、社会行为及其儒家思想均不体现二元对立的关系，而近似连续统（contiuum）的关系。连续统的概念是指在两极之间存在着一种过渡性，这种过渡使两极之间的差异和对立变得模糊，而凸现了彼此之间的相通、相容乃至相互转化之可能，从而形成一种你中有我、我中有你的社会认知与行为方式。在这样一种社会与文化模式

① 翟学伟：《中国人的关系原理：时空秩序、生活欲念及其流变》，北京：北京大学出版社，2011年，第141页。
② 费孝通：《乡土中国 生育制度》，北京：北京大学出版社，1998年，第14页。
③ 费孝通：《乡土中国 生育制度》，北京：北京大学出版社，1998年，第21页。
④ 胡晓明、傅杰主编：《释中国》，上海：上海文艺出版社，1998年，第2384页。
⑤ 胡晓明、傅杰主编：《释中国》，上海：上海文艺出版社，1998年，第2398页。

上，中国人通常不去寻求两个事物之间的边界在哪里，而是试图寻找两个事物之间可融合的或者向对方转变的地方在哪里"。① 由此特点出发，则我们对孔子传播思想的探究就不能以二元思维为基础或至少应努力消除二元思维的影响，而代之以关联性思维。在这种思维方式中，我们能看到古代思想家如何编织思想观念网络。在这种思维方式看来，天地人包含了所有的事物和现象，不需要用超越的原理来解释万物，也没有一个产生一切事物的超越现世的源头（如上帝），一切事物和现象在天地人组成的网络之中相互关联、相互制约。超越性，因果性的思维关注的是逻辑秩序，由原因推出结果；关联性思维关注事物之间相通相容的联系，通过描绘过程来解释事物的变化。因而"传统儒家的假设是，个人、家庭、社会、政治、自然的秩序是相互衔接、相互需要的，而且以个人的角度来说，它们出现于一个人自我修养与表达的过程中"。② 在相互关联的世界中，人们关心具体事物的联系及其变化过程，把注意力放在日常生活中人与万事万物发生微妙关系的时刻，世界是常变常新的。人们在具体、平凡的事情中意识到事物的意义，不需要经过严格的概念推理，通过抽象和构造来统一思想，使思想主体和外在客体相符合。"中国的思想不断地游走和变化，从来不完全停滞在某一点上，进行建筑式挖掘。因为，中国的思想所瞄准的目的，不是让人知道，而是让人'悟'；不是寻求和证明，而是阐明一致性"。③

中国传统社会农耕定居的生活方式和中国哲学思想关联性的思维方式为我们反思孔子传播思想提供来自社会与思想的基础。由此出发，我们将对孔子传播思想的消极性和积极性进行简单评述。我们对孔子传播思想的总体简评，也包含对孔子传播思想某些重要特点的阐释，其消极性和积极性是相对于当今日益开放、多元、充满变化的世界而言的。

第二节　孔子传播思想的消极性和积极性

孔子传播思想的消极性主要表现在两个方面：

第一，孔子传播思想的核心——"礼"具有顽固的保守性特点，其返本崇古的倾向制约着孔子传播思想的深入展开。"礼"的这种特性渗透到社会生活的方方面面。孔子一生所追求得就是回归"周礼"，以"周礼"为标准衡量各种事物。"礼"

---

① 翟学伟：《中国人的关系原理：时空秩序、生活欲念及其流变》，北京：北京大学出版社，2011年，第65页。

② 郝大维、安乐哲：《期望中国：中西哲学文化比较》，施忠连等译，上海：学林出版社，2005年，第278页。

③ 弗朗索瓦·于连：《圣人无意——或哲学的他者》，闫素伟译，北京：商务印书馆，2004年，第87页。

最重要的功能在于分别等级贵贱，孔子清楚地意识到这一点并坚决维护，强调"君君、臣臣、父父、子子"（《论语·颜渊》），抓住了"礼"的主旨与核心。传统社会在"礼"之贵贱等级的基础上建立社会秩序和行为规范。传统是社会所累积的经验，一经与"礼"结合，便形成一种约束力极强的模式，影响人们的社会行为和心理认知。"礼"不靠法制权力来推行，而是从教化中使人养成对权威和等级秩序的敬畏，有超强的心理规约功能。在孔子的传播思想中，"克己复礼"的结构突出表现了"礼"的束缚力。"己"自身或自我被压抑和克制，任何信息的接受与传播都必须遵循"礼"，"非礼勿视，非礼勿听，非礼勿言，非礼勿动"（《论语·颜渊》）。人际间的交往全方位地受到"礼"的规制。而且这种束缚力与规制不仅是外在的，也是内在的，它深入到思想与行为的层面，"通过修己、约己、自戒、自讼、自责、自省、知足、谦谦、不矜、虚心、养心、修身等一些列克己的办法，引导人们向内作功夫，而不是正视矛盾，冲破束缚，开拓认识的领域"。[①]过于强调克己，强调传统，使孔子传播思想保守性的一面显得十分突出。

第二，孔子思想中"礼"与"仁"两个重要观念存在矛盾，限制了其传播思想积极意义的发挥。"孔子的'仁'的思想实从属于'礼'的思想。就'克己复礼'为'仁'的命题来看，'仁'与'礼'相结合而受到了约束。……所谓'仁'受到'礼'的约束，亦即是说，国民道德在氏族贵族的道德桎梏里遭受了歪曲，不能遂行其应有的发展，不能取得其本格的内容"。[②]孔子思想以"礼"为核心，"礼"的特点即主张贵贱等级之分别，除此之外，孔子又强调"仁"，其主旨是"爱人"（《论语·颜渊》）。这种"爱"从当时社会境况和孔子本人保守的思想来看，都不是"国民道德"所追求的平等之爱，而是由亲到疏的差等之爱，有血缘宗法的基础，因此，"仁"受到"礼"的制约不能充分发挥其作用。由于对血缘亲疏的强调和对贵贱等级的重视，"仁"成为差等之爱，由己及人、由亲及疏、由熟及生、由家人及外人，"这就意味着，越是特殊性的原则越清楚，越是普遍性的原则越含糊，所谓仁、礼、忠、恕等这些看似普遍主义的概念同西方的公正含义、同一标准及制度安排相比，正是它们的模糊性和机动性"。[③]从实践上看，孔子过于强调伦理道德，道德价值的影响力遍及日常生活的各个方面。道德规范本来是用以规约人的行为，但规范太多，反而使人的行为处处受到束缚。"仁"是孔子在伦理道德方面最大的发明，以"亲亲"之血

---

① 刘泽华：《中国政治思想史集》（第三卷），北京：人民出版社，2008年，第256页。

② 侯外庐、赵纪彬、杜国庠主编：《中国思想通史》（第一卷），北京：人民出版社，1957年，第159页。

③ 翟学伟：《中国人的关系原理：时空秩序、生活欲念及其流变》，北京：北京大学出版社，2011年，第73页。

缘情感为基础而拓展开去，"己欲立而立人，己欲达而达人"（《论语·雍也》），"己所不欲，勿施于人"（《论语·卫灵公》）。这种推己及人，将心比心，以心理类比为主的道德实践方式在道德规范如此之多的情形下具有多大的可行性，是值得怀疑的。如果将此视为人际传播，那么过于依赖伦理道德的人际传播是否能使社会成员之间形成良性的道德氛围，在人的动机和行为各有不同的情形下，像"仁"这样模糊的道德理念，是否每一个人都能做到？这也许是孔子传播思想面临的结构性难题。

孔子传播思想的积极性也有两个方面：

第一，孔子传播思想对"礼"的强调从某种意义来说是对传统生活方式或传统文化的强调，意味着对传统的尊重。传统具有文化感召的力量，同时也是一个巨大的信息库，储存着人类历史中各个时代的创造性思维。孔子强调对传统的学习，而且将其付诸"有教无类"的实践活动，无疑对文化的普及和传播起到了巨大的推动作用。历代思想家对孔子思想或赞成或反对，或弘扬或批判。但很少有人对孔子创立私学、传播文化、教书育人进行消极评价，可见孔子思想中传承文化的一面具有强大的生命力。这也说明，文化的纵向传播，在一代人与另一代人之间的传播与文化在同代人之间的传播都在孔子的教学实践中体现了出来。另一方面，仁者"爱人"以及为仁之方，忠恕之道的提出意味着"人的发现"。即"每一个人要把自己当成人，也要把他人当成人；无非是先要把他人当成人，然后自己才能成为人"。[①]"礼"的观念中包含着对传统文化的发掘与传承，"仁"的观念中包含着对"人的发现"。孔子的思想虽有矛盾之处，但经人们在新的历史条件下加以理解，其积极意义仍然非常明显。

第二，孔子传播思想中对当代社会最有积极意义和建设意义的观念是"和而不同"（《论语·子路》），它肯定人的个性、理性、独立性和多样性，并在此基础上对人类文化形成一种开放与包容的态度。我们今天生活在飞速发展的时代，周围的一切时刻都发生着变化，世界动荡不安，新鲜事物层出不穷。人们的心智、情感和信仰生活也是光怪陆离。人类的思想和行为无时不处在变异和创造之中，文化思想的多元化多样化已是极为明显的事实。我们应如何面对多样性和变革的时代，孔子给出了最有建设性意义的思路"和而不同"。"和"本意指五味调和、乐曲八音和谐，是多样性的统一。"同"是强求一致，是消弭多样性归于单一。和、同的差异即在于对多样性采取的态度，前者承认接纳多样性而形成富有活力的整体性与统一性，后者限制或消除多样性而形成单一性。当今世界"哲学上的全球化相遇可以为我们开启

---

① 张岂之主编：《中国儒学思想史》，西安：陕西人民出版社，1990年，第29页。

关于统一性和多样性的一些新类型。统一性和差异性的问题出现在世界哲学中"。[①]
在这种情况下，要实现完美的交流几乎是不可能的。"和而不同"能为人们提供新的
视角，我们需要在交流中给予对方充分的尊重，通过不断的学习和思考将差异性纳
入对世界的思考过程中。"这没有什么值得惋惜之处：这是智慧的开端。己之所欲，
请施于人——意思是说，你的表现，不是让自我原原本本地再现，而是让他人受到
关爱"。[②] 在交流或传播过程中，爱心和对他者的尊重应该得到充分的重视和积极的
探讨，因为在此基础上形成的多元化的见解促使我们的思想保持开放性。"会话的乐
趣和社交的乐趣，来自情感和意见的对应，来自思想的和谐；就像许多乐器和谐合
拍一样。但是，除非做到情感和意见的自由交流，否则这种最令人高兴的和谐是无
法达到的。在这一点上，大家都渴望，彼此有好感，都渴望进入对方的心房，去观
察那里的感觉与温情"。[③]

（指导老师：西北大学杨立川教授）

---

① 大卫·库尔珀：《纯粹现代性批判：黑格尔、海德格尔及其以后》，周宪、许钧译，北京：商务印书馆 2004 年，第 8 页。

② 彼得斯：《交流的无奈》，何道宽译，北京：华夏出版社，2003 年，第 260 页。

③ 彼得斯：《交流的无奈》，何道宽译，北京：华夏出版社，2003 年，第 257 页。

后 记

本书源于由厦门大学传播研究所所长谢清果主持的"经典与传播研究读书会"。本读书会坚持是传统经典与传播学经典的研读与对话,从而为传播学中国化事业奠定坚实的文献基础与理论基础。多年来,我们研读了《论语》《庄子》《中庸》《周易》《礼记》等经典,也钻研了《对空言说》《传播与历史》《传播的偏向》《帝国与传播》等西方传播学名著,努力从文化即传播的视角下,秉持社会即传播这一基本理论观点,将经典还原到历史现场,力求在不同时代的历史情况下,探索一个时代独特而深远的传播活动,传播现象、传播制度与传播观念等,进而站在整个人类的高度,从"人同此心,心同此理"的境界上,探讨人类传播一以贯之的东西,从而力求与西方经典进行对话,哪怕双方空间上相距千里,时间上相隔千年,中西双方都可以跨越时间,进行思想与心灵的对话,而这样的对话是以我们当代的读者作为媒介。以读者为媒,促进中西思想的对话,这本身是跨文化传播所需要的。我们需要相互理解,才能手拉手,进而心连心,结成人类命运共同体。

当然,我们深知,人类欲结成"人类命运共同体",首先要有经历"利益共同体"与"价值共同体"才能达到"命运共同体"。因为人类的生存需要现实的物质与精神,利益关涉人们的生存权与发展权,只有先安顿了人类的基本物质需求与空间发展需求,在实践中实现合作共赢,在此过程中,亦会生发"共同价值",不断催生"价值共同体",在这物质与精神两者交相辉映下,人类命运共同体的未来就不是梦。

当下,我们研读《论语》,正是应了克罗齐所说的"所有的历史都是当代史"的观点。研讨经典是为了古为今用,洋为中用。当下的中国与世界比以往任何时候更需要经典,以经典为媒,促进人类的相知相亲,这正是学术研究的永恒价值,也是思想的作用。

本书是我们读书会的重要成果,同时也吸收了陈力丹、单波、邵培仁等学者的优秀作品,还包括了三位同仁的学位论文,从而相对集中展现了《论语》的传播学研究的最新、最集中的一次展示。感谢同仁们的支持,感谢果园读书会博硕士们的坚持,正由于有了大家的共同努力,才有本书的出版!

谨以此向经典致敬,向一直努力在促进传播学中国化事业的同仁致敬!

只要我们坚持不懈,华夏传播学建成的一天终将到来!

谢清果

于厦门淡然斋

2020 年 5 月 19 日